JN420993

디지털 시대의

광고매체론

디지털 시대의

광고매체론

이 경 렬 저

서울경제경영

머리말

개정판을 내면서

최근에 뉴미디어 기반의 디지털 광고가 방송광고를 제치고 전체 광고시장의 점유율 1위를 차지하면서 매체기획의 중심이 대중매체에서 뉴미디어(디지털 미디어)로 이동하고 있다. 특히 고사양 스마트 기기의 보급 확대와 인터넷 속도의 개선으로 소비자들의 대중매체에서 뉴미디어로의 이동이 심화됨으로써 온라인(PC) 및 모바일 플랫폼을 기반으로 하는 디지털 광고의 집행이 선택이 아닌 필수가 되어가고 있다.

최근에는 4차 산업에서 주목 받고 있는 빅데이터(big data), 인공지능(AI), 머신러닝(machine learning), 클라우드(cloud), 증강현실(AR), 가상현실(VR), 드론(drone), 사물인터넷(IOT), 블록체인(blockchain) 등의 ICT기술이 광고에 접목되어 광고가 단순히 전략과 크리에이티브의 조합만이 아닌 광고주의 문제를 해결해 주는 솔루션(solution)으로 발전하고 있다. 예를 들어 프로그래매틱 바잉(programmatic buying)으로 불리는 광고 자동 구매 시스템은 불과 1초 내에 소비자 빅데이터 분석을 통해 프로그램이 자동으로 사용자를 분석, 타깃팅하고, 온라인 경매를 통해 가장 싼 가격에 원하는 고객의 위치에 원하는 광고를 노출한다. 또한 광고 집행 후 트래픽 효과(traffic effect) 및 구체적인 성과(performance)도 분석해준다. 이러한 애드테크(ad tech)의 성장은 소비자 빅데이터의 수집과 분석에 기반한 KPI, ROI, ROAS와 같은 성과 중심의 캠페인을 가능하게 함으로서 광고와 마케팅 패러다임을 바꾸고 있으며, 이제 광고매체는 단순한 노출 중심의 전통적인 역할에서 벗어나서 통합적 마케팅 커뮤니케이션(IMC)을 구현하는 마케팅 채널로 확장되고 있다.

저자는 개정판을 내면서 전통적인 매체기획 이론 및 실무와 함께 ICT기술의 접목으로 새롭게 확장되고 있는 디지털 광고 생태계 및 전반적인 광고커뮤니케이션 패러다임의 변화를 다루려고 노력하였다. 본 개정판의 구성을 살펴보면, 개정판은 초판과 동일하게 4부, 21장으로 구성되어 있다. 1부에서는 광고매체의 정의, 역할, 분류와 같은 광고매체에 대한 기본적인 지식과 함께 크리에이티브와 미디어, 소비자 정보처리과정과 미디어, 통합적 마케팅 커뮤니케이션(IMC)과 미디어, 뉴미디어와 광고패러다임의 변화 등 매체전략에 직간접적으로 영향을 끼치는 환경적 요인들에 대해서 다루고 있다.

2부에서는 매체기획의 기본 개념들을 살펴보고, 이러한 기본 개념들이 매체기획과정에서 어떻게 활용되어지는가를 다루고 있다. 특히 2부 6장에서는 시청률, 열독률, 청취율 등의 대중매체의 기본 측정 단위들과 함께 디지털 광고의 트래픽 효과(traffic effect)와 광고 성과(performance)의 측정 단위들을 새롭게 추가하였다. 또한 7장과 8

장에서는 도달률, 평균빈도, GRPs, CPM, CPRP, 유효빈도, 유효도달률, 노출분포 등의 매체기획의 핵심 개념들의 소개와 함께 이러한 매체기획의 핵심 개념들이 매체목표 설정, 미디어 믹스, 매체스케줄링전략, 매체스케줄의 효과 평가를 포함한 매체기획의 의사결정과정에서 어떻게 활용되는가에 대해서 설명하였다.

3부에서는 매체목표 설정, 표적 수용자의 설정, 미디어 믹스, 매체스케줄링전략, 광고지역의 결정, 매체스케줄의 효과 평가, 광고예산의 설정 등을 포함한 전반적인 매체 의사결정과정에 대해서 설명하고 있다. 마지막으로 4부에서는 광고캠페인에서 활용되는 대중매체와 뉴미디어 포함한 다양한 광고매체들을 소개하고, 이러한 광고매체들이 광고 및 마케팅캠페인의 도구로서 어떻게 활용되는가에 대해서 설명하였다. 특히 제20장에서는 네이티브광고 등 새로운 유형의 디지털 광고들을 소개하는 데에 많은 내용을 할애하였다.

저자는 이 책을 집필하면서 오랫동안 한양대학교에서 광고매체론, 매체기획론, 광고심리 등을 가르친 경험이 큰 밑거름이 되었다. 특히 2017년부터 새롭게 몸담게 된 한양대학교 ICT융합학부에서 배우고 익힌 지식들이 본 개정판을 내는 데 많은 도움이 되었다. 이 책의 개정판을 내는 데 물심양면으로 도와준 서울경제경영출판사의 김은중 사장님에게 감사드리며, 이 책이 나오기까지 정신적으로 큰 힘이 되어 준 나의 가족들과 하나님께 모든 감사를 돌린다.

2019년 1월

저자 **이 경 렬**

저자 소개

이 책의 저자인 이경렬은 한국외국어대학교 신문방송학과를 졸업하고 University of Texas at Austin에서 광고학 석사(M.A), University of Florida에서 광고 전공으로 커뮤니케이션학 박사학위(Ph.D)를 받았다. 박사학위 취득 후 삼성전자 국내영업본부 광고팀 과장으로서 가전, C&C(Computer & Communication) 제품들을 포함하여 20개 이상의 브랜드의 광고효과조사 및 매체기획 업무를 담당하였다. 동아대학교 사회언론광고학부와 한양대학교 광고홍보학부 교수를 거쳐 현재 한양대학교 ICT융합학부 미디어 테크놀로지 전공 교수로 재직 중이다. 2005, 2007, 2009년 대한민국 광고대상 심사위원, 문화관광부 홍보정책자문위원회 자문위원, 한국방송광고진흥공사 교육자문위원, 연구자문위원, 미디어포럼 광고분과위원, 한국광고학회 광고학연구 편집위원장, 한국광고학회 영문저널 JAPR 편집위원장, 한국커뮤니케이션학회 회장을 역임하였다. 최근 관심분야는 디지털 광고, 데이터 마케팅, 마테크(Martech), 애드테크(Adtech) 등이며, 다수의 논문과 저서가 있다(kylee19@hanyang.ac.kr).

차례

I

광고매체의 이해

CHAPTER 01

광고매체의 정의, 역할, 분류

1 광고매체의 정의

매체(media)는 '중간(middle)'을 뜻하는 라틴어로부터 파생된 단어이다. 즉 중간에 있는 어떤 것으로 둘 이상의 사이에서 중개의 역할을 하는 것을 말하며, 광고로 본다면 광고주와 잠재 고객들 사이에서 중개의 역할을 하는 것이다.

광고커뮤니케이션을 송신자가 수신자에게 매체를 통하여 광고메시지를 전달하여 어떤 효과를 기대하는 과정으로 보는 라스웰(Lasswell, 1948)의 커뮤니케이션 모형(S→M→C→R)을 생각할 때, 송신자의 광고메시지를 전달하는 모든 수단을 매체라고 할 수 있다. 즉, 우리가 흔히 알고 있는 라스웰의 커뮤니케이션모형 (S→M→C→R→E)은 누가(who), 무엇을(say what), 어떤 경로로(in what way), 누구에게(to whom), 어떤 효과를 바라고(with what effect)의 5가지 기본 요소(SMCRE)로 구성되어 있다. 즉, 이 5가지 기본 구성요소는 송신자(source), 메시지(message), 경로/매체(channel), 수신자(receiver), 효과(effects, 혹은 피드백과 반응)을 말한다. 이 5가지 기본적인 구성요소 이외에 부호화(encoding), 해독(decoding), 잡음(noise), 준거의 틀(frame of reference) 등이 포함된다. 라스웰의 SMCRE모델은 광고커뮤니케이션을 과정으로 보는 과정학파(process school)의 초기모델로 송신자가 항상 수신자에게 영향을 미치려고 하며 또한 메시지는 항상 효과가 있다는 것을 가정한다. 매체는 이 과정에서 수신자에게 부호화된 메시지를 전달하는 수단이다.

라스웰(Lasswell)의 모델을 광고 커뮤니케이션에 적용하면 송신자는 광고주 혹은 정보원(예를 들어 광고모델)들이고, 메시지는 TV의 경우 CF(commercial film), 신문과 잡지의 경우 인쇄광고물(advertisement), 인터넷의 경우 디지털 광고콘텐츠(digital ad contents) 등의 다양한 용어로 불리운다. 반면 수신자는 광고메시지를 받는 표적오디언스, 경로는 광고매체들, 효과는 광고메시지에 대한 표적 수용자의 반응 혹은 피드백을 말한다. 부호화는 광고메시지의 창조, 해독은 광고메시지의 해석과 수용과 같은 정보처리과정을 말하며, 잡음은 광고커뮤니케이션을 방해하는 모든 물리적이고 심리적인 현상들을 말한다. 그리고 준거의 틀은 광고주와 표적 수용자 간의 광고메시지의 부호화와 해독과정에서 공유하고 있는 경험의 영역을 말한다. 광고매체는 전통적인 4대 매체(TV, 라디오, 신문, 잡지)와 뉴미디어(인터넷, 모바일, IPTV, 그리고 소셜미디어 등)

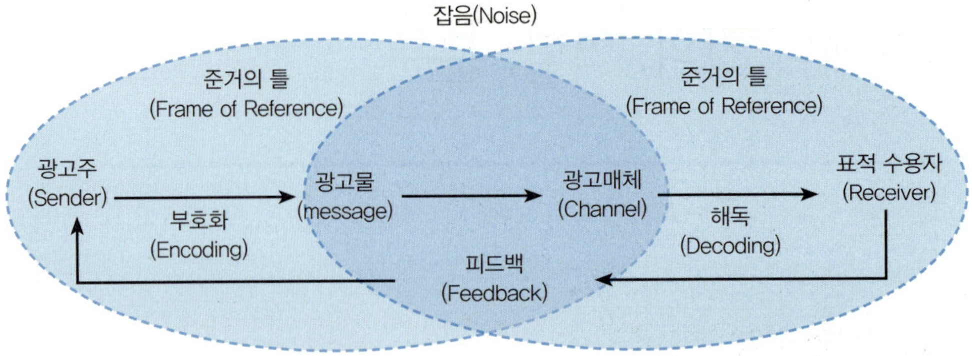

그림 1-1 광고커뮤니케이션모델

을 포함한다.

송신자 혹은 정보원

송신자(sender) 혹은 정보원(source)은 메시지를 보내는 광고주(개인, 기업 등), 광고 제작자, 광고모델과 같은 메시지 전달자들이다. 송신자의 역할은 메시지를 수신자가 이해될 수 있게 부호화하는 역할을 한다. 예를 들어 광고 커뮤니케이션에서 송신자(광고주, 광고대행사)는 수신자(표적 수용자)의 니즈(needs)를 파악하여, 이에 적합한 광고전략과 크리에이티브를 개발하는 등 광고메시지를 창조하는 작업을 한다. 또한 광고모델의 경우 공신력(credibility) 및 매력도(attractiveness)가 광고메시지의 효과를 결정하는 데 중요한 역할을 한다.

수신자

수신자(receiver)는 생각이나 정보를 받는 사람, 조직으로 광고의 경우는 표적 수용자(target audience)를 말한다. 광고의 수신자는 광고 메시지를 받아들여 해독한 후 인지적, 태도적, 행동적 반응과 같은 다양한 차원의 커뮤니케이션 반응을 나타낸다. 수신자는 메시지 해독을 할 때 다양한 정보처리과정을 거친다.

메시지

메시지(message)는 송신자가 보내기를 원하는 정보나 의미를 말한다. 광고의 경우 TV CF, 신문, 잡지 광고물의 전달하고자 하는 내용을 말한다. 광고메시지는 대량생산, 복제가 가능한 상징적 구조로 되어 있다. 광고메시지는 광고주의 소비자에 대한 약속이 담겨있다. 광고주는 메시지를 통하여 우리제품을 구매하면 이러이러한 혜택을 얻을 것을 소비자에게 약속한다. 따라서 광고 메시지에는 제품이 소비자에게 제공하는 혜택과 가치 등이 담겨 있다. 광고메시지는 이러한 혜택과 가치를 강조함으로써 소비자의 마음을 움직이게 된다. 따라서 광고메시지에는 소비자의 마음을 움직이기 위한 아이디어가 구체화되어 있으며, 광고메시지는 스스로 살아 움직여 소비자로 하여금 그 제품을 사지 않을 수 없게끔 만들어져 있다.

부호화

부호화(encoding)는 광고주 혹은 광고제작자의 생각이나 아이디어를 메시지를 전달할 수 있는 상징(symbols) 혹은 기호(signs)로 바꾸는 작업을 말한다. 광고에서 부호화란 광고메시지의 창조과정을 말한다. 광고메시지는 기본적으로 전략을 바탕으로 아이데이션 과정을 거쳐 카피와 비주얼의 결합으로 표현된다. 광고 아이디어가 카피와 비주얼의 결합으로 구체화 된 것을 크리에이티브 컨셉(creative concept)이라고 한다.

경로 혹은 매체

경로(channel) 혹은 매체(medium)는 수신자에게 기호화된 메시지를 전달하는 수단을 말한다. 일반적인 광고매체는 신문, 라디오, 텔레비전, 잡지, 빌보드, 인터넷, 소셜미디어 등이 있으며 시간, 공간적 용량의 제한이 있다. 매체는 광고메시지를 수신자에게 전달하는 역할을 한다. 어떤 매체를 선택하느냐에 따라 노출효과는 달라지게 되며 최종 광고효과도 영향을 받게 된다.

해독

광고 커뮤니케이션에서 해독(decoding)은 광고 메시지에 대한 수용과정을 말한다. 즉, 송신자의 메시지를 수신자의 생각으로 다시 해독하는 과정으로써 송수신자 간 상호 공유하는 준거의 틀이 있을 때 효과적인 커뮤니케이션이 일어난다. 해독은 메시지에 노출직후 시작되며 주의(attention), 해석(interpretation), 파지(retention), 태도변화(attitude change)등의 정보처리과정을 거치게 된다. 광고 메시지의 해독을 설명하는 이론에는 정교화 가능성 모형, 고전적 조건화이론과 같은 다양한 정보처리이론들이 있다.

잡음

잡음(noise)은 송수신자 간의 성공적인 커뮤니케이션을 방해하는 어떠한 물리적이고 심리적인 현상들을 말한다. 광고커뮤니케이션에도 잡음이 있을 수 있다. 예를 들어 광고커뮤니케이션을 방해하는 대표적인 잡음으로는 매체클러터(media clutter), 애드 블록킹(AdBlocking), 재핑(zapping), 지핑(zipping) 같은 광고회피행동 등을 들 수 있다. 매체클러터란 광고혼잡현상을 말하며 한 매체 비히클(media vehicle) 내의 광고물의 절대적인 양(quantity)이 많거나, 동일 제품군내의 경쟁광고의 수(competitive ads)가 많아서 경쟁광고의 방해현상이 심할 때, 그리고 미디어 콘텐츠의 흐름에 대한 광고의 방해 혹은 침입성(intrusiveness)이 심할 때 소비자들의 광고에 대한 거부감이 증가하고, 이에 따라서 광고의 효과가 감소하는 현상을 말한다. 애드 블록킹은 애드블록[1](AdBlock)을 이용하여 광고와 같은 페이지를 차단하여 보이지 않게 하는 것을 말한다. 이러한 매체클러터 현상의 심화, 애드블록킹 이용자의 증가, 광고회피행동의 심화 등으로 마케팅 커뮤니케이션 활동에서 소비자들의 광고에 대한 거부감을 최소화하면서 소비자들을 인게이지시킬 수 있는 브랜디드 콘텐츠의 역할이 중요하게 되어가고 있다. 이외에도 소비자의 마음속에 경쟁제품이 이미 포지셔닝(positioning)되어 있어 자리매김하고 있을 때 혹은 경쟁제품에 대한 소비자의 충성도가 높을 때에도 광고커뮤니케이션이 방해받을 수 있다.

피드백 혹은 반응

광고커뮤니케이션에서 피드백(feedback)은 광고커뮤니케이션의 결과로 발생하는 소비자 반응을 말한다. 피드백은 메시지가 해독되었다는 것을 알려 준다. 직접적인 피드백은 광고캠페인의 결과로서 발생하는 제품구매와 같은 즉각적인 반응을 말한다. 반면에 간접적인 피드백은 브랜드 인지도, 브랜드 호감도, 구매의향과 같은 표적 수용자들의 제품구매를 촉진하는 커뮤니케이션효과를 말한다. 즉 커뮤니케이션효과는 광고가 표적 수용자들의 주목을 끌고, 기억하게 하고, 합리적 선택을 할 수 있도록 표적 수용자들에게 제품을 알리거나, 호감을 높이고, 구매 욕구를 불러일으키는 것을 말한다. 광고커뮤니케이션에서 피드백은 광고캠페인 종료 후 소비자를 대상으로 하는 사후조사를 통하여 측정이 가능하다.

준거의 틀

준거의 틀(frame of reference)은 개인이 어떤 사물이나 현상을 지각하고 판단할 때 적용하게 되는 비교나 평가 등의 기초가 되는 일련의 기준 혹은 개인이 자기 행동의 옳고 그름, 또는 규범이나 가치를 판단하는 데 표준으로 삼는 기준이라고할 수 있다. 예를 들어 어떤 물체의 크기를 파악할 때 그 물체 자체만으로는 크기를 평가할 수 없고 관련이 있는 물체와 비교하여 크고 작음을 인식할 수 있다. 이 경우 비교의 표준이 되는 물체가 곧 준거의 틀이 된다. 이와 같이 기준이 되는 것과의 상대적 관계에 의해서 지각, 판단, 기억, 감정, 사고 등이 규정된다고 생각할 때, 그 기준이 되는 것을 준거의 틀이라고 한다.

광고캠페인의 표적이 되는 표적 수용자들마다 준거의 틀이 다르기 때문에 광고제작자는 이러한 표적 수용자들의 준거의 틀을 이해하고 있어야 메시지를 전달받는 수신자인 표적 수용자들의 해독(decoding)과정에서 발생하는 잡음(noise)과 메시지 전달의 오류를 최소화할 수 있다. 가령 우리 제품의 표적 수용자가 어릴 때부터 근검절약하는

---

1) 애드블록(AdBlock)은 구글 크롬과 애플 사파리 웹 브라우저의 광고 필터링을 할 수 있는 확장 프로그램을 말하며, 2009년에 개발된 구글 애드블록 프로그램이 가장 인기가 있다. 사파리는 2010년에 추가되었다.

습관이 몸에 밴 부모님의 영향을 받아서 제품 구매 시 실용적 가치를 중시하는 준거의 틀을 갖고 있다면 광고주는 이러한 표적 수용자의 준거의 틀에 맞추어 광고를 제작해야 표적 수용자의 공감을 이끌어내고 기대하는 광고효과를 얻을 수 있다. 또한 표적 수용자도 광고주의 준거의 틀을 이해한다면 광고메시지에 대한 해독이 보다 더 쉽게 이루어질 수 있다.

2 광고매체의 역할

1) 메시지 전달자

광고캠페인에서 광고매체는 메시지를 소비자에게 전달하는 역할을 한다. 광고메시지를 소비자에게 전달한다는 것은 광고메시지를 표적 수용자에게 노출시키는 것을 말한다. 광고의 효과는 노출에서부터 시작하여 브랜드 인지도 및 브랜드에 대한 태도를 거쳐 구매의향으로 이어진다. 크리에이티브가 아무리 뛰어나도 할지라도, 표적 수용자에게 광고 메시지를 먼저 노출시키지 않는다면 광고는 아무런 효과도 발생시킬 수 없다. 따라서 광고노출(advertising exposure)은 광고효과 발생의 첫 단계라고 할 수 있다.

〈그림 1-2〉의 미국광고연구재단의 모델은 광고 메시지의 역할과 매체의 역할을 확연히 구분하고 있다. 즉, 이 모델에서 비히클 분배, 비히클 노출, 광고노출은 매체의 역할이고 광고지각, 광고 커뮤니케이션, 판매반응은 메시지의 역할로 구분된다. 광고는 이러한 매체와 메시지의 결합으로써 안성된다. 비히클 분배(vehicle distribution)는 발행부수와 같은 매체비히클의 유통, 비히클 노출(vehicle exposure)은 광고 메시지를 전달하는 매체비히클(예: TV프로그램)에 대한 노출, 광고노출(advertising exposure)은 광고메시지에 대한 노출을 말한다. 비히클 노출은 광고노출의 필요조건이지만 필요충분조건은 아니다. 즉, 비히클 노출은 광고를 볼 기회(OTS[2])만을 의미하며, 매체비히클에 노출되었다고 해서 반드시 광고노출이 되었다는 보장은 없다. 이는 사람들은 매체비히클에는 노출되어도 비히클 내에 게재되거나 방영된 광고는 보거나 읽지 않는 경우

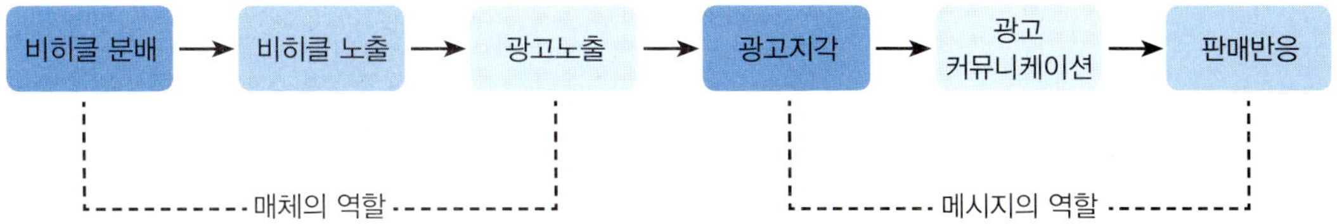

그림 1-2 The ARF (Advertising Research Foundation) 모델

2) opportunity to see의 머리글자로써 광고를 볼 기회를 뜻하며, 반드시 광고를 보았거나 광고에 노출되었다는 것을 의미하지는 않는다. OTS는 광고시청환경을 고려할 때 광고매체의 노출효과를 나타내는 현실적인 제안이다.

가 많기 때문이다. 따라서 광고매체의 궁극적인 역할은 비히클 노출이 아닌 광고노출이라고 할 수 있다.

비히클 노출과 광고노출 간 차이가 생기는 이유는 매체수용자의 광고회피행동 때문이다. 광고회피행동은 크게 인지적 회피, 기계적 회피, 물리적 회피(행동적 회피)로 구분된다. 인지적 회피는 광고에 주의집중하지 않음을 말하며, 기계적 회피는 TV의 경우 녹화 혹은 다운로드된 프로그램속 광고를 빨리감기로 건너뛰는 재핑(zipping), 광고 방영 중 리모컨으로 채널을 바꾸는 재핑(zapping), 이메일광고와 모바일광고의 경우 스팸신고 및 수신거부 행위를 말하며, 물리적 회피 혹은 행동적 회피는 TV의 경우 광고방영 중 다른 사람과 대화를 하거나 자리를 뜨는 행위, 신문과 잡지의 경우 광고페이지를 읽지 않고 넘겨버리는 행위를 말한다.

광고주가 기대하는 최소한의 광고효과를 얻기 위하여 이러한 매체수용자의 광고회피행동을 최소화하는 것이 중요하다. TV광고의 경우 인지적 회피를 최소화하기 위하여 하나의 프로그램에 두 개의 광고를 반복적으로 방영하는 더블 스폿팅(double spotting)전략을 사용하기도 하며, 재핑(zapping)행동을 최소화하기 위하여 동일한 광고시간대에 모든 채널에 광고를 동시에 방영하는 로드블록킹(roadblocking)전략을 사용하기도 한다. 반면 인터넷광고의 경우 기사형식광고, 기사를 가리는 광고, 종료 버튼에 다가가면 확장되는 광고, 종료 버튼이 없는 광고, 팝업 및 팝언더 광고 등 소비자들의 정상적인 인터넷 콘텐츠 이용을 방해하거나 기만적인 광고기법을 사용하기도 한다.

광고지각(advertising perception)은 광고노출 후 감각기관을 통하여 광고메시지를 수용한 후 이를 해석하는 것을 말하며 광고커뮤니케이션(advertising communication)은 광고지각 후 나타나는 인지적 반응(예: 광고인지도), 태도적 반응(예: 브랜드태도), 행동적 반응(예: 구매의향)들을 말한다. 마지막으로 판매반응(purchase response)은 앞의 여러 단계를 거쳐 발생하는 매출 혹은 판매효과를 말한다.

2) 브랜드 접촉점

매체는 브랜드 접촉점(brand contact point)이다. 차별화되고 일관된 브랜드 이미지를 구축하기 위하여 매체를 브랜드접촉의 수단으로써 인식하고 관리하는 것이 중요하다. 소비자들은 브랜드와 접촉하는 모든 순간을 개별적으로 인식하는 것이 아니라 통합된 전체로써 지각한다. 따라서 일관된 브랜드 이미지를 형성하기 위하여 다양한 브랜드 접촉점을 통하여 일관된 브랜드 슬로건 및 CI(corporate identity)를 사용하여 하나의 통합된 메시지를 전달하는 것이 중요하다. 브랜드 접촉점으로써 매체는 대중매체뿐만 아니라 인터넷과 같은 뉴미디어 및 옥외매체와 같은 BTL(below the line)매체들도 포함한다.

3) 매체는 메시지

매체는 단순히 메시지 전달수단을 넘어서 그 이상의 의미를 갖고 있다. 금세기 최고의 미디어 이론가인 마셜 맥루한(Marshall McLuhan)은 일찍이 "매체는 메시지이다" 라고 설파하였다. 이 말의 뜻은 메시지 전달수단이 무엇인가에 따라 수용자에게 발현되는 '메시지 의미'가 크게 달라진다는 것을 말한다. 예를 들어 TV매체는 영상과 음악 등 시청각적 자극을 통하여 감성적 소구에 효과적이며, 시청자를 화면에 끌어들이는 강한 임팩트가 있다. 반면에 인쇄매체는 활자미디어가 갖는 고유한 설득의 힘이 있다. 인쇄광고는 이미지광고를 통하여 표적 수용자의 자아이미지에 소구할 수 있으며, 지면으로 많은 정보전달을 통하여 이성적 소구를 할 수 있다. 또한 인쇄매체는 지면이라는 공간(space)를 활용하여 활자를 통한 기표(signifier)의 정박(anchorage)에 효과적이다. 즉, 브랜드와 관련된 이미지를 소비자의 마음 속에 각인시키는데에 효과적이다. 예를 들어 〈그림 1-3〉의 말보로 광고는 반세기 이상 남성다움의 상징인 '카우보이'(말보로맨)와 '말', 그리고 '넓은 들판'이라는 시각 기표와 'Marlboro Country'라는 문자기표를 이용하여 '남성다움'과 '말보로와 함께 하는 자유로운 세계 혹은 일상으로부터의 탈출을 꿈꾸는 브랜드'라는 신화 혹은 이미지를 창조하는데에 성공하였다. 〈그림 1-4〉의 샤넬 핸드백광고는 헐리우드 유명 여성 연예인을 모델로 내세워 광고 속의 가치(이상적 자아)와 현실적 자아 사이에 간격을 극대화하고, 이를 통하여 상상적 동일시와 자기결핍을 느끼게 함으로써 상품구매를 통해 욕망을 해소하고 자기결핍을 해소하도록 조작하는 것을 보여준다.

이처럼 인쇄매체는 직접적으로 상품의 효용성(사용가치)을 강조하기 보다는 우회적인 방식, 즉 제품의 사용가치와 무관하게 타깃의 욕망을 자극하는 무수한 이미지들로 상상적이고 허구적인 공간을 창조함으로써 은밀한 방식으로 소비주체를 호출하거나, 브랜드와 관련된 이미지를 소비자의 마음속에 각인시키는데에 효과적이다. 반면에 온라인광고는 소비자들로 하여금 관심있는 정보에 선별적으로 노출할 수 있게 하며, 제품정보를 탐색하고 브랜드를 체험할 수 있게 하는데 효과적이다. 따라서 매체는 단순히 메시지 전달자 이상의 의미를 갖고 있으며 넘어서 매체에 따라 설득의 힘이 달라진다고 할 수 있다.

그림 1-3 말보로광고 사례

3 광고매체의 범위

그림 1-4 샤넬광고 사례

광고매체의 범위는 수평적 범위와 수직적 범위로 나누어 살펴볼 수 있다. 광고매체의 수평적 범위는 대중매체와 비대중매체, ATL과 BTL, 페이드 미디어(paid media), 온드 미디어(owned media), 언드 미디어(earned media)와 같은 매체의 특성과 역할에 따른 분류와 유형들을 말하며, 광고매체의 수직적 범위는 매체의 유형(media type), 매체비히클(media vehicle), 매체유닛(media unit)과 같은 매체의 계층을 말한다.

우리가 흔히 일컫는 '매체'는 텔레비전, 신문, 잡지, 인터넷 등 매체유형을 말한다. '비히클'은 하나의 매체를 구성하는 동종의 집합체로써 매체유형 내의 개별 메시지 전달자(carrier)를 말한다. 예를 들어 텔레비전과 라디오매체의 비히클은 여러 종류의 프로그램들이며 신문매체의 비히클은 조선일보, 동아일보와 같은 신문의 종류를 말하며 잡지매체의 비히클은 여성동아, 주부생활 등 잡지의 종류를 말한다. 인터넷매체의 비히클은 포털, 뉴스사이트, 개인블로그 등이 있다. 모바일매체의 경우 애플리케이션 하나하나가 모두 매체의 역할을 한다고 할 수 있다. '유닛'은 비히클을 구성하는 개별 광고물의 형태로써, 비히클 내의 광고물의 크기, 게재 위치, 길이, 색상 등을 말한다. 매체기획은 단지 매체의 유형(media type)만을 다루지 않고, 비히클(vehicle)과 유닛(unit)까지 포함하여 다루게 된다. 따라서 매체전략과 전술을 수립할 때 매체(media), 비히클(vehicle), 유닛(unit)의 차이를 반드시 알아둬야 한다.

4 광고매체의 속성

광고매체의 가치를 나타내는 속성으로는 정량적 속성(quantitative factors)과 정성적 속성(qualitative factors)이 있다. 정략적 속성은 시청률(rating), 구독률, 열독률, HUT, PUT, 점유율(share), 커버리지(coverage) 등을 말하며, 정성적 속성은 주목도, 매체관여도, 매체신뢰도, 매체명성, 매체분위기(media climate), 미디어 인게이지먼트(media engagement) 등을 말한다.

표 1-1 매체, 비히클, 유닛의 차이

매체(Media)	비히클(Vehicle)	유닛(Unit)
텔레비전	KBS 9시 뉴스	15초, 20초, 30초, 60초
라디오	MBC-FM 별이 빛나는 밤에	15초, 20초
신문	조선일보, 동아일보, 중앙일보	스포츠면, 5단
잡지	월간조선, 세씨, 라벨르	표 4면, 좌수광고
옥외매체	빌보드, 옥탑, 포스터	100, 75, 50, 25
인터넷매체	포털, 뉴스, 개인블로그 등	띠(bar), 사각형태

5 광고매체의 분류

1) 대중매체 vs. 비대중매체

광고매체는 크게 대중매체와 비대중매체로 구분한다. 대중매체는 불특정 다수에게 획일화된 메시지를 전달하는 TV, 라디오, 신문, 잡지 등을 말하며, 비대중매체는 이러한 대중매체를 제외한 모든 매체들을 말한다.

2) 전통매체 vs. 뉴미디어

전통매체는 TV, 라디오, 신문, 잡지를 포함한 4대 매체와 옥외매체를 말하며, 뉴미디어는 올드 미디어의 상대적인 용어로써 디지털 기반의 인터넷, 모바일, 스마트 미디어 등을 말한다. 스마트 미디어에는 스마트TV, 태블릿PC, 스마트폰, 소셜미디어 등이 포함된다. 그러나 스마트TV, 태블릿PC, 스마트폰은 단말기로도 혹은 미디어 서비스로도 볼 수 있다. 스마트폰에는 수많은 모바일 웹(mobile web)과 앱(app) 기반의 미디어 서비스들이 존재한다.

3) ATL vs. BTL매체

광고캠페인에서 통합적 마케팅 커뮤니케이션(IMC)에 대한 요구가 증가하면서 광고매체가 단순히 광고메시지를 전달하는 역할 뿐 아니라 PR, 프로모션, 이벤트, PPL 등을 지원하기 위한 도구로 활용되면서 광고대행사들은 광고캠페인에서 광고매체의 역할과 특성에 따라 광고매체를 ATL과 BTL로 구분하기 시작하였다.

ATL(above the line)이란 텔레비전, 신문, 잡지, 라디오 광고, 극장광고, 옥외광고 등의 4대 매체를 포함한 대중매체를 활용한 비대인적 커뮤니케이션 활동을 말한다. 반면에 BTL(below the line)은 ATL을 제외한, 주로 대인 커뮤니케이션적 방법을 활용하는 비대중매체 커뮤니케이션(non mass media communication)활동을 말한다. 재무적 관점과 매체대행 업무를 기준으로 광고대행사는 커미션(commission) 기반의 매체들을 ATL, 피(fee) 기반의 매체들을 BTL 매체로 구분한다. 즉, 광고대행사들이 대행 수수료로써 커미션(commission)을 받는 4대 매체를 ATL이라고 하며, 그 이외 모든 매체들을 BTL 이라고 한다. ATL매체에는 TV, 라디오, 신문, 잡지 등이 포함되며, BTL매체에는 인터넷, 모바일, IPTV, 소셜미디어, SNS, 스폰서십(sponsorship) 등이 포함된다. 또한 매체 소유 관점에서 ATL은 다른 사람에 의해 소유된 매체들(주로 4대 매체들)을 말하며, BTL은 자신이 소유하고 있는 매체들(in-store, POP, 팸플릿 등)을 말한다. 현대 마케팅에서 BTL이 차지하는 비중이 점차 증가하고 있다. BTL이 부각되는 이유는 소비자의 변화, 매체환경의 변화, 광고효과의 감소, 유통영향력의 증대 등을 들 수 있다. 즉 오늘날의 소비자들은 대중매체를 통한 브랜드와의 간접적인 접촉에서 벗어나 적극적으로 브랜드를 경험하기를 원한다. BTL은 단순히 브랜드를 소비자에게 알리기가 아닌 체험과 태도변화, 단기적 구매행동의 유발뿐만 아니라 장기적 브랜드 구축도 가능케 한다.

다매체, 다채널 시대의 도래로 브랜드 접촉점이 증가함으로써 소비자와의 다양한 브랜드 접촉점을 관리하는 것이 중요하게 되었다. 소비자의 브랜드 접촉점이 다양화되면서 대중매체만으로 효율적으로 소비자에게 도달하게 어렵게 되어감으로써 미디어에서도 ATL과 BTL을 통합하여 커뮤니케이션 시너지 효과를 극대화하기 위하여 ATL과 ATL 컨버전스가 활성화 되고 있다. 또한 새로운 BTL매체의 등장은 ATL과 BTL 컨

표 1-2 ATL과 BTL의 차이

유형	커뮤니케이션 수단들	세부 수단들
ATL	대중매체광고	TV, 신문, 잡지, 라디오
BTL	직접반응광고	인터넷, 모바일, 직접우편(DM), 전화, 인포머셜 등
	옥외, 현장광고	빌보드, 야립, 전광판, 포스터, 교통매체 등
	구매시점(POP[3])광고	진열대, 통로, 쇼핑카트, 기타 인스토어 미디어 등
	소비자 프로모션	샘플링, 쿠폰, 프리미엄, 환불, 리베이트, 보너스팩, 할인, 게임 및 컨테스트, 소비자 로열티 프로그램(마일리지) 등
	유통프로모션	머천다이징, 구매할인, 콘테스트 및 딜러 인센티브, 훈련프로그램, 무역박람회, 공동광고, 기타 유통 로열티 프로그램 등
	매장프로모션	시음, 시식 등
	이벤트, 스폰서십	스포츠마케팅, 예술(전람회), 오락, 로드쇼, 컨퍼런스, 전시,페어, 페스티발, 공익(대의)마케팅, 스폰서링 등
	MPR(marketing PR)	언론보도, 매체인터뷰, 기자회견, 뉴스레터, 사진, PR광고, 공익광고(PSA), 제 3자 보증, 대변인, 기사재인쇄 등
	인적판매	내부판매, 외부판매 등
	PPL, 협찬광고	영화, 드라마, 예능 프로그램 PPL 및 협찬광고

3) point of purchase의 머리글자로써 소비자들이 편의점 및 마트와 같은 제품과 서비스를 구매하는 유통매장 내의 눈에 잘 띄는 장소에 설치된 광고 디스플레이를 뜻한다. POS(point of sale)라고도 불린다.

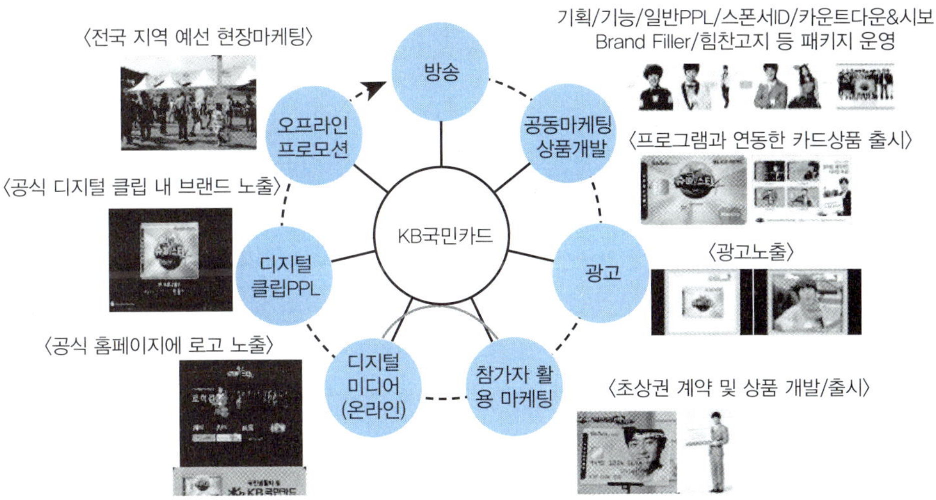

(집행 기간: 2012년 4-11월, 광고예산: 30억원)

그림 1-5 ATL과 BTL 컨버전스의 예

버전스를 더욱 활성화 시킬 것으로 기대된다. 특히 통합적 마케팅 커뮤니케이션(integrated marketing communication, IMC)의 출현으로 다양한 고객의 접점에서 우호적인 브랜드 이미지를 형성하기 위한 지속적이고 일관된 360°커뮤니케이션의 전개가 필요하게 됨에 따라서 BTL과 BTL을 통합하여 커뮤니케이션 시너지 효과를 극대화하기 위하여 ATL과 ATL 컨버전스가 중요하다. 예를 들어 전통적 메스미디이 중심의 광고와 함께 미디어 콘텐츠 속으로 들어가 소비자에게 브랜드를 직, 간접적으로 체험케 하는 PPL[4], PR, 프로모션 등의 BTL마케팅이 통합적으로 전개되어야 커뮤니케이션 시너지효과를 극대화할 수 있다.

4) 트리플 미디어

대중매체에서 뉴미디어로의 매체환경이 변화함으로써 트리플 미디어(triple media) 시대가 도래되었다. 트리플 미디어는 전통적인 대중매체 중심의 유료 미디어의 개념을 미디어의 개념을 온드 미디어(owned media)와 언드 미디어(earned media)로 확장 시켰다. 즉 전통적인 미디어는 유료 미디어만을 의미하나 유무선 인터넷 기반의 뉴미디어 시대에는 매체의 역할과 의미가 유료 미디어에서 온드 미디어와 언드 미디어로 확장된다. 광고마케팅 캠페인을 성공시키기 위해 이 세 개의 미디어 유형들을 잘 결합하

[4] PPL(product placement)이란 일정한 비용을 지불하고 특정 프로그램 안에 특정 상품, 브랜드, 로고 등을 배치함으로써 그 프로그램의 일부인양 상업적 의도를 숨긴 채 시청자들의 시선을 끄는 간접광고의 한 형태이다. PPL은 더욱 두드러지게 보여 지고 주연 배우 중의 한 사람에 의해 언급되거나 사용되어지는 '온셋배치'(onset placement)유형과 한 장면의 배경에서 보여지는 '크리에이티브배치'(creative placement)유형으로 구분된다. PPL은 소비자의 광고회피로부터 벗어날 수 있고, 단순 노출보다 더 큰 효과를 얻을 수 있기 때문 광고주의 관심을 많이 받고 있으나, 지나친 PPL 노출은 시청자의 거부감을 불러일으켜 역효과를 가져올 수 있다.

여 시너지효과를 극대화하는 것이 중요하다.

페이드 미디어

페이드 미디어(paid media)는 대중매체와 같은 유료 미디어를 말하며 온라인에서는 인터넷 디스플레이(display)광고, 검색(search)광고, 스폰서십(sponsorship)광고 등이 있으며, 오프라인에서는 대중매체광고, 옥외광고, 유료기사, 전단지광고 등이 포함된다. 페이드 미디어는 주로 광고캠페인 초기단계에 광범위한 브랜드 및 캠페인 인지도를 획득하고, 온드 미디어로 잠재고객[5]을 유도하며, 궁극적으로 언드 미디어를 창출하는 역할을 한다. 페이드 미디어는 비용을 지급하는 미디어이기 때문에 필요한 만큼 조절할 수 있으며 즉시 효과를 볼 수 있다. 또한 대규모로 전개 및 컨트롤이 가능하다는 장점을 가지고 있지만, 비용 대비 고객의 반응과 신뢰성이 낮은 것이 약점이다.

온드 미디어

온드 미디어(owned media)는 뉴스, TV, 라디오 등의 매체만이 미디어가 아니라 기업 자체가 보유하고 있는 다양한 커뮤니케이션 채널이 미디어의 역할을 하는 것을 말한다. 예를 들어 코카콜라나 P&G 등은 자사가 보유하고 운영 중인 온드 미디어를 기반으로 적극적으로 콘텐츠를 기획, 제작, 유통하는 새로운 시도를 하면서 브랜드 저널리즘이라는 새로운 개념이 형성되었다. 또한 소비자들이 원하는 콘텐츠를 공급하는 기업의 입장에서 온드 미디어의 등장이 콘텐츠 마케팅을 비롯한 다양한 새로운 마케팅 방식의 가능성을 열어주었으며, 이러한 온드 미디어를 베이스캠프로 하는 마케팅 활동이 증가하면서 온드 미디어의 광고채널화가 점차 진행되고 있다.

대표적인 온라인의 온드 미디어는 기업 및 브랜드 웹사이트(website), 블로그(Blog), 유튜브(YouTube), 페이스북(Facebook), 인스타그램(Instagram), 트위터(Twitter) 계정 등이 있으며, 오프라인에서는 매거진, 상품 패키지, 카탈로그, 매장 POP, interior, exterior, 자사 직원 및 판매 사원까지도 미디어의 정의에 포함하고 있다.

온드 미디어(혹은 소유 미디어)는 주로 고객과의 깊이 있는 커뮤니케이션으로 잠재고객을 활동적인 고객으로 전환하고, 브랜드 팬(brand fan)화를 촉진하며, 고객충성도를 강화하는 역할을 한다. 즉 대중매체광고 등의 다양한 접점을 통하여 온드 미디어에 유입된 잠재고객의 리드[6](lead)를 확보한 후 이들을 장기적으로 가망고객[7](prospective

---

5) 잠재고객은 기업에 대해 인지하고 있지 않거나 인지하고 있어도 관심이 없는 고객을 말한다. 잠재고객을 가망고객으로 만들기 위해서 기업이나 상품의 존재를 알릴 필요가 있다.

6) 기업의 홈페이지나 기타 온드 미디어에 방문한 잠재고객에게 고객이 원하는 정보를 제공함으로써 고객의 관심과 구매의향을 환기해 고객 스스로가 기업이 연락을 취할 수 있는 정보(예를 들어 전화번호, 이름, 이메일, 카카오톡 아이디, 페이스북 아이디 등)를 제공하는 고객을 말한다. 즉 기업으로부터의 연락에 동의한 관심고객이라고 할 수 있다.

7) 가망고객은 기업에 대해 인지하고 있으며 어느 정도의 관심을 보이는 신규고객이 될 가능성이 있는 고객층을 말한다.

customer), 신규고객[8](new customer), 충성고객[9](royal customer), 나아가 옹호고객[10](advocate)으로 육성하는 허브(hub)로 활용할 수 있다. 이러한 온드 미디어 기반의 고객 육성 마케팅을 온드 미디어 마케팅[11]이라고도 한다.

온드 미디어는 매체비용이 들지 않고 기업이 통제가 쉽기 때문에 온드 미디어를 기반으로페이드 미디어와 언드 미디어를 융합하는 트리플 미디어전략이 활성화되고 있다. 예를 들어 캠페인 초기에 페이드 미디어로 잠재고객의 관심을 끌어 이들을 온드 미디어로 유입시키고, 이러한 유입된 잠재고객들에게 유용하고, 재미있는 콘텐츠를 지속적으로 공급함으로서 바이럴(viral)을 발생시킬 수 있다.

특히 오늘날 SNS 이용자 수가 지속적으로 증가하고 이들을 대고객 접점으로 하는 기업들의 광고 및 마케팅활동이 증가함으로서 온드 미디어를 모든 광고 및 마케팅 활동의 허브(hub)로 활용한다. 예를 들어 기업이 소유하거나 운영하고 있는 온드 미디어 채널들(웹사이트, 앱, 블로그, SNS 공식 계정 등)에 유입된 고객들의 리드(lead)를 확보한 후 이를 활용하여 할인쿠폰을 정기적으로 발송함으로서 재구매율을 높이거나 충성도를 강화하는 마케팅활동을 실행할 수 있다. 한편 온드 미디어는 비용 대비 효율성이 높은 편이지만, 기업이 제공하는 정보에 대한 신뢰성이 떨어진다는 약점을 가지고 있다.

언드 미디어

언드 미디어(earned media)는 소비자가 스스로 매체가 되어 바이럴효과를 일으키는 것을 언드 미디어 혹은 회득 미디어(혹은 공짜 미디어)라고 한다. 즉, 바이럴(viral)이

표 1-3 트리플 미디어(triple media)의 유형과 특징

구분	매체종류	수용자 특성	역할
페이드 미디어 (paid media)	대중매체, 옥외매체, DM, 검색광고, 스폰서십광고, 인스토어 미디어 등	불특정 다수 (strangers)	캠페인 인지, 온드 미디어로 고객 유입, 언드 미디어 창출
온드 미디어 (owned media)	브로슈어, 매장, 기업 웹 및 앱 페이지, SNS 공식 계정, 브랜드 커뮤니티 등	잠재, 가망, 신규, 충성고객들	광고 및 마케팅활동의 허브, 고객 육성 및 관계 유지 촉진. 충성도 강화
언드 미디어 (earned media)	WOM(word of mouth), 바이럴(Viral), 버즈[12](Buzz)	옹호고객들	캠페인 확산. 대고객 신뢰와 평판 형성

8) 처음으로 기업과 거래를 시작한 단계의 고객을 말한다.
9) 자사의 제품을 지속적으로 재구매하고, 자사 제품 이외에 다른 제품들에는 관심을 두지 않는 고객을 말한다.
10) 기업 대신 기업이나 판매상품의 홍보자가 되어 주위 사람들에게 공유나 추천 등을 통해 입소문을 내주는 고객을 말한다.
11) 자사가 보유 혹은 운영 중인 온드 미디어를 통해 잠재고객에게 필요한 콘텐츠를 지속적으로 공급함으로서 대 고객 접점을 극대화하고, 장기적으로 실 구매고객, 나아가 충성고객으로 육성해 나가는 마케팅 활동을 말한다.
12) 벌이 귓가에서 윙윙거리는 소리 혹은 소문이라는 뜻을 지니며, 인터넷 공간에서 넘쳐나는 소비자 댓글, 사용 후기, 공유 등을 포함한다.

라고 불리는 구전효과를 하나의 미디어 개념으로 확대한 것으로 볼 수 있다. 구체적으로 온라인에서는 페이스북(Facebook), 트위터(Twitter), 블로그(Blog), 게시판 등에 나타나는 좋아요(like), 댓글, 유저 간 공유(share), 리트윗[13](retweet), 전문가의 평가 등이 모두 언드 미디어에 포함된다.

오프라인에서는 대중매체에서 제품과 관련된 신문기사, TV 보도 프로그램, 구전(word of mouth) 등이 언드 미디어에 속한다. 언드 미디어는 캠페인을 확산시키는 역할을 하며, 소비자가 주체적으로 제품에 대한 평판을 확산하는 미디어이기 때문에 가장 신뢰도가 높은 미디어이다. 언드 미디어가 효율적으로 기능하면 브랜드에 대한 고객의 신뢰와 평판이 발생한다. 그러나 언드 미디어는 비용을 지급하거나 자신이 소유하는 미디어가 아니므로 통제가 어렵고 부정적일 수 있으며 대규모 전개가 어렵다. 오래전부터 언드 미디어는 소비자의 신뢰지수에 영향력을 끼쳐 매출에 상당한 영향력을 미쳐왔다. 이제 언드 미디어의 실체가 소셜 미디어(social media)라는 채널로 명확해지면서 언드 미디어 볼륨(volume)을 최대한 확보하기 위해 소셜 미디어는 앞으로 더욱 중요해 질 것이다.

6 광고매체 효과의 범위

전통적인 대중매체는 광고 시간 및 지면의 제약, 혹은 커뮤니케이션의 일방향성 등으로 고객 개개인에게 맞춤형 광고메시지를 전달하거나, 쿠폰광고, 프로모션 광고, 이벤트성 광고 등 다양한 직접마케팅 수단들을 구사하여 고객으로부터 직접적인 반응을 촉구하는 데에는 한계가 있었다. 그러나 뉴미디어는 소비자와 상호작용할 수 있는 양방향 인터페이스를 통하여 소비자로부터 구체적인 행동반응을 이끌어 낼 수 있다. 따라서 뉴미디어 기반의 광고의 경우 캠페인 종료 후 일반광고와 달리 캠페인의 노출효과 및 커뮤니케이션효과 뿐 아니라 캠페인의 구체적인 성과를 나타내는 ROI(return on investment)효과 및 브랜딩효과를 창출할 수 있다. 따라서 광고매체의 효과는 노출효과에서 커뮤니케이션효과, ROI효과, 브랜딩효과를 포함한다. 특히 대중매체 광고는 캠페인을 통해 매출에 기여는 하지만 그 기여도가 측정이 잘 안 되는 반면에 뉴미디어 기반의 광고는 노출에서부터 제품구매까지 소비자의 광고에 대한 반응을 추적할 수 있다. 예를 들어 SMS 기반의 모바일광고의 경우 만약 특정 광고주가 백만 통의 광고메시지를 SMS를 이용하여 타깃들에게 발송하면 휴대폰을 꺼놓았거나 해외에 나갈 때 로밍을 하지 않고 출국한 나머지를 뺀 97~98만 통의 광고가 수신되고, 또 그 광고메시지를 보고나서 확인을 눌러 무선 인터넷 홈페이지에 있는 이벤트 페이지에 접속한 후 쿠폰

13) 다른 사용자의 투고된 트윗을 인용하여 재트윗하는 것을 말한다. 팔로워를 많이 갖고 있는 사용자가 리트윗하면 그것을 본 팔로워에 의하여 다시 리트윗되어 정보가 폭발적으로 확산된다.

을 다운받아서 매장에서 제품을 구매하게 되는 단계별로 각 수치가 파악이 된다. 이처럼 모바일광고와 같은 뉴미디어는 광고주들로 하여금 고객 데이터베이스에 저장된 표적수용자의 취향을 분석해서 차별화된 메시지를 제공할 수 있을 뿐만 아니라, 수용자의 반응도 즉각적으로 파악할 수 있는 등 광고의 효과를 가시적으로 확인할 수 있다.

노출효과

메시지 전달자로써 광고매체의 노출효과(exposure effect)는 광고메시지가 사람들에게 얼마나 보이는가를 나타내는 것으로 크게 도달효과(reach effect)와 반복효과(repetition effect)로 구분할 수 있다. 도달효과는 광고메시지를 얼마나 많은 표적 수용자에게 노출시킬 것인가를 말하며, 반복효과는 광고메시지를 동일한 표적 수용자에게 얼마나 반복적으로 노출시킬 것인가를 말한다. 도달효과는 도달률(reach), 반복효과는 빈도(frequency)라는 개념으로 표현된다.

도달효과는 인지도와 밀접한 관련이 있으며, 반복효과는 역치[14](threshold) 및 감퇴효과[15](wear-out effect)와 관련이 있다. 즉 도달효과가 부족하면 광고주가 기대하는 크기의 표적 수용자들에게 광고메시지를 도달시킬 수 없으며, 반복효과가 부족하면 역치라는 인식의 문턱을 넘어서지 못하기 때문에 광고주가 기대하는 최소한의 광고효과를 얻기 어렵다. 도달효과와 반복효과가 적절히 결합하여야 인지도, 호감도, 구매의향과 같은 최소한의 기대하는 광고효과를 얻을 수 있다. 미디어 플래너(media planner)는 광고주가 기대하는 광고효과를 얻기 위하여 도달효과와 반복효과가 적절히 균형을 이룰 수 있도록 매체스케줄을 구성하여야 한다. 도달효과와 반복효과를 높이기 위하여 역치를 넘어서는 노출량의 투입과 함께 정교한 타깃팅과 대중매체와 뉴미디어를 아우르는 다양한 커뮤니케이션 채널들을 믹스하는 통합적 미디어 믹스전략이 필요하다.

커뮤니케이션효과

커뮤니케이션효과(communication effect)는 광고메시지와의 커뮤니케이션을 통하여 발생하는 효과를 말한다. 광고가 소비자들의 주목을 끌고, 기억하게 하고, 합리적 선택을 할 수 있도록 소비자에게 제품을 알리거나 호감을 높이고 구매욕구를 불러일으키는 것을 말한다. 즉 우리 제품을 모르면 알게하고, 알고는 있으나 좋아하지 않으면 좋아하게 하고, 좋아하고는 있으나 구매하지 않으면 구매할 의향을 높이는 것을 말한다. 따라서 커뮤니케이션효과란 광고정보처리의 결과로 발생하는 인지적, 태도적, 행동의도적

---

14) 역치(threshold)란 생리학에서 감각세포에 흥분을 일으킬 수 있는 최소의 자극의 크기를 말한다. 매체기획에서 역치는 광고의 효과가 발생하기 시작하는 최소한의 노출횟수 혹은 유효빈도를 말한다. 인지학습이론의 관점에서 역치는 인식의 문턱이라고도 할 수 있다.

15) 감퇴효과(wear-out effect)는 표적 수용자들이 과잉노출로 인하여 광고메시지에 더 이상 주의집중을 하지 않거나 심지어 광고에 싫증을 내게 되는 현상을 말한다.

반응과 같은 소비자의 심리적 반응을 말한다.

ROI와 ROAS효과

ROI(return on investment)는 투자 대비 수익률을 나타내는 용어로써 광고캠페인의 비용투자의 결과로써 광고주가 얻기를 기대하는 구체적인 성과(performance)를 의미한다. 뉴미디어 기반의 광고를 이용하는 광고주들의 가장 큰 관심사는 얼마나 많은 사람들이 광고메시지에 노출되는 가에 있는 것이 아니고 얼마나 많은 사람들이 광고메시지에 노출된 후 상품주문 등 구체적인 반응을 보이는가 하는 것이다. 이것은 뉴미디어 기반의 광고는 소비자와 상호작용할 수 있는 양방향 인터페이스를 통하여 소비자로부터 구체적인 행동반응을 이끌어 낼 수 있기 때문이다. 따라서 뉴미디어 기반의 광고의 경우 캠페인 종료 후 일반광고와 달리 캠페인의 구체적인 성과를 나타내는 ROI효과를 측정하는 것이 중요하다. ROI효과에는 프로모션 및 이벤트참여, 상품주문 등을 포함한 소비자들의 구체적인 행동반응들을 포함한다. 예를 들어 온라인(PC) 및 모바일 광고 캠페인의 경우에 ROI효과는 동영상 다운로드 횟수, 쿠폰다운로드 횟수, 게임, 프로모션, 이벤트 참여자 수, 상품주문 횟수, 매출액 등을 포함한다.

ROI와 비슷한 개념으로 광고나 마케팅의 비용 효율성을 측정하는 데 사용되어지는 지표로 ROAS(return on ads spending, 광고수익률)가 있다. ROAS는 매출을 비용으로 나눈 후 백분율로 환산한 값(=(매출/비용) × 100)으로서 현재 집행하고 있는 캠페인이 어떤 상황인지 점검해볼 수 있는 지표가 된다. 뉴미디어 기반의 광고 및 마케팅 캠페인의 ROI 및 ROAS효과를 높이기 위하여 4대 매체 중심의 미디어 믹스의 비중을 줄이고, 소비자로부터 직접반응을 촉구할 수 있는 온라인(PC) 및 모바일 기반의 미디어의 비중을 높여 소비자와의 브랜드 접촉점을 늘리고 ROI 및 ROAS효과를 높이는 방향으로 접근하는 것이 필요하다.

브랜딩효과

브랜딩효과(branding effect)는 광고가 브랜드 자산(brand equity)[16] 구축에 얼마나 기여했는가를 나타낸다. 즉, 브랜딩효과는 브랜드 인지도를 높이고, 차별화된 연상 혹은 이미지를 구축하고, 지각된 품질을 향상시키고, 브랜드 충성도를 높이는 데에 광고가 얼마나 기여하는 가를 나타낸다. 브랜딩효과는 전통적인 4대 매체들을 통해서뿐만 아니라 온라인, 모바일, 직접우편, 빌보드, 인스토어 미디어, 스폰서십 등의 BTL매체들을 활용한 통합적 브랜드 커뮤니케이션(integrated brand communication) 채널들을 통하여 창출된다. 특히 온라인, 모바일, SNS, 디지털 사이니지(digital signage) 등을 포함한

16) 브랜드를 가졌기 때문에 발생하는 바람직한 마케팅효과(예: 높은 시장점유율, 수익 창출)를 말한다. 데이비드 아커(David A. Aaker, 1991)에 의하면 브랜드 자산은 브랜드 인지도, 브랜드 연상, 지각된 품질, 브랜드 충성도의 네 가지 구성요소들을 포함한다.

표 1-4 아커(Aaker, 1991)의 브랜드 자산의 네 가지 구성요소들

구성요소들	정의
브랜드 인지도 (brand awareness)	브랜드를 재인(recognition)[16] 혹은 회상(recall)[17] 할 수 있는 능력을 말한다.
브랜드 연상 (brand association)	브랜드와 관련하여 머릿속에 떠오르는 연상들을 말한다.
지각된 품질 (perceived quality)	브랜드와 관련한 직간접적 경험에 의해서 나타난 제품의 품질에 대한 평가를 말한다.
브랜드 충성도 (brand royalty)	어떤 소비자가 특정 상표에 집착하여 이 상표를 타 상표들보다 더 선호하고, 계속 구매, 사용하려는 심리적 성향을 말한다.

자료원: Aaker, David A. (1991). Managing brand equity. New York : The Free Press

상호작용적 매체들은 브랜드를 간접적으로 체험할 수 있는 가상체험공간을 제공함으로써 단순한 노출 이상의 브랜딩효과를 창출할 수 있다. 예를 들어 모바일광고는 이용자들에게 제품정보 제공, 동영상 및 쿠폰 다운로드, 게임, 이벤트, 무료샘플 제공 등을 통하여 브랜드를 간접적으로 체험케 함으로써 브랜드 인지도를 높이고, 차별화된 이미지를 구축하고, 지각된 품질을 향상시키고, 브랜드 충성도를 높이는 데 기여한다. 브랜딩효과는 차별화된 브랜드 이미지의 구축을 통해 창출되며, 이러한 차별화된 이미지는 소비자들이 다양한 브랜드 접촉점을 통하여 브랜드와 접촉하는 매 순간 형성된다. 따라서 브랜딩효과를 높이기 위하여 ATL과 BTL, 온라인과 오프라인 미디어들을 통합하여 커뮤니케이션 시너지효과를 극대화하는 통합적 커뮤니케이션전략이 요구된다.

표 1-5 시청률과 인게이지먼트의 비교

구분	시청률	인게이지먼트
패러다임	얼마나 많은(how many)	얼마나 깊이 있게(how deeply)
관점	정량적	정성적
접근법	매체중심(media-centric)	수용자중심(viewer-centric)
측정항목	단순 노출 혹은 OTS	이해, 몰입, 집중, 관여, 만족, 관련성 등
지표(Index)	GRPs, CPM, Impression	인게이지먼트 지수(engagement index)

자료원: 한국방송광고진흥공사(2008), 인게이지먼트를 활용한 광고 효과 조사

17) 일련의 광고가 제시된 후에 소비자의 기억 속에 저장된 정보가 존재하고 있는지를 확인하는 것을 말한다.
18) 소비자가 습득하여 저장한 정보를 인출하는 것을 말한다.

인게이지먼트효과

오늘날 다양한 상호작용적 특성을 가진 뉴미디어들이 등장하고 소비자들의 광고에 대한 통제권이 증가하면서 매체효과도 대중매체 중심의 수동적인 노출에서 벗어나서 소비자를 광고메시지에 적극적으로 몰입시키는 인게이지먼트(engagement)와 같은 개념으로 확장되고 있다. 인게이지먼트효과는 광고매체 혹은 광고메시지 등에 노출된 사람들이 광고매체가 제공하는 정보 혹은 메시지를 이해하고, 몰입하고, 집중한 정도를 말한다. 즉, 인게이지먼트는 단순히 매체 혹은 메시지에 노출된 사람의 수(how many)보다, 매체 혹은 메시지와 접촉한 순간 소비자들이 얼마나 깊이(how deeply)있게 정보를 이해(understand)하고, 몰입(engage)하고, 집중(attentive)하였는가와 같은 정성적인 효과를 말한다.

인게이지먼트효과는 소비자를 몰입시키는 적절한 노출 맥락(context)에서, 적절한 표적 수용자에게, 적절한 시점에서 임팩트가 있는 크리에이티브한 메시지를 제공하였을 때 발생한다. 예를 들어 일반적으로 옥외매체는 유동인구가 많은 지역에 설치하는 것이 효과적이라고 생각하기 쉬우나 유동인구가 많은 매체노출 환경 하에서는 상대적으로 광고메시지가 산만한 상태에서 수용되는 경우가 많기 때문에 인게이지먼트효과가 상대적으로 크지 않을 수 있다. 이처럼 인게이지먼트효과는 반드시 매체의 노출효과와 비례적이지는 않다. 〈표 1-6〉은 시청률과 인게이지먼트의 차이를 보여주고 있다. 〈표 1-6〉

표 1-6 TV프로그램의 시청률과 인게이지먼트 지수의 비교

Top 12 Programs Ranked by Engagement

인게이지먼트 순위	프로그램	프로그램 인게이지먼트 지수	닐슨 시청률
1	Heroes	121	5.3
2	Lost	120	4.9
3	Unhitched	117	2.2
4	Welcome to the Captain	117	2.2
5	Medium	116	3.1
6	Jericho	114	2.0
7	One Tree Hill	114	1.3
8	Prison Break	114	3.1
9	The new Adventure of Old Christine	114	3.5
10	30 Rock	113	2.8
11	Chuck	113	3.1
12	Life	113	2.7

자료원: Broadcast & Cable(2008. 4. 28)

에서 보여지듯이 일부 TV프로그램의 경우 시청률이 높아도 인게이지먼트 지수는 비례하여 높지 않다. 이러한 경우 TV 프로그램을 선택할 때 시청률뿐만 아니라 인게이지먼트효과도 고려하여야 한다는 것을 알 수 있다.

인게이지먼트 개념은 소셜 미디어를 활용한 광고 및 마케팅이 활성화되면서 소셜 미디어 광고 및 마케팅의 효과를 측정하는 데에 더 적절한 지표로 사용되어지고 있다. 소셜 미디어 인게이지먼트는 좋아요(like), 코멘트(comment), 공유(share), 리트윗(retweet) 등과 같은 SNS 이용자들의 콘텐츠에 대한 다양한 상호작용행동들을 나타내는 개념으로 사용되고 있다.

바이럴효과

바이럴(viral)은 바이러스(virus)의 형용사형으로 '전이되는' 등의 의미가 있으며, 바이러스가 전염되듯이 소비자들 사이에 소문을 타고 브랜드에 대한 홍보성 정보가 끊임없이 전달되는 구전효과를 의미한다. 바이럴효과는 입소문(word of mouth, WOM), 버즈(buzz)라고도 불리며, 인터넷을 통하여 소비자 간에 발생하는 제품정보, 사용후기, 추천 등의 정보교환을 별도로 온라인 구전(eWOM)이라고 한다. 인터넷 포털(portal)의 연관검색어, 실시간검색어, 네이버 카페의 이용자로 가장한 콘텐츠 포스팅과 블로그, 지식in 포스팅 등이 인터넷을 통한 입소문의 주요 통로로 이용되고 있다. 특히 SNS(social network service)는 기본적으로 참여, 공유, 확산의 미디어이기 때문에 바이럴효과를 창출하는 데에 효과적이다. SNS 이용자들은 기업의 광고나 프로모션에 댓글을 달거나 '좋아요,' '공유,' '리트윗,' 등과 같은 SNS의 고유 기능들을 통해서 자신이 선호하는 광고, 제품, 혹은 서비스를 표시하고, 온라인 구전행위에 참여할 수 있다. 온

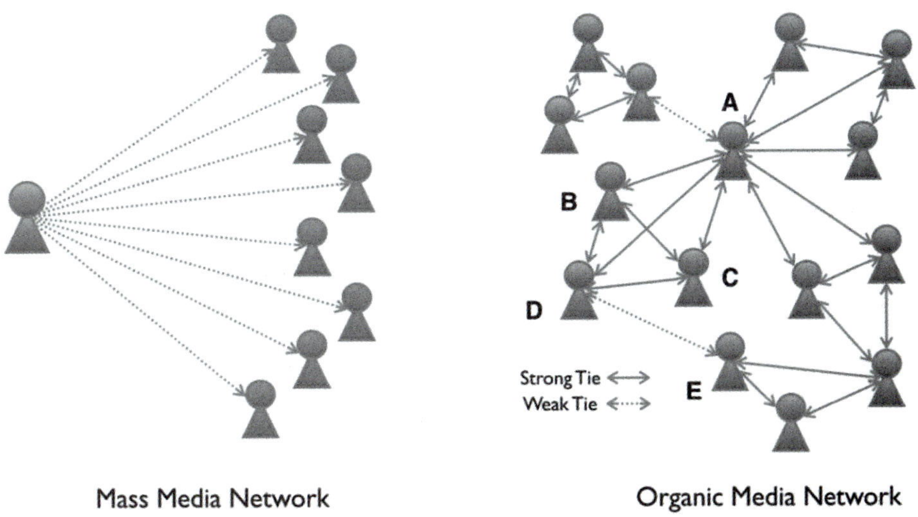

그림 1-6 바이럴효과

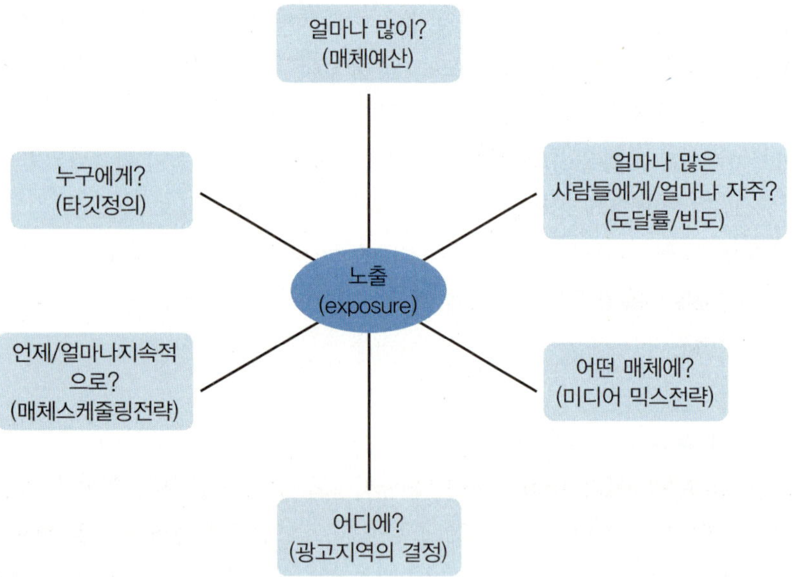

그림 1-7 매체의사결정과정의 범위

라인 구전은 이용자들의 입소문을 통해서 확산되기 때문에 비용이 들지 않고, 비교적 신뢰도가 높으며, 이용자의 구매결정을 돕는다. 반면 온라인 구전이 부정적인 방향으로 발생할 경우 기업 스스로 통제가 불가능하며, 기업에 큰 피해를 초래할 수 있다.

7 매체의사결정과정의 범위

매체의사결정과정은 누구에서(who), 언제(when), 어디에(where), 어떤 매체에(which media), 얼마나 많은 사람들에게(how much), 얼마나 자주, 얼마나 지속적으로(how long) 노출시킬 것인가를 말한다. 누구에게 노출할 것인가? 하는 문제는 표적 수용자의 설정 혹은 정의(target definition)를 말하며, 얼마나 많은 사람들에게 얼마나 자주 노출할 것인가? 하는 문제는 매체예산(media budget) 및 매체목표(media objective) 설정과 관련이 있고, 어떤 매체에 노출시킬 것인가? 하는 문제는 미디어 믹스(media mix)전략과 관련이 있다. 언제, 얼마나 지속적으로 노출시킬 것인가? 하는 문제는 매체스케줄링(media scheduling) 전략과 관련되어 있다. 어디에 노출할 것인가? 하는 문제는 광고지역의 결정과 관련이 있다.

CHAPTER 02

크리에이티브와 미디어

1 제품특성과 크리에이티브의 방향에 맞는 매체선택

일반적으로 제품의 특성, 크리에이티브 방향, 매체의 특성의 삼박자가 일치하여야 원하는 광고효과를 얻을 수 있다. 예를 들어 제품의 성격이 고관여/이성제품이고, 크리에이티브의 방향이 이성적 소구를 한다면 매체는 이성적 소구에 적합한 매체를 선택하여야 한다. 반면에 제품이 고관여/감성제품이고 크리에이티브의 방향이 감성적 소구라면 감성적 소구에 적합한 매체를 선택하여야 한다. 가령 어떤 식음료제품 광고의 크리에이티브가 푸딩을 디저트로 맛있게 먹는 장면과 먹고 난 후의 만족감을 표현하는 것이라면 디저트로 먹고 난 후의 만족감을 잘 표현할 수 있는 텔레비전과 같은 영상매체를 선택하는 것이 효과적이다. 텔레비전광고의 경우 톤(tone)과 매너(manner)가 프로그램의 분위기와 일치하면 광고 메시지의 수용성은 높아지고 광고에 대한 긍정적인 태도는 증가하게 된다. 예를 들어 광고 크리에이티브가 사색적이고 조용한 톤으로 표현된다면 저녁 TV시간대보다 조용한 아침 TV시간대가 더 적합할 것이다. 또한 광고메시지의 내용이 기사 혹은 콘텐츠와의 관련성이 있으면 표적 수용자에 대한 적중률을 높일 수 있다. 예를 들어 신문, 잡지, 인터넷의 컴퓨터관련 기사 혹은 콘텐츠가 나오는 지면이나 사이트에 컴퓨터제품 광고를 한다면 표적 수용자로부터 더 큰 효과를 기대할 수 있다. 따라서 매체를 선택할 때 제품특성 및 크리에이티브 방향이 매체특성과 부합하는가를 고려하여야 한다.

제품의 특성과 크리에이티브의 방향뿐만 아니라 표적 수용자의 특성에 따라서도 매체의 선택이 달라진다. 예를 들어 표적 수용자가 대학생들과 같은 진보적인 성향을 띄고 있다면 보수적 색채를 띠고 있는 조선일보보다 진보적 색채를 띠고 있는 한겨레신문이 더 적합한 매체가 될 것이다. 또한 표적 수용자가 추운 겨울날씨에 뜨거운 라면을 원하는 사람들이면 온도가 영하로 떨어질 때 날씨 채널에 광고를 하는 것이 적합하다. 미디어 플래너는 이처럼 제품특성, 크리에이티브의 방향, 표적 수용자의 특성을 고려하여 적합한 매체를 선택하여야 광고캠페인의 효과를 기대할 수 있다.

2 매체의 특성과 수용자의 매체이용행태를 고려한 크리에이티브

마셜 맥루한(Marshall McLuhan)이 "미디어는 메시지"라고 말한 것처럼 실제로 동일한 메시지라도 TV로 보는 것, 신문으로 읽는 것, 인터넷 사이버 공간에서 체험하는 것, 구전(WOM)과 같이 사람으로부터 듣는 것은 큰 차이가 있다. TV, 신문, 라디오, 잡지, 케이블TV, 인터넷, 소셜 미디어 등 각 매체마다 매체특성이 다르며 이에 따라 미디어 수용자의 매체이용행태가 다르다. 예를 들어 텔레비전은 저녁시간대에 오락적 목적으로 주로 이용되는 매체이며, 라디오는 출퇴근 시간대에 직장인 혹은 낮 시간대에 주부들이 주로 듣는 가벼운 분위기의 매체이다. 신문은 주로 오전에 생활정보를 얻기 위하여 읽는 매체이며, 잡지는 수용자가 편할 때 읽는 매체이다. 케이블TV 중 YTN채널은 뉴스전문채널로써 직장인들이 주로 퇴근 후 이용하는 무거운 분위기의 매체인 반면 투니버스(Tooniverse)와 같은 어린이 만화영화 채널은 주로 어린이 시청자들이 방과 후 혹은 휴일에 이용하는 가벼운 분위기의 매체이다. 따라서 스낵류 혹은 청량음료와 같은 저관여제품의 광고에는 YTN보다 투니버스와 같은 매체가 더 적합하다.

또한 유튜브는 내가 보고 싶은 동영상을 검색해서 보는 검색의 미디어이자 동시에 사용자들이 보고 싶은 영상을 기다렸다가 시청하기 때문에 콘텐츠를 집중해서 소비하는 몰입의 미디어이다. 따라서 유튜브의 경우 영상제작을 통해 특정 제품을 사용하거나 특정 사건을 경험하는 과정을 콘텐츠로 제작하여 업로드하는 것이 효과적이다.

반면 페이스북은 지인들이 업로드한 글, 사진, 동영상 등을 보면서, 광고메시지에 노출되는 경우가 많은 발견의 미디어이자 동시에 사용자들이 기업 혹은 브랜드와 관련된 자신의 경험을 다른 사람들과 공유하거나 입소문을 내는 데 효과적인 매체이다. 따라서 사람들 사이에 입소문과 화제를 불러일으키는 바이럴 콘텐츠를 제작하여 배포하는 것이 효과적이다.

또한 인스타그램[1](Instagram)은 사용자 자신들이 좋아하는 특정 주제에 해당하는 게시글, 사진, 이미지 등을 쉽게 검색하고, 해시태그[2](hashtag)로 쉽게 큐레이션[3](curation)할 수 있는 미디어이다. 따라서 인스타그램은 사진에 기반하는 매체 특성상 시각적으로 재미있거나 아름다운 장면을 연출하는 이미지를 업로드하면서 해시태그를 활용하는 방식으로 마케팅을 전개하는 것이 효과적이다. 이처럼 소셜 미디어의 경우 채널의 특성과 이에 따른 사용자의 매체이용행태가 각각 다르기 때문에 수용자의 매체이

1) 사용자가 직접 올린 콘텐츠 이외에 댓글이나 '좋아요'를 누른 콘텐츠를 타임라인에 노출하지 않는 폐쇄형 SNS이다.

2) 단어나 여백 없는 구절 앞에 해시 기호 #를 붙이는 형태의 표시방법을 말한다. 해시 기호(#) 뒤에 특정 단어를 쓰면 그 단어에 대한 글을 모아서 볼 수 있다. 해시태그는 게시물의 분류와 검색을 용이하게 만든 일종의 메타 데이터로서, 관심있는 주제에 관한 게시물을 찾을 때 유용하다.

3) 다른 사람이 만들어 놓은 콘텐츠를 개별 목적에 따라 분류하고 배포하는 것을 말한다. 즉 여러 정보를 수집, 선별하고 이에 새로운 가치를 부여해 전파하는 것을 말한다.

용행태를 고려하여 스토리텔링에 변화를 주어야 광고의 효과를 극대화할 수 있다.

이처럼 수용자가 어떤 맥락(context)에서 매체를 이용하는가를 알면 크리에이티브를 훨씬 실감나게 만들 수 있으며, 수용자의 매체이용행태에 맞게 크리에이티브에 변화를 주어야 광고의 효과를 기대할 수 있다. 따라서 오늘날 표적 수용자의 매체이용행태를 고려하지 않은 크리에이티브는 효과를 기대할 수 없으며 크리에이터들은 메시지를 먼저 만들기 전에 매체특성과 수용자의 매체이용행태를 먼저 이해하여야 한다.

3 크리에이티브가 매체의사결정과정에 미치는 영향

크리에이티브는 매체의사결정과정(media decision making process)에 직접적인 영향을 미친다. 예를 들어 광고메시지의 복잡성(complexity) 수준이 높으면 유효빈도 수준을 높여야 하는 반면 광고메시지의 친숙성(familiarity)과 참신성(novelty) 수준이 높으면 유효빈도 수준을 낮추어도 된다. 또한 오랜 기간 동안 단일 소재로 텔레비전광고를 집행할 경우 지나치게 노출이 많이 이루어져 소비자는 광고메시지에 쉽게 싫증과 지겨움을 쉽게 느끼게 되는 반면 소비자들에게 광고메시지에 대한 충분한 노출이 이루어지기 전 광고소재를 교체해 버리면 아무리 훌륭한 크리에이티브라도 광고효과를 기대하기 힘들다.

우리나라 텔레비전광고의 경우 평균 2.6개월마다 소재교체가 이루어진다고 보고되고 있으나, 일정 수준(1,000~1,200 GRPs)의 노출량을 넘어서면 과잉노출로 광고회상도의 감소와 같은 감퇴효과(wear-out effect)가 발생하는 것으로 알려져 있다. 특히 오랜 기간 동안 단일 소재로 광고를 집행할 경우 과잉노출이 발생하기 쉬우며, 만약 과잉노출이 발생하여 감퇴효과가 발생하게 되면 즉시 광고소재를 교체해주어야 한다. 다만 오랜 기간 동안 단일 컨셉트로 광고를 집행할 경우에도 광고소재를 다양화하거나. 복수의 모델을 사용하는 등 실행전략을 달리한다면 감퇴효과를 최소화할 수 있다.

텔레비전광고의 경우 광고를 집행할 때 크리에이티브와 관련하여 고려해야할 또 하나의 요소는 광고의 길이이다. 일반적으로 장 초수광고가 짧은 초수의 광고보다 더 효과적이라고는 할 수 없으나, 크리에이티브가 드라마형식으로 스토리텔링이 긴 메시지인 경우 30초 이상의 비율을 늘려야 하는 반면 이벤트나 프로모션광고 등 일회성 광고 캠페인의 경우에는 짧은 초수의 광고로도 원하는 광고효과를 얻을 수 있다.

4 새로운 개념의 등장 : 미디어 크리에이티브

과거 대중 매체만 있던 시대에는 각 매체유형마다 광고길이, 규격. 위치 포맷이 정형화되고 획일적이었기 때문에 수많은 광고들 중에서 소비자의 시선을 사로잡기 위해서는 잘 짜여진 전략을 바탕으로 광고표현물을 얼마나 크리에이티브하게 잘 만드는가 하는 것이 매우 중요하였다. 그러나 2000년 중반에 접어들어 디지털 기반의 뉴미디어의 종류가 다양해지면서 광고표현물의 내용 그 자체와 상관없이 미디어를 크리에이티브하게(창의적으로) 활용하는 것만으로도 소비자의 시선을 사로잡을 수 있게 되었다.

예를 들어 2006년 칸 국제광고제에서 금사자상을 수상한 파파존스광고는 가정집의 현관문 문구멍에 작은 전단광고를 붙여 집주인이 현관문 렌즈를 통해 방문자를 확인할 때마다 파파존스의 배달원 모습과 함께 배달번호를 기억할 수 있도록 하였으며, 화장실의 핸드 드라이어를 활용한 울프 핫소스(Wolf hot sauce)광고는 손을 대면 뜨거운 바람이 나오는데 마치 사람이 뜨거운 입김을 부는 것 같은 느낌을 제공함으로써 소비자의 경험의 폭을 확장하으며, 일본의 지하철에서 집행된 신라면광고는 지하철 손잡이에 신라면 컵을 집어넣음으로써 사람들이 무의식적으로 신라면을 쳐다보면서 기억하게 만들었다.

최근에는 2016년 브라질의 제이 월터 톰슨 대행사는 1인 창작자들이 스마트폰으로 제작한 세로형태의 동영상의 양옆 남은 공간(검은 바, black bar)을 비영리단체(NG)에 기부하는 “Donate The Bars” 캠페인을 진행하여 1인 창작자들로부터 큰 호응과 함께 수많은 자발적인 참여를 이끌어 내었다. 유튜브 이용자들은 영상이 재생되는 동안 스크린 양옆 남은 공간의 광고에 자연스럽게 눈길을 주게 되고, 이 덕분에 50여개 NGO들은 새로운 방식으로 4,000만의 노출을 돈 한 푼 들이지 않고 획득하였다. 이 광고가 유튜브 이용자들의 주목을 받게 된 것은 콘텐츠 자체에 있지 않고 평소에 눈여겨보지 않던 공간에 광고가 들어섰기 때문이다.

이처럼 채널이 주는 의외의 경험만으로도 소비자들에게 기업, 브랜드, 캠페인을 효율적으로 각인시킬 수 있으며, 이것은 광고의 내용보다 광고를 담는 그릇인 미디어에서 의외성을 끌어내어 소비자들에게 브랜드나 캠페인을 각인시킬 수 있다는 것을 말해준다. 시도를 미디어 크리에이티브 전략이라고 한다. 따라서 미디어 크리에이티브는 미디어를 창의적으로 활용하는 방법 전반을 두루 이르는 용어라고 정의내릴 수 있다.

미디어 크리에이티브는 광고길이, 위치, 형식의 제약을 적게 받고 크리에이티브를 자유롭게 구사할 수 있는 소셜 미디어, 디지털 사이니지, 엠비언트 미디어 등에서 크게 활용되고 있다. 예를 들어 코카콜라는 2015년에 TV, 라디오, 옥외광고와 스마트폰을 연동한 캠페인은 광고가 노출되는 TV 등에 스마트폰을 갖다 대면 화면에 잔이 표시되고 콜라가 따라지기 시작한다. 한 잔 가득 담긴 후에는 코카콜라 제로를 마실 수 있는 무료 쿠폰을 제공한다. 이 캠페인은 스마트폰과의 연동으로 소비자 경험의 폭을 더욱 확장시키고 신선한 느낌을 제공한 시도이다.

최근에 디지털 기반의 미디어들은 증강현실(AR) 및 가상현실(VR)과 같은 새로운 테크놀로지를 광고에 접목함으로서 미디어 크리에이티브를 더욱 풍성하게 만들고 있다. 예를 들어 2014년 펩시의 증강현실을 적용한 광고는 버스 쉘터(bus shelter)의 측면 유리창에 비친 주변 길거리 풍경을 배경으로 외계인이 침공하거나 호랑이다 돌진하

그림 2-1 파파존스광고

그림 2-2 올프핫소스광고

그림 2-3 신라면광고

그림 2-4 "Donate The Bars" 캠페인

는 등의 동발상황을 실감나게 연출해 화제가 되었다.

미디어 크리에이티브의 가장 큰 장점은 소비자들의 광고에 대한 경험의 폭을 넓힐 수 있을 뿐 만 아니라 광고에 대한 소비자들의 거부감을 최소화하여 광고이탈이나 광고회피행동을 감소시킬 수 있다는 것이다. 또한 브랜드에 대한 호의적 태도 형성과 함께 브랜드를 소비자의 마음속에 효과적으로 포지셔닝시킬 수 있다. 각인시킬 수 있다.

미디어 크리에이티브의 등장은 광고기획의 중심이 점차 크리에이티브에서 미디어로 전환하고 있으며, 이제는 크리에이티브를 먼저 개발한 후 미디어를 기획하는 것이 아니라 소비자와의 대고객 접점인 미디어(채널)를 먼저 기획하고 그다음 미디어(채널)의 특성에 맞게 크리에이티브를 개발하는 시대로 패러다임의 전환이 이루어지고 있음을 나타낸다.

CHAPTER 03

소비자 정보처리과정과 미디어

인지적 학습, 행동적 학습, 효과위계모형과 같은 소비자 정보처리이론들은 빈도(frequency) 및 유효빈도(effective frequency)와 같은 매체의 중요한 기본 개념들을 이론적으로 뒷받침하고 있다. 구체적으로 빈도 및 유효빈도와 밀접한 관련이 있는 이론들은 인지적 학습이론들 중 망각곡선이론과 중다저장모형, 행동적 학습이론들 중 고전적 조건화이론과 단순노출효과이론, 기타 효과위계모형 등이 있다.

1 인지적 학습이론들

인지적 학습(cognitive learning)은 소비자가 여러 대안에 관한 정보를 취득하고 처리하여 이 정보를 소비자가 가지고 있던 기존의 신념과 통합하는 적극적 과정이다. 즉, 학습을 문제해결과정으로 보며 정보처리의 결과로 인한 장기기억에 저장된 지식의 변화로 파악한다. 인지적 학습이론은 1950년대 인지심리학의 영향을 받았다. 인지심리학은 1950년대 컴퓨터 정보처리의 영향을 받아 탄생하였으며 행동주의에 대한 반성에서 출발하였다. 인지심리학은 자극-유기체-반응(S-O-R)모형에 기반을 두고 정보습득, 저장, 인출, 활용 등 인간의 정보처리를 다룬다. 따라서 인지적 학습이론은 광고의 인지반응을 통한 소비자 태도변화를 설명한다.

에빙하우스(Ebbinghause, 1885)의 망각곡선이론

에빙하우스(Ebbinghause, 1885)의 망각곡선이론(forgetting curve theory)은 반복노출이 소비자 광고 정보처리과정에서 매우 중요한 역할을 한다는 것을 설명하는 이론이다. 이 이론은 인간의 기억은 시간의 제곱에 반비례한다는 것을 설명한다. 에빙하우스는 1885년에 별다른 의미가 없는 철자(nonsense syllables)를 이용한 실험을 통해 학습 후 1시간이 지나면 학습한 내용의 50%를 망각하고, 1일이 지나면 70%, 일주일이 지나면 거의 80%가 망각되며, 한달이 지나면 80% 이상이 망각되고, 그 이후부터는 망각이 서서히 진행된다는 사실을 발견하였다. 즉, 학습 직후의 망각량이 가장 많으며, 일주일이 지나면 큰 변화가 없다. 따라서 기억을 지속하기 위해서는 잊어버렸을 때 다시 반복을 시켜주면 기억력이 다시 회복되어 이 때는 투자한 시간보다 적은 시간으로 훨씬 많은 암기가 가능하다. 학습 후 10분 이내에 복습하면 1일 동안, 1일 이내에 복습하면 일

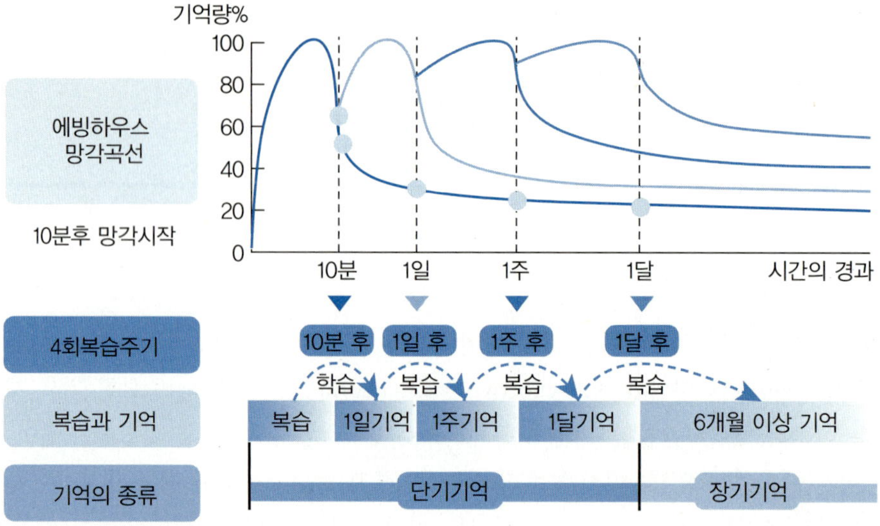

자료원: http://search.naver.com

그림 3-1 망각곡선과 주기복습법

주일 동안, 일주일 이내에 복습하면 한 달 동안, 한 달이내에 복습하면 6개월 이상 장기기억이 지속적으로 유지된다, 즉, 적절한 반복에 의해 감소하던 기억이 조금씩 줄어 결국에는 영구히 기억하게 된다. 이것을 인지심리학에서는 주기복습법(분산학습법)이라고 한다. 따라서 광고메시지를 전달한 후 짧게는 1시간 혹은 1일 이내, 그리고 길게는 5일 이내에 적절하게 시간을 두고 반복노출을 해주면 망각이 감소하고 기억이 증가한다. 즉, 학습직후 적절한 반복을 통해 리허설함으로써 단기기억에 있는 내용을 장기기억으로 옮길 수 있다.

〈그림 3-2〉에서 보이듯이 일주일 기간 동안 매일매일 광고 메시지를 반복노출 할수록 메시지에 대한 기억을 일정한 수준으로 유지하기 위하여 필요한 노출횟수는 적어지며, 따라서 광고 메시지에 대한 일정한 수준의 기억률을 유지하기 위하여 필요한 노출횟수는 작아진다. 에빙하우스(Ebbinghaus)의 이러한 반복학습과 망각곡선은 광고의 빈도 즉 반복노출횟수의 결정에 시사점을 제공한다. 즉, 그의 연구는 매일매일 광고를 집행하는 경우 처음에는 빈도의 수준을 높게 잡고 시간이 지날수록 빈도의 수준을 낮추는 것이 광고비를 효율적으로 절감할 수 있다는 것을 말해준다.

아트킨슨과 쉬프린(Atkinson & Shiffrin, 1968)의 중다저장모형

아트킨슨과 쉬프린(Atkinson & Shiffrin, 1968)의 중다저장모형(multi-store model)은 광고캠페인과 같은 외부로부터 유입된 정보를 장기기억에 영구히 저장하기 위하여 리허설(rehearsal)이라는 과정이 필요하며, 이 과정에서 반복노출이 매우 중요한 역할을 한다는 것을 설명하는 이론이다. 이 모형에 의하면 인간의 기억구조는 감각기억, 단

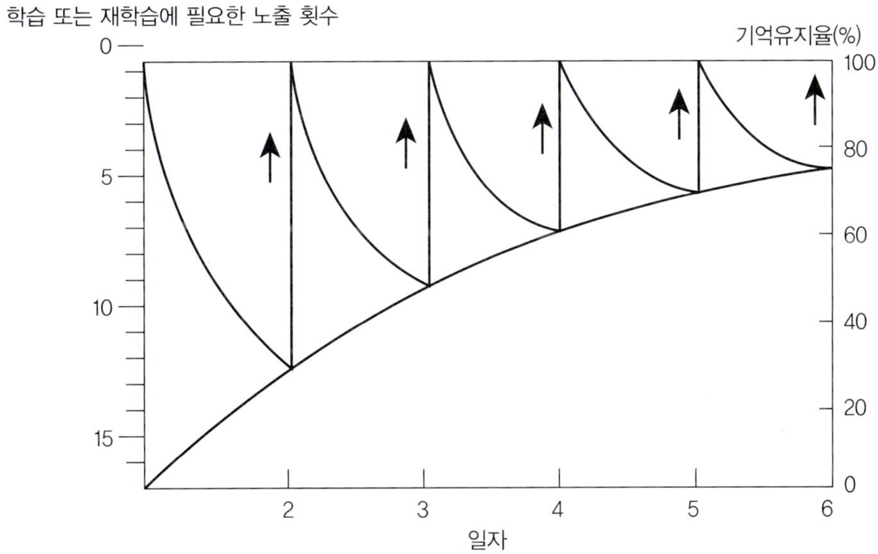

자료원: Ebbinghaus, H.E. (1964). Memory: A contribution to experimental psychology. New York: Dover.

그림 3-2 노출횟수와 기억유지율

기기억, 장기기억의 3단계로 이루어져 있다. 감각기억(sensory memory)은 외부세계로부터 유입된 정보를 일시적으로 저장하여 단기기억에 전달하는 기관을 말하며, 단기기억(STM: short-term memory)은 감각기억을 통하여 새로 들어온 정보를 해석한 후 재구성된 정보를 장기기억에 전달하는 역할을 한다. 장기기억(LTM: long-term memory은 단기기억에서 처리된 정보를 장기저장하고 필요할 때 저장된 정보를 인출하여 단기기억에 보내는 역할을 한다. 이 3단계 정보처리과정에서 단기기억에서 처리된 정보는 리허설(rehearsal)이라는 과정을 거치지 않으면 장기기억으로 저장되지 못한다. 리허설은 처리된 정보를 마음속으로 반복하여 암송하는 것을 말하며 유지리허설과 수식리허설이 있다. 유지리허설(maintenance rehearsal)은 정보자체의 의미를 되새기기보다 전화번호 암송과 같이 단순반복으로 정보를 저장하는 방식이다. 단순반복을 통하여 습관적 기억을 유도하는 저관여/이성제품의 광고캠페인(예: '맞다 게보린' 광고캠페인)은 주로 유지리허설을 통하여 정보처리가 이루어지며 이 과정에서 반복노출이 매우 중요한 역할을 한다. 즉, 반복노출광고는 일종의 강요된 형태의 유지리허설로서 광고정보에 대한 처리동기가 낮은 저관여제품의 광고메시지를 표적 수용자들의 장기기억 속에 오래 저장하는 데에 효과적이다. 그러나 지나친 반복노출광고는 소비자를 광고에 적응(adaptation)하게 하여 광고에 반응을 보이지 않게 되거나 심할 경우 광고에 부정적인 태도를 갖게 되는 감퇴효과(wear-out effect)를 초래할 수 있다. 따라서 어느 정도의 광고실행방법의 변화가 필요하다. 반면에 수식리허설(elaborative rehearsal)은 새로 유입되는 정보를 장기기억 속에 저장되어 있는 정보와 연결시켜 생각, 처리하여 기억하는 방법이다. 수식리허설에는 더 깊은 수준의 정보처리가 이루어진다. 고관여/이성제품의 광고캠페인(예를 들어 '타이레놀' 광고캠페인)은 주로 수식리허설을 통하여 정보처리가 이루어지며, 이 과정에서 광고에서 정보의 수식화 과정을 돕기 위하여 반복노출이 필요하다.

2 행동적 학습이론들

행동적 학습(behavioral learning)은 자극-반응(stimulus-response)이론과 행동주의(behaviorism)심리학에 기반을 둔 학습연구 접근방법이다. 행동적 학습은 학습을 인지적 노력이 없이 시행착오나 자극-반응(S-R)의 연습에 의한 결과로 파악한다. 즉, 학습을 자극과 반응의 연결로 보며 자극과 반응의 틀 안에서 인간의 의지, 의식, 의도 등 인지적 과정의 역할과 중요성은 논의에 제외된다. 즉, 행동적 학습의 단점은 개인의 내면세계, 의식의 흐름을 관찰하는 것이 불가능하다는 점을 들 수 있다. 대표적인 학자들은 스키너(Skinner), 손다이크(Thorndike), 파블로프(Pavlov)를 들 수 있다. 행동주의 심리학의 대표적인 이론인 고전적 조건화이론은 광고의 감정반응을 통한 태도변화를 설명하는 대표적인 이론이다.

파블로프(Pavlov, 1902)의 고전적 조건화이론

행동주의 심리학자인 파블로프(Pavlov)의 고전적 조건화이론(classical conditioning theory)은 무조건자극(먹이)을 중립자극(종소리)과 짝지움으로써 조건 자극에 대한 학습 혹은 조건형성을 통해 무조건자극이 없어도 조건자극만으로 조건반응(침의 분비)가 발생한다는 것을 설명하는 이론이다. 그러나 강도 면에서 무조건반응(UCR)이 조건반응

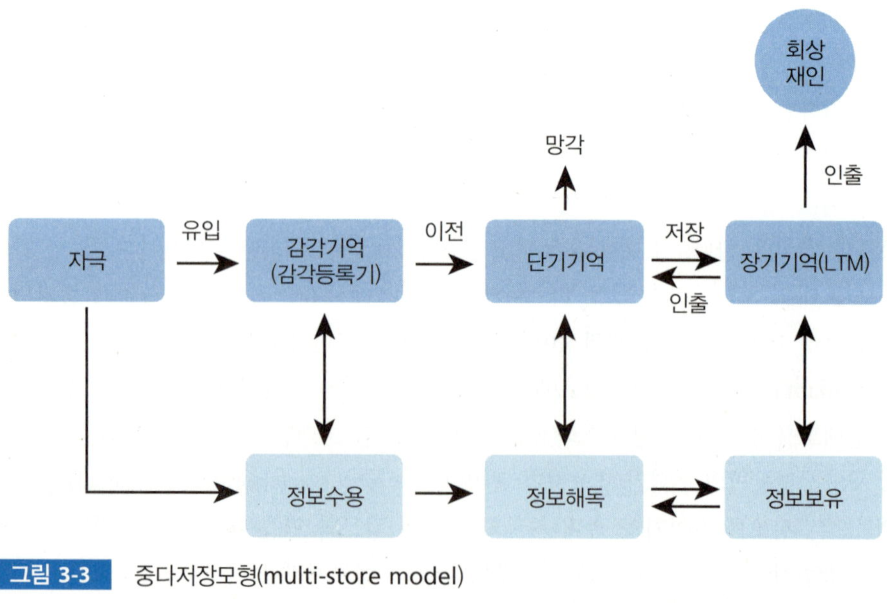

그림 3-3 중다저장모형(multi-store model)

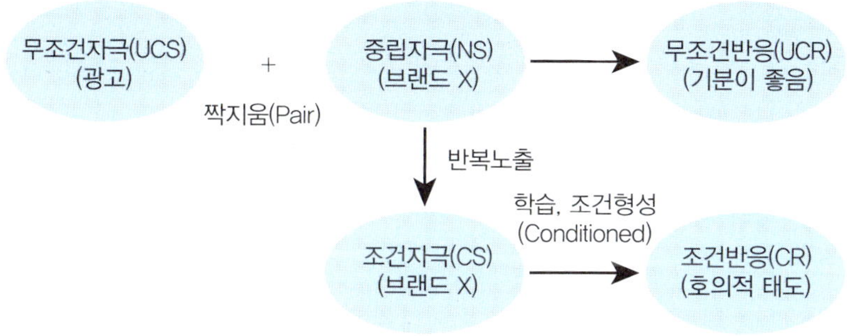

그림 3-4 광고에서 고전적 조건화이론의 응용

(CR)보다 훨씬 강하다. 이 이론은 학습이 인지적 능력 및 인지적 정보처리과정(혹은 사고과정)과 관계없이 무조건자극과 중립자극간의 조건화에 의해 자연스럽게 이루어진다는 것을 설명하며 주로 감성적 소구광고가 어떻게 작용하는가를 설명하는 이론이다.

고전적 조건화이론은 광고에서는 소비자가 중립적 태도를 갖는 어떤 제품(중립자극)과 함께 즐거운 음악과 멋진 배경, 매력적인 모델 등(무조건자극)을 함께 연출하는 광고에 반복적으로 노출되면 나중에는 그 제품에 대해 저절로 호의적인 태도를 가지게 된다는 것을 설명한다. 이 이론에 따르면 일단 여러 차례의 반복노출을 통해 브랜드와 광고와의 조건화 혹은 연관이 강하게 이루어지면 소비자는 구매시점에서 무엇을 선택할 것인가에 대해 심사숙고할 필요없이 자동적으로 좋아하는 브랜드를 기억으로부터 활성화해 내어 행동으로 옮기게 된다.

일반적으로 고전적 조건화이론은 소비자들이 제품정보에 큰 주의를 기울이지 않는 저관여/감성제품에 효과적으로 적용할 수 있다. 또한 자극의 제시순서에 따라서 중립자극 혹은 조건자극을 무조건자극보다 먼저 제시하는 전방 조건화(forward conditioning)가 후방 조건화(backward conditioning)보다 더 효과적이다. 따라서 이 이론은 인쇄광고보다 광고순서의 통제가 가능한 TV광고에 더 효과적으로 적용할 수 있다. 또한 무조건자극(예: 광고모델과 배경음악 등)의 경우 소비자에게 친숙하지 않는 것이 더 효과적이다. 그러나 이 이론에 따르면 광고를 중단하면 무조건자극과 조건자극의 관계가 깨어져 광고효과가 소멸되며 자사상표와 유사한 경쟁상표(광고를 하지 않은 경우)도 고전적 조건화학습이 발생할 수 있다. 이를 일반화(generalization)의 원리라고 하며, 모방(me-too)제품(예를 들어 비타 500의 모방제품인 비타 1000)의 효과를 설명하는 이론적 근거가 된다. 따라서 선도기업은 자사상표를 차별화되게 보이게 노력으로서 일반화를 감소시킬 수 있다.

자이언스(Zajonc, 1968)의 단순노출효과이론

단순노출효과이론(mere exposure effect theory)은 어떤 대상에 대해 인지적 활동(사고과정)이 없이도 그 대상에 대하여 긍정적인 태도가 형성될 수 있게 되는 현상을 설명한다. 즉, 자극에 대한 인지가 없어도 자주 노출한 자극에 대한 선호가 형성된다는 것을 설명한다. 자극에 대한 단순반복노출이 효과를 갖게 되는 이유는 대상에 대한 친숙성이 증가하기 때문이다. 즉, 사람들은 더 친숙하거나 잘 아는 것을 더 선호한다.

이 이론은 인지가 감정을 결정하는 것이 아니라 감정은 인지와 독립적으로 형성될 수 있음을 설명한다. 즉, 단순노출효과는 인지가 감정의 바탕이 된다는 전통적인 태도 이론에 어긋나는 것이며 경우에 따라서 감정이 인지에 선행하거나 감정이 인지에서 벗어나 독립적으로 행동에 영향을 미칠 수 있다는 것을 보여준다. 그러나 정말로 의식적 인지작용이 전혀 개입하지 않는가에 대한 의문이 제기되기도 하며, 무의식중에 인지활동이 발생할 수도 있다는 반박주장도 있다. 이 이론은 반복광고의 효과에 대한 광고실무자들의 믿음의 근거를 제공한다. 즉, 상표에 대한 인지적 평가와 판단 없이 반복노출 그 자체로 상표에 대한 친숙도를 높여 더 나은 상표태도를 형성할 수 있다는 것을 설명한다.

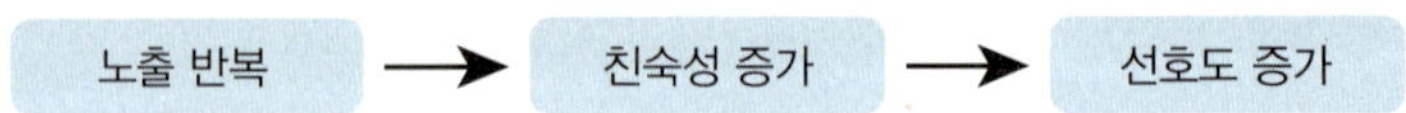

그림 3-5 단순노출효과이론의 작용과정

3 효과위계모형들

1) FCB 그리드모델

효과위계모형(hierarchy of effect model)은 커뮤니케이션효과가 발생하는 과정 또는 순차적 단계를 설명한다. 즉, 커뮤니케이션이 수신자의 사고와 행동에 영향을 일으키는 과정은 어떤 순차적 과정을 거쳐 발생한다는 것을 설명하는 모형이다. 초기 모델로서 AIDA모형(설득커뮤니케이션효과는 주의, 흥미, 욕구, 행동의 순서로 발생)을 들 수 있으며, 기타 DAGMAR, 라비지와 스타이너(Lavidge & Steiner,1961)의 6단계 모델 등 40여개가 넘는 효과위계모형들이 있다.

1980년대 가장 최근에 개발된 대표적인 효과위계모형은 FCB 그리드모델(Foote, Cone, & Belding grid model)을 들 수 있다. FCB 그리드모델은 1999년에 Foote, Cone, and Belding 광고대행사의 자금지원을 받아 본(Vaughn)에 의해 개발되었다. 기존의 전통적인 효과위계모형들이 소비자를 이성적인 존재로만 가정한다고 비판하며, 소비자의 광고에 대한 반응 하이어라키는 사고(thinking)와 정서(feeling), 그리고 제품 관여도(product involvement)를 기준으로 네 가지로 분류된다고 주장한다. 즉, 제품에 대한 관여도 수준(involvement level)과 구매결정 시 사고-정서(thing-feeling)의 지배정도가 논리(logic)와 사실(facts) 등 사고(thinking)지배를 받느냐 아니면 정서(feelings)의 지배를 받느냐)에 따라 광고의 효과 순서가 다르게 발생한다는 것을 모델화하였다.

FCB 그리드모델은 광고목표 설정, 크리에이티브전략, 매체전략, 광고효과 측정 등의 광고에 관련된 의사결정과정에 대한 사고의 출발점과 하나의 통합된 사고의 틀을 제시한다. FCB 그리드모델에서 수직축은 소비자 관여정도에 따라 고관여, 저관여 영역으로 나누고 수평축은 제품구매 결정과정에서 사고가 지배하느냐 정서가 지배하느냐에 따라 사고, 정서의 영역으로 나눈다. 이러한 2차원 4분원 매트릭스의 네 가지 영역 속에 소비자 제품들은 분류된다. FCB 그리드모델은 제품의 성격(예: 고관여/이성제품)과 소비자의 정보처리과정에 따라 매체전략이 달라져야 한다는 것을 제시한다. 구체적으로 표적 수용자가 제품을 구매하기 전 어떠한 정보처리과정을 거쳐 의사결정을 내리는가를 알게 되면 어떠한 매체에 초점을 맞추어야할 것인가를 알 수 있다. FCB 그리드모델은 관여도와 이성/정서를 두 가지 축으로 하여 다음과 같은 네 가지의 제품 영역과 정보처리과정을 가진다.

고관여/이성제품

자동차, 전자제품, 보험상품 등과 같은 고관여, 이성적인 성격을 가진 제품의 경우 소비자의 정보처리과정은 사고(learn), 느낌(feel), 행동(do)의 순으로 발생하며, 경제이론을 바탕으로 소비자를 최소비용으로 최대효용을 추구하는 합리적인 존재로 파악한다. 소비자의 구매의사결정은 합리적인 속성과 편익 등의 제품 정보에 기초하기 때문에 광고 메시지의 내용은 정보를 강화하는 전략이 바람식하나. 이러한 제품들의 광고목표는 제품에 대한 차별화된 편익과 충실한 정보를 제공하여 제품을 알리는 것이다. 따라서 메시지전략은 특정 정보와 데몬스트레이션(demonstration) 중심으로 전개해야 하며 매체전략은 긴 카피를 쓸 수 있는 인쇄매체에 중점을 두어야 한다.

고관여/정서제품

화장품, 명품 브랜드, 명품 패션 브랜드, 고급 향수와 같은 고관여, 정서적인 성격을 가진 제품의 경우 소비자의 정보처리과정은 느낌(feel), 사고(learn), 행동(do)의 순으로 발생한다. 소비자의 구매결정은 사용자의 이미지, 상품으로부터 얻는 개인적인 보상에 기초하기 때문에 상품의 이미지를 소비자의 자아 이미지에 연결함으로써 브랜드에 대한 긍정적 감정과 태도를 창출하는 광고전략이 효과적이다. 따라서 매체전략은 광고접촉 시 강한 임팩트를 유발할 수 있고 자아 이미지에 소구할 수 있는 잡지와 같은 매체를 선택하는 것이 바람직하다.

저관여/이성 제품

이 영역은 소비자를 자극-반응이론(stimulus-response theory)을 바탕으로 자극-반응의 무조건 반사적이고 습관적인 존재로 파악한다. 즉, 소비자들이 정보에는 관심이 없으며 구매결정은 습관적으로 이루어진다. 소비자의 반응은 행동이 먼저 일어나고 그 다음 사고와 느낌 등의 태도변화가 발생하며 종이휴지, 살충제, 표백제, 가정용 청소용품 등이 이러한 유형의 반응하이어라키를 유발하는 제품들이다. 광고목표 및 전략은 생각을 필요로 하고 목적의식적인 정보를 제공하는 것보다 브랜드 상기를 유발할 수 있는 반복적인 광고가 효과적이다. 따라서 종이휴지, 살충제, 표백제, 가정용 청소용품과 같은 저관여, 이성적인 성격을 가진 제품들은 소비자의 습관적인 구매를 유도하기 위하여 주로 브랜드에 대한 상기도를 높이는 전략이 중요하며 매체전략은 반복노출로 브랜드 상기도를 제고할 수 있는 신문의 작은 지면광고(돌출광고), 10초 정도의 자막광고, 라디오, 구매시점광고(point of purchase) 등 구매시점의 브랜드 상기도를 높일 수 있는 매체를 선택하는 것이 바람직하다.

저관여/정서 제품

이 이론은 사회학적 이론을 바탕으로 소비자를 문화와 귀속집단에 순응하는 존재로 파악하며, 소비자의 구매 결정은 준거집단과의 사회적 관계 속에서 습관, 자기충족, 자기만족에 기초하는 경향이 강하다. 소비자의 정보처리과정은 행동(do), 느낌(feel), 사고(learn)의 순으로 발생한다. 소비자들은 타인을 의식하는 모방적인 성향을 가지고 있기 때문에 광고전략은 유행, 풍속, 규범, 사회가치관 등에 호소하는 메시지가 바람직하며,

사고 ——— 정서

고관여

FCB 그리드모델의 내용

1. 정보적(이성적 사고형) 자동차, 가구, 신제품 모델: 사고–느낌–행동(경제학적 이론) 응용분야 조사: 기억도 진단 매체: 긴 카피, 숙고가 가능한 매체 제작: 특별한 정보제공, 데몬스트레이션	2. 정서적(감성형) 보석, 화장품, 유행의상, 오토바이 모델: 느낌–사고–행동(심리학적 이론) 응용분야 조사: 태도변화, 감정변화 매체: 큰 지면, 이미지 제고를 위한 매체 제작: 광고 접촉시 강한 임펙트가 발생하도록
3. 습관형성(행동형) 식품, 일상용품 모델: 행동–사고–느낌(반응 이론) 응용분야 조사: 매출 매체: 작은 지면 10초 정도의 I.D., 라디오, POS 제작: 브랜드의 상기	4. 자아만족(모방자형) 담배, 음료, 캔디 모델: 행동–느낌–사고(사회학적 이론) 응용분야 조사: 매출 매체: 빌보드 신문, POS 제작: 주의를 환기 시킬수 있도록

저관여

그림 3-6 FCB 그리드모델

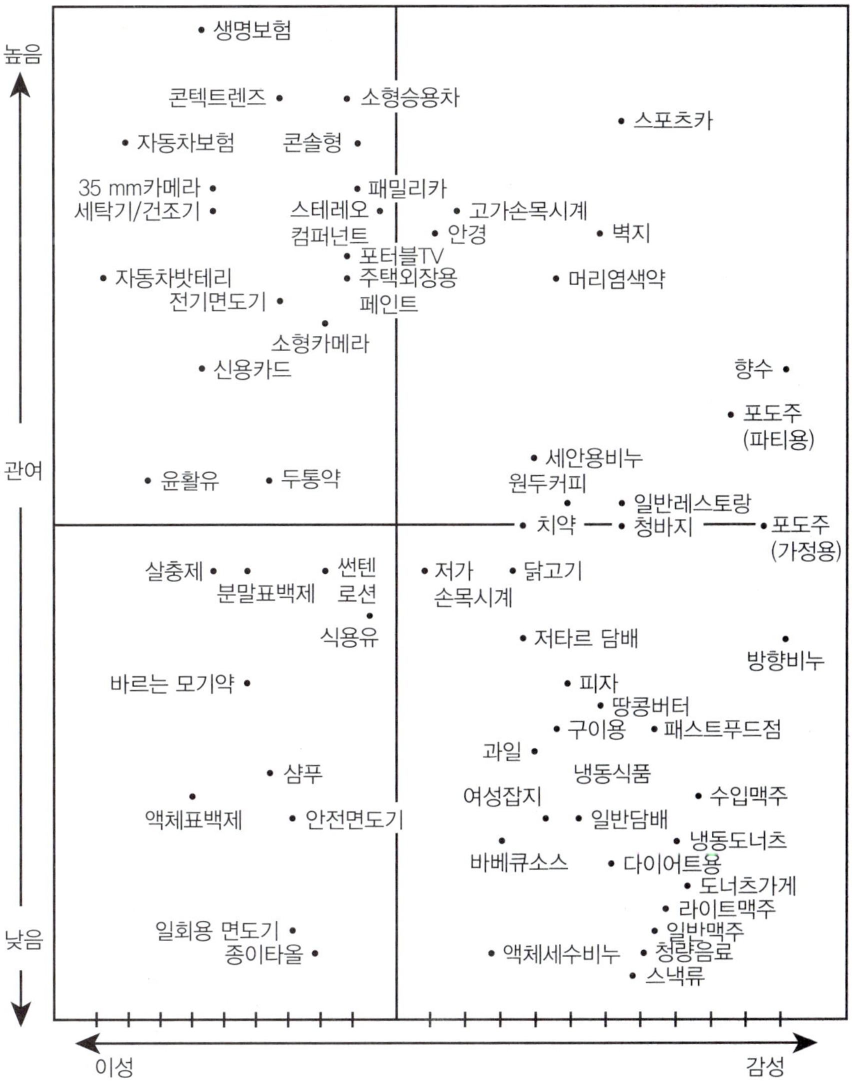

자료원: Ratchford, B. T. C. (1987). New insights about the FCB grid. *Journal of Advertising Research*, 27(4), 24–38.

그림 3-7 FCB 그리드 상의 미국의 주요 제품 포지션들

광고목표는 주의의 환기 및 유지가 중요하다. 매체는 소비자의 주의를 지속적으로 환기시킬 수 있는 빌보드, 신문, POP광고 등이 효과적이며 청량음료, 식료품, 면도기, 담배 등의 기호식품이 이 영역에 속하는 제품들이다. 우리나라 청소년들이 선호하는 나이키(Nike)와 아디다스(Adidas)가 이 영역에 속하는 대표적인 제품들이다.

표 3-1 FCB 그리드모델의 소비자 정보처리과정에 따른 활용매체

제품의 유형	광고정보처리과정	활용 매체
고관여, 이성제품	Think–Feel–Do	긴 카피, 숙고가 가능한 매체
고관여, 정서제품	Feel–Think–Do	큰 지면, 이미지제고 위한 매체
저관여, 이성제품	Do–Think–Feel	작은 지면, 10초 정도의 자막광고, 라디오, POS
저관여, 정서제품	Do–Feel–Think	빌보드, 신문, POS, 인터넷

2) AISAS모델과 AIMSCAS모델

뉴미디어에 익숙한 오늘날의 소비자들은 수동적인 소비자에서 탈피하여 구매 전 관련 정보를 적극적으로 탐색하고 자신의 브랜드 접촉 경험 등을 다른 사람들과 공유하는 능동적인 소비자로 변화하고 있다. 소비자들은 TV광고에 노출된 후에도 인터넷, 모바일, 소셜미디어와 같은 뉴미디어들을 통하여 제품관련 정보를 검색하거나, 브랜드를 직간접적으로 체험하거나, 다른 소비자들과 자신들의 브랜드 접촉 경험 등을 공유하는 등 보다 더 능동적으로 정보처리를 하려는 동기를 갖고 있다. 즉 뉴미디어는 상호작용성을 기술적 기반으로 소비자들로 하여금 과거 대중미디어 시대의 수동적인 수용자에서 탈피하여 적극적으로 정보를 찾아 나서는 능동적인 수용자가 되게 한다.

이러한 소비자를 둘러싼 매체환경의 변화로 효과위계모형도 기존의 전통적 커뮤니케이션효과 위계모델인 AIDMA(attention → interest → desire → memory → action)모델에서 AISAS[1](attention → interest → search → action → share) 혹은 AIMSCAS(attention → interest → memory → search → compare → action → share)로 변화하고 있다. 전통적인 효과위계모델인 AIDMA모델은 소비자들이 광고메시지에 노출된 후 이에 대한 관심과 욕구가 생기면 기억했다가 행동을 취하는 과정인데 비하여 AISAS모델은 소비자들이 광고에 노출 후 관심이 생기면 인터넷검색을 통하여 정보를 수집하고 행동을 취하게 되는데 행동을 취한 후 혼자 만족하고 기억하는 것이 아니라 블로그, 게시판, SNS 등을 통해서 자신들의 브랜드 접촉 경험을 다른 사람들과 공유하는 패턴으로 메시지에 반응하는 과정을 거친다. 이 과정을 좀 더 세분화하면 AIMSCAS모델의 형태인데 가령 소비자들은 TV광고에 노출된 후 주의와 기억과정을 거쳐 구매단계에서 검색광고를 통하여 정보를 수집하고 비교분석을 거쳐 구매결정과 같은 행동을 취하고, 행동 후 블로그, 게시판, SNS 등을 통하여 자신들의 제품접촉경험을 다른 소비자들과 공유한다. 즉, AISAS와 AIMSCAS모델은 기존의 대중매체 중심의 전통적인 효과위계모델인 AIDMA의 발전된 형태로써 인터넷 및 SNS와 같은 뉴미디어 환

1) 'AIDMA'의 발전된 형태로, 일본의 아키야마 류헤이가 자신의 저서 '홀리스틱 커뮤니케이션'을 통해 처음 주장했고 일본의 광고회사 덴츠가 제창하였다.

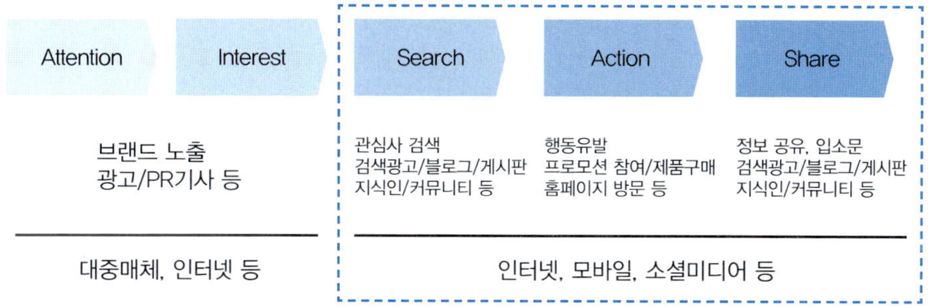

그림 3-8 AISAS모델

경에 적합한 검색과 공유 등의 개념을 추가한 모델들이라고 할 수 있다.

이러한 광고메시지에 대한 소비자 정보처리과정의 변화로 인해 전통적인 대중매체에서는 광고메시지를 얼마나 많은 사람들에게 얼마나 자주 노출시킬 것인가가 중요한 문제였으나, 뉴미디어에서는 소비자를 광고콘텐츠에 어떻게 참여, 몰입, 체험, 공유시킬 것인가가 중요하게 되었다. 즉 이러한 소비자 정보처리과정의 변화로 인해 소비자들의 원하지 않은 정보에 대한 수동적인 노출을 통하여 광고효과를 기대하는 대중매체만으로는 광고캠페인을 효과적으로 수행하기에 한계가 있다. 따라서 새로운 수용자들의 정보처리 환경에서 광고매체는 소비자들에게 적극적 정보탐색의 기회뿐만 아니라 이를 통해 브랜드를 체험하고, 이러한 체험을 다른 사람들과 공유하는 등 소비자들이 능동적으로 정보처리할 수 있는 기회를 제공하여야 한다. 〈그림 3-8〉에서 보이듯이 소비자 정보처리과정의 각 단계에 적합한 매체를 활용하여 대 고객 접점을 확대하고, 소비자들에게 수동적 정보처리의 기회 뿐 아니라 능동적 정보처리의 기회를 제공하여 궁극적으로 수용자들을 잠재고객으로 활성화하는 매체전략이 필요하다.

2) DSAVI모델

웹(web)과 앱(app)와 디지털 미디어 플랫폼의 등장으로 소비자의 행동이 전통적인 AIDMA에서 AISAS와 AIMSCAS로 변화하였다면, 최근에는 SNS가 활성화 되면서 소비자 정보처리과정에 정보 공유와 확산을 추가한 DSAVI(Desire → Search → Action → Viral → Induce)모델이 등장하였다. DSAVI모델은 소비자들이 특정 제품이나 서비스에 대한 욕구가 발생하면, 바로 인터넷 검색을 통하여 제품이나 서비스에 관한 정보를 수집하고, 이어서 구매행동을 취하며, 구매 후에는 제품 혹은 서비스 구매 및 사용과 관련된 경험이나 정보를 다른 사람들과 공유하거나 전파하고, 최종적으로 다른 사람들의 구매를 유도하는 과정을 거친다는 것을 나타낸다.

CHAPTER 04

통합적 마케팅 커뮤니케이션과 미디어

1 통합적 마케팅 커뮤니케이션(IMC)이란?

통합적 마케팅 커뮤니케이션(integrated marketing communication)은 광고, PR, 판촉, 이벤트, DM, 그리고 일대일 마케팅 등 다양한 마케팅 커뮤니케이션 프로그램들의 역할을 통합하고 조정하여 커뮤니케이션 프로그램 상호 간의 시너지 효과를 극대화하는 방향으로 상호보완적 관계를 설정함으로써 소기의 목적을 달성하려고 하는 시도이다. 미국 광고업협회는 통합적 마케팅 커뮤니케이션을 "광고, DM, SP, PR 등 여러 커뮤니케이션수법의 전략적 역할을 살려 조합된 포괄적 커뮤니케이션 계획의 부가가치를 인정하고 이러한 것의 수법을 합체함으로써 일관성 있고 최대효과를 낼 수 있는 커뮤니케이션을 창조하는 것이다"라고 정의를 내리고 있다.

오늘날 매체의 수가 증가하고, 제품 간 경쟁이 심화되며, 소비자의 브랜드 접촉점이 다양해지며 대중매체만으로 효율적으로 표적시장에게 효율적으로 도달할 수 없게 되었다. 특히 시장에서 제품 간 경쟁이 심화되고 소비자의 광고에 대한 무관심의 증가로 광고 따로 구매 따로의 현상이 심화되면서 대중매체광고에 대한 의존에서 벗어나 통합적 마케팅 커뮤니케이션이라는 새로운 형태의 커뮤니케이션 전략을 필요로 하게 되었다. 이러한 새로운 형태의 통합적 마케팅 커뮤니케이션 개념은 오늘날 전통적 촉진믹스를 대체, 확장하는 개념으로써 발전되었다. 전통적 촉진믹스는 광고, PR, 판매촉진, 인적판매의 4요소들이 마케팅목표 달성을 위하여 각각 개별적으로 그 역할을 수행하였다. 그러나 통합적 마케팅 커뮤니케이션 하에서는 모든 마케팅 커뮤니케이션 수단들을 통합, 계획, 관리, 실행하여 일관성 있고 최대효과를 낼 수 있는 커뮤니케이션을 창조한다. 또한 통합적 마케팅 커뮤니케이션은 위에서 아래로(top-bottom)의 수직적인 기획이 아니라 모든 마케팅 커뮤니케이션 기획 및 수단들을 통합하여 시너지 효과를 극대화하는 수평적인 기획에 초점을 맞추고 있다. 즉, 통합적 마케팅 커뮤니케이션 기획은 광고주의 입장이 아닌 소비자 중심의 기획을 하며, '안에서 밖으로(inside-out)'보다 '밖에서 안으로(outside-in)'의 프로세서를 지향하고 있다.

최근에 전 세계적으로 통합적 마케팅 커뮤니케이션(IMC)전략이 보편화됨으로써 확장된 미디어 믹스전략에 대한 요구가 증가하고 있다. 특히 많은 다국적 기업들은 높은 비용이 필요한 대중매체광고에만 의존하지 않고 PR, 브랜딩, 세일즈 프로모션, 이벤트,

DM, CRM활동 등을 통합적으로 수행할 수 있는 NMMC(non mass media communication)의 활용을 고려함으로써 과거 전통적 4대매체인 TV, 라디오, 신문, 잡지를 위주로 한 매체구성에서 진보된 형태인 전통적 매체와 뉴미디어를 결합한 크로스미디어(cross-media)와 같은 확장된 미디어 믹스를 활용한 전략이 활성화되고 있다.

2 통합적 마케팅 커뮤니케이션의 접근방법과 매체의 역할

1) 목표의 통합

통합적 마케팅 커뮤니케이션의 목표는 크게 두 가지로 나뉜다. 첫째는 단기적인 목표이고, 둘째는 장기적인 목표이다. 단기적인 목표는 마케팅 목표인 판매목표이고, 장기적인 목표는 브랜드 자산의 제고이다. 즉, 통합적 마케팅 커뮤니케이션은 단기적으로는 매출증대와 장기적으로는 브랜드 자산(brand equity)과 소비자 자산(consumer equity)의 증대라는 목표 하에서 각기 성격과 역할이 다른 마케팅 커뮤니케이션 수단들을 잘 믹스하여 커뮤니케이션 시너지효과를 최대한 발휘하는 데 초점을 맞춘다.

통합적 마케팅 커뮤니케이션 하에서 커뮤니케이션(광고)은 행동을 위한 하나의 과정으로 파악하고 소비자행동을 수반하지 않은 커뮤니케이션은 의미가 없다고 한다. 즉, "커뮤니케이션이란 소비자 행동 혹은 반응이 없으면 의미가 없다"는 가정 하에 광고목표 또한 인지도, 호감도 등의 커뮤니케이션 효과보다 구매의도 및 행동과 같은 효과들을 중요시하는 특징을 가지고 있다. 이처럼 기존의 광고목표가 커뮤니케이션 반응을 중시한데 반하여 통합적 마케팅 커뮤니케이션은 주로 소비자 행동 및 반응과 관련된 측정 가능한 목표를 중시한다. 즉, 고객이 브랜드와 갖는 모든 접촉에는 일종의 피드백이나 반응을 받을 수 있는 장치가 있어야 한다고 주장한다. 즉, 전통적 마케팅 커뮤니케이션은 메시지에 대한 인지, 이해, 태도에 우선 순위를 두고, 그 결과로써 발생하는 구매의도 및 구매행동을 최종 목표로 한다. 그러나 통합적 마케팅 커뮤니케이션은 어떤 행동적인 목표를 달성할 것인지를 먼저 결정한 다음 이러한 행동적 목표 달성을 위해 필요로 하는 커뮤니케이션 효과들(인지, 태도 등)을 목표로 정한다. 즉, 커뮤니케이션 효과위계의 끝 단계인 행동에 초점을 맞추고 행동을 출발점으로 인지, 이해, 태도 등의 목표를 세운다.

2) 타깃의 통합

통합적 마케팅 커뮤니케이션은 광고, 홍보, 판매촉진, 인적판매의 전통적인 촉진의 4요소들뿐만 아니라 한 기업의 모든 광고마케팅 활동을 통합, 계획, 관리, 실행함으로서 하나의 일관된 이미지와 커뮤니케이션 시너지 효과를 창출하고자 하는 커뮤니케이션 전략이다. 따라서 통합적 마케팅 커뮤니케이션은 광고타깃, 프로모션 타깃, 이벤트 타깃, 인터넷 마케팅 타깃, 모바일 마케팅 타깃, SNS광고 타깃, 데이터베이스 마케팅 타깃, 일대일 마케팅 타깃, 대중 맞춤형 마케팅 타깃(mass customized marketing target) 등 모든 마케팅 활동의 타깃을 통합하여 각 타깃의 특성에 맞는 마케팅 프로그램들을 기획한다.

3) 커뮤니케이션 프로그램의 통합

커뮤니케이션 프로그램들의 통합은 각기 다른 성격과 역할을 하는 커뮤니케이션 프로그램들을 통합하여 상호 보완적인 관계를 설정하는 것을 말한다. 통합적 마케팅 커뮤니케이션 캠페인의 성공은 통합적 마케팅 커뮤니케이션 프로그램에 적합한 미디어들이 어떻게 통합되고 믹스되느냐에 좌우된다. 각각의 마케팅 커뮤니케이션 프로그램들을 통합할 때 커뮤니케이션의 시너지효과를 극대화하기 위하여 상호보완적인 접근(complementary approaches)이 중요하다. 즉, 각각의 마케팅 커뮤니케이션 프로그램들의 시너지 효과를 극대화하기 위하여 각자의 장 · 단점을 상호 보완하는 방향으로 서로의 관계가 설정되어야 한다. 예를 들어 신제품 런칭기에 광고를 통하여 사람들의 주목을 끌고 호기심을 불러일으킬 필요가 있다면 텔레비전, 신문, 혹은 교통매체와 같은 대중매체를 선택하여야 하며, 제품 판매 성수기에 일대일 마케팅이나 맞춤형 판촉을 한다면 이 메일, 전화, DM 등을 활용하여야 하며, 입학과 졸업 시즌에 SP이벤트를 실시한다면 인터넷 및 모바일과 같은 매체를 선택하여야 한다. 이처럼 ATL과 BTL을 포함한 다양한 매체들은 통합적 마케팅 커뮤니케이션 전략을 구현하기 위해 미디어 믹스의 필수적인 부분으로 통합되고 포함된다. 즉, 〈그림 4-1〉에서 보여지듯이 통합마케팅커뮤니케이션(IMC) 전략을 통하여 다양한 고객의 접점에서 우호적인 브랜드 이미지를 형성하기 위하여 지속적이고 일관된 360°커뮤니케이션의 전개가 필요하다.

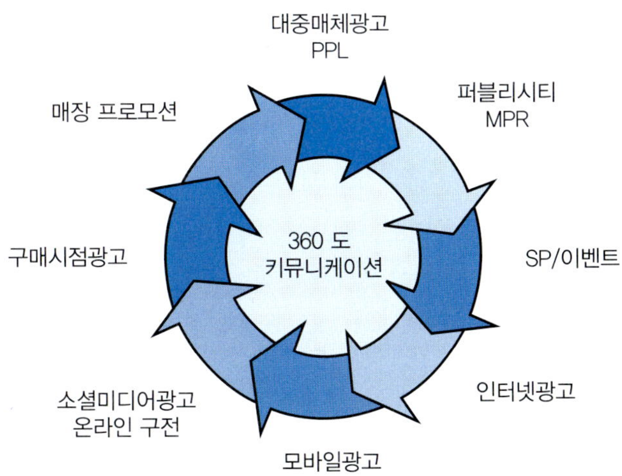

그림 4-1 IMC의 360도 전방위 커뮤니케이션

4) 메시지의 통합

통합적 마케팅 커뮤니케이션은 일관된 브랜드 이미지 창조를 통한 브랜드 아이덴티티의 확립 및 브랜드 자산 가치의 증대라는 것을 장기적인 목표로 하고 있다. 따라서 각각의 마케팅 커뮤니케이션 프로그램들이 전달하는 메시지가 브랜드에 대하여 일관되고 응집력 있는 이미지를 창출할 수 있게 통합되어야 한다. 즉, 각각의 마케팅 커뮤니케이션 프로그램들이나 매체들의 특성에 따라 브랜드 연상(brand association)이 사람의 기억 속에 이루어지는 방법은 달라도 메시지가 일관되어야 소비자들의 마음속에 공통되고 일관된 브랜드 이미지를 심어줄 수 있다. 그러기 위해서는 커뮤니케이션 메시지가 공통된 내용과 의미를 공유하고 있어야 한다. 만약 커뮤니케이션 채널마다 다른 메시지를 담거나 다른 전략을 사용한다면 캠페인은 성공은 거둘 수 없다. 예를 들어 TV에서는 프리미엄 이미지를 전달하고 있는데 구전마케팅을 통해서는 매우 저렴하다는 메시지를 전달한다면 일관된 브랜드 이미지를 소비자의 마음속에 포지셔닝하기가 힘들다. 특히 모든 미디어에 동일한 메시지와 전략을 담은 캠페인은 다른 메시지와 전략을 담은 캠페인 보다 더 높은 브랜드 인지도와 차별화된 이미지를 가져온다. 일관된 메시지를 전달하기 위한 방법으로 표준화된 카피와 표준화된 비주얼을 사용한다.

가) 카피의 통합: 통합적 마케팅 커뮤니케이션 하에서 메시지 전략은 주제(theme), 헤드라인, 바디카피, 슬로건, 타이포그라피(활자체) 등에 있어서 표준화된 카피를 적용한다. 예를 들어 가전제품회사인 필립스의 예: "작은 차이가 명품을 만듭니다" 라는 브랜드 슬로건을 예로 들 수 있다.

나) 비주얼의 통합: TV구성형식 혹은 포맷(예: 생활의 단면, 시연, 추천 광고 등), 레이아웃 형식(layout format), 디자인의 5원칙들(통일성, 균형, 비율, 대조, 방향각), 톤과 매너(예: 이성적, 진지한, 첨단적인 등) 등에 있어서 표준화된 비주얼 요소들을 적용한다.

3 통합적 마케팅 커뮤니케이션과 확장된 미디어 믹스전략

통합적 마케팅 커뮤니케이션의 장기적인 목표는 일관되고 차별화된 브랜드 이미지를 소비자의 마음속에 구축하는 것이다. 데이비드 아커(David Aaker, 1996)의 브랜드 자산의 중요한 네 가지 구성요소 중의 하나인 차별화된 브랜드 이미지는 개별 매체에 의해 형성된다기보다는 여러 가지 매체를 통한 브랜드 접촉의 통합적 산물이라 할 수 있다. 이러한 이유로 소비자와 브랜드 간 접점이 이루어지는 모든 브랜드 접촉점을 관리하여야 한다. 특히 통합적 마케팅 커뮤니케이션활동을 극대화하기 위하여 대중매체 광고로 대표되는 ATL 혹은 MMC(mass media communication)와 이벤트, 스폰서십, 직접판매 등을 포괄하는 판매촉진과 인터넷, 구전 등의 BTL 혹은 NMMC(non-mass media communication) 수단들을 통합하여 커뮤니케이션 시너지효과를 극대화하는 전략이 필요하다.

데이비스와 던(Davis & Dunn, 2002)은 차별화된 브랜드 이미지 구축을 목표로 하는 통합적 마케팅 커뮤니케이션 활동의 일환으로써 소비자의 브랜드 접촉단계를 구매 전 경험, 구매시점 경험, 구매 후 경험의 3단계로 구분하고 각 단계에 따라 통합적 마케팅 커뮤니케이션전략에 적합한 확장된 미디어 믹스전략을 제시하였다. 즉 브랜드 구매 전 경험단계에서는 브랜드를 알리고, 친숙하게하며, 구매고려대상군(consideration set)에 포함시키는 데에 효과적인 매체를 선택해야 하며, 구매시점 경험단계에서는 POP와 같이 구매시점에 소비자의 주의를 환기시키거나, 이벤트와 세일즈 프로모션에 적합한 매체를 선택하고, 구매 후 경험단계에서는 소비자의 만족도와 구매결정을 강화하고, 소비자들과 지속적 관계 유지와 상표충성도를 증대시킬 수 있는 매체를 선택할 것을 제안하였다.

대중매체는 소비자들과의 접촉빈도가 높기 때문에 구매 전 경험단계에 제품을 알리고 친숙하게 하며 구매고려대상군에 진입시키는 것에 효과적이다. 반면 대중매체는 고객과의 상호작용이 불가능하기 때문에 고객관계관리가 요구되는 구매 후 경험단계에서는 효과적이지 못하다. 그러나 이메일과 모바일광고와 같은 뉴미디어들은 구매 후

표 4-1 구매 경험단계별 브랜드접촉점과 매체의 역할

구분	브랜드 접촉점/매체	구매 전 경험단계		구매시점 경험단계		구매 후 경험단계	
		인지도	구매고려 대상군	잠재고객창출 (lead)	구매행동	관계유지	충성도 강화
ATL (MMC)	대중매체광고(TV/신문 등)	●	●	△	○	○	○
BTL (NMMC)	직접반응광고(DM/전화/인포머셜 등)	○	△	●	●	○	○
	새일즈 프로모션	○	○	●	●	○	○
	이벤트	●	●	△	●	○	○
	MPR	●	△	○	○	○	○
	구매시점(POP)광고	△	△	△	○	○	○
	옥외, 현장광고	●	△	○	○	○	○
	e-CRM	○	○	○	○	●	●
	e-WOM	●	●	△	○	○	○
	인적판매	○	○	●	●	○	○

효과: ●(대), △(중), ○(소)

경험 단계에서 제품을 구매한 고객들에게 해피콜(happy call) 등을 이용하여 구매 후 인지부조화 감소를 통한 태도 강화뿐만 아니라 고객의 생일축하 및 결혼기념일 알림광고 등의 고객관계관리(CRM, customer relationship management)활동을 통하여 고객과의 긍정적인 관계를 지속적으로 유지해 나감으로써 제품에 대한 충성도와 재구매를 유도할 수 있다. 따라서 각 구매 경험단계에서 소비지들에게 영향을 미치는 브랜드 접촉점들의 상대적인 영향력을 파악하여 각 구매 경험단계의 커뮤니케이션목표에 맞는 매체를 선택하여야 하며, 이러한 각 구매 경험단계별 통합적 마케팅 커뮤니케이션활동을 효율적으로 전개해 나가기 위하여 대중매체의 오디언스 전달력 중심으로 한 전통적인 미디어 믹스에서 벗어나서 ATL 혹은 MMC와 BTL 혹은 NMMC를 통합한 확장된 미디어 믹스전략이 필요하다.

CHAPTER 05

뉴미디어와 광고패러다임의 변화

1 대중매체와 뉴미디어의 차이

뉴미디어(new media)는 기존의 미디어에 새로운 컴퓨터와 통신기술을 결합하여 전혀 상이한 형태의 정보 수집, 처리가공, 전송, 분배, 이용을 가능케 하는 미디어를 말한다. 그러나 엄밀한 의미에서 뉴미디어는 시대/장소에 따라 변하는 지칭하는 대상이 가변적인 용어이다. 즉, 뉴미디어는 시간적으로 1990년대 이후에 주로 등장한 미디어이며, 지역(도시 대 농촌)과 사회경제적 지위에 따라 올드 미디어와 구분되기도 한다. 그러나 무엇보다도 뉴미디어를 올드미디어와 구분하는 것은 기술 및 기능적 상대성이다. 즉, 뉴미디어는 영상, 음성, 데이터 등 이질적인 형태의 정보를 디지털 신호라고 하는 단일한 신호처리방식에 따라 통합적으로 처리, 전송하고 표시함으로써 기존의 미디어가 각각 별개로 수행하던 기능을 복합적으로 수행할 수 있는 멀티미디어를 말한다.

뉴미디어는 정보전달수단에 따라 무선, 유선, 패키지계로 분류되며, 정보전달형태에 따라 문자, 음성, 영상계로 구분된다. 그리고 정보매체형태에 따라 인쇄, 방송, 옥외, 모

표 5-1 대중매체와 뉴미디어의 분류

매체유형	전통매체	뉴미디어
인쇄매체	신문, 잡지, 출판	인터넷신문, 인터넷잡지, 전자신문, e-book, CD-ROM, DVD 등
방송매체	지상파, 케이블(아날로그), 라디오	디지털 지상파, 디지털 케이블, 위성방송, IPTV, TV포털 등
옥외매체	옥외매체(빌보드, 야립, 전광판), 교통광고, 스포츠광고, 엔터테인먼트광고(극장, 경기장, 복합쇼핑몰), 엠비언트 미디어[1], 특수광고 등	디지털 사이니지, 인터랙티브 옥외광고 등
모바일매체	개인휴대통신(아날로그 휴대폰 등)	모바일 웹과 앱 기반의 미디어 플랫폼들

1) '주위를 둘러싸고 있다'라는 의미로 소비자의 생활환경을 깊이 파고드는 모든 미디어를 말한다. 예를 들어 지하철 역사의 랩핑광고, 스크린도어광고, 와이드칼라광고, 복합 쇼핑몰광고 등 우리 생활접점에서의 매체를 뜻한다.

표 5-2 대중매체와 뉴미디어의 역할의 차이

역할	대중매체	뉴미디어
노출유형	수동적 노출	능동적 노출
커뮤니케이션 패러다임	일방향(one-way)	양방향(two-way)
정보처리과정 (효과위계모형)	수동적 정보처리과정 (예: AIDMA 등)	능동적 정보처리과정 (예: AISAS, AIMSCAS, DSAVI 등)
매체효과	커버리지, 타깃 OTS	CTR, 인게이지먼트, ROI, 바이럴 효과, Lead(관심고객 창출)
효과측정방법	기억에 의존하는 설문조사	로그파일 등 소비자 빅데이터 분석

바일매체로 분류된다. 인쇄매체의 경우 뉴미디어에는 인터넷신문, 인터넷잡지, 전자신문, e-Book, DVD 등이 포함되며, 방송매체에는 디지털 지상파, 디지털 케이블, 위성방송, IPTV(인터넷TV), TV포털 등이 포함된다. 옥외매체에는 인터랙티브 옥외광고와 디지털 사이니지(digital signage) 등이 포함되며, 모바일매체에는 모바일 웹과 앱 기반의 미디어 플랫폼 등이 포함된다.

전통적인 대중매체는 불특정 다수에게 광고메시지를 노출시키고, 타깃 커버리지와 타깃 OTS(opportunity to see)를 제공하는 것에 초점을 맞추고 있으나, 뉴미디어는 일방향 커뮤니케이션에서 벗어나서 소비자들에게 제품 정보 탐색, 이벤트 참여, 상품 주문과 같은 능동적 정보처리의 기회를 제공하고, 소비자들과 상호작용적 커뮤니케이션이 가능한 매체 환경을 조성한다. 특히 뉴미디어의 등장으로 소비자들의 광고정보처리과정이 전통적인 효과위계모형인 AIDMA에서 AISAS, AIMSCAS, DSAVI와 같은 형태로 변화하고, 이에 따라 매체기획의 중심도 도달효과, 반복효과, CPM(cost per mille). CPRP(cost per rating point)와 같은 효과와 효율성 중심에서 벗어나서 인게이지먼트 및 ROI와 같은 성과 중심으로 변화하고 있다.

2 뉴미디어의 특성과 광고커뮤니케이션 패러다임의 변화

뉴미디어들은 문자, 영상, 음성, 데이터 등 모든 신호를 디지털 코드로 통합, 처리, 전송하기 때문에 양방향(혹은 상호작용성), 탈대중성, 비동시성, 실시간성, 이동성 등의 차별화된 특성들을 갖고 있다. 양방향성 혹은 상호작용성은 소비자들로 부터 직접적인 피드백을 받을 수 있는가를 말하며, 탈대중성은 소비자들과의 일대다 커뮤니케이션에서 벗어나서 일대일 커뮤니케이션이 가능한가를 말한다. 비동시성은 소비자들과 정해진 시간과 장소가 아니어도 언제 어디서든 메시지를 주고받을 수 있는가를 말하며, 실시간성은 시공간의 제약을 벗어나서 언제 어디서든 소비자들과 리얼 타임(real time)

으로 커뮤니케이션을 할 수 있는 가를 말한다. 또한 이동성은 모바일 미디어의 특성으로 소비자들이 버스, 지하철, 도보 등으로 이동 중에도 메시지를 주고받을 수 있는 가를 말한다. 이러한 뉴미디어의 특성들로 인한 광고커뮤니케이션 패러다임의 변화는 양방향 커뮤니게이션, 실시간 커뮤니케이션, 비동시적 커뮤니케이션, 통합적 커뮤니케이션 등을 포함한다.

일대일 커뮤니케이션

뉴미디어는 시청자의 개인정보를 저장할 수 있는 데이터베이스 기술을 활용하여 일대다(one to many) 커뮤니케이션뿐만 아니라 일대일(one to one) 커뮤니케이션을 가능하게 한다. 또한 뉴미디어의 이러한 특성은 광고전략에도 새로운 변화를 요구하고 있다. 예를 들어 뉴미디어는 고객 데이터베이스에 저장된 고객들의 프로파일을 분석하여 표적시장을 선별한 후 이들을 대상으로 개개인의 특성에 맞는 맞춤형 광고메시지를 전달할 수 있다.

양방향 커뮤니케이션

뉴미디어는 기존의 대중매체를 중심으로 한 송신자에서 수신자로 이어지는 단선적인 형태의 광고 패러다임에서 벗어나서 상호작용성에 기반을 두는 새로운 광고패러다임으로의 변화를 요구하고 있다. 광고패러다임의 변화는 광고의 개념이 일방향적이 아니라 양방향적으로 전환됨을 의미하며 이 과정에서 기존 광고의 역할이나 기능, 소비자 정보처리과정, 광고행태도 새로운 패러다임에 맞게 근본적으로 변화된다. 예를 들어 뉴미디어는 소비자가 필요로 하는 정보들을 파악한 후 이에 적합한 맞춤형 광고물과 마케팅 기법을 융합하는 방식으로 광고를 제작하게 된다. 즉, 뉴미디어는 광고캠페인의 구체적인 성과를 극대화할 수 있도록 소비자와 상호작용할 수 있는 양방향 인터페이스의 구축에 초점을 맞추게 된다. 이러한 양방향 상호작용적 뉴미디어의 등장으로 인해 기업의 마케팅활동에서 대중매체광고보다 프로모션과 이벤트와 같은 BTL이 차지하는 비중이 점점 커지고 있다.

실시간 커뮤니케이션

텔레비전광고의 경우 가정이나 직장에서 TV가 켜져 있을 때만 소비자에게 광고메시지가 전달될 수 있는 데 반해 뉴미디어광고는 시간과 장소의 구애를 받지 않고 언제, 어디서든 소비자에게 실시간(real-time)으로 광고메시지가 전달할 수 있다. 특히 GPS(global positioning system)와 이동통신망을 이용한 위치기반(LBS) 기술을 이용한 모바일광고는 이용자의 현재 위치정보를 파악하여 지역특성에 맞는 다양한 형태의 정보를 제공해 준다. 예를 들어 SNS(단문 메시지 서비스) 기반의 모바일광고의 경우 상점근처를 이용자가 지나갈 경우 휴대폰으로 상점에서 사용할 수 있는 할인 쿠폰을 이용자에게 제공하여 사용하게 할 수 있다. 즉, 뉴미디어의 실시간성은 고객의 생활 접점에서의 니즈와 동선을 파악하여 광고메시지를 전달하는 위치기반광고(location based advertising)를 가능하게 한다. 일반적으로 위치기반 서비스의 제공 방식에는 통신기지국을 이용한 서비스와 GPS를 이용한 2가지 형태가 있다. 통신기지국을 이용한 위치기반서비스는 기지국 단위로만 위치파악이 가능해 오차범위가 500m에서 많게는 1km 이상 발생될 수 있다. 그러나 GPS(global positioning system)를 활용할 경우 오차범위가 10m 이내로 축소되어 매우 정확한 타깃팅이 가능하다.

비동시적 커뮤니케이션

뉴미디어는 비동시적(non-simultaneous)이다. 비동시적 커뮤니케이션이란 송신자와 수신자가 같은 시간에 커뮤니케이션행위에 참여하지 않아도 된다는 것을 의미한다. 기존의 미디어들은 송신자가 미리 정해놓은 시간과 계획에 따라 방송프로그램이 제공되고 수용자는 그 시간에 맞추어 수용해야만 한다. 그러나 뉴미디어는 정해진 시간에 메시지를 주고받거나 혹은 원하는 프로그램을 보는 기존의 아날로그 방식의 방송매체와 달리 시공간적인 제약을 받지 않고 언제든지 원하는 프로그램 등을 시청취할 수 있다. 예를 들어 IPTV의 VOD프로그램은 시청자들이 원하는 시간에 원하는 프로그램을 시청할 수 있게 해준다.

통합적 마케팅 커뮤니케이션

뉴미디어는 기존의 전통적인 대중매체처럼 수동적인 노출로 끝나지 않는다. 뉴미디어는 단순히 수동적인 노출을 넘어서 소비자를 메시지에 적극적으로 인게이지(engage, 참여)시키고, 수동적 정보처리의 기회 뿐 아니라 능동적 정보처리의 기회를 확대하며, 궁극적으로 수용자를 잠재고객으로 활성화시킬 수 있다. 예를 들어 뉴미디어는 구매 전 단계에서 소비자로 하여금 관심있는 정보를 적극적으로 탐색하게하고, 구매시점 단계에서 이벤트와 프로모션을 통하여 참여와 체험을 이끌어내고, 궁극적으로 구매로까지 이어지게 한다. 또한 구매 후 해피콜(happy call)과 같은 CRM(customer relationship management)활동을 통하여 구매 후 발생하는 인지부조화 감소 및 태도강화, 그리고 충성도 제고와 같은 고객관리도 가능하게 한다. 따라서 뉴미디어광고는 단순한 이미지와 정보전달 중심의 역할에서 벗어나서 소비자의 브랜드 구매 전, 구매시점, 구매 후 경험단계별로 광고, PR, 프로모션, 이벤트, CRM(고객관계관리) 등의 다양한 커뮤니케이션 활동들을 통합적으로 실행하는 통합적 마케팅 커뮤니케이션(integrated marketing communication) 혹은 통합적 브랜드 커뮤니케이션(integrated brnd communication)채널로 확장된다.

3 광고목표, 타깃팅, 광고전략의 변화

광고목표의 변화

전통적인 대중매체광고는 소비자들의 주목을 끌고, 소비자들의 합리적인 선택을 할 수 있도록 우리 제품을 알리고, 기억하게 하고, 호감을 높이고, 구매의향을 불러일으키는 커뮤니케이션효과에 초점을 맞추고 전개된다. 그러나 뉴미디어는 소비자와 상호작용할 수 있는 양방향 인터페이스를 통하여 소비자로부터 구체적인 피드백을 이끌어 낼 수 있다. 또한 뉴미디어 기반의 광고는 제품정보 탐색과 같은 소비자들에게 능동적 정보처리의 기회를 제공하고 이를 통하여 소비자들을 광고메시지에 적극적으로 참여(engagement)시킬 수 있다.

따라서 뉴미디어 기반의 광고캠페인에서는 단순한 노출효과와 커뮤니케이션효과 중심의 전통적인 광고의 역할에서 벗어나서 소비자들을 적극적으로 광고 혹은 브랜디드 콘텐츠에 인게이지(engage)시키고, 전환[2](conversion)과 전환율[3](conversion rate, CVR), ROAS[4](return on ads spending, 광고수익률), KPI[5](key performance indicator, 핵심 성과 지표)와 같은 성과 위주의 목표로 확장된다.

타깃팅의 변화

타깃팅(targeting)이란 전체 시장을 특정한 기준에 따라서 세분화하여, 기업이 진입할 목표시장과 범위를 결정하는 과정을 말한다. 대부분의 광고주의 일차적인 관심사는 광고캠페인을 통하여 우리 광고메시지가 얼마나 많은 타깃에게 도달하는 가하는 것이다. 따라서 대부분의 광고의 일차적인 승패는 타깃팅의 정밀함에 달려 있다.

전통적 타깃팅과정은 시장세분화, 세분시장 결정, 표적시장 선정의 과정을 거친다. 주로 기업의 목표, 시장의 매력도(시장의 크기, 성장성, 수익규모 등), 기업의 가용자원, 경쟁 환경을 고려하여 최종 표적 시장을 선정한다. 반면 뉴미디어 기반의 광고 및 마케팅의 경우 소비자 빅데이터[6](big data) 수집, 분석, 추적 기술의 발달로 타깃팅 옵션이 매우 다양해지고 있다. 소비자 빅데이터 수집 및 분석기술의 발달로 성별, 나이 등 기

2) 전환(Conversion)은 광고성과를 파악하는 주요 지표로서 광고를 통해 사이트로 유입된 방문객이 광고주가 원하는 특정 행위를 취하는 것을 말한다. 특정 행위는 뉴스레터 가입, 소프트웨어 다운로드, 회원가입, 장바구니 담기, 제품구매 등이 될 수 있다.

3) 광고를 클릭해 사이트에 들어온 방문객이 특정 행위(전환)를 하는 비율(CVR=(전환수/유입수)x100)을 말한다. 예를 들어 100명이 사이트를 방문해서 5명의 전황이 발생한 경우 전환율은 5%이다.

4) 광고나 마케팅 효율 측정을 위한 지표로서 (매출/비용) × 100으로 산출된다. ROAS는 집행하고 있는 캠페인이 어떤 상황인지 점검해볼 수 있다.

5) 핵심 성과 지표로, 기업이 달성해야 할 최종적인 목표를 나타낸다. 미래 성과에 영향을 주는 핵심 지표들을 묶은 평가 기준이다.

6) 소비자들이 웹과 앱 기반의 디지털 미디어들을 활용하면서 남긴 흔적들(digital breadcrumbs)이다. 여기에는 텍스트, 영상, 이미지, 로그(log), 검색, 위치, 구매 데이터 등이 포함된다.

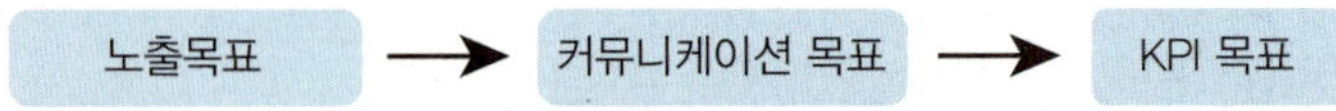

그림 5-1 광고목표의 변화

본적인 인구통계학적 정보 뿐 아니라 취미 및 관심사, 거주 지역, 구매빈도, 구매행동 등과 같은 라이프스타일 자료의 수집과 분석이 가능하다. 따라서 뉴미디어 기반의 광고 및 마케팅은 가장 기본적인 데모 타깃팅(demo targeting) 뿐 만 아니라 행동 타깃팅(behavioral targeting), 리타깃팅(re-targeting), 유사 타깃팅(look-alike targeting), CRM[7] 타깃팅도 가능하다. 데모 타깃팅은 데모그래픽(demographic) 타깃팅의 약어로 성별, 나이, 직업, 소득 등 인구통계학적 특성에 따라 사용자를 세분화하여 적절한 광고 유형에 맞게 타깃팅을 하는 것을 말한다.

행동 타깃팅은 소비자가 온라인이나 모바일에서 머물렀던 페이지나 머문 시간, 구매 내역 등의 데이터를 통해 행동 특징을 분석하고, 이에 맞추어 맞춤형 광고나 콘텐츠를 보여주는 타깃팅이다. 행동 타깃팅의 일종인 리타깃팅은 사용자의 컴퓨터에 저장된 쿠키[8](cookie)를 읽고 분석해 그의 인터넷 프로토콜(IP) 주소로 다시 광고를 보내는 타깃팅 기법을 말한다. 즉 인터넷사업자가 사용자의 컴퓨터에 저장된 쿠키를 읽고 분석해 그의 인터넷 프로토콜(IP) 주소로 다시 광고를 보낸 것이다. 리타깃팅은 홈페이지를 한번이라도 방문했던 유저를 대상으로 이들의 웹 서핑 중에 광고를 반복적으로 노출시킴으로써, 구매전환률을 높일 수 있다. 소비자 자신이 평소 인터넷 쇼핑몰에서 눈여겨보던 상품이 인터넷 뉴스검색 화면에서 배너광고로 뜨는 리타깃팅[9]을 예로 들 수 있다. 하지만 행동 타깃팅을 이용한 맞춤형 광고는 개인정보 유출에 따른 인권침해의 소지가 있다는 비판에서 자유롭지 못하다는 단점도 있다. 유사 티깃팅은 기존의 타깃과 유사한 행태와 특성을 가진 유저들로 타깃의 범위를 확장하는 것이며, CRM 타깃팅은 페이스북에서 주로 사용하는 타깃팅 기법으로 광고주 측에서 확보하고 있는 유저 정보(이메일, 전화번호, ID 등)를 페이스북 유저 정보와 매칭하여 일치되는 유저에 대하여 광고가 노출되는 타깃팅 기법을 말한다.

이외에도 관심사, 주제, 검색어, 게재위치, 카테고리, 문맥(content), 요일, 시간대, OS(operation system), 디바이스(혹은 스크린), 언어별로 다양한 타깃팅을 통해 광고 집행을 효과적으로 할 수 있으며, 각각의 타깃팅 옵션을 사용하여 광고주의 니즈(needs)에 맞는 타깃팅 지원이 가능하다.

7) Customer Relationship Management의 약어로서 고객관계관리를 말한다.

8) 사용자가 네트워크나 인터넷을 사용할 때마다 중앙 서버에 보내지는 정보파일을 말한다.

9) 홈페이지를 한번이라도 방문했던 유저를 대상으로 이들의 웹 서핑 중에 광고를 지속적으로 노출시킴으로써, 홈페이지 재방문을 유도하는 타깃팅 기법을 말한다. 즉 유저가 서핑했던 해당 쇼핑 사이트나 광고를 다시 한 번 보여줌으로서 구매전환율(purchase conversion rate)을 높일 수 있다.

표 5-3 타깃팅의 유형들

유형	특징
데모 타깃팅	성병 나이, 소득, 직업 등 인구통계학적 특성에 따른 타깃팅 기법
카테고리 타깃팅	광고주가 설정한 카테고리와 매칭되는 지면에 광고를 노출하는 기법. 예를 들어 연에 카테고리를 설정해 놓으면, 유저가 연예카테고리를 선택할 때 광고에 노출됨
관심사 타깃팅	타깃층의 취미나 관심사에 따른 타깃팅 기법
검색어 타깃팅	유저가 검색한 키워드를 파악하여 타깃팅을 하는 기법
리타깃팅	내 홈페이지를 방문했던 유저를 대상으로 광고를 노출시키는 타깃팅 기법. 스크립터 삽입을 통한 특정 페이지 방문 혹은 광고를 클릭한 유저에게 리타깃팅함
문맥 타깃팅	페이지의 문맥을 파악하여 설정한 키워드와 문맥 간 관련성이 높은 광고를 노출하는 타깃팅 기법
주제 타깃팅	특정 주제와 관련된 콘텐츠가 있는 사이트에 광고를 게재하는 타깃팅 기법
게재위치 타깃팅	사이트 혹은 사이트 카테고리에만 광고를 노출시키는 타깃팅 기법
위치 및 언어 타깃팅	해외 국가 타깃팅 및 시/도 단위/반겨 타깃팅과 브라우저 언어에 따른 타깃팅 기법
시간 및 요일 타깃팅	특정 시간 및 요일에 따른 타깃팅 기법
브라우저/디바이스 OS 타깃팅	브라우저, 디바이스, OS에 따른 타깃팅 기법
유사타깃팅	기존의 리타깃팅 모수와 유사한 형태 및 특성을 가진 유저 확장 타깃팅 기법
노출제한 타깃팅	광고를 시청한 유저에게 중복노출 제한을 통하여 효율적인 광고를 집행하게 하는 타깃팅 기법
크로스 디바이스 (스크린) 타깃팅	PC, 모바일, 타블릿 등 다양한 스크린에 동시 노출 지원이 가능. 동일한 스토리를 가진 소재를 다양한 스크린에 동시 노출하는 타깃팅 기법
CRM 데이터 타깃팅	광고주 측에서 확보하고 있는 유저 정보(이메일, 전화번호, ID 등)를 페이스북 유저 정보와 매칭하여 일치되는 유저에 대하여 광고가 노출되는 타깃팅 기법
BJ 타깃팅	광고주 측에서 확보하고 있는 유저 정보(이메일, 전화번호, ID 등)를 페이스북 유저 정보와 매칭하여 일치되는 유저에 대하여 광고를 노출하는 타깃팅 기법

매체전략의 변화

전통적인 대중매체광고의 매체기획과정은 얼마의 예산으로(how much), 누구에서(who), 언제(when), 얼마나 지속적으로(how long), 어디에(where), 어떤 매체에(which media), 얼마나 효율적으로 광고메시지를 노출시킬 것인가를 포함한다. 예를 들어 방송광고의 경우 전체 광고비 중에 TV광고에 투입될 매체예산의 비중을 결정하고, 정해진 매체예산의 범위 내에서 광고가 방영될 프로그램과 시간대를 선택하고, 광고가 방영될 시점과 집행기간 등의 매체스케줄을 기획하는 것을 포함한다.

그러나 온라인(PC)이나 모바일 광고캠페인의 경우 로그인(login) 정보나 소비자가 여러 사이트에 남긴 방문기록 등을 기반으로 최적의 타깃을 찾고, 이러한 타깃에게 효율적으로 도달할 수 있는 채널 및 광고위치를 선택하고 구매할 수 있다. 따라서 온라인(PC)이나 모바일 광고캠페인의 경우 단순한 노출효과의 지표인 도달률, 빈도, GPRs보다 구체적인 캠페인의 성과(performance)에 기반을 둔 매체기획이 요구된다. 예를 들어 웹(web), 앱(app) 기반의 광고캠페인의 경우 CPI(cost per impression)및 CP-M(cost per mille)과 같은 트래픽 효과(traffic effect)에서부터 KPI(key performance index)에 이르기까지 다양한 성과를 바탕으로 광고단가가 책정이 되고 채널 선택이 이루어지게 된다. 이는 매체기획의 중심이 도달률, 빈도, GRPs에서 벗어나서 성과(performance) 중심으로 변화한다는 것을 나타낸다.

또한 전통적인 대중매체 중심의 미디어의 개념이 트리플 미디어로 확장됨에 따라서 매체전략이 온오프라인 미디어를 결합하여 커뮤니케이션 시너지효과를 극대화하는 크로스미디어 시책(practice)을 넘어서 트리플미디어 간 연결성을 강조하는 전략으로 변화하고 있다. 예를 들어 크로스미디어 중심의 광고캠페인에서는 온오프라인 미디어를 결합하여 소비자의 브랜드 접촉점을 극대화하고, 소비자들에게 수동적 노출뿐만 아니라 정보탐색 및 체험과 같은 능동적 정보처리의 기회를 제공하는 데 초점을 두었으나, 트리플미디어 중심의 광고캠페인에서는 캠페인 초기 단계에 페이드 미디어를 통하여 잠재고객들에게 캠페인을 인지시키고, 나아가 고객들을 온드 미디어로 유입시키고, 온드 미디어에 유입된 잠재고객들을 가망고객이나 신규고객으로 활성화시킴과 동시에, 언드 미디어를 이용하여 캠페인을 확산시키는 미디어 간의 연결성을 강조하는 방향으로 변화하고 있다. 특히 온라인(PC) 및 모바일 기반의 광고캠페인에서는 웹이나 앱에 접속한 소비자가 남긴 방문기록들을 분석하여 소비자들이 브랜드를 인지하는 첫 단계에서부터 구매전환(purchase conversion)이 이루어지는 마지막 단계까지의 소비자의 구매로 가는 여정(buyer's journey)에서 발생하는 소비자 행동들(예를 들어 인지, 고려, 구매, 충성, 옹호)을 꼼꼼히 모니터링하여 각 단계에 해당되는 고객들에게 적합한 콘텐츠를 제공하는 채널전략에 중점을 둔다.

또한 뉴미디어 시대에는 캠페인의 효과를 분석한 메트릭(metric)을 통해서 웹이나 앱의 카테고리와 게재 위치 등에 따른 조회 수 및 반응율을 분석할 수 있기 때문에 이러한 메트릭을 활용하여 소비자들로부터 가장 높은 조회 수와 반응율을 획득할 수 있는 채널들을 최적화하는 것이 가능해졌다. 이처럼 조회 수 및 반응율과 같은 광고효과를 극대화하기 위한 기법을 미디어 최적화(media optimization)라고 한다.

크리에이티브의 변화

전통적인 대중매체광고에서는 방송광고이건 인쇄광고이건 간에 광고길이와 지면의 제약 때문에 크리에이티브에서 아이디어가 차지하는 비중이 크다. 하지만 유튜브(YouTube), 페이스북(Facebook), 인스타그램(Instagram)과 같은 소셜 미디어에서는 광고길이, 위치, 형식의 제약에서 비교적 자유롭기 때문에 하나의 번뜩이는 아이디어 중심의 광고보다는 보다는 스토리텔링 형식의 광고콘텐츠가 다수를 차지하고 있다.

이러한 스토리텔링 형식의 광고콘텐츠에는 소비자가 원하는 다양한 유형의 약속이 담겨져 있다. 예를 들어 튜토리얼 영상의 경우 제품 사용법을 자세히 알려주거나 UGC(user generated content)를 활용한 캠페인의 경우 소비자들로 하여금 재미와 짜릿한 경험을 느끼게 함과 동시에 PPL효과도 획득할 수 있다. 특히 웹과 앱 기반의 뉴미디어 광고는 소비자들이 광고에 노출된 후 피드백을 할 수 있는 영방향 구조로 제작되어, 노출 후 랜딩페이지[10](landing page)에 유입된 고객들을 대상으로 쿠폰, 프로모션, 이벤트 등 다양한 직접마케팅 수단들을 구사하여 고객들로부터 직접적인 반응을 촉구할 수 있다. 따라서 웹과 앱 기반의 뉴미디어광고는 기존의 커뮤니케이션효과에 초점을 맞춘 전통적인 광고제작과정과 달리 광고주가 제공하는 다양한 형태의 오퍼[11](offer)에 대한 소비자의 적극적인 참여와 구매행동을 촉구하는 등 캠페인의 ROI를 극대화할 수 있는 마케팅 기법의 개발과 소비자와 상호작용할 수 있는 콘텐츠의 개발에 초점을 맞춘다. 즉 온라인(PC)과 모바일 기반의 뉴미디어광고에서는 광고메시지를 직접적으로 전달하는 대중매체 중심의 선동적인 광고에서 벗어나 매체의 성격과 수용자의 특성에 적합한 정보와 마케팅 기법을 파악한 후 맞춤형 콘텐츠와 마케팅 기법을 융합하는 방식으로 광고를 제작하게 된다.

4 수용자 환경의 변화

수동적 수용자에서 능동적 이용자로

뉴미디어는 유무선 인터넷과 같은 상향채널(return path)을 이용하여 정보유통의 양방향성 및 상호작용성을 기술적으로 보장해 준다. 이러한 양방향성 및 상호작용성으로 인하여 뉴미디어의 수용자는 과거 대중미디어 시대의 수동적인 수용자에서 탈피하여 적극적으로 정보를 찾아 나서는 능동적인 수용자가 된다. 예를 들어 디지털 미디어에 익숙한 오늘날의 수용자들은 수동적인 소비자에서 탈피하여 구매 전 관련 정보를 적극적으로 탐색하고 자신의 브랜드 접촉 경험 등을 다른 사람들과 공유하는 등 보다 더 능

10) 사용자가 검색광고, 배너광고, 동영상광고 등을 클릭했을 때 연결되는 페이지를 말한다. 랜딩페이지 제작을 어떻게 하는가에 따라 전환율 차이가 발생하기 때문에, 전환율과 깊은 관계가 있다.

11) 사전적 의미로는 '제의하다, 권하다'라는 뜻으로 잠재고객을 위한 가치 있는 보상을 말한다. 예를 들어 쿠펀, 무료샘플 혹은 무료이용권 제공 등을 들 수 있다.

동적으로 정보를 처리하려는 동기를 갖고 있다. 또한 자신들이 싫어하는 정보는 회피하고, 좋아하는 정보에만 선택적으로 접근할 수 있으며, 광고주에게 즉각적인 피드백을 할 수 있다. 이런 소비자의 능동적인 매체 활용이 중요해지면서 '이용자' 라는 표현이 '수용자' 를 대체해 가고 있으며, 이제 미디어 이용은 수용자가 언제 어디서든 어떤 미디어를 누구와, 그리고 어떤 활동과 함께 이용하는 가를 의미하게 되었다.

다중 미디어 이용자 및 다중매체소비행동의 증가

소비자들이 일상생활에서 이용하는 미디어 레퍼토리[12](media repertoire)가 증가함으로서 일상생활에서 두 가지 이상의 매체를 동시에 사용하는 다중 미디어 이용자 및 다중매체소비행동이 증가하고 있다. 다중매체소비행동은 일상생활에서 두 개 이상의 매체를 동시적 혹은 비동시적으로 소비하는 행동을 말한다. 예를 들어 TV를 틀어놓고 SNS로 대화를 나누거나, 라디오를 들으면서 인터넷을 검색하거나, 음악을 들으면서 잡지를 뒤적거리는 것과 같은 것을 말한다[13]. 최근의 한 조사에 의하면 20대 이상의 성인 80% 이상이 이와 같은 다중매체 소비행동을 경험한 것으로 확인되었다. 또한 지상파방송, 케이블방송, 위성방송, 라디오, 신문, 휴대폰, DMB, 인터넷의 8개 매체 가운데 20대 이상 성인들이 일상적으로 이용하는 매체 수는 평균 5.4개로 나타났으며, TV 및 인쇄광고 등 대중매체에서 특정 상품, 서비스와 같은 기업의 광고를 접한 후 온라인에서 다시 확인한 경험은 79.2%로 매우 높은 것으로 나타났다. 따라서 표적 수용자들에게 효율적으로 도달하기 위하여 소비자들의 이러한 다중매체소비행동을 고려한 새로운 매체전략이 필요하다.

매체 수용자들의 다중매체소비행동은 한 대의 컴퓨터로 여러 가지 일을 한 번에 처리하는 멀티태스킹[14](multitasking)이 가능해진 것과 관련이 있다. 즉 과거에는 컴퓨터로 음악을 들으면서 인터넷 검색을 하는 것이 불가능했지만, 지금은 컴퓨터 정보처리 속도 및 메모리 용량의 증가로 이 두 가지 일을 동시에 처리하는 것이 가능해졌다. 최근의 조사에 의하면 멀티태스킹 시 수용자들이 가장 많이 하는 행동은 웹 서핑으로 나타났다. 이러한 멀티태스킹에 대한 수용자 욕구의 증가로 TV를 보거나 음악을 들으면서 단순히 콘텐츠만 소비하는 것이 아닌 SNS를 이용하여 음악 감상, 정보 검색, 메시징 등의 다양한 활동을 하는 소셜 시청이라는 새로운 콘텐츠 소비행태가 늘어나고 있다. 이러한 다중매체소비행동 및 멀티태스킹은 1980년에서 2000년 사이에 태어난 디

12) 미디어 이용자가 즐겨 이용하는 매체들의 조합을 의미한다. 이 개념은 채널 레퍼토리(규칙적으로 이용하는 채널들의 묶음)에서 파생되었다.

13) 음악을 들으면서 인터넷을 검색하는 것과 같은 행동을 동시적인 매체소비(simultaneous media usage, SIMM)라고 하며, 2개 이상의 매체를 일상적으로 소비하는 것을 비동시적인 매체소비(non-simultaneous media usage, (Non-SIMM)라고 한다.

14) 다중작업이라고도 불리며, 한 사람의 사용자가 한 대의 컴퓨터로 두 가지 이상의 작업을 동시에 처리하거나 두 가지 이상의 프로그램들을 동시에 실행시키는 것을 말한다.

지털 네이티브(digiral native) 세대들에게 익숙하다. 우리나라 총 인구의 48%를 차지하고 있는 디지털 네이티브 세대는 태어날 때부터 디지털 기기에 둘러싸여 성장한 세대로서 디지털 언어와 장비를 마치 특정 언어의 원어민처럼 자연스럽게 사용하며, 매일매일 쏟아지는 엄청난 양의 정보의 홍수 속에서도 멀티태스킹 및 병렬 처리[15](parallel processing)와 같이 여러 개의 일을 동시에 처리할 수가 있다. 또한 휴대전화, 문자 메시지와 인스턴트 메신저 등을 통해 언제나 자신이 원하는 때에 상대방과 의사소통을 주고 받아왔기 때문에 신속한 반응을 추구하여 즉각적인 피드백에도 능숙함을 보인다.

비선형적 미디어 소비 행태 및 제로 가구의 증가

비선형적(non-linear)이란 결과를 알 수 없는 상태를 일컫는 말로, 수학에서 1차 함수는 직선의 형태로 나타나지만, 2차 함수부터는 X값을 알아도, Y값을 알 수 없는 불확실한 상황을 의미한다. 전통적인 대중매체의 경우 방송 편성 스케줄에 따라서 정해진 시간에 방송 프로그램을 시청하는 수동적인 시청이 콘텐츠 소비의 주된 방식이었다. 뉴미디어의 경우 양방향성/상호작용성, 이동성, 실시간성, 비동시성의 특성으로 인하여 시공간, 단말기기 종류의 제약을 받지 않고 언제, 어디서든 24시간 방송 프로그램을 시청할 수 있는 비선형적 콘텐츠 소비 행태로 변화되고 있다. 특히 스마트폰과 온라인 네트워크를 이용한 동영상 콘텐츠의 소비가 증가하면서 젊은 세대를 중심으로 TV 기기를 전혀 보유하지 않는 제로 가구(zero household)가 증가하고 있다. 이들 가구들은 TV 수상기가 없거나 있더라도 전통적인 유료방송 서비스에 가입하지 않고, 직접 수신을 통해 지상파 방송도 이용하지 않는 가구들이다. 2012년 기준으로 우리나라에서 제로가구는 4.4%로 20가구 중 한 가구는 Tv가 없거나 있어도 보지 않는 것으로 나타났다. 이들은 주로 1인 가구, 20대, 도시 거주, 학생, 독신남성이라는 인구사회학적 특성을 갖고 있다.

5 매체환경의 변화

미디어 바잉에서 오디언스 바잉으로

대중매체 시대에는 추정된 오디언스의 소유자로서 미디어가 소유한 광고지면, 시간, 혹은 위치를 구매하고, 구매한 미디어에 타깃이 노출되기를 기다렸다면, 뉴미디어 시대에는 소비자 빅데이터 분석에 기반한 정교한 타깃팅으로, 원하는 타깃에게 메시지를 노출시킬 수 있다. 특히 요즘에는 광고주가 스스로 구축하거나 제 3자(3rd party)가 구축한 고객 데이터베이스에 저장된 고객 정보(예: 고객의 인구통계적 특성, 관심사, 구

15) 컴퓨터 시스템 중에서 복수의 처리를 병렬시키거나 동시에 처리하는 방법을 말한다. 즉 크고 복잡한 문제들을 작게 나누어 여러 개의 프로세서들을 이용하여 한 번에 병렬적으로 해결한다.

매행태 등)를 이용하여 확인된 타깃에게 직접 광고메시지를 전달하는 것이 가능하다. 예를 들어 온라인이나 모바일 광고플랫폼들이 사용자가 웹(web)이나 앱(app)에 접속하는 순간 사용자의 특징을 자동적으로 분석하여, 타깃임이 확인이 되면 1초 내에 광고를 노출시키는 프로그래매틱 바잉(programatic buying) 즉 광고 자동 구매가 가능해졌다. 이처럼 소비자 빅데이터 분석에 기반을 둔 정교한 타깃팅이나 광고 자동 구매(프로그래매틱 바잉) 시스템을 통하여 확인된 고객에게 메시지를 노출시킨다는 것은 결국 미디어 바잉(media buying)이 아니라 오디언스 바잉(audience buying)이라고 할 수 있다. 따라서 광고도 이에 대응하여 과거 타깃 오디언스가 있을 것 같은 미디어에 광고를 게재하는 방식에서 벗어나서, 적극적으로 고객의 빅데이터 분석을 중심으로 한 오디언스 바잉 중심의 매체전략을 수립하여야 할 것으로 보인다.

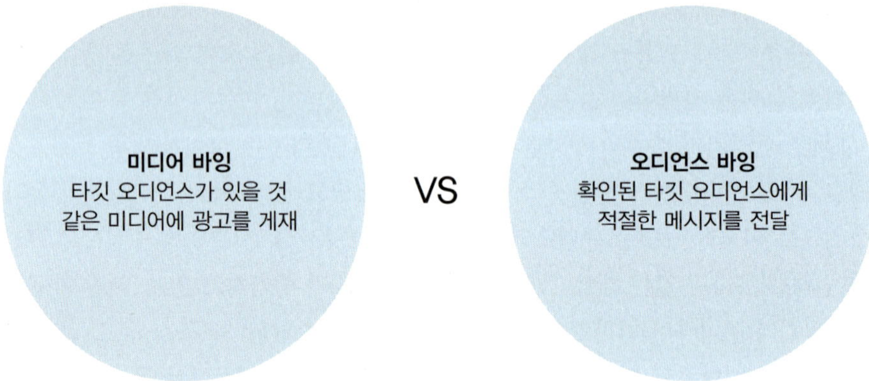

그림 5-2 미디어 바잉과 오디언스 바잉

OTT 서비스, N-스크린 서비스, VOD 서비스의 활성화

OTT 서비스는 별도의 TV 셋톱박스 없이 유무선 인터넷 망을 통해 방송 프로그램, 영화, 교육 등 각종 미디어 콘텐츠를 제공하는 유료 동영상 스트리밍[16](streaming) 서비스를 말한다. 2000년대 중반에 접어들어 기존의 통신 및 방송사업자들이 아닌 구글(Google), 아마존(Amazon), 넷플릭스(Netflix), 유튜브(Youtube)와 같은 인터넷 사업자들이 유무선 인터넷 망으로 드라마나 영화 등 다양한 미디어 콘텐츠를 제공하는 서비스를 OTT(over the top)라고 한다. OTT 서비스는 정해진 방송 전용망으로 콘텐츠를 전송하던 기존의 방송 서비스와 달리 불특정 다수의 접근이 용이한 범용 인터넷으로 콘텐츠를 전송하기 때문에 이용 시간이 자유롭고 언제 어디서든 데스크톱 PC, 스마트폰, 태블릿PC, 스마트TV 등 다양한 기기를 통해 원하는 콘텐츠를 이용할 수 있는 N-스크린 서비스를 제공한다.

16) 인터넷 동영상 파일을 다운로드 받지 않고도 끊김 없이 실시간으로 재생해 주는 기술을 말한다.

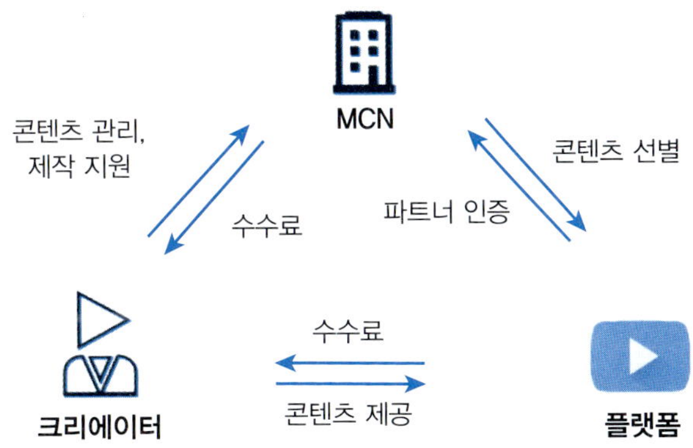

그림 5-3 MCN 생태계 구조도

N-스크린(N-screen) 서비스는 하나의 멀티미디어 콘텐츠를 N개의 기기를 통해 연속적으로 볼 수 있는 기술을 말한다. N-스크린 서비스는 하나의 콘텐츠를 스마트폰, PC, 스마트TV, 태블릿PC, 자동차 네비게이션 등 다양한 디지털 정보기기에서 공유할 수 있는 차세대 컴퓨팅 · 네트워크 서비스이다. 이는 시간 · 장소 · 디지털 기기에 구애받지 않고 언제 어디서나 하나의 콘텐츠를 이어서 볼 수 있는 서비스로, 컴퓨터로 다운받은 영화를 집에서 TV로 보다가 지하철에서 스마트폰으로 보거나, 학교에서 태블릿PC로 이어서 볼 수 있다. N-스크린 시대의 도래로 소비자의 콘텐츠 소비행태가 변화하고 있다. 즉, 소비자들의 실시간 TV방송 시청이 감소하고, IPTV, 스마트폰, 태블릿PC 등의 기기를 이용하여 시공간의 제약 없이 콘텐츠 다시 보기를 통한 비선형적 시청 행태가 증가하고 있다. 예를 들어 2012년에 방영된 MBC 무한도전의 경우 제일기획의 조사에 의하면 전체 41명의 시청자 중에서 지상파TV로 본 사람은 8명에 불과한 것으로 나타났다. 따라서 이제 광고캠페인에서 N-스크린 집행은 선택이 아닌 필수가 되어가고 있다.

한편 VOD 서비스는 video on demand의 약자로 사용자가 언제 어디서든 요청만 하면 동영상 콘텐츠를 마음대로 시청할 수 있는 주문형 비디오 서비스를 말한다. OTT 서비스와 N-스크린 서비스 뿐 만 아니라 디지털 케이블방송 및 IPTV(인터넷TV)와 같은 방송 사업자들도 인터넷을 통해 유료 VOD 서비스를 제공한다. VOD 서비스가 활성화되면서 실시간 방송광고와 별도로 VOD 광고와 같은 새로운 광고 상품들도 판매되고 있으며, 영화, 드라마, 예능, 스포츠 등 인기 콘텐츠와 밀착된 형태의 간접광고와 가상광고의 판매도 활성화되고 있다. 특히 PPL과 같은 간접광고는 소비자의 광고회피행동으로부터 벗어날 수 있고, 브랜드를 소비자의 마음속에 자연스럽게 각인 시킬 수 있기 때문에 광고주들의 인기를 끌고 있다. 또한 이러한 OTT 서비스, N-스크린 서비스, VOD 서비스의 등장으로 동영상 콘텐츠의 유통 경로가 다양화 되면서 실시간 시청률이 VOD 시청률을 포함한 전체 방송 프로그램의 시청률을 제대로 반영하지 못해,

다 플랫폼 혹은 크로스 플랫폼 간 통합 시청률 측정의 필요성이 제기되고 있다.

최근에 글로벌 OTT 서비스 1위 사업자인 넷플릭스의 국내 진출로 기존의 국내 OTT 서비스 사업자들과 실시간 방송 및 VOD 시장의 선점을 위한 경쟁이 치열해지고 있다. 이들 OTT 서비스 사업자들은 100여개 이상에 달하는 실시간 채널과 2만여 편이 넘는 VOD 콘텐츠를 언제 어디서나 스마트TV, PC, 스마트폰, 태블릿PC 등을 통해 자유롭게 이용가능한 서비스를 제공하고 있다. 현재 국내의 대표적인 OTT 서비스 사업자들은 KBS, MBC, SBS, EBS 지상파 연합 플랫폼인 푹(Pooq), 케이블방송인 CJ 헬로비전의 티빙(Tving), 이동통신사가 설립한 SK텔레콤 호핀(Hoppin), 올레TV now, LG U+HDTV 등이 있다. 국내 OTT 서비스 사업자들은 TV를 메인(main)으로 하는 미국의 사업자들과 달리 PC와 모바일 기기에 국한된 과도기적 형태의 서비스를 제공하고 있다. 2016년 국내 시장에 진출한 넷플릭스는 막대한 자금력을 바탕으로 자체적으로 영화, 웹드라마, 예능, 스포츠 프로그램들을 제작하여, 자사의 플랫폼으로 직접 유통하기도 한다.

1인 미디어방송의 성장

최근에 스마트 기기의 보급 확대, 인터넷 속도 향상, 낮아진 동영상 제작의 진입 장벽 등으로 1인 미디어가 급성장하고 있다. 1인 미디어는 개인이 다양한 콘텐츠를 직접 생산하고 공유할 수 있는 새로운 커뮤니케이션 플랫폼 혹은 채널을 말한다. 1인 미디어 방송은 다양한 분야의 사람들이 자신만의 콘텐츠를 가지고, 직접 PD겸 연기자가 되어 인터넷 생방송을 진행한다. 1인 미디어 방송은 1인 콘텐츠 창작자(creator) 혹은 BJ(broadcast jockey)라고 불리는 개인 운영자가 틀에 얽매이지 않는 소재로 콘텐츠를 구성하고 채팅을 통하여 시청자들을 직접 방송프로그램에 참여하게 함으로써, 그 동안 정형화되고 짜인 틀 속에서 움직이는 지상파 방송에 식상함을 느낀 시청자들로부터 큰 인기를 끌고 있다. 유튜브(YouTube)에서 시작된 1인 미디어 방송은 지상파TV에 까지 확대되어 2015년 1인 방송 테마로 구성된 '마이 리틀 텔레비전이라는 프로그램이 만들어지기도 하였다.

1인 미디어 방송의 장점은 방송 포맷의 다양성, 일상성, 현장성, 친근성, 양방향성을 들 수 있다. 즉 1인 미디어 방송은 개인 운영자가 자신이 일상생활에서 게임을 하는 모습을 리얼 형식으로 보여 주는 '겜방', 다양한 음식을 먹는 모습을 보여주는 '먹방', 직접 요리해 먹는 모습을 보여주는 '쿡방', 시청자와 대화를 하며 방송하는 '톡방' 등 이제껏 지상파에서 볼 수 없는 다양하고 친근한 포맷으로 인기를 끌고 있다. 또한 개인 운영자가 시청자들과 실시간 채팅을 통하여 시청자의 목소리를 듣고 그에 대한 피드백을 즉각 제시한다는 점에서 기존의 지상파 및 케이블TV 방송과 차이점이 있다. 반면 1인 미디어 방송은 1인 창작자들이 구독자 수를 늘리거나, 금전적 수익이 발생되는 사이버 머니 등을 받기 위해서 지나치게 선정적이거나 폭력적인 콘텐츠를 생산하고, 저작권

CJ오쇼핑–사당역 디지털 체험존　　삼성전자–미디어폴광고　　웅진코웨이–투명LCD광고

그림 5-4 디지털 사이니지 사례

선양–이마트 매장 배너광고　　삼성전자–카페베네 래핑광고　　키움증권–마산야구장 LED광고

그림 5-5 생활 접점형 매체 사례

침해와 왜곡된 정보를 전달하는 문제점도 발생하고 있다.

1인 미디어 시장 규모가 커지면서 1인 콘텐츠 창작자인 '크리에이터(creator)를 전문적으로 지원 및 관리해주는 기획사 역할을 하는 MCN(multi channel network, 다중채널 네트워크)이라고 불리는 사업자들이 등장하였다. MCN은 1인 창작자와 계약하여 촬영, 스튜디오, 방송장비, 교육, 저작권 관리, 마케팅, 광고유치 및 광고비 정산, 수익창출, 파트너 관리, 잠재고객 발굴 등을 지원해 주고 채널에서 얻는 수익을 나눠 갖는 사업 유형이다. 현재 CJ ENM의 다이아TV, 트레저헌터, 아프리카TV, 판도라TV 등이 우리나라의 대표적인 MCN 사업자들이다. CJ ENM의 다이아TV는 약 1,400여 팀의 크리에이터와 파트너십을 맺고 있으며, 총 구독자 수는 1억 6.000만 명에 이른다. CJ ENM의 다이아TV와 파트너십을 맺고 있는 유명 크리에이터들에는 대도서관, 밴쯔, 씬님, 감스트 등이 있다. 2015년에는 네이버(naver)가 한류 열풍을 이끌고 있는 인기 아이돌들을 BJ로 내세워 글로벌 팬들을 대상으로 'V LIVE'이라는 실시간 개인방송 서비스를 출시하였다.

1인 미디어 방송의 주 수익모델은 광고와 현금후원제도로 구성되며 여기서 나오는 수익은 MCN 사업자와 1인 창작자가 일정 비율로 나누어 가진다. 다만 유튜브를 통해 방송되는 1인 미디어 콘텐츠의 경우 광고 판매를 통해서만 수익이 창출된다. 아프리카TV의 경우 광고 판매 이외에 방송을 보는 시청자들이 사이버머니와 비슷한 '별풍선'을

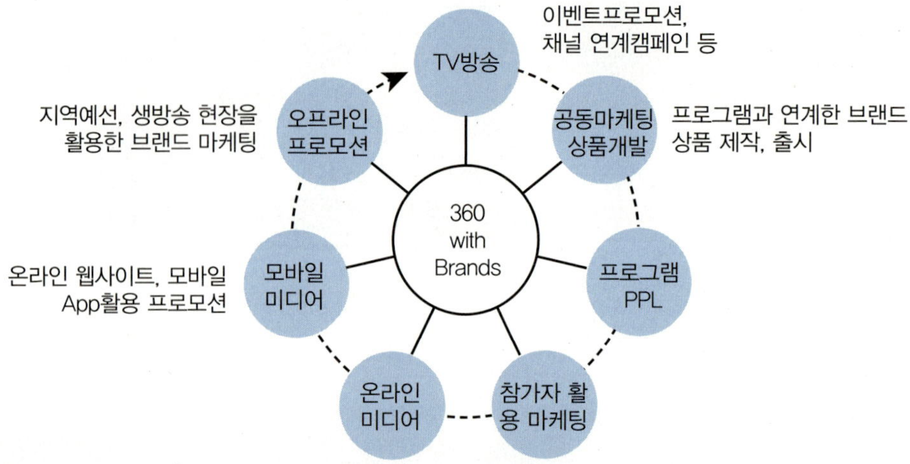

그림 5-6 CJ E & M의 크로스미디어 판매상품의 예

구입하여 자신이 즐겨보는 방송 프로그램의 BJ에게 선물을 하고, '별풍선'을 받은 BJ는 '별풍선'을 다시 현금화하여 그 수익으로 운영한다.

1인 미디어가 성장하면서 1인 미디어를 활용한 광고 및 마케팅 사례도 증가하고 있다. 예를 들어 1인 미디어 방송 콘텐츠에 게재되는 동영상 광고의 판매가 활성화되고 있으며, 유명 크리에이터들과 협업하여 튜토리얼이나 상품 홍보 영상을 제작하는 등의 캠페인을 진행하기도 한다. 동영상 광고의 경우 보통 방송 시작 전과 중간에 한두 개의 15~60초 길이의 동영상광고만 노출되기 때문에 클러터현상이 적고 주목효과가 지상파 방송광고에 비해 크다. 또한 대부분의 광고는 5초 후에 스킵(skip) 버튼을 제공하고 있어, 시청자들이 원할 경우 광고 건너뛰기가 가능함으로 강제노출인 TV광고와 비교하여 광고에 대한 거부감이 상대적으로 적은 것도 장점이다. 현재 1인 창작자의 주 활동 무대인 유튜브의 전체 콘텐츠에서 1인 창작자가 제작, 업로드한 동영상 콘텐츠가 차지하는 비중이 30%를 넘고 있으며, 향후 5세대 이동통신(5G)의 등장, 데이터 무제한 요금제, 와이파이 존(wi-fi zone)의 확대 등으로 1인 미디어의 이용자 수가 지속적으로 증가할 것으로 예상된다.

디지털 사이니지의 활성화

디지털 기술이 옥외광고에 적용됨으로써 OOH(out of home) 채널 및 크리에이티브가 다양화되어 가고 있다. 디지털 사이니지(digital signage)는 디지털 디스플레이를 통해 각종 콘텐츠와 메시지를 제공하는 옥·내외의 디지털 미디어를 뜻한다. 디지털 사이니지는 고객 생활접점에서의 인게이지먼트를 높여주는 엠비언트 미디어(ambient media)로써 활용가치가 높다. 예를 들어 지하철광고, 복합쇼핑몰 광고 등 우리의 생활환경을 깊숙이 파고듦으로써 소비자가 구매할 준비가 되어있을 때 광고가 우리 곁에 있어주는 리슨시 효과(recency effect)를 극대화할 수 있다.

디지털 사이니지는 동영상이나 이미지 등의 콘텐츠를 유무선 네트워크를 통해 셋톱박스로 전송해 TV, 전광판, 필름, 소형 모니터 등 다양한 형태의 스크린으로 보여주는 원리로 작동한다. 디지털 사이니지의 등장으로 첫째, 새로운 크리에이티브(예를 들어 용산역 계단 래핑광고, 던킨도너츠 flavor 버스음성광고, 홈플러스 가상스토어광고 등)가 시도되고 있으며, 둘째, 이동동선에 맞춘 교통매체가 발달하고, 셋째, 소비자의 라이프스타일 혹은 생활접점형 매체(예를 들어 마트, 커피전문점, 병원, 스포츠경기장 광고 등)가 확대되고 있다. 디지털 사이니지는 크게 설치장소와 크기에 따라 구분하고 있다. 옥외광고의 경우 풀 칼라 LED, 교통수단이나 옥내에 설치할 경우 액정이나 LCD모니터를 사용한다. 패널 크기는 소형(15인치 미만의 POP 단말기), 중형(15~150인치의 액정/PDP), 대형(빌딩 외벽 등에 설치된 150인치 이상의 LED)으로 구분된다.

최근 네트워크 기술과 디스플레이의 발전으로, 한 장소에 다양한 크기의 디지털 사이니지를 설치하는 추세이다. 디지털 사이니지는 과거보다 훨씬 생활 곳곳에 깊숙이 침투하고 있다. 과거 밋밋했던 버스 정류장과 내부에도 LED 사이니지가 자리해 광고로 사람들의 시선을 잡고 있다. 단순히 결제만 했던 카드 결제기에서도, 커피 및 음료 자판기에서도 광고를 보여주는 디지털 사이니지가 있다. 이러한 이유로 디지털 사이니지 시장은 향후 크게 성장할 것으로 예상되고 있다.

광고길이 및 스킵 옵션의 다양화

오늘날 다매체, 다채널 시대의 도래로 소비자가 분극화되면서 분산된 소비자의 주의와 관심을 끌기 위하여 다양한 광고길이와 스킵[17](skip) 옵션이 등장하고 있다. TV광고의 경우 매체클러터(media clutter) 현상의 심화와 15~30초라는 짧은 광고방영시간으로 인해 광고효과가 갈수록 감소하는 상황에서 소비자들에게 충분히 광고정보를 처리할 시간을 제공하기 위하여 장 초수 광고와 더블 스폿팅[18](double spotting)전략이 활성화되고 있다. 예를 들어 삼성전자와 애플 등 주요 광고주들은 30초 이상 장 초수 위주로 매체집행을 하고 있다. 특히 유튜브와 같은 글로벌 미디어 플랫폼에서 판매되는 동영상광고는 국내 방송법의 규제를 받지 않기 때문에 광고길이의 제한이 없다. 예를 들어 2016년에 유튜브에서 첫 선을 보인 범퍼광고(bumper ad)는 동영상을 시청하는 도중에 스킵이 불가능하며, 따라서 사용자들의 광고이탈이나 회피행동을 최소화할 수 있다. 특히 범퍼광고(bumper ad)는 스마트폰과 스낵 컬처[19](snack culture)에 익숙한 밀

17) 동영상광고 시청 중 건너뛰기하는 행위를 말한다.

18) 한 편의 광고를 단일 프로그램에 연속적으로 광고를 집행하는 매체집행전략을 말한다.

19) 과자를 먹듯이 시간과 장소의 구애를 받지 않고 언제 어디서나 5~15분의 짧은 시간에 문화콘텐츠를 소비하고, 문화생활을 즐기는 문화 트렌드를 말한다. 스낵 컬쳐의 대표적인 예로는 웹툰, 웹소설, 웹드라마 등이 있다.

표 5-4 브랜디드 콘텐츠의 유형들

구분	내용
브랜디드 콘텐츠	하나의 콘텐츠 속에 브랜드를 녹여내는 것으로 이는 짧은 영상, 웹툰, 게임 등 다양한 콘텐츠 안으로 브랜드 메시지를 담는 것을 의미한다.
네이티브광고	브랜디드 콘텐츠의 일종으로서 웹이나 앱의 포맷과 일치하는 형태의 콘텐츠를 말한다. 협찬여부를 명기한다는 특징이 있다.
UGC	사용자가(User) 직접 창작해낸(Generated) 콘텐츠를 의미한다.
기사/애드버토리얼	기사형식의 콘텐츠는 뉴스기사처럼 주로 육하원칙이 요구하는 내용을 담고 있다. 애드버토리얼은 기사면에 실리는 협찬기사를 말한다.
튜토리얼	튜토리얼은 제품의 사용법과 같은 교육용 영상을 말한다. 주로 뷰티 크리에이터가 제작한 메이크업 영상들이 대표적인 예이다.
리스티클	목록(list)과 기사(article)의 합성어로 특정 주제에 관한 생활형 정보를 순서대로 나열하는 방식의 기사를 말한다. 예: 소개팅에서 먹지 말아야 할 음식 5가지 등.
카드뉴스	어떤 정보를 제공해주거나 스토리텔링을 통하여 콘텐츠를 소비하는 사람들의 반응을 유도하는 콘텐츠로서, 빠르게 슬라이드를 넘기면서 점점 콘텐츠에 빨려 들어가는 기분이 들게 한다.
인포그래픽	정보(information)와 그래픽(graphic)의 합성어로 정보와 데이터, 지식을 시각적으로 표현하는 것을 말한다. 복잡한 지하철 노선도를 예로 들 수 있다.

레니엄 세대(1980년대 초-200년대 초에 태어난 세대)가 소비 주도층으로 부상하면서 이들이 선호하는 간단명료하고 압축된 메시지로 짧은 초수 내에서 강렬한 임팩트를 전달하거나, 브랜드를 각인시키는 데에 효과적이다.

스킵(skip)은 동영상광고를 시청하는 도중에 광고를 끝까지 시청하지 않고 건너뛰는 것을 말한다. 일반적으로 유튜버의 동영상 광고 상품은 5초 후에 스킵이 가능하며, 네이버 광고 상품은 15초 이후에 스킵이 가능하다. 하지만 최근에 유튜브는 자사의 동영상 콘텐츠 시장에서의 지배력을 등에 업고 스킵 옵션을 15초로 늘리거나 스킵이 아예 불가능한 옵션을 1인 크리에이터로 하여금 선택할 수 있게 하였다.

크로스미디어 광고 판매상품의 활성화

오늘날 국내 미디어 시장을 둘러싼 국내외 기업들 간의 경쟁이 치열해지면서 미디어 기업 혹은 채널 간의 인수합병(M&A)이 가속화되고, 다매체 및 다채널을 소유한 복합 미디어 기업의 수가 증가하면서 다양한 채널들을 연동한 크로스미디어 패키지상품이 활성화되고 있다. 예를 들어 SBS 계열 미디어렙인 크리에이터는 지상파TV 집행이 어려운 저예산 광고주를 대상으로 지상파TV와 케이블TV광고를 결합한 크로스미디어 상품을 판매하여 수익을 증대시키고 있다. 또한 케이블 채널인 CJ E & M[20]은 자사가 보유한 모든 미디어 역량을 동원하여 광고주 브랜드 컨셉트와 커뮤니케이션 니즈에 적합한 360도 크로스미디어 광고상품을 판매함으로서 광고판매의 시너지효과를 거두고 있다. 크로스미디어 패키지 상품은 광고주들에게는 자사의 상품에 적합한 미디어들을 각각 개별적으로 구입하지 않고, 번들(bundle)로 비교적 쉽고 저렴한 가격에 구입할 수 있게 해주기 때문에 저비용, 고효율의 광고집행 구조를 가져다준다. 또한 판매자의 입장에서는 광고주의 미디어 믹스에 대한 욕구를 최대한 충족시키고, 광고의 패키지판매를 활성화시켜, 판매의 효율성을 높일 수 있는 장점이 있다. 특히 판매자는 비인기 매체 및 광고시간 까지도 패키지형태로 판매함으로서 전체 수익을 증대시킬 수 있다.

6 메시지 환경의 변화 : 브랜디드 콘텐츠의 활성화

최근에 기업들의 노골적인 유료 미디어 광고에 대한 소비자들의 거부감을 줄이기 위해 규격, 길이, 위치, 형식, 소재 등에서 비교적 자유로운 브랜디드 콘텐츠(branded content)가 활성화되고 있다. 브랜디드 콘텐츠는 하나의 콘텐츠 속에 브랜드를 녹여내는 것으로 이는 짧은 기사(article), 영상, 웹툰, 게임 등 다양한 콘텐츠 안으로 브랜드 메시지를 담는 것을 의미한다.

브랜디드 콘텐츠는 광고가 마치 하나의 콘텐츠처럼 보이게 하는 것으로서, 소비자로 하여금 직접적인 광고메시지를 담는 대신에 보는 사람들에게 필요하고 흥미를 끄는 정보의 형태로 메시지를 구성한다. 즉 브랜드 자체가 하나의 콘텐츠가 되어 그 자체만으로 즐길 수 있고, 더 나아가 소비자들 사이에서 공유되게 하는 것이다. 따라서 제품은 브랜드화 된 콘텐츠에 나타날 수 있지만 주요 초점이 아니며 직접적으로 언급되지도 않으며 콘텐츠 내용은 보다 더 추상적인 가치와 브랜드 스토리에 초점을 맞춘다. 브랜디드 콘텐츠는 PPL(product placement, 제품배치)과 달리 일반 광고처럼 광고주가 제작과 배포의 후원자(sponsor) 역할을 한다는 특징이 있다.

이러한 브랜디드 콘텐츠들의 장점은 첫째, 광고가 마치 하나의 콘텐츠처럼 보이게 함으로서, 광고에 대한 거부감을 최소화하여 사용자로 하여금 자발적으로 콘텐츠에 다가가게 하고, 소비하게 한다. 둘째, 브랜디드 콘텐츠는 소비자로 하여금 공감을 불러일으키고, 브랜드와 정서적인 관계를 맺게 하며 오랫동안 그것을 기억하게 만든다. 셋째, 브랜디드 콘텐츠는 사용자들에게 공유할 수 있는 포맷으로 제공됨으로서 종종 소셜 네트워크를 통해 콘텐츠가 많은 사람들에게 공유, 확산될 수 있는 "눈덩이(snowball)" 효

20) 2018년에 CJ E&M은 CJ 오쇼핑과 합병하여 국내 최초 글로벌 융복합 콘텐츠 커머스 기업을 표방한 CJ ENM으로 사명을 변경하였다.

과를 빠르게 생성 할 수 있다. 넷째, 브랜디드 콘텐츠는 브랜드가 스토리텔링의 한 부분으로서 자연스럽게 콘텐츠에 녹아들기 때문에 강력한 브랜드 연상을 소비자의 마음속에 포지셔닝 할 수 있다. 즉 브랜디드 콘텐츠는 기존의 배너광고처럼 단순히 광고슬로건을 반복하는 대신 우리가 브랜드와 연관시키고자 하는 가치를 이야기함으로서 우리의 마음속에 훨씬 더 깊은 수준에서 브랜드에 관여하게 하고, 브랜드 연상이나 특성을 깊숙이 자리매김한다. 여섯째, 브랜디드 콘텐츠는 웹사이트나 앱에 많은 트래픽을 발생시키고, 사용자를 전환 유입 경로(conversion funnel)로 유도할 수 있기 때문에 트래픽(traffic) 및 리드(lead)를 촉진하는 데 도움이 될 수 있다.

반면 최근에 소비자들은 다양한 콘텐츠 속에서도 세일즈에 목표를 두고 있는 브랜디드 콘텐츠를 더욱 잘 분별하고 있어 브랜디드 콘텐츠의 이점이 상당히 제한될 가능성이 높아지고 있으며, 특히 브랜디드 콘텐츠의 일종인 네이티브광고(native ad)의 경우 광고임을 알리는 문구의 크기와 위치가 눈에 잘 띄지 않아 소비자를 기만하는 것이 아니냐는 비판을 받기도 한다. 예를 들어 제목에 끌려 들어갔더니 스폰서드 콘텐츠라는표식이 자그맣게 떠 있고, 일상생활에 도움이 되는 콘텐츠(예: 리스티클) 인줄 알았는데 마지막에 특정 브랜드 이름과 링크가 나온다는 것이다.

브랜디드 콘텐츠는 TV, 유튜브, 소셜미디어, 블로그, 홈페이지, 이메일 등 다양한 채널로 배포되기 때문에 콘텐츠 최적화(content optimization) 기술이 필요하다. 그리고 배포후의 분석도 필수로 콘텐츠 ROI가 중요하다. 이러한 새로운 형식의 브랜디드 콘텐츠들에는 네이티브광고(native ads), UGC(User Generated Content), 튜토리얼 tutorial), 리스티클(listicle), 카드뉴스(card news) 등이 포함된다. 브랜디드 콘텐츠를 활용한 광고 및 마케팅캠페인의 가장 일반적인 형태는 기업이 브랜드와 관련된 콘텐츠(예를 들어 영화, 게임 등)를 만들어 배포하거나, UGC 등의 콘텐츠를 PPL 형식으로 마들어 배포하는 경우 등이 있다.

7 광고와 기술의 만남 : 애드테크(ad tech)

애드테크란?

애드테크(ad tech)란 광고와 기술의 합성어로서 광고에 기술을 접목시킨 것으로 디지털 기술을 이용해 광고하는 것을 의미한다. 4차 산업에서 주목 받고 있는 빅데이터(big data), 클라우드(cloud), 인공지능(artificial intelligence, AI), 머신러닝(machine learning), 증강현실(augmented reality, AR), 가상현실(virtual reality, VR), 실감기술(tangible technologies), 드론(drone), 사물인터넷(internet of things, IOT), 블록체인(blockchain) 등의 ICT[21] 기술들을 말 그대로 광고커뮤니케이션에 활용하는 것을 말

21) Information과 Communication Technologies의 합성어로서 정보통신기술을 말한다.

표 5-5 애드테크의 주요 기술들

ICT 기술들	내용
빅데이터	기존 데이터보다 규모가 너무 방대하여 기존의 방법이나 도구로 수집, 저장, 분석 등이 어려운 정형 및 비정형 데이터를 말한다.
클라우드	데이터를 인터넷과 연결된 중앙컴퓨터(서브)에 저장해서 인터넷에 접속하기만 하면 언제 어디서든 데이트를 이용할 수 있는 컴퓨팅 개념이다.
인공지능	인간의 학습능력과 추론능력, 지각능력, 자연언어의 이해능력 등을 컴퓨터 프로그램으로 실현한 기술을 말한다.
머신러닝	기계학습으로 번역되며, 인공지능의 연구 분야 중 하나로, 인간의 학습 능력과 같은 기능을 컴퓨터에서 실현하고자 하는 기술이다.
증강현실	사용자의 현실 세계에 컴퓨터로 만든 가상 물체 및 정보가 겹쳐서 보임으로서 실감나는 경험을 제공한다. 예로는 펩시의 "Unbelievable Bus Shelter"캠페인이 있다.
기상현실	컴퓨터와 같은 특정 기기를 이용해 만들어 놓은 가상의 세계에서 사람이 실제와 같은 체험을 할 수 있도록 하는 기술이다. 예로는 듀오의 360도 가상현실광고가 있다.
실감기술	인간의 오감 인식을 기반으로 하는 기술을 말한다. 시각(안면)인식, 동작인식, 생체인식, 후각, 미각, 촉각 인식 기술이 여기에 포함된다.
드론	조종사가 탑승하지 않은 무인 항공기를 말한다.
사물인터넷	가전제품부터 다양한 생활 속 사물들에 유무선 네트워크로 연결하여 정보를 공유하는 환경을 뜻한다.
블록체인	해킹을 막기 위해 누구나 열람할 수 있는 장부에 거래 내역을 투명하게 기록하고, 여러 대의 컴퓨터에 이를 복제해 저장하는 분산형 데이터 저장기술이다. 블록체인을 기반 광고플랫폼들이 개발되었거나, 개발 중이다.

한다.

애드테크가 광고에 접목되어 광고가 단순히 전략과 크리에이티브의 조합만이 아닌 광고주의 문제를 해결해 주는 솔루션(solution)으로 발전하고 있다. 예를 들어 전통적인 광고캠페인의 기획, 제작, 집행, 효과분석 과정이 주로 광고실무자의 경험과 소비자 조사에 의존하였다면, 애드테크 기반의 광고캠페인은 이 모든 과정을 빅데이터 분석에서 시작하여 빅데이터 분석으로 끝난다. 예를 들어 프로그래매틱 바잉(programmatic buying)이라고 불리는 광고 자동 구매 시스템은 사용자가 웹이나 앱에 접속하는 순간 불과 1초 내에 소비자 빅데이터 분석을 통해 소위 광고플랫폼이라 불리는 프로그램들이 자동으로 사용자를 분석 및 타깃팅하고, 실시간 온라인 경매를 통해 가장 싼 가격에 원하는 고객에게 원하는 광고를 노출할 수 있다. 또한 광고 집행 후 트래픽효과의 분석까지 광고주에게 레포팅을 해준다.

특히 소비자 빅데이터에는 웹사이트나 앱에 접속한 고객들의 행위와 흔적이 모두 남기 때문에, 이러한 행동을 기반으로 소비자 인사이트(consumer insight)를 추출하여

표 5-6 프로그래매틱 바잉의 플랫폼 유형들

플랫폼 유형들	내용
SSP	퍼블리셔들이 광고 위치나 지면을 팔고, 인벤토리 관리를 쉽게 할 수 있도록 도와준다. SSP는 퍼블리셔의 광고 위치를 애드 익스체인지에 보내주는 역할을 한다.
DSP	타깃에 맞는 광고를 효율적으로 구매 및 집행할 수 있게 하는 구매 및 운영 플랫폼으로서, 광고주들이 광고 위치를 구매하는 과정을 자동화하고, 캠페인을 모니터링한다.
DMP	광고 인벤토리 구매에 필요한 데이터를 모아서 통합 분석하고 제공하는 플랫폼으로서, DSP가 더 효율적으로 캠페인을 운영할 수 있도록 여러 데이터를 제공해 준다.
애드 네트워크	인벤토리가 적은 매체들을 묶어 활용 가능한 매체로 구성된 매체들의 집합체를 말한다. 광고 인벤토리의 부족으로 광고를 판매하지 못하는 수많은 매체들을 하나의 네트워크 단위로 묶어 판매한다.
애드 익스체인지	애드 네트워크 간의 광고 인벤토리를 거래하는 일종의 주식 시장과 같은 역할을 한다. 애드 네트워크의 숫자가 점점 늘어남에 따라 이들 간의 거래를 중재하기 위해 등장하였다.
RTB	실시간 입찰 방식으로서, 퍼블리셔는 비싸게 자기 광고지면을 팔고 싶어하는 반면에 광고주는 싸게 구매하고 싶어 한다. 그래서 나온 것이 RTB이다.

캠페인의 효과나 성공확률을 높일 수 있는 새로운 광고 및 마케팅 전략을 펼칠 수 있으며, 비교적 적은 예산으로도 광고메시지를 확산시키고, 기대하는 효과를 얻을 수 있다. 이러한 애드테크 산업의 발전으로 2017년도에 미국에서 탄생한 애드테크 기업들 만해도 950개에 달하며. 그동안 시장에 없던 빅데이터 수집 및 분석기술, 분석기법, 실시간 데이터 처리 등 광고기획, 집행, 효과평가에 획기적인 변화를 이끌고 있다.

프로그래매틱바잉

프로그래매틱 바잉(programmatic buying)은 광고 자동 구매로 번역되며, 자동화된 시스템을 사용하여 광고 인벤토리[22](ad inventory)를 사고 파는 과정을 말한다. 프로그래매틱 바잉은 크게 고정 단가방식과 입찰 방식으로 나눌 수 있다. 고정 단가 방식은 이미 광고의 단가가 퍼블리셔(publisher) 혹은 매체사에 의해 정해져 있는 것을 말하며, RTB(real time bidding)는 실시간 입찰 방식이다.

프로그래매틱 바잉은 광고주가 정확한 오디언스 타깃팅을 통해 좋은 인벤토리를 확보할 수 있게 해주고, 퍼블리셔가 원하는 광고주를 찾아서 광고위치 혹은 지면에 대한 광고 수익을 높일 수 있도록 해준다. 즉 프로그래매틱 바잉은 데이터를 기반으로 한 자

22) PC나 모바일매체의 스크린 상의 광고영역 혹은 광고위치를 말한다.

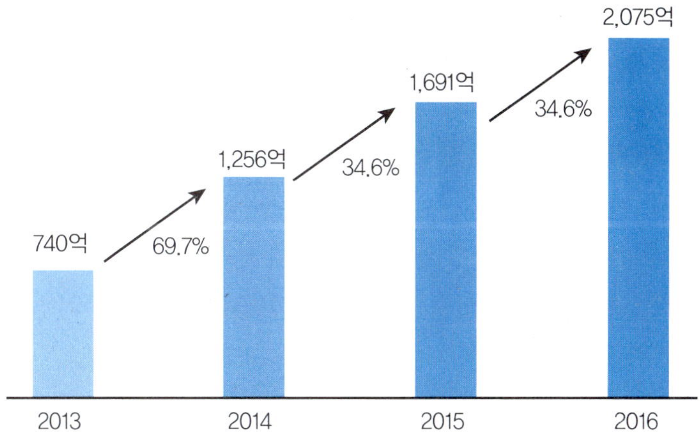

출처 : DMC미디어 조사(2015. 10)

그림 5-7 국내 프로그래매틱 바잉 시장의 규모와 성장률

동 인벤토리 매입 시스템으로, 광고주가 미리 기간 단위로 인벤토리를 구매하는 것이 아니라, 광고 인벤토리의 1회 노출을 필요에 따라 실시간으로 구입하여 해당 제품에 관심이 있거나 소비하고 있는 한 명의 타깃에게 노출함으로 효과적인 광고를 집행할 수 있도록 하는 사장 진화된 디지털 광고 거래 방식이다.

프로그래매틱 바잉은 광고거래의 참여자들인 광고주, 퍼블리셔들과 이들 간의 광고거래를 도와주는 여러 개의 자동화된 플랫폼들로 구성되어 있다. 이들 주요 광고플랫폼들은 SSP(supply side platform), DSP(demand side platform), DMP(data management platform)를 포함한다. 기타 중소 광고 인벤토리들의 집합체인 애드 네트워크(ad network)와 거래 시장을 나타내는 애드 익스체인지(ad exchange) 등이 거래에 관여하며, 거래는 RTB 방식으로 진행된다.

프로그래매틱 바잉의 절차 혹은 과정은 사용자(user)가 특정 웹이나 앱에 접속 즉시 입찰이 시작된다. 퍼블리셔(매체사)는 SSP 혹은 애드 익스체인지를 통해 해당 광고위

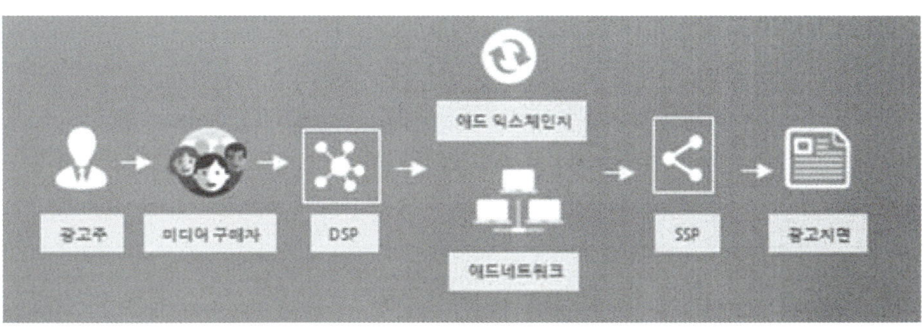

그림 5-8 프로그래매틱 바잉의 거래 과정

치에 입찰하도록 광고주에게 알림을 보낸다. 이 때 SSP 혹은 애드 익스체인지는 DSP에 유저 정보와 매체정보(최저 입찰금액)를 전달하고 입찰을 기다린다. 광고주는 DSP를 통해 웹이나 앱에 접속한 유저의 정보를 받고, 이 유저에게 광고를 노출시키기 위해 입찰에 참여한다. 이때 DSP는 광고주 대신 자체적으로 입찰을 결정하거나 외부 DMP를 통해 입찰 유무를 판단한다. 입찰을 결정하면 DSP는 입찰금액을 SSP 혹은 애드 익스체인지에 전달한다. SSP 혹은 애드 익스체인지는 입찰금액을 비교하여 가장 많은 금액을 제시한 DSP에 낙찰한다. 낙찰 받은 DSP는 다시 SSP 혹은 애드 익스체인지를 거쳐 매체에 노출해야 하는 정보가 담겨있는 광고 서브(ad serve)에 정보를 전달한다. 이 모든 과정이 끝나면 사용자에게 해당 광고를 노출시킨다.

II

광고매체의 기본 개념들

CHAPTER 06

광고매체의 기본 측정 단위들

1 광고매체의 기본 개념들

광고매체의 역할은 광고메시지를 표적 수용자들에게 전달하는 것이다. 광고 메시지를 표적 수용자들에 얼마나 잘 전달했는가를 나타내는 지표로써 방송매체의 경우 시청률, 청취율, 인쇄매체의 경우 발행부수, 열독률 등이 사용되어 진다. 이들 매체기획의 기본 개념들은 개념마다 약간의 차이는 있지만 매체비히클에 삽입될 광고에 노출될 가능성이 있는 수용자의 크기의 잠재적 최대치를 나타낸다.

이러한 매체의 기본 개념들은 매체의 선택 및 매체의 효과평가 등의 매체 의사결정 과정에 기본 자료로써 사용된다. 즉, 매체의 도달능력과 광고매체로써의 상대적인 가치를 평가하는 양적 평가기준이다. 매체기획을 시작하기 전에 이러한 기본 개념들을 정확히 이해하여야 효과적인 매체기획을 수립할 수가 있다.

2 방송매체의 측정 단위들

1) 시청률

광고매체로써의 텔레비전의 가치를 나타내는 가장 기본적인 개념이 시청률(rating)이다. 시청률은 전체 TV보유 가구(개인) 중에서 특정 매체비히클(예: TV프로그램)에 노출된 가구(개인)의 비율이다. 보통 시청률은 특정가구 혹은 개인의 채널 움직임을 분 단위로 측정하여 평균값을 계산한 측정치이다. 이를 분 단위 평균 시청률(average audience rating)이라고 한다. 분 단위 평균 시청률은 피플미터(peoplemeter, 각 방송사의 채널 움직임을 분 단위 혹은 초 단위로 측정하는 기구)와 같은 전자식 측정도구를 이용하여 측정한다. 일간지에서 TV프로그램 방영 이후 그 다음날 즉각적으로 보도되

표 6-1 광고매체의 기본 개념들

방송매체	인쇄매체	인터넷매체
시청률, 청취율, HUT, PUT점유율, CPM, CPRP 등	발행부수, 열독률, 구독률, 커버리지, CPM, CPRP 등	히트(hit), 방문자수, 임프레션, 페이지뷰, CTR , CPC, CPM, CPRP 등

표 6-2 시청 가구수의 크기와 시청률

매체비히클	시청 가구수	전체 TV 보유 가구수	시청률
KBS 뉴스 9	5,220,000	30,000,000	17.4%
MBC 뉴스데스크	2,550,000	30,000,000	8.5%

는 대부분의 TV프로그램 시청률 순위는 피플미터를 이용하여 측정한 분 단위 평균 시청률 측정치들이다.

2) 시청률의 유형

시청률은 개인, 가구, 지리적 시장, 인구통계적 특성, 제품사용량, 소유권과 같은 다양한 기준으로 구분된다. 일반적으로 가장 많이 사용되어지는 시청률의 유형은 가구시청률, 개인시청률, 타깃시청률이다.

가) 가구시청률

가구시청률(household rating)은 가구를 단위로 집계된 시청률을 말한다. 즉, 전체 TV 보유 가구 중에서 TV를 켜 놓은 가구의 비율을 나타낸다. 예를 들어 서울지역에서 MBC 뉴스데스크의 가구시청률이 20%라면 이것은 서울에 거주하는 TV보유 총 가구의 20%가 그 프로그램을 보았다는 것을 의미한다. 가구시청률은 한 가구에서 몇 명이 시청하던 간에 텔레비전만 켜있으면 시청률로 집계되는 방식이어서 보통 개인시청률에 비해 높게 나타난다.

$$\text{가구 시청률(household rating)} = \frac{\text{특정 프로그램 혹은 방송국을 보는 가구수}}{\text{TV보유 총 가구수}} \times 100$$

나) 개인시청률

개인시청률(individual rating)은 가구가 아닌 개인을 기본단위로 하여 측정한 시청률을 말한다. 즉, TV를 보유한 가구의 총 인구수에서 실제 TV를 시청하는 모든 개인들의 비율을 나타낸다. 일반적으로 개인시청률은 방송매체 비히클의 개별 수용자의 크기를 나타낸 값으로 가구 시청률보다 특정 TV 프로그램의 가치를 더 객관적으로 나타내는 지표라고 할 수 있다.

$$\text{개인시청률(individual rating)} = \frac{\text{특정 프로그램 혹은 방송국을 보는 시청자 수}}{\text{TV보유 가구 내 총 인원수}} \times 100$$

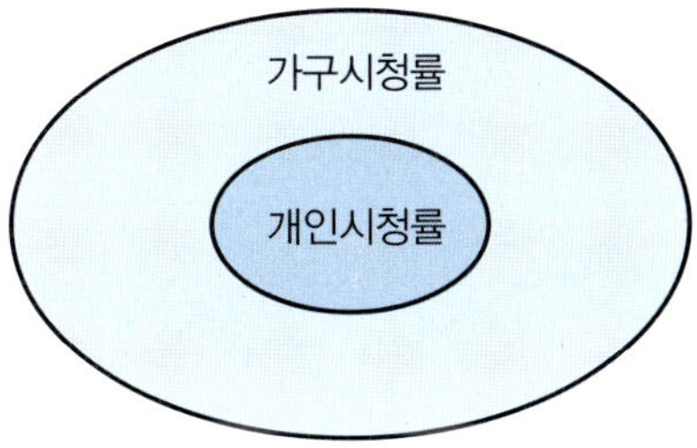

그림 6-1 가구시청률과 개인시청률

| 가구시청률과 개인시청률의 차이 |

일반적으로 가구시청률이 개인시청률 보다 크다. 이는 한 가구 내의 구성원들 중에서 TV를 시청하지 않는 구성원들이 있기 때문이다.

다) 타깃시청률

타깃시청률(target rating)은 특정 표적 수용자들을 기본단위로 하여 측정한 시청률을 말한다. 즉, TV보유 가구 내 전체 타깃 중에서 특정 프로그램을 시청한 타깃의 비율을 말한다. 타깃시청률은 특정 표적 수용자들을 겨냥하여 광고캠페인을 런칭할 때 필요하다. 즉, 우리제품의 타깃이 18–24세의 여성이라면 TV프로그램들의 타깃시청률을 알아야 우리 타깃이 많이 보는 매체를 선택할 수 있다. 예를 들어 노트북 컴퓨터의 타깃이 컴퓨터를 소유한 사람들이고 'KBS 뉴스 9' 프로그램의 타깃시청률이 17%라면 'KBS 뉴스 9' 프로그램은 컴퓨터를 소유한 남자들 가운데 17%의 시청률(rating)을 가지고 있다고 정의할 수 있다. 케이블 TV채널의 경우 채널의 특성에 따라서 타깃이 세분화되어 있기 때문에 비록 채널 전체의 가구시청률이 낮더라도 타깃시청률이 높으면 매체의 가치를 제대로 평가받을 수 있다.

〈그림 6-2〉는 2011년 1월부터 2013년 8월까지의 텔레비전 광고의 가구시청률과 XX복사용지 브랜드의 타깃시청률 추이를 보여주고 있다. 전체적으로 텔레비전 시청률이 2011년에 비해 2%정도 감소하는 추세를 보여주고 있으며 특히 가구시청률이 타깃시청률보다 더 큰 폭으로 감소하고 있다. 이러한 가구시청률과 타깃시청률의 추이를 살펴봄으로써 XX복사용지 브랜드가 광고를 삽입하기 위하여 선택한 프로그램들의 타깃시청률이 낮은 이유가 프로그램들을 잘못 선택한 것이 아니라 전체 가구시청률이 점차 감소하였기 때문이라는 사실을 알 수 있다.

$$\text{타깃시청률(target rating)} = \frac{\text{특정 프로그램을 보는 타깃 수}}{\text{TV보유 가구 내 타깃 수}} \times 100$$

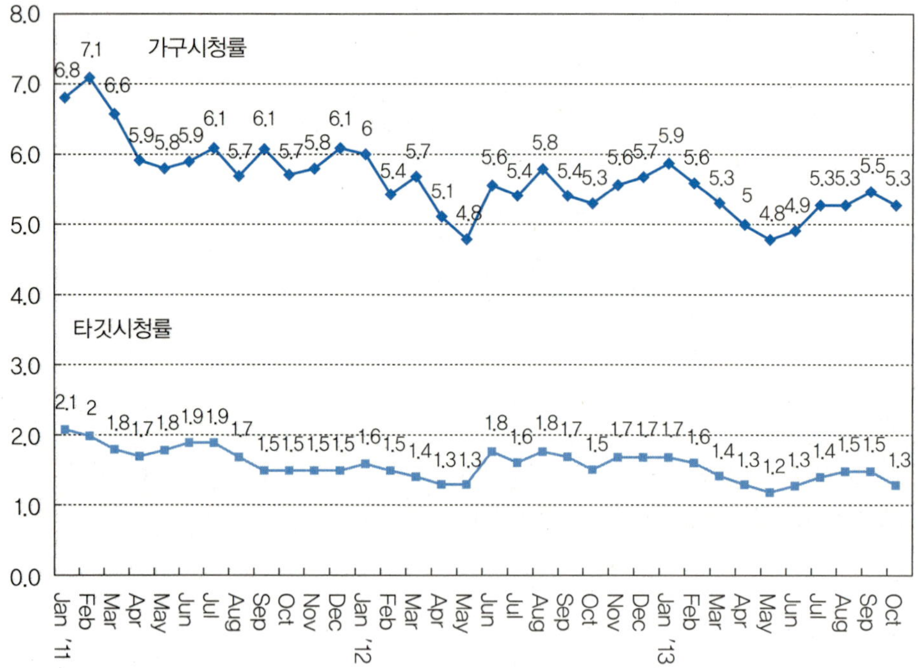

자료원: AGB 닐슨 미디어 리서치

그림 6-2 XX복사용지 브랜드의 가구시청률과 타깃시청률의 추이분석

프로그램 시청률과 광고시청률

프로그램 시청률은 특정 TV프로그램을 시청한 수용자의 크기를 말하며, 광고시청률은 특정 TV프로그램에 스폰서로 참여한 특정 광고주의 광고메시지에 노출된 수용자의 크기를 나타낸다. 즉, 프로그램 시청률은 수용자들이 특정 매체비히클에 얼마나 많이 노출되었는가를 알려주는 개념인 반면에 광고시청률은 특정 프로그램에 삽입된 특정 광고메시지에 얼마나 많이 노출되었는가를 알려준다. 이와 같은 이유로 광고주들이 광고를 삽입할 TV프로그램을 선택할 때 프로그램 시청률보다 광고시청률을 비교기준으로 더 선호한다.

일반적으로 프로그램 시청률이 광고시청률보다 더 크다. 이는 특정 프로그램을 시청한 오디언스 중에 광고메시지를 보지 않은 사람들이 있기 때문이다. 따라서 광고시청률이 TV프로그램의 광고매체로써의 가치를 보다 더 객관적으로 나타내는 지표라고 할 수 있다. 프로그램 시청률과 광고시청률이 차이가 나는 이유는 시청자들이 광고회피행위 때문이다. 시청자들은 프로그램 시청 도중 광고가 나오면 리모컨으로 채널을 변경하거나(기계적 회피), 옆 사람과 대화를 하거나, 혹은 자리를 뜨는(행동적 회피) 등 다양한 방식으로 광고를 회피한다. 시청자들에 가장 많이 사용하는 텔레비전 광고회피 방법은 재핑(zapping)이다.

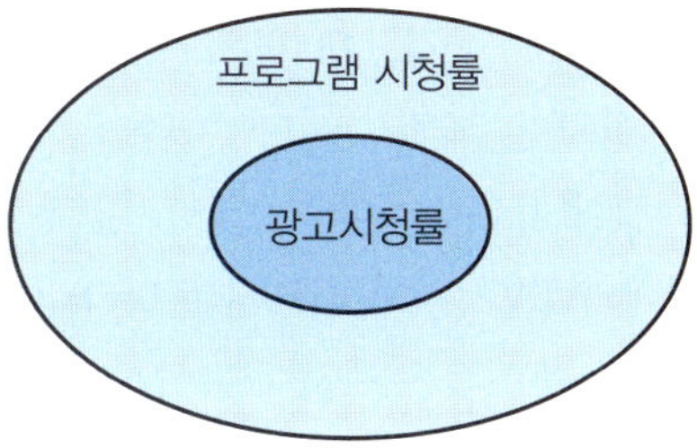

그림 6-3 프로그램 시청률과 광고시청률

시청률의 의미와 문제점

광고매체의 역할을 광고 메시지를 표적 수용자들에게 전달하는 것이다. 시청률은 매체 수용자의 크기를 나타내며 따라서 시청률이 높다는 것은 광고메시지에 노출될 기회가 많다는 것을 뜻한다. 따라서 시청률은 광고메시지를 표적 수용자들에 얼마나 잘 전달했는가를 나타내는 지표로써 매체의 효과를 평가하는 양적 분석단위라고 할 수 있다. 또한 시청률은 광고단가를 결정하는 기준으로도 사용되어진다. 일반적으로 시청률이 높은 프로그램일수록 광고단가가 높게 책정된다. 그러나 현재 시청률은 실시간 방송되는 프로그램을 대상으로만 측정되기 때문에 PC와 모바일 등 다른 유통채널로 방영되는 방송콘텐츠의 시청 여부까지 나타내지 못하는 한계를 지니고 있다. 또한 시청률은 주목도와 같은 질적인 광고매체의 가치를 설명하지는 못한다.

시청률 분석 단위들

시청률은 채널, 시급, 요일, 시간대, 프로그램, 광고, 위치, 초수, 인구통계학적 특성별로 분석할 수 있다. TV매체를 선택할 때 채널, 시급, 요일, 시간대, 프로그램, 광고, CM 및 위치, 초수, 인구통계학적 특성별로 시청률이 다르기 때문에 시청률을 이러한 분석 단위별로 세밀하게 분석하여야 가장 비용효율적인 매체비히클들을 선택할 수 있다. 예를 들어 채널 및 프로그램별로 시청률을 분석함으로써 표적 수용자들이 가장 많이 보는 채널과 프로그램을 선별할 수 있으며, 시급별로 분석함으로써 어떤 시급 위주로 TV 광고를 집행할 것인지를 결정할 수 있다. 또한 요일, 시간대, 위치, 초수별로 분석함으로써 어떤 요일, 시간대, 위치, 초수에 광고를 집행할 것인지를 파악할 수 있으며 성별, 나이, 학력, 직업, 소득 등 인구통계적 특성별로 시청률을 분석함으로써 우리 표적 수용자들이 많이 시청하는 프로그램을 선별할 수 있다.

HUT와 PUT

HUT(household using television)는 특정 지역에서 특정 기간 동안 TV를 사용하는 모든 가구의 비율을 말하며, PUT(persons using television)는 특정 지역에서 특정 기간 동안 TV를 사용하는 모든 개인의 비율을 말한다. 예를 들어 올림픽 개막식이 열리는 저녁 시간에 TV를 켜놓은 가구 수가 1,000만 가구이고 우리나라의 TV보유 총 가구 수가 2,000만 가구이면 HUT는 50%가 된다. 따라서 사용률은 TV시청 세대 수를 TV보유 총 가구 수로 나눈 값에 100을 곱한 값이라고 할 수 있다.

HUT/PUT는 특정 시간대의 TV시청자의 크기를 나타내기 때문에 계절별(봄, 여름, 가을, 겨울), 요일별(평일, 주말 등), 혹은 시간대별(아침, 낮, 저녁 등)로 변하는 총 TV 시청량의 추이를 파악하는데 사용되어 진다. 예를 들어 계절별로는 밤 시간이 긴 겨울보다 낮 시간이 긴 여름휴가철에 HUT/PUT가 떨어지며 시간대별로는 아침과 낮 시간대가 저녁 시간대보다 HUT/PUT가 떨어진다. 우리나라 방송광고의 요금은 시급이라는 시간대에 따라 다르게 책정되어 있는데 이는 HUT/PUT가 시간대별로 차이가 있기 때문이다. 또한 HUT/PUT가 낮으면 시청률도 낮아지는데 이는 시청률이 HUT/PUT의 영향을 받음을 말해준다. 이처럼 HUT/PUT는 시청률과 비례적 관계이기 때문에 시청률 예측에도 사용되어 진다.

$$\text{HUT(PUT)} = \frac{\text{TV시청 가구수(혹은 개인)}}{\text{TV보유 총 가구수}}$$

점유율

점유율(share)은 TV를 켜 놓은 가정 중에서 특정 채널 혹은 프로그램을 본 가구 수를 말한다. 시청률이 TV보유가정 중에서 특정 채널 혹은 프로그램을 보는 퍼센트를 말하는 반면에 점유율은 TV를 켜놓은 가구 중에서 특정 채널 혹은 프로그램을 본 가구 수를 말한다. 즉, 점유율은 특정 시간대에 실제 TV를 시청하고 있는 가구, 개인, 혹은 표적 수용자에 대한 각 채널별 혹은 프로그램별 점유비율을 뜻한다. 따라서 점유율은 특정 채널 혹은 프로그램이 다른 시간대에도 타 경쟁 채널 혹은 프로그램에 비해 잘하고 있는지를 객관적으로 파악할 수 있게 해준다. 예를 들어 〈표 6-3〉에서 보이듯이 A 프로그램의 2월 시청률은 12.5%로 1월 시청률 15.2%보다 낮아도 점유율은 더 높다. 이것은 A 프로그램이 2월에 타 경쟁 프로그램에 비해 잘 하고 있다는 것을 나타낸다. 따라서 점유율은 시청률이 간과하고 있는 특정 채널 혹은 프로그램의 상대적 가치를 알 수 있게 해준다.

점유율은 HUT/PUT와 반비례적 관계이다. 즉 점유율이 높으면 HUT/PUT와 시청률이 상대적으로 낮다. 예를 들어 HUT가 50%이고 특정 채널의 시청률이 25%이면 이 채널의 점유율은 50%가 된다. 이는 TV를 보고 있는 가구의 절반이 특정 채널을 시청하고 있다는 것을 나타낸다. 즉 점유율은 시청률을 HUT 혹은 PUT로 나눈 값이다.

$$\text{점유율(share)} = \frac{\text{시청률(rating)}}{\text{HUT 혹은 PUT}} \times 100$$

표 6-3 1월과 2월의 TV프로그램 A의 점유율과 시청률 비교

월별	평균 시청률	HUT	점유율
1월	15.2%	66.5%	22.9%
2월	12.5%	49.8%	25.1%

표 6-4 시청률 분석 단위와 분석 내용들

분석 단위	분석 내용들
채널	KBS2, MBC, SBS, EBS, 종편 및 케이블TV 채널들
시급	SA, A, B, C
광고 및 프로그램	개별 광고 및 프로그램
요일	월, 화, 수, 목, 금, 토, 일
시간대	오전, 오후, 저녁, 심야, 매시간별 등
초수(길이)	10, 15, 20, 30, 60초
위치	전CM, 중CM, 후CM
인구통계학적 특성	성별, 나이, 학력, 직업, 소득, 거주지역 등

청취율

라디오 청취율은 15분을 기본단위로 측정된다. 이를 15분 평균 청취율(average quarter hours rating)이라고 한다. 15분 평균 청취율은 한 시간을 15분 단위로 쪼개어 이 15분 가운데 5분만 특정 프로그램을 청취하여도 그 프로그램을 청취한 것으로 간주한다. 15분 평균 청취율은 피플미터와 같은 기계식 방법이 아닌 주로 조사패널들을 대상으로 한 일기식 조사를 통하여 조사한다. 이 방법은 미국의 Arbitron 조사회사가 일기식(diary) 조사를 통하여 라디오 청취율을 조사할 때 시작되었다.

3 인쇄매체의 측정 단위들

1) 발행부수

발행부수(circulation)는 신문이나 잡지가 배포된 수를 나타낸다. 발행 부수는 도시, 도 단위, 군 단위 등 지역별 자료가 수집되므로 특정 지역에 대한 매체의 선택에 도움을 준다. 발행 부수는 객관적인 개념이지만 측정 인쇄매체를 읽는 사람의 인구 통계적 특성과 읽은 독자 수(구독자와 회람독자 포함)를 구별하지 못하기 때문에 인쇄매체의 가치를 제대로 평가하지는 못한다. 신문 발행 부수는 발행부수공사(ABC: Audit Bureau of Circulation)에 의해서 매년 조사되어 그 결과를 공표한다.

2) 열독자수

열독자수(readership)는 신문이나 잡지와 같은 인쇄매체를 읽은 독자의 총 수를 말한다. 보통 신문매체의 오디언스(audience)와 같은 개념이다. 열독자수는 돈을 지불하고 구독하는 일차독자(primary readers)와 회람하여 보는 이차독자(secondary readers) 혹은 회람독자(pass-along readers)로 구분된다. 특정 신문 혹은 잡지의 열독자수는 발행부수에 1부당 평균 독자 수(readers per copy)의 곱으로 표현될 수 있다.

발행부수 × 1부 당 평균독자 수(readers per copy) = 열독자수(readership)

3) 발행부수, 열독자수, 구독자수의 차이

열독자수는 일차독자와 이차독자를 합한 것이다. 반면에 구독자수는 일차독자의 크기만을 나타낸다. 따라서 열독자수는 구독자수보다 많다. 또한 일반적으로 발행부수는 열독자수 보다 적다. 예를 들어 특정 신문의 발행부수가 1백만 부이고 1부당 평균 열독자수가 2명이면 그 신문의 총 독자 수는 2백만 명이다. 〈표 6-5〉는 특정 신문의 발행부수는 작아도 열독자수는 더 많다는 것을 보여 준다. 즉, 신문 A는 신문 B보다 500,000부의 발행부수를 더 가지고 있다. 그러나 열독자수로 볼 때 신문 B가 신문 A보다 더 많다. 이것은 열독자수를 기준으로 한다면 신문 B가 더 좋은 조건을 가지고 있다는 것을 나타낸다. 따라서 열독자수는 발행부수와 구독자수보다 광고주에게 더 유용한 개념이다. 열독자수는 열독률이라는 개념으로 변환되어 사용된다. 열독률은 10세 이상에서 65세 이상까지의 가독 연령대의 사람들 가운데 특정 신문 혹은 잡지를 읽거나 본 사람들의 비율을 말한다.

4) 열독률의 분석 단위들

열독률은 신문 및 잡지의 유형, 신문의 면과 단수, 잡지의 광고 게재 위치, 신문의 발행요일, 개별 광고물, 인구통계학적 특성별로 분석할 수 있다. 신문 및 잡지 유형별 열독률 분석은 신문 및 잡지의 종류별로 열독률을 비교분석하는 것을 말하며, 신문의 면과 단수별 열독률 분석은 신문의 1면, 2면 등 각 면과 4단, 5단, 7단, 8단, 15단 등의 광고 크기별로 열독률을 분석하는 것을 말한다. 잡지의 광고 게재 위치는 표 2면, 표 2대면,

표 6-5 판매 부수, 독자 수, 1부 당 평균 열독자수

신문종류	발행부수 (Circulation)	1부 당 평균 독자 수 (Readers Per Copy)	전체 열독자수 (Total Audience)
A신문	2,000,000	2	4,000,000
B신문	1,500,000	3	4,500,000

| ABC제도 |

ABC는 Audit Bureau of Circulations(신문 · 잡지 · 웹사이트 등 매체량 공사기구)의 약자로 신문, 잡지, 온라인 등 매체사에서 스스로 보고한 부수 및 수용자 크기를 표준화된 기준에서 객관적인 방법으로 실사, 확인하여 매년 이를 공개하는 제도이다. 신문, 잡지, 웹사이트 등의 매체량은 매체사의 재원인 판매 및 광고수입과 깊은 관계가 있으며, 매체광고비의 집행근거가 된다. 따라서 매체량 정보는 매체사, 광고주, 광고회사의 경영과 광고의 과학화를 위한 기본 자료로서 필수적이다. 매체사는 ABC의 발행부수, 유료부수, 수용자 크기 등의 조사자료에 따라 밝혀지는 경영정보자료를 통해 적절한 경영진단과 효율적인 경영관리를 할 수 있다. 반면 광고주는 발행부수, 유료부수, 수용자 크기 등의 조사자료들을 기초로 광고의 도달률 및 도달횟수 등을 고려한 매체목표를 효과적으로 설정할 수 있고, 매체의 객관적인 광고요금을 기준으로 효율적인 매체계획을 수립할 수 있다. 즉 ABC제도는 매체사에게는 정당한 광고요금을 요구할 수 있는 기준과 광고주에게는 매체사의 광고 면을 선별하여 구입할 수 있는 기준을 제공한다. 이처럼 광고주의 효율적인 매체계획은 광고주와 광고회사의 관계를, 객관적인 광고요금 책정은 매체사, 광고주, 광고회사 간의 관계를 공정하게 확립함으로써 합리적인 광고거래질서를 구축할 수 있게 해준다. 2015년 기준 신문 829개사, 잡지 239개사, 전문지 309개사 등 약 1,400여개의 매체사들이 한국ABC협회의 회원으로 가입되어 있다.

표 4면 등 잡지광고의 게재 위치별로 열독률을 분석하는 것을 말하며, 인구통계학적 특성별 열독률 분석은 성별, 나이, 학력, 직업, 소득 등 인구통계학적 특성을 기준으로 인쇄매체비히클의 열독률을 분석하는 것을 말한다. 매체기획과정에서 인쇄매체를 선택할 때 이러한 분석 단위별로 열독률을 보다 더 세밀하게 분석하여야 가장 적은 비용으로 가장 많은 표적 수용자들에게 도달할 수 있는 비용효율적인 매체를 선택할 수 있다.

5) 커버리지

커버리지(coverage)는 특정 표적시장의 도달 백분율도 표현된다. 즉, 특정 표적시장에 대한 메시지 전달정도를 전체 인구통계집단으로 나눈 값이다. 예를 들어 특정 지역에서 어떤 잡지가 여성 100만 명에게 읽혀지고 있는데 그 지역 여성 전체 인구가 1,000만 명이라면 그 잡지의 커버리지는 10%가 된다. 따라서 주어진 표적시장에 대한 메시지 전달정도를 나타낸다.

6) 열독률의 의미와 문제점

열독률은 인쇄매체의 노출효과, 즉, 인쇄매체의 공간적 가치를 평가할 때 사용된다. 그러나 신문이나 잡지 등의 인쇄매체의 열독률은 특정 매체비히클을 보았거나 읽은 비

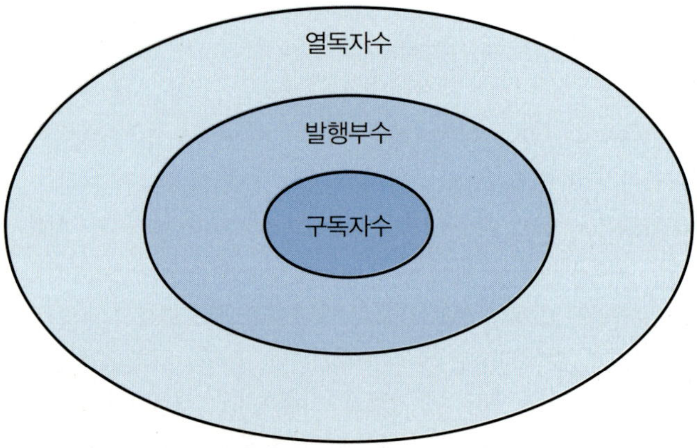

그림 6-4 발행부수, 열독자수, 구독자수의 차이

히클 오디언스의 크기를 측정한 것이지 실제 매체비히클에 포함된 특정 광고메시지를 보거나 읽은 광고 오디언스의 크기를 측정한 것이 아니다. 즉, 열독률은 광고 메시지를 볼 기회(OTS: opportunity to see)만을 말한다. 따라서 열독률은 독자가 매체에 게재된 광고메시지를 보았는지 안 보았는지뿐만 아니라 보았다면 몇 번 보았는지는 실제로 구별하지는 못한다. 일반적으로 인쇄매체의 열독률은 독자들의 광고회피행동 때문에 실제 광고페이지 노출의 크기를 과대평가하는 경향이 있다. 또한 잡지매체와 같은 인쇄매체는 재독이 가능한 매체이기 때문에 실제 광고페이지 노출의 횟수를 과소평가할 수도 있다. 예를 들어 〈표 6-6〉에서 보여지듯이 비히클 오디언스는 특정 잡지 매체를 읽은 사람의 수, 비히클 노출은 특정 잡지 매체를 읽은 횟수, 광고 오디언스는 특정 잡지에 게재된 광고페이지를 읽은 사람들, 광고노출은 특정 잡지에 게재된 광고페이지를 읽은 횟수를 나타낸다. 이러한 잡지 매체의 효과를 나타내는 네 가지 측정지표들 중 비히클 오디언스는 독자들이 기사만 읽고 광고페이지는 보지 않거나 읽지 않을 수 있기 때문에 광고 오디언스보다 크며 비히클 노출이나 광고노출은 독자들의 재독으로 인한 반복노출 때문에 비히클 오디언스나 광고 오디언스보다 클 수 있다. 이러한 이유로 열독률을 사용하여 매체스케줄을 구성할 경우 실제 광고메시지에 대한 도달효과를 과대평가하거나 반복효과를 과소평가할 수 있다.

많은 조사회사들이 제공하는 열독률 자료들은 비히클 오디언스만을 측정한 것이며, 따라서 실제 광고페이지에 대한 광고 오디언스의 크기 및 노출횟수를 정확히 반영하지 못하고 있다. 열독률의 이러한 문제점은 인쇄매체의 노출효과를 왜곡할 수 있다. 예를 들어 〈표 6-7〉에서 보여지듯이 라이프 잡지를 읽은 독자의 수는 많아도 광고페이지에 노출된 독자의 수는 이브닝 포스터가 더 많다. 따라서 광고페이지의 노출을 기준으로 할 경우 라이프보다 이브닝 포스터가 더 효과적이다. 결과적으로 광고주들의 관심사는 비히클 오디언스나 비히클 노출이 아니라 광고 오디언스나 광고노출의 크기라고 할 수 있다.

표 6-6 잡지매체의 비히클 오디언스, 비히클 노출, 광고 오디언스, 광고노출의 차이

오디언스	비히클 오디언스 (잡지 읽은 여부)	비히클 노출 (잡지 읽은 횟수)	광고 오디언스 (광고페이지 읽은 여부)	광고노출 (광고페이지 읽은 횟수)
A	예	1	예	1
B	예	3	아니오	0
C	예	2	예	2
D	아니오	0	아니오	0
E	아니오	0	아니오	0
계	3	6	2	3

표 6-7 비히클 오디언스의 크기와 광고페이지 노출 수

잡지 종류	광고횟수	비히클 오디언스 수	광고페이지 노출 수	독자 당 빈도
이브닝 포스트	1	23,547,000	30,861,000	1.3
루크	1	27,495,000	30,702,000	1.1
라이프	1	31,519,000	30,110,000	1.0

7) 스타치 재인 테스트

열독률은 특정 인쇄매체를 보거나 읽은 사람들을 측정한 것이지 인쇄매체에 부분적으로 포함된 광고메시지를 보거나 읽은 사람들을 측정한 것은 아니다. 따라서 열독률은 인쇄매체의 광고매체로써의 객관적인 가치를 나타내주지 못한다. 이러한 문제를 해결하고 인쇄매체의 가치를 보다 더 객관적으로 측정하기 위하여 개발된 방법이 스타치의 재인 테스트(Starch recognition test)이다.

스타치의 재인 테스트는 응답자의 기억 속에 특정 광고정보가 존재하고 있는지를 확인하는 방법으로 주목한 독자(noted reader), 통독 혹은 대부분 읽은 독자(read most reader), 연상한 독자(associated reader)의 세 가지 지표를 측정한다. 주목한 독자(noted reader)는 광고를 기억한 사람의 비율을 말하며, 통독 혹은 대부분 읽은 독자(read most reader)는 광고내용의 최소 50% 이상을 읽은 사람의 비율을 말한다. 연상한 독자(associated reader)는 광고의 상표명 혹은 광고주를 분명하게 지적한 부분을 보았거나 읽은 사람의 비율을 말한다. 스타치 재인 테스트의 조사절차는 이 광고의 어느 부분이라도 읽거나 본적이 있는가를 질문한 후 그렇다고 응답한 독자에 대해 광고의 어떤 부분을 보았는지를 계속 질문한다. 그 결과로 주목한 독자, 대부분 읽은 독자, 연상한 독자로 구분하여 그 비율을 보고한다. 또한 광고의 헤드라인, 그림, 사진, 카피, 상표, 로고, 패키지, 회사명 등 각각의 광고내용에 대해서도 읽거나 보았는지를 조사한

그림 6-5 스타치의 재인 테스트의 예

후 그 결과를 보고한다.

미국의 광고대행사들은 스타치의 재인 점수를 가중치(weight)로 사용하여 과대평가된 열독률을 실제 광고메시지에 대한 열독률에 가깝게 조정하기도 한다. 예를 들어 리더스 다이제스트의 열독률이 26.6%이고 스타치의 재인 점수(Starch's recognition score)가 50%라면, 이 리더스 다이제스트의 실제 광고메시지에 대한 열독률은 TV 가이드의 열독률(25.4%) × 스타치 재인 점수(50%) = 12.7%가 된다. 미국에서 94개 광고대행사들의 매체국장들을 대상으로 설문조사를 실시한 결과 스타치의 재인 점수 이외에도 회상(59.5%), 광고노출(57.1%), 인지(47.9%), 주목(43.6%), 구매(31.9%), 재인(24.5%)을 가중치로 많이 사용하는 것으로 나타났다.

4 인터넷매체의 측정 단위들

1) 트래픽 효과

인터넷 광고의 노출효과를 넓은 의미에서 트래픽 효과(traffic effect)라고 부른다. 전통매체의 경우 광고 메시지의 도달 능력을 측정하는 단위로 시청률 및 열독률과 같은 개념이 사용되지만 인터넷의 경우 웹사이트의 사용 정보를 기록한 로그파일(log file) 분석을 통하여 광고 메시지의 도달 효과를 정확하게 즉각적으로 측정할 수 있다. 사람들이 웹사이트를 방문하여 어떤 데이터를 요청을 하게 되면 그 사람의 데이터가 로그파일에 남게 된다. 비록 이 데이터는 인구통계학적 정보를 제공해 주지는 못하나 그 사람의 호스트네임이나, 방문한 횟수와 시간대, 지역, 이용한 페이지 등과 같은 자료를 제공해 준다. 따라서 피플미터(peoplemeter), 서베이, 일기(diary)식 조사 등의 방법에 의존하는 대중매체보다 수용자의 반응을 더 정교하게 측정할 수 있다. 인터넷의 로그파일 분석을 통하여 기본적으로 얻을 수 있는 노출효과 데이터는 히트, 요구, 임프레션, 페이지 뷰, 클릭 수, CTR, VTR, 방문, 체류 시간, 순 방문자, MAU, DAU와 같은 구체적인 행위들이 된다.

트래픽 효과의 측정은 웹사이트의 사용과 접속 수에 대한 정보뿐만 아니라 광고물의 노출과 반응에 대한 정보도 제공해 준다. 따라서 여러 형태의 단위들이 사용되며, 각각의 단위들에 대한 정확한 이해가 필요하다. 히트(hit)는 웹사이트 방문자가 서베이 파일을 요구한 숫자를 말한다. 히트는 서버로부터 얼마나 많은 텍스트와 그래픽들이 제공되었는가를 기록한 수치이다. 웹 페이지는 텍스트(text)와 그래픽(graphic)으로 구성되어 있는데 각각의 텍스트와 그래픽은 하나의 물체(object)로 계산된다. 따라서 10개의 물체로 구성된 웹 페이지에 10명이 방문하게 되면 100 히트가 기록된다. 히트는 사용자의 증가보다 물체의 증가에 영향을 많이 받으므로 광고를 실행하는 측에서는 큰 의미를 갖기가 어렵다.

요구(request)는 방문자가 특정 웹사이트의 페이지를 다운로드하는 행위를 말한다. 다운로드 과정에서 로그파일을 지정된 HTML에 대해 방문자가 요구할 때 마다 이를 서버에 기록한다. 즉, 로그파일은 HTML 파일이 요청될 때마다 기록을 남긴다. 요구(request)는 웹페이지가 얼마나 다운로드 되었는가를 알 수 있기 때문에 히트보다는 효용 가치가 크다. 그러나 요구(request)의 단점은 그래픽이 제외된다는 점이다.

| 로그파일(log file) 분석 |

인터넷 광고의 트래픽 효과 측정에 대한 기초 데이터는 서버의 로그파일 분석을 통해 이루어진다. 사람들이 웹사이트를 방문하여 어떤 데이터를 요청을 하게 되면 그 사람의 데이터가 로그파일에 남게 된다. 비록 이 데이터는 인구통계학적 정보를 제공해 주지는 못하나 그 사람의 호스트네임이나, 방문한 횟수, 시간대, 지역, 이용한 페이지 등과 같은 자료를 제공해 준다. 이러한 로그파일은 웹사이트의 사용정보를 파악하기 위해 다양한 형태로 분석되며, 마케터는 이를 토대로 가장 인기있는 페이지, 가장 많은 접속이 이루어 지는 시간, 사용자가 평균적으로 머무는 시간 등을 파악해 낼 수 있게 된다.

광고노출의 가장 기본적인 개념인 임프레션(impression)은 배너광고가 보인 횟수를 나타내는 수치로 현재 인터넷 광고시장에서 가장 널리 통용되고 있다. 광고 배너가 전송된 수를 기록하게 함으로써 알 수 있다. 페이지 뷰(page view)는 특정 배너가 있는 페이지에 대해 이용자가 요구한 횟수를 의미한다. 서버가 에러 없이 특정 페이지를 전달한 횟수를 말하며 종종 특정 페이지에 포함된 광고배너의 임프레션하고 동일하게 간주되기도 한다. 그러나 만약 사용자가 자신의 웹브라우저에서 이미지 받기 기능을 꺼놓았을 경우 광고배너는 전송이 되지 않기 때문에 페이지 뷰는 광고배너의 임프레션보다 수치가 더 클 수 있다.

클릭 수(clicks)는 사용자가 광고 배너를 클릭하였을 경우 측정되는 수치를 말하며, 광고노출에 비해 사용자의 반응을 측정한다는 점에서 인터넷 광고 효과를 측정하는 표준으로 제시되고 있다. 클릭완성률(click through rate, CTR)은 노출 당 클릭률로써 클릭 수를 임프레션으로 나눈 값을 백분률로 표현한 값이다. 노출 당 클릭률은 광고 캠페인 전개 시 광고집행자의 관점에서 비교가 가능한 데이터를 제공해 준다는 장점이 있다. 그러나 클릭수와 클릭완성률은 광고물에 의해 영향을 받기 때문에 미디어 측에서는 광고비 산출기준으로는 받아들이기 어려운 데이터이다. 최근에 유튜브(YouTube)를 중심으로 동영상광고가 활성화 되면서 VTR(view through rate)이라는 개념이 많이 사용되고 있다. VTR은 시청완료률로, 동영상광고를 스킵하지 않고 끝까지 시청한 사람의 비율을 말한다.

방문(visit)은 특정 기간에 한 명의 이용자에 의해 이루어진 일련의 요구를 의미한다. 일정한 시간 동안에 이루어진 순차적인 요구(request)는 1 visit로 계산된다. 다시 말하면, 한 사용자가 특정 웹사이트에 접속해서 일련의 웹페이지를 연속적으로 이용할 때 이를 하나의 방문으로 기록한다. 사용자가 일정 시간(세션)이 지난 후 다시 해당 웹사이트에 방문하면 이는 또 다른 방문으로 추가된다, 표준화된 시간제한은 없으나 보통 15분에서 2시간 사이를 측정 기준으로 하며, 대략적인 평균 시간은 30분이라고 할 수 있다. 방문은 히트와 같이 실제 사용자 수에 관계없이 접속 숫자가 과대 계상되는 폐단을 막을 수 있는 장점이 있다.

체류 시간(duration time, DT)은 사용자가 사이트에서 머물다 떠날 때까지의 시간을 의미한다. 체류 시간이 길면 길수록 사용자 활동이 많아지고 원하는 목적이 달성될 확률이 높으므로, PV와 함께 고객 충성도를 살펴볼 수 있는 지표가 되기도 한다. 체류 시간이 짧다면 페이지 내에 어떤 점이 사용자를 충분히 이끌지 못하는지 확인해 볼 필요가 있다.

UV(unique visitor)는 순 방문자로, 사용자가 특정 웹사이트에 방문한 수를 나타내며 중복 방문을 제외한다. 실제 방문한 총 이용자 수를 파악하기 어렵고 고의로 숫자를 늘릴 수 있는 PV(page view)의 단점을 보완하는 차원에서 쓰인다. PV가 세션이나 IP 주소에 따라 달라진다면 UV는 달라지지 않는 장점이 있다.

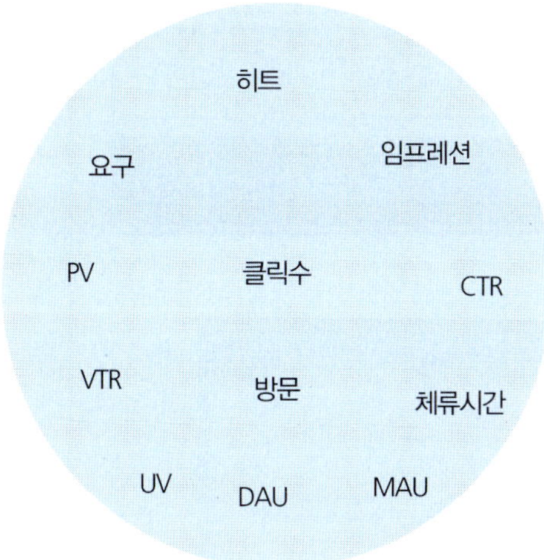

그림 6-6 트래픽 효과들

MAU(monthly active users)은 월간 활성 이용자로서 .한 달 동안 해당 서비스를 이용한 순수한 이용자의 수를 말한다. 보통 온라인 게임 등 인터넷 기반 서비스에서 해당 서비스를 얼마나 많은 사용자가 실제로 이용하고 있는지를 나타내는 지표 중에 하나로 활용한다. 월 단위의 서비스 집계를 통해 서비스의 성공과 인기가 변화하는 과정을 장기적으로 나타낼 수 있다. 집계하는 시점은 제 각각이긴 하나, 페이스북 등에서는 유저가 게임 시작 화면을 볼 때 집계하기나 모바일 게임은 애플리케이션 실행 시 집계하는 식으로 서비스를 실행하는 단계에서 집계하는 것이 일반적이다.

DAU(daily active users)는 일간 활성 이용자로서 하루 동안 해당 서비스를 이용한 순수한 이용자 수를 말한다. 보통 온라인 게임에서 해당 서비스를 얼마나 많은 사용자가 실제로 이용하고 있는지를 나타내는 지표 중에 하나로 활용한다. MAU보다 더 정확하게 서비스의 인기와 성공을 나타내며, 단기적인 이벤트 등에 대한 유저들의 호응을 확인할 수 있어 효과적이다. DAU와 MAU는 온라인 분석이 모바일 영역으로 확장되면서 생긴 용어들이며, 보통 앱 분석을 할 때 앱 사용현황을 파악하기 위해 사용된다.

〈그림 6-7〉은 3M의 인터넷 배너광고의 트래픽 효과를 측정한 결과이다. 3M은 새롭게 출시된 프로젝터의 판매 촉진과 잠재 수요자 확보를 위해 잡지, DM뿐만 아니라 인터넷 배너광고를 활용한 광고 캠페인을 실시하였다. 인터넷 배너 광고는 DC Net 등의 웹사이트에 180만 노출을 하여 126,000의 클릭과 기업으로부터의 연락에 동의한 관심고객을 나타내는 2,263건의 리드(lead)를 획득하였다. 이 광고의 클릭률은 평균 7%로써 그 당시 성공적인 캠페인으로 평가되었다.

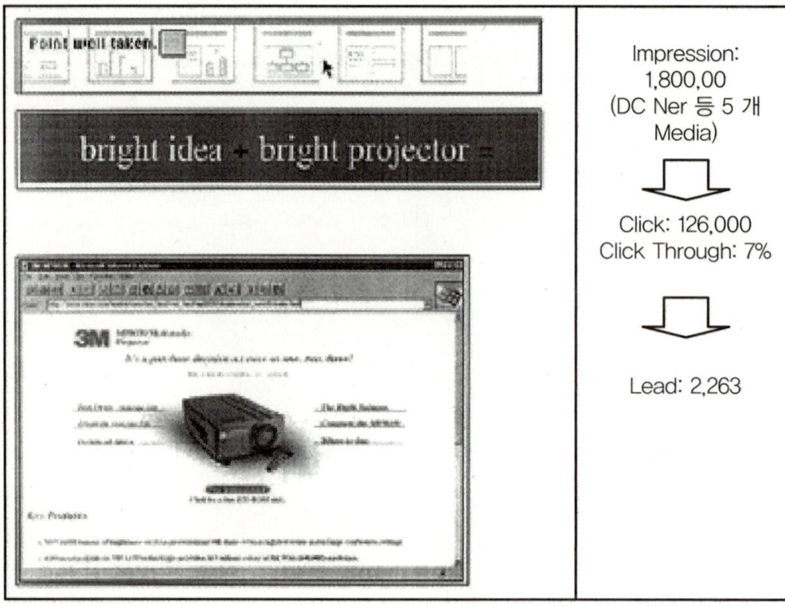

그림 6-7 3M의 인터넷 배너광고의 트래픽 효과

2) 광고 성과 측정 단위들

온라인(PC) 및 모바일 기반의 캠페인은 소비자 빅데이터를 활용한 정교한 타깃팅과 함께 캠페인의 성과(performance)를 평가한다. 이들 캠페인의 성과를 나타내는 지표들은 리드, 전환(률), 이탈률, 반송률, 잔존률, ROI, ROAS, KPI, LTV 등을 포함한다. 리드(lead)는 상품에 관심이 있는 소비자, 즉 '관심 고객'을 말한다. 리드는 기업이 연락을 취할 수 있는 정보를 스스로 제공한 고객이라고 할 수 있다. 웹과 앱 기반의 캠페인에서는 리드를 많이 만들고 유인하는 리드 제너레이션(lead generation)이 단순히 노출이나 도달을 높이는 것보다 중요하다.

전환(conversion)은 캠페인의 성과를 파악하는 주요 지표다. 전환은 광고를 통해 사이트로 유입된 방문객이 광고주가 원하는 특정 행위를 취하는 것을 말한다. 특정 행위는 뉴스레터 가입, 소프트웨어 다운로드, 회원가입, 장바구니 담기, 제품 구매 등이 될 수 있다. 광고나 메시지를 클릭하고 30분 이내에 전환이 일어나면 '직접전환', 광고나 메시지를 클릭한 동일 사용자에게서 15일 이내에 전환이 일어나면 '간접전환'이라고 말한다. 광고를 클릭해 사이트에 들어온 방문객이 특정 행위(전환)를 하는 비율(=(전환 수/유입 수) × 100)을 전환률(conversion rate, CVR)이라고 한다. 예를 들어 100명이 사이트를 방문해 5명의 전환이 발생한 경우 전환률은 5%이다.

이탈률(exit rate)은 소비자가 홈페이지를 방문해 한 페이지만 보고 다른 페이지로의 유입 없이 나가는 수를 말한다. 따로 구분하기도 한다. 웹페이지 내에서 어떤 상호작용도 없이 바로 나갔을 때의 비율을 반송률(bounce rate)이라고 따로 구분하기도 한다.

예를 들어 원피스 광고를 타고 한 쇼핑몰에 들어왔지만 다른 상품을 보거나, 가입하거나, 구매하는 등의 다른 행동 없이 그 페이지에 들어왔다가 바로 나가는 상황에 해당한다. 랜딩페이지가 방문자의 목적에 잘 맞게 돼 있느냐 그렇지 않으냐에 따라 반송률이 달라질 수 있다.

잔존률(retention rate)은 주로 온라인 게임의 성과를 나타내는 지표로 많이 사용하며, 특정한 서비스를 경험한 사용자가 그 서비스를 다시 찾는 경우가 얼마나 생기는지를 비율로 나타낸 지표로서 재방문률을 말한다. 온라인 게임 서비스의 경우 잔존률이 높을수록 이탈자나 휴면 유저가 적어지고 접속자 수가 늘어나며, 게임이 활성화된다. 따라서 게임업체들은 잔존률을 유지하거나 높이는 데에 노력을 기울인다.

ROI(return on investment)은 투자 대비 수익률(=(영업이익/총비용) × 100)로, 투자한 것에 대비해 합당한 이윤 창출을 만들어내고 있는지를 보여주는 지표이다. 기업의 순이익 비율을 파악하고자 할 때 사용된다. ROI가 클수록 수익성이 크다는 것을 의미한다. 다양한 분야에서 널리 사용되는 용어이긴 하지만 상품을 홍보하고 판매 촉진해야 하는 마케팅 분야에서도 많이 쓰인다. ROAS(return on ads spending)은 광고 수익률(=(매출/비용) × 100)로, 광고나 마케팅의 비용 효율성 측정을 위한 지표이다. ROAS 분석을 통해 현재 집행하고 있는 캠페인이 어떤 상황인지 점검하고, 이를 바탕으로 마케팅을 어떻게 집행할 것인지에 관한 통찰을 얻는다.

KPI(key performance indicator)는 핵심 성과 지표로, 기업이 달성해야 할 최종적인 목표를 나타낸다. 과거 실적을 나타내는 것과 달리, 미래 성과에 영향을 주는 핵심 지표를 묶은 평가 기준이다. 예를 들어 달성하고자 하는 목표가 '매출 상승'이라면 KPI는 '전년도 대비 10% 매출 상승'과 같이 구체적인 수치를 말한다. 모든 수치적 데이터가 KPI가 될 수 있다. 예를 들어 페이스북 핵심 성과 지표가 될 수 있는 것들은 좋아요

그림 6-8 광고 성과 지표들

수, 지역 비율, 성별 또는 나이 비율, 포스팅별 도달 수, 일일 · 주간 · 월간 포스팅 수 등을 포함한다. 여덟째, 고객 생애 가치(lifetime value, LTV)는 사용자 한 명이 웹사이트, 앱에 들어와서 이탈하기까지 그 전체 기간 창출하는 가치 지표를 말한다. 쉽게 말해 한 사용자가 해당 서비스를 이용하는 동안 얼마나 이익을 가져다주는가를 수치화해 계산한 것이다.

5 매체효율성 측정 단위들

1) CPM

CPM(cost per mille)은 표적 수용자 1,000명에게 도달하는데 드는 비용을 말한다. 'Mille'은 라틴어로 '1천'을 의미한다. CPM은 매체비히클과 광고캠페인(혹은 매체스케줄) 전체의 비용효율성을 나타내는 개념으로써 광고비가 얼마나 경제적으로 사용되어지는 가를 나타낸다. CPM은 비용의 개념이기 때문에 낮을수록 더 바람직하다.

CPM의 계산공식은 매체비히클과 광고캠페인의 매체스케줄, 인쇄매체와 방송매체에 따라 4개로 나뉜다. 즉, CPM은 크게 매체비히클의 CPM과 매체스케줄의 CPM으로 나뉘며, 이 두 개 유형의 CPM 계산공식은 인쇄매체와 방송매체에 따라 계산에 사용되는 방법이 조금 다르다. 매체비히클의 CPM은 광고단가를 열독률(혹은 방송매체의 경우 시청률)과 표적 수용자를 곱한 값으로 나눈 후 1,000을 곱한 값이 된다. 반면에 매체스케줄의 CPM은 광고단가와 열독률(혹은 시청률) 대신 총 광고비와 GRPs를 사용하여 계산한다. 즉, 매체스케줄의 총 광고비를 GRPs와 표적 수용자의 수를 곱한 값으로 나눈 후 1,000을 곱한 값이 된다.

CPM의 계산은 반드시 표적 수용자 1,000명 당 광고비용만을 의미하지는 않는다. 즉, 신문의 경우 발행부수 1,000부, 인터넷의 경우 클릭수 1,000회 등이 표적 수용자의 수 1,000명 대신 사용되어지기도 한다. 예를 들어 특정 신문의 CPM을 계산할 때 발행부수를 기준으로 하여 발행부수 1,000매 당 광고비로 나타낼 수 있다. 만약 특정 신문의 1단 × 1센치의 광고단가가 2,000원이고 발행부수가 1,000,000부라면 그 신문 광고면의 1단 × 1센치의 CPM은 발행부수를 기준으로 2원이 된다. 이것은 신문 1,000부를 독자에게 배달하는데 드는 비용이 1단 × 1센티를 기준으로 2원이라는 것을 나타낸다. 따라서 CPM은 TV, 라디오, 신문, 잡지 등 4대 매체뿐만 아니라 인터넷과 모바일을 포함한 뉴미디어에도 사용된다.

매체비히클의 CPM 계산의 예

만약 특정 브랜드의 표적 수용자의 크기가 주부 1천만 명이고, 조선일보와 동아일보의 주부타깃 열독률이 각각 20%와 10%이고, 조선일보와 동아일보의 1면 5단 1센티 크기의 광고지면에 칼라광고를 게재하는데 드는 비용이 2천만원으로 동일하다고 했을 때,

표 6-8 CPM 계산공식

구분	매체비히클의 CPM	매체스케줄의 CPM
인쇄매체	$\frac{\text{광고단가}}{\text{열독률} \times \text{표적 수용자의 수}} \times 1000$	$\frac{\text{총 광고비}}{\text{GRPs} \times \text{표적 수용자의 수}} \times 1000$
방송매체	$\frac{\text{광고단가}}{\text{시청률} \times \text{표적 수용자의 수}} \times 1000$	$\frac{\text{총 광고비}}{\text{GRPs} \times \text{표적 수용자의 수}} \times 1000$

조선일보와 동아일보의 CPM은 다음과 같다.

조선일보의 CPM: (2,000만원/0.2 × 1,000만명) × 1,000 = 10,000원
동아일보의 CPM: (2,000만원/0.1 × 1,000만명) × 1,000 = 20,000원

위의 예에서 조선일보의 CPM이 1,000원이 의미하는 것은 조선일보 1면에 5단 1센티 크기의 지면에 칼라광고를 게재하였을 때 표적 수용자 천명에게 도달하는데 드는 평균비용이 10,000원이 소요된다는 것을 나타낸다. 반면에 동아일보의 경우 CPM이 20,000원으로 나타나, 표적 수용자 천명에게 도달하는데 드는 광고비용이 조선일보 보다 2배나 많이 소요되는 것을 알 수 있다. 따라서 조선일보가 동아일보보다 비용 면에서 더 효율적이라는 사실을 알 수 있으며, CPM은 매체비히클들 간의 비용 효율성을 상호 비교하여 효과적인 매체비히클을 선정할 수 있는 기준이 된다.

매체스케줄의 CPM 계산의 예

매체스케줄의 CPM은 특정 기간동안 집행하였거나 집행할 예정으로 있는 매체스케줄의 CPM을 말한다. 보통 매체스케줄은 하나 이상의 매체와 비히클들로 구성되며 따라서 매체스케줄 전체가 얼마나 비용효율인지를 알기 위해 매체스케줄 전체의 CPM을 평가하게 된다. 매체스케줄의 CPM은 광고캠페인 시작 전에 구성된 최종 매체스케줄이 얼마나 효율적으로 매체목표를 달성할 수 있을 것인가를 사전예측하기 위한 목적으

표 6-9 특정 브랜드 A의 2014년 3월 TV 광고캠페인의 매체스케줄

구분	프로그램	시청률	집행횟수	광고단가	광고비 소계
표적 수용자 수: 1,000만명	A	10%	2	500만원	1,000만원
	B	15%	1	800만원	800만원
	C	20%	3	1,000만원	3,000만원
	계	45%	6	2,300만원	4,800만원

로 사용할 뿐만 아니라 광고캠페인 종료 후 사후분석(post-buy analysis)을 통하여 집행된 매체스케줄이 얼마나 효율적으로 매체목표를 달성하였는가를 평가하기 위해서도 사용한다. 〈표 6-9〉는 2014년 3월 한 달 동안 집행한 TV광고캠페인의 매체스케줄이다. 이 광고캠페인의 매체스케줄의 CPM은 총 광고비 4,800만원을 GRPs 값 0.95와 표적 수용자의 수 1,000만명을 곱한 값인 950만으로 나눈 후 곱하기 1000원을 한 값, 즉, 5,053원이 된다. 이 광고캠페인 매체스케줄의 CPM 5,053원이 의미하는 것은 이 TV 광고캠페인의 매체스케줄을 통하여 방영된 광고메시지가 천명의 표적 수용자에게 도달하는데 드는 비용이 평균 5,053원이 소요된다는 것을 나타낸다.

1. 총 광고비: 1,000만원 + 800만원 + 3,000만원 = 4,800만원
2. GRPs: (10 × 2) + (15 × 1) + (20 × 3) = 95%(CPM 계산 시 .95로 환산하여 사용됨)
3. CPM: (4,800만원/0.95 × 1,000만명) × 1,000 = 5,053원

2) CPRP 혹은 CPP

CPRP(cost per rating point) 혹은 CPP(cost per point)는 표적 수용자 1%에 도달하는데 드는 비용을 말한다. CPRP(cost per rating point)도 CPM과 마찬가지로 비용효율성을 평가하는 기준이다. CPRP가 CPM과 다른 점은 CPRP가 열독률이나 시청률 혹은 GRPs의 백분율을 숫자로 전환하지 않고 그대로 사용하는 반면 CPM은 1,000명이라는 절대값을 모수로 사용한다는 점이다. CPRP역시 낮을수록 비용효율성이 좋다는 것을 의미한다. CPRP의 계산공식은 CPM의 계산공식보다 간단하다. 즉, 〈표 6-10〉에서 보이듯이 매체비히클의 CPRP를 계산할 때 단순히 광고단가에 열독률 혹은 시청률 값을 나누면 된다. 그리고 매체스케줄의 CPRP를 계산할 때는 총 광고비를 GRPs로 나누면 된다. 따라서 표적 수용자의 크기를 나타내는 자료가 없어도 계산이 가능하다. CPRP의 용도는 CPM과 동일하다. 즉, 매체기획과정에서 특정 매체비히클과 매체스케줄의 효율성을 평가하기 위한 목적으로 사용된다.

표 6-10 CPRP 계산공식

구분	매체비히클의 CPRP	광고캠페인(매체스케줄)의 CPRP
인쇄매체	$\frac{\text{광고단가}}{\text{열독률}}$	$\frac{\text{총 광고비}}{\text{GRPs}}$
방송매체	$\frac{\text{광고단가}}{\text{시청률}}$	$\frac{\text{총 광고비}}{\text{GRPs}}$

표 6-11 특정 브랜드 A의 2015년 3월 신문 광고캠페인의 매체스케줄

신문	게재면	열독률	집행횟수	광고단가	광고비 계	CPRP
조선일보	뒷면 15단 칼라광고	20%	3	8.000만원	24,000만원	400만원
중앙일보	뒷면 15단 칼라광고	15%	2	8,000만원	16,000만원	533만원
동아일보	뒷면 15단 칼라광고	10%	1	8,000만원	8,000만원	800만원
	합계/평균	45%	6	24,000만원	48,000만원	480만원

CPRP 계산의 예

〈표 6-11〉은 특정 브랜드 A의 3개의 주요 일간지의 뒷면 15단 칼라광고로 구성된 신문광고 매체스케줄이다. 이 매체스케줄에 포함된 각 신문 매체비히클의 CPRP와 전체 매체스케줄의 CPRP는 간단하게 계산할 수 있다. 즉, 이 매체스케줄에 포함된 각각의 매체비히클의 CPRP는 광고단가를 열독률로 나눈 값이 된다. 그리고 이 매체스케줄 전체의 CPRP는 총 광고비를 GRPs로 나눈 값이 된다. 이 신문광고 매체스케줄에 속한 3개의 매체비히클 중에 조선일보의 CPRP는 400만원, 중앙일보의 CPRP는 533만원, 그리고 동아일보의 CPRP는 800만원으로 나타났다. 따라서 이 3개의 매체비히클들 중에서 조선일보의 CPRP가 가장 낮은 것으로 나타나, 가장 비용효율적임을 알 수 있다. 그리고 매체스케줄 전체의 CPRP는 총 광고비 48,000만원을 GRPs값인 100으로 나눈 값인 480만원으로 나타났다. 이 매체스케줄의 CPRP 480만원이 의미하는 것은 이 신문광고캠페인을 통하여 게재된 광고메시지가 1%의 표적 수용자에게 도달하는데 드는 비용이 평균 480만원이 소요된다는 것을 나타낸다. 이처럼 CPRP는 CPM과 마찬가지로 매체비히클 혹은 매체스케줄의 비용효율성을 평가하는 기준으로써 동일하게 사용되어진다. 〈그림 6-9〉은 특정 TV 채널의 요일별, 시간대별 시청률과 CPRP(CPP) 분석의 예이다. 〈그림 6-9〉에서 보여지듯이 시청률이 높고 CPRP(CPP)가 낮은 둥근 원안의 요일과 시간대에 광고를 집행하는 것이 가장 바람직하다.

1. 조선일보 CPRP: 8,000/20 = 400만원
2. 중앙일보 CPRP: 8,000/15 = 533만원
3. 동아일보 CPRP: 8,000/10 = 800만원
4. 전체 광고캠페인의 매체스케줄 CPRP: 48,000/100 = 480만원

3) CPI, CPV, CPC, CPA, CPS

매체의 비용 효율성을 나타내는 기준으로서 대중매체에서는 CPM과 CPRP가 주로 사용되는 반면 웹과 앱 기반의 디지털광고의 경우에는 CPI, CPV, CPC, CPA, CPS 등 다양한 지표들이 사용된다. 이들 매체효율성 지표들은 온라인(PC) 및 모바일 기반의 광

Date / Time	MON		TUE		WED		THU		FRI		SAT		SUN		AVG	
	Rating	CPP	Rating	CPP	Rating	CPP	Rating	CPP	Rating	CPP	Rating	CPP	Rating	CPP	Rating	CPP
5:00	0.0	14,769	0.1	5,969	0.0	52,052	0.1	4,642	0.2	2,669	0.1	6,878	0.2	3,633	0.1	5,931
6:00	0.1	7,752	0.1	7,074	0.2	4,278	0.2	3,926	0.2	4,798	0.2	6,096	0.2	3,239	0.2	5,050
7:00	0.5	2,194	0.7	1,641	0.6	1,704	0.7	1,407	1.1	1,095	0.7	1,844	0.4	3,091	0.7	1,741
8:00	0.8	2,847	0.9	2,830	0.8	3,049	0.9	2,715	1.0	2,445	1.0	2,886	0.8	3,316	0.9	2,895
9:00	1.1	1,778	1.0	1,694	1.1	1,699	1.1	1,717	1.5	1,329	1.3	1,785	1.7	2,759	1.2	1,838
10:00	1.0	1,343	0.8	1,669	1.0	1,309	1.0	1,345	1.1	1,224	1.6	1,442	2.6	1,764	1.5	1,554
11:00	1.4	731	0.8	1,267	0.8	1,174	1.0	1,029	1.3	790	1.3	1,354	3.0	1,222	1.3	1,080
12:00											1.7	1,097	2.8	1,232	2.2	1,181
13:00											2.1	954	2.9	1,058	2.5	1,013
14:00											2.2	1,004	3.2	1,042	2.6	1,025
15:00											2.3	984	2.6	1,409	2.5	1,242
16:00											2.2	1,672	2.5	1,638	2.3	1,839
17:00	1.4	1,056	1.0	1,555	1.0	1,449	1.0	1,535	1.2	1,188	2.3	2,818	2.5	2,490	1.6	1,987
18:00	1.8	1,594	1.5	2,231	1.6	1,916	1.7	1,821	1.8	1,712	3.2	2,337	2.4	3,236	2.0	2,275
19:00	2.1	2,698	1.9	3,056	1.5	3,435	2.3	2,346	2.0	2,656	4.4	2,051	3.7	2,415	2.5	2,544
20:00	2.4	3,070	2.0	3,777	2.1	3,593	2.2	3,444	2.3	3,208	3.5	2,246	3.8	2,055	2.7	2,841
21:00	3.3	2,523	3.0	2,716	3.0	2,742	3.3	2,492	3.0	2,717	2.9	2,647	2.3	3,344	3.0	2,689
22:00	3.8	1,666	2.3	2,770	2.6	2,261	2.6	2,633	3.2	1,873	1.9	2,997	2.5	2,389	2.6	2,297
23:00	3.1	1,744	2.6	2,006	2.5	2,383	3.2	1,666	3.2	1,558	1.9	1,952	2.0	2,122	2.6	1,888
24:00	1.3	1,203	1.3	1,185	1.6	1,074	1.9	794	1.3	1,478	1.7	2,717	1.8	916	1.6	1,222
25:00	2.2	633					0.8	1,466	1.2	961	1.4	849	0.8	212	1.4	888
AVG	1.7	2,052	1.4	2,443	1.4	2,355	1.6	2,.103,	1.7	1,998	1.9	1,946	2.2	2,006	1.6	2,083

(자료원: 오리콤)

그림 6-9 요일 및 시간대별 시청률과 CPRP분석의 예

고캠페인의 광고단가 책정 기준으로 사용된다.

CPI는 두 가지 의미로 사용되는데 첫 번째는 광고비를 노출량으로 나눈 값(cost per impression)으로 노출 당 광고단가를 나타내며, 두 번째는 앱 설치 건 당 광고단가(cost per install)를 나타낸다. CPI(cost per install)는 앱 마케팅에서 생겨난 용어로서, 주로 모바일 게임과 관련해서 많이 적용된다. 해외에서는 CPI를 따로 사용하기보다는 CPA(cost per action)의 하위 개념의 하나로 묶어서 같이 사용하는 경우가 많다. CPM(cost per mille)은 1천 명당 광고 단가를 나타내는 대중매체광고와 달리 웹과 앱 기반의 캠페인에서는 1천회 노출 당 광고단가(=(광고비/광고 노출 횟수) × 100)를 나타낸다. 네이버TV의 15초 강제상영 광고상품의 경우 보통 CPM으로 가격 산정이 되며, 최소 비용도 천만 원 이상이기 때문에 TV CF를 집행하는 고액 광고주의 대형 브랜드들이 많다. CPV(cost per view)는 광고 시청 혹은 광고 재생 건 당 단가를 나타내며, 동영상 광고에서는 광고를 시청한 만큼 과금되는 경우가 많다. 예를 들어 유튜브의 5초 스킵 광고상품은 30초 이상 영상을 보았을 때만 과금된다. CPI(cost per impression), CPM, CPV는 캠페인 초반의 상표인지도를 획득하는 데에 드는 비용 효율성의 측정 지표로서 주로 사용된다.

CPC(cost per click)는 클릭 당 단가(=(광고비/총 클릭 수) × 100)를 나타내며, 광고노출과 관계없이 클릭이 한 번 발생할 때마다 요금이 부과되는 방식이다. 따라서 광

고를 보는 소비자가 광고를 클릭할 때마다 콘텐츠를 올린 게시자가 이익을 얻는다. CPC는 웹 광고에서 흔히 쓰이며, 이를 적용하는 광고상품은 구글 애드센스(Google AdSense), 구글 애드워즈(Google AdWords), 네이버 클릭초이스(Naver ClickChoice) 등이 있다. CPVC(cost per view or click)는 CPV(cost per view)와 CPC(cost per click)를 합친 개념이다. CPA(cost per action)는 행동(action) 당 광고단가를 나타내며, 소비자가 온라인(pc) 혹은 모바일 상에 노출된 광고를 클릭하고, 랜딩페이지에 진입해서 광고주가 원하는 특정 행동을 수행했을 때 과금하는 방식이다. CPA는 주로 구매를 기준으로 삼지만 상담 신청, 이벤트 참가, 다운로드, 회원 가입, 앱 설치, 공유하기 등을 기준으로 삼기도 한다. 따라서 CPA는 CPI(cost per install), CPS(cost per sale), CPS(cost per share) 등과 함께 전환(conversion)을 획득하는 데에 드는 비용 효율성을 측정하는 지표로 많이 사용된다. CPS 또한 2개의 다른 의미로 사용된다. 첫 번째는 매출 건 당 광고단가를 나타내는 CPS(cost per sale)이며, 두 번째는 공유하기 당 광고단가를 나타내는 CPS(cost per share)이다. CPS(cost per sale)는 CPA와 거의 동일한 의미이며, CPS(cost per share)는 주로 페이스북과 같은 SNS에서 많이 사용되는 지표이다.

6 미디어 오디언스 조사방법

1) TV 시청률 조사방법

피플미터를 이용한 방법

TV시청률 조사에 가장 많이 사용되어지는 방법은 피플미터(peoplemeter)를 이용한 방법이다. 피플미터는 미리 선정된 패널 세대들을 대상으로 그 세대의 구성원들이 언제, 어느 채널을 시청하였는가를 피플미터(각 방송사의 채널 움직임을 분 단위 혹은 초 단위로 측정하는 기구)를 이용하여 조사하는 방법으로써 전세계적으로 가장 널리 사용되고 있는 조사방법이다. 이 방법은 표본가구의 TV에 전자감응장치를 부착하여 TV를 켜거나 채널을 돌릴 때마다 언제, 무엇을 시청하는가에 관한 시청행태가 자동적으로 측정되는 방법이다.

피플미터는 미터(meter)와 패널 구성원들의 정보를 입력하는 장치인 핸드셋(hand set)으로 구성되어 있어 '누가, 언제, 무엇을 시청하였는가'가 자동으로 측정된다. 이 방법은 매분 단위 혹은 매초 단위의 신속한 조사와 24시간 지속적인 시청행태의 조사가 가능하며, 또한 시청자의 기억에 의존하는 인간적 오차가 발생되지 않는다는 장점이 있다. 그리고 방영된 광고 하나에 대한 도달률과 빈도의 분석이 가능하며, 광고에 대한 시청효과 분석이 가능하다. 단점으로는 시청자들이 협조하지 않으면 정확한 측정이 불가(버튼 작업)하며, 시청자들이 실제로 광고나 프로그램에 주목하는지 측정할 수 없으며 기구 설치비, 컴퓨터 운용비 등 비용이 많이 든다는 점을 들 수 있다. 우리나라에서는 AGB 닐슨 미디어리서치와 TNmS의 두 조사회사에서 이 방법을 이용하여 텔레비전 시청률을 일단위로 조사하여 공표한다.

패시브 미터에 의한 방법

패시브 미터(passive meter)는 리모컨 버튼을 눌러야 하는 기존의 피플미터의 단점을 보완하기 위하여 개발된 방법으로 사용자의 버튼작업이 필요없이 전 자동으로 누가, 어떤 프로를 보았는지 측정이 가능하다. 즉, 피플미터가 가지고 있는 단점인 시청자의 협조가 없이도 적외선을 이용한 전자감응에 의해 자동으로 조사되는 방법이다. AGB 닐슨의 이미지 인식 방식(image recognition system) 등이 개발되어 있다. 패시브 미터의 장점으로는 시청행태 조사 시 인간적 오차를 완전히 배제함으로써 정확한 광고시청률의 측정이 가능하다는 점을 들 수 있다. 그러나 단점으로는 비용이 엄청나게 많이 들고, 방송매체들의 반발이 우려되며, 개인의 프라이버시 침해문제가 생길 수 있다.

전화조사

전화조사는 방송이 되고 있는 시점에 전화를 걸어 지금 어떤 프로그램을 시청하고 있는가를 조사하는 방식이다. 이 방식의 장점은 조사가 간편하고 방송시간과 조사시간의 시차가 거의 없기 때문에 오디언스가 무엇을 시청하고 있는지를 정확하게 조사할 수 있다. 그러나 단점으로는 한꺼번에 많은 오디언스를 조사할 수 없다는 점을 들 수 있다. 그리고 면접조사와 마찬가지로 단순 시청률은 구할 수 있어도 패널에 의한 조사가 아니기 때문에 특정 프로그램에 대한 일정 기간 동안의 누적 정보(도달률과 빈도 등)는 알 수 없다.

2) 신문 열독률 조사방법

신문 독자의 수를 조사하기 위하여 가장 많이 사용하는 방법은 면접조사의 일종인 전일구독 조사법(yesterday reading technique)이다. 전일구독 조사법은 조사대상자를 대상으로 어제 하루 동안 어떤 신문을 읽었는가를 물어서 독자의 수를 측정하는 방법이다.

3) 잡지 열독률 조사방법

잡지매체의 오디언스 측정은 정독 조사법과 최근호 조사법을 가장 많이 사용한다. 정독 조사법(through-the-book-technique)은 재인 테스트의 일종으로써 미국의 SMR-B(Simmons Market Research Bureau)조사회사에서 개발하여 사용하는 기법이다. 정독 조사법은 2단계의 조사절차를 거쳐 수행되는 데 1단계에서 조사자가 칼라로 된 잡지의 로고(logo)가 새겨진 카드를 응답자에게 건네주고 이 로고를 지난 6개월간 본 적이 있는 여부에 따라 분류하게 한다. 제 2단계에서 제시된 잡지를 본 적이 있다고 응답한 대상자에게 겉표지와 간략하게 추려진 기사들을 다시 보여주고 읽은 적이 있는 가를 질문한다. 마지막으로 조사대상자들 중에 제시된 잡지의 기사들을 확실히 읽은 적이 있다고 응답한 사람만 그 잡지의 독자로써 계산한다.

최근호 조사법(recent-reading technique)은 최근에 읽은 잡지를 조사하는 기법으로 미국의 조사회사인 GfK MRI(Mediamark Research & Intelligence)에서 개발, 사용하였다. 최근호 조사법은 조사대상자들에게 잡지의 로고가 새겨진 카드 한 벌을 건네주고 각각의 잡지의 발행기간 이내에 확실히 읽은 적이 있는 잡지의 로고를 가려내게 한다. 그런 다음 특정 잡지를 확실히 읽었다고 응답한 조사대상자만 그 잡지의 독자로써 계산한다. 우리나라에서는 제일기획의 ACR(Annual Consumer Report)조사 등이 최근호 조사법을 사용한다.

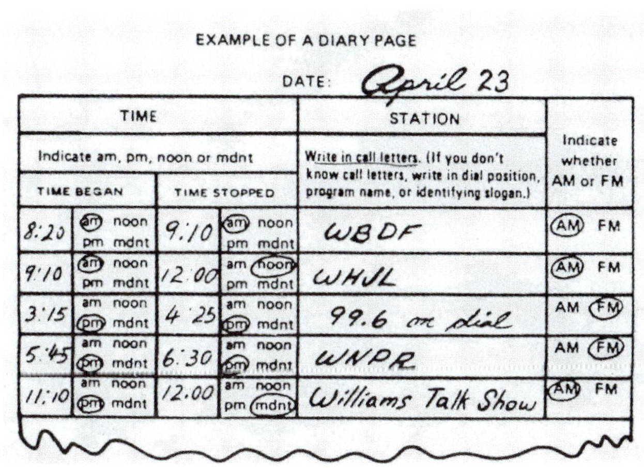
EXAMPLE OF A DIARY PAGE

DATE: April 23

TIME				STATION	Indicate whether AM or FM
Indicate am, pm, noon or mdnt				Write in call letters. (If you don't know call letters, write in dial position, program name, or identifying slogan.)	
TIME BEGAN		TIME STOPPED			
8:20	am noon pm mdnt	9:10	am noon pm mdnt	WBDF	AM FM
9:10	am noon pm mdnt	12:00	am noon pm mdnt	WHJL	AM FM
3:15	am noon pm mdnt	4:25	am noon pm mdnt	99.6 on dial	AM FM
5:45	am noon pm mdnt	6:30	am noon pm mdnt	WNPR	AM FM
11:10	am noon pm mdnt	12:00	am noon pm mdnt	Williams Talk Show	AM FM

출처: 아비트론(Arbitron)

그림 6-10 아비트론(Arbitron)의 일기식 조사의 예

표 6-12 미디어 오디언스 조사방법의 차이

매체	조사방법	특징	주요 조사회사
텔레비전	피플미터	전자감응식 패널조사	AGB닐슨, TNS G;obal, TNmS
신문	전일구독 조사법	면접 혹은 자기기입식 설문조사	SMRB, GfK MRI
잡지	정독 조사법, 최근호 조사법	면접 혹은 자기기입식 설문조사	SMRB, GfK MRI
라디오	일기식 조사법	자기기입식 패널조사	Arbitron
인터넷	로그파일분석	패널조사	AGB닐슨, TNmS
모바일(SMB), IPTV, KT스카이라이프	Return Path Data분석법	패널조사	TNmS

4) 라디오 청취율 조사방법

라디오 청취율은 일기식 조사방법을 많이 사용한다. 일기식 조사방법은 매번 동일한 조사 패널을 선정하여 이를 대상으로 1개월 내의 특정 기간(보통 일주일) 동안에 매일 청취한 방송 프로그램들을 패널로 선정된 오디언스가 직접 조사일기에 기록하게 하는 방법을 말한다. 일기식 조사방법은 피플미터와 같은 미터식 조사방법이 활성화되면서 텔레비전의 시청률 조사에는 더 이상 사용되지 않으며, 미터식 조사가 아직 불가능한 라디오 매체의 청취율 조사에 가장 많이 사용되고 있다.

CHAPTER 07

도달률, 빈도, GRPs

1 도달률

광고주의 일차적인 관심사는 광고캠페인을 통하여 광고메시지가 얼마나 많은 표적 수용자들에게 도달하는가 하는 것이며, 이러한 표적 수용자들에 대한 광고메시지의 도달 범위를 도달률(reach)이라고 한다. 도달률(reach)은 특정 매체스케줄에 최소한 한 번 이상 노출된 표적 수용자들의 크기를 말한다. 즉, 도달률은 특정 광고캠페인 기간 동안 광고캠페인이 표적으로 하는 전체 표적 수용자들 중에서 광고메시지에 최소한 한 번 또는 그 이상 노출된 표적 수용자들의 수를 백분율로 나타낸 것을 말한다. 예를 들어 특정 브랜드의 한 달 동안의 광고캠페인의 표적 수용자들이 100만 명의 대학생들이고 이 100만 명의 대학생 표적 수용자들 중에서 한 달 동안 이 광고캠페인의 매체스케줄에 노출된 대학생들의 수가 30만 명이라면 이 광고캠페인의 한 달 동안의 도달률은 30%가 된다. 이 도달률 30%가 의미하는 것은 전체 대학생 표적 수용자들의 30%가 한 달 동안 이 광고캠페인의 매체스케줄에 노출되었다는 것을 의미한다.

도달률은 여러 개의 매체와 비히클들로 구성된 매체스케줄에 최소한 한 번이라도 노출된 표적 수용자들을 모두 더한 값이다. 예를 들어 〈표 7-1〉에서 보이듯이 네 개의 매체비히클들로 구성된 XX 광고캠페인의 TV 매체스케줄에 4주 동안 한 번 노출된 사람은 2명(H, J), 두 번 노출된 사람은 3명(E, F, G), 세 번 노출된 사람은 2명(C, I)으로써 4주 동안 광고메시지에 한번이라도 노출된 사람의 수는 총 표적 수용자 10명 중 7명으로써 비율(%)로 환산하면 70%가 된다. 즉, 도달률 = (한 번 이상 노출된 표적 수용자의 수/총 표적 수용자의 수) × 100 = (7명/10명) × 100 = 70%가 된다. 이는 네 개의 매체비히클들로 구성된 XX 광고캠페인의 TV 매체스케줄에 최소한 한 번 이상 노출된 표적 수용자의 수를 전체 표적 수용자의 수로 나눈 후 백분율로 환산한 값이다. 도달률은 최대값이 100%이며 도달률 100%는 모든 표적 수용자들이 매체스케줄을 통하여 광고메시지에 노출되었다는 것을 의미한다.

표 7-1 XX 광고캠페인의 TV 매체스케줄에 대한 표적 수용자의 노출분포(4주간)

표적 수용자	1박2일(1주)	런닝맨(2주)	뮤직뱅크(3주)	1박2일(4주)	총 노출 수
A	∨(1회)	–	–	–	∨(1회)
B	–	–	–	–	–
C	∨(1회)	∨(1회)	–	∨(1회)	∨(3회)
D	–	–	–	–	–
E	∨(1회)	–	∨(1회)	–	∨(2회)
F	–	–	∨(1회)	∨(1회)	∨(2회)
G	–	∨(1회)	∨(1회)	–	∨(2회)
H	–	–	–	–	–
I	∨(1회)	∨(1회)	–	∨(1회)	∨(3회)
J	–	–	–	∨(1회)	∨(1회)
총 노출 수	4회	3회	3회	4회	14회
시청률	40%	30%	30%	40%	–
GRPs	40	70	100	140	140
누적도달률	40	50	60	70	70
평균빈도	1.0	1.4	1.7	2.0	2.0

〈주〉 –: 광고 미시청, ∨: 광고 시청

1) 수용자 중복과 도달률의 추정

도달률은 매체스케줄에 노출된 횟수가 아닌 노출된 사람의 수를 백분율로 환산한 값이다. 예를 들어 〈그림 7-3〉에서 보이듯이 만약 'KBS2 월화드라마'와 'KBS2 수목드라마'의 두 개의 텔레비전 프로그램들에 광고를 게재한다면 둘 중 하나의 프로그램만 시청하였거나 두 개의 프로그램들을 모두 시청한 사람들이 존재한다. 도달률은 이 두 개의 프로그램들 중 하나의 프로그램을 시청한 사람 뿐 만 아니라 두 개의 프로그램들을 모두 시청한 사람도 한 사람이 시청한 것으로 간주한다. 다시 말하면 두 개의 프로그램들을 모두 시청한 어떤 사람이 월요일에 방영되는 'KBS2 월화드라마'에 게재된 광고를 본 후 수요일에 방영되는 'KBS2 수목드라마'에 게재된 광고를 연속해서 보았을지라도 노출횟수로는 2회이지만, 도달률의 계산에는 한 명이 본 것으로 간주한다. 이때 이 두 개의 텔레비전 프로그램들에 게재된 광고에 모두 노출된 사람들을 중복수용자(duplicated audience)라고 부르며, 매체스케줄에 포함된 매체비히클 간에 발생하는 중복수용자의 크기를 알면 도달률을 쉽게 추정할 수 있다.

〈그림 7-1〉은 매체비히클 간에 발생하는 중복수용자의 크기를 알면 도달률을 쉽게 추정할 수 있다는 것을 보여준다. 예를 들어 만약 광고주가 시청률이 30%인 'KBS2 월

화드라마'와 20%인 'KBS2 수목드라마'에 각각 1회씩 광고를 게재한다면 이 두 개의 매체비히클들로 구성된 매체스케줄로부터 획득할 수 있는 노출 총량은 50 GRPs(= 30 + 20)이다. 그러나 이 50%의 GRPs에서 이 두 개의 프로그램들을 모두 시청한 사람들의 비율이 전체 표적 수용자의 6%라면 도달률은 'KBS2 월화드라마'와 'KBS2 수목드라마'의 시청률을 모두 더한 노출 총량 값인 50 GRPs에 이 두 개의 프로그램들을 모두 시청한 중복수용자의 비율인 6%를 빼면 된다. 따라서 광고주가 만약 이 두 개의 매체비히클들에 광고를 게재할 경우 도달률은 44%(= 30 + 20 − 6)이다. 이처럼 매체스케줄에 포함된 매체비히클들 간에 발생하는 표적 수용자들의 크기를 알면 도달률을 쉽게 계산할 수 있다.

표적 수용자의 중복은 표적 수용자들의 매체비히클에 대한 접촉행태에 따라 두 가지 형태로 나타난다. 첫 번째는 표적 수용자들이 동일한 매체비히클에 반복적으로 노출되는 경우이고, 두 번째는 표적 수용자들이 각기 다른 종류의 매체비히클들에 중복적으로 노출된 경우이다. 전자를 비히클 내 중복(within vehicle duplication) 혹은 동매체 간 중복, 후자를 비히클 간 중복(between vehicle duplication) 혹은 타 매체 간 중복이라고 한다. 예를 들어 〈그림 7-2〉에서 보이듯이 '씨네 21'의 3월 호와 4월 호에 광고를 게재하였을 경우 표적 수용자들이 이 두 개의 잡지 비히클들에 동시에 노출된 경우를 비히클 내 중복(within vehicle duplication)이라고 하는 반면에 'KBS2 월화드라마'와 'KBS2 수목드라마'와 같이 표적 수용자들이 각기 다른 두 개의 매체비히클들에 동시에 노출된 경우를 비히클 간 중복(between vehicle duplication)이라고 한다. 하나의 매체스케줄의 중복수용자의 크기는 이 두 가지 유형의 중복수용자의 크기를 모두 합산하여 계산한다. 도달률의 상대적인 크기를 결정하는 요소가 이 두 가지 유형의 중복수용자의 크기라고 할 수 있다. 만약 매체비히클 간에 발생하는 중복수용자의 크기가 크면 도달률은 작아지며, 반대로 중복수용자의 크기가 작으면 도달률이 커진다. 매체비히클들 간에 발생하는 중복수용자의 크기는 매체비히클들을 어떻게 선택하느냐에 따라 달라진다. 가령 매체수용자층이 이질적인 다양한 유형의 매체비히클들(예를 들어 10-20대들이 주로 시청하는 뮤직뱅크와 30대 이상이 주로 시청하는 MBC 뉴스

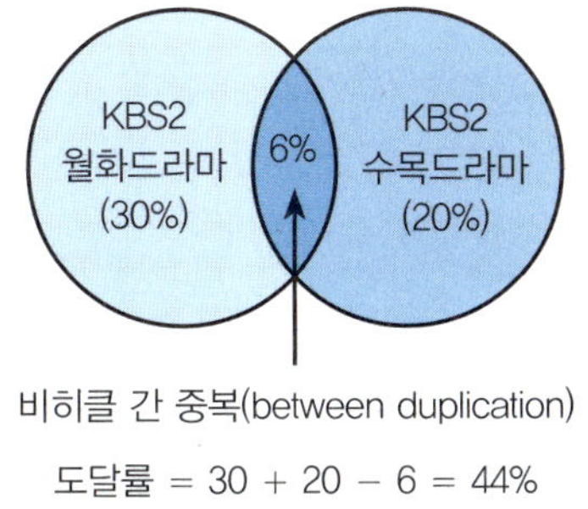

그림 7-1 비히클 간 중복

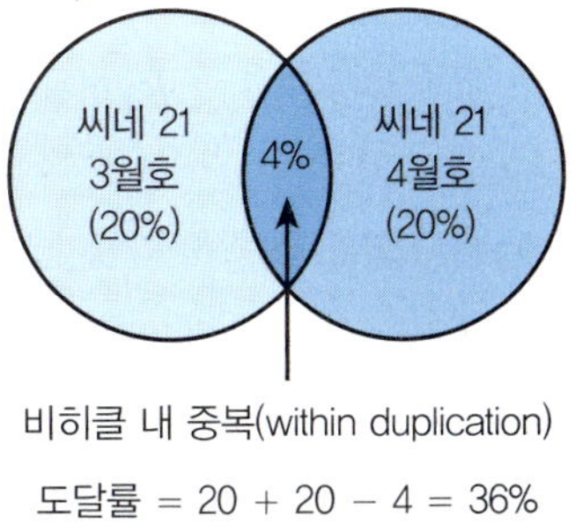

그림 7-2 비히클 내 중복

데스크)을 선택하면 중복수용자의 크기가 작아지며 도달률이 커진다. 반대로 매체수용자층이 동질적인 매체비히클들(예를 들어 광고캠페인의 표적 수용자들이 10~20대인 경우 10~20대들이 많이 보는 뮤직뱅크와 무한도전)을 선택하여 매체스케줄을 구성하면 중복수용자의 크기가 커지며 도달률은 작아지고 빈도는 커진다.

일반적으로 동종 매체비히클 혹은 이종 매체비히클 간에 발생하는 중복수용자의 크기는 무작위조합법(random combination method)을 통하여 계산할 수 있다. 무작위조합법은 매체비히클 간에 발생하는 반복 혹은 중복노출이 무작위로 발생한다는 것을 가정하고 두 개의 매체비히클의 시청률 혹은 열독률을 곱한 값으로 계산한다. 예를 들어 여성동아와 라벨르의 열독률이 각각 30%, 20%이라면 무작위조합법을 이용한 두 매체비히클의 중복수용자의 크기는 6%(=(0.3 × 0.2) × 100이다. 즉, 도달률은 여성동아와 라벨르의 표적 수용자의 크기를 모두 더한 값에서 무작위조합법으로 계산한 중복노출된 표적 수용자의 크기인 6%를 뺀 44%가 된다. 이 도달률 수치 44%가 의미하는 것은 44%의 표적 수용자가 여성동아 혹은 라벨르 두 개의 잡지에 적어도 한번 이상 노출되었다는 것을 의미한다. 반면에 빈도는 GRPs에서 도달률을 나눈 값인 1.11회(= 55/45)회가 된다. 이러한 무작위 조합방법을 이용하여 매체비히클의 수가 세 개 이상일 때도 같은 방법으로 중복수용자의 크기를 계산할 수 있다. 무작위조합법으로 계산한 중복수용자의 계산 원리는 집합으로 보면 교집합의 원리와 같다. 무작위조합법을 이용한 중복수용자의 계산과 이를 활용한 도달률 계산공식은 다음과 같다.

도달률: R(A or B) = R(A) + R(B) − R(A) × R(B)

예) 도달률: R(A or B) = (30 + 20) − 6 = 44%

R(A or B) : A와 B의 매체비히클로 구성된 매체스케줄의 도달률
R(A) : A 매체비히클의 Rating(예: 여성동아의 열독률 = 30%)
R(B) : B 매체비히클의 Rating(예: 라벨르의 열독률 = 20%)
R(A) + R(B) : 매체비히클 A와 B의 열독률 합계치 = 30 + 20 = 50%)

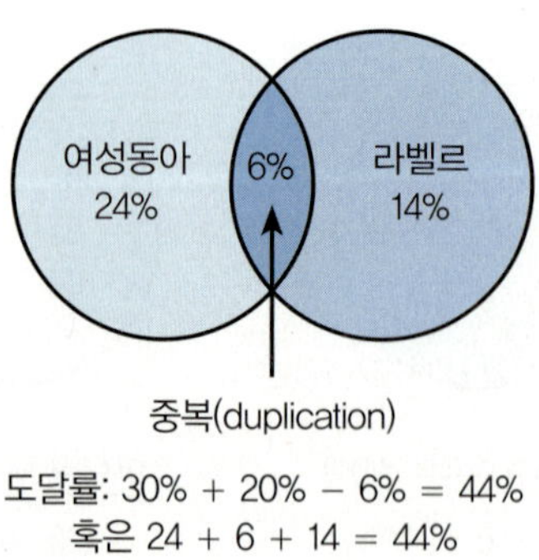

그림 7-3 무작위조합법을 이용한 도달률 계산의 예

R(A) × R(B) : 매체비히클 A와 B의 무작위 중복[(0.3 × 0.2) × 100 = 6%)]

2) 매체유형별 도달률의 누적형태

〈그림 7-4〉에서 보이듯이 도달률은 광고비 혹은 GRPs의 증가에 비례하여 증가하지 않고 점차 수확체감(diminishing return)적으로 누적되는 특성을 가진다. 도달률이 광고비의 투입에 비례하여 지속적으로 증가하지 않고 점차 수확체감하는 이유는 전체 표적 수용자의 수와 광고매체와 비히클의 수가 제한되어 있기 때문에 광고비 혹은 GRPs를 지속적으로 투입하여도 매체스케줄에 새로 추가되는 표적 수용자의 수보다 반복 혹은 중복노출되는 표적 수용자의 수가 상대적으로 많아지기 때문이다. 따라서 도달률이 포화점인 100%에 가까워지면 더 이상 증가하지 않고 빈도만 증가하게 된다. 즉, 도달률은 광고비 혹은 GRPs가 계속 증가하여도 포화점인 100%를 넘지는 않는다.

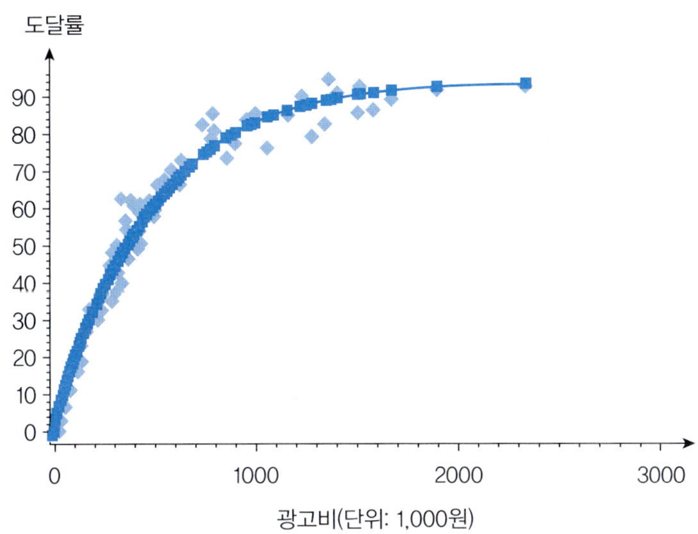

그림 7-4 TV 광고캠페인의 광고비와 도달률의 관계

도달률은 매체유형과 타깃에 따라서 누적되는 패턴이 다르게 나타난다. 전통적인 4대 매체들 중 텔레비전의 경우 도달률이 가장 빠르게 누적되는 반면에 라디오의 경우 도달률의 누적 속도가 가장 느리다. 이것은 왜냐하면 텔레비전의 경우 매체수용자들이 모든 연령층에 광범위하게 분포되어 있는 반면에 라디오의 경우 매체수용자의 범위가 일부 고정청취자층에 국한되어 있기 때문이다. 즉, 텔레비전의 경우 대부분의 사람들이 시청하지만 라디오의 경우 텔레비전에 비해 상대적으로 고정청취자들을 중심으로 적은 수의 사람들만이 청취하기 때문이다. 따라서 라디오의 경우 광고비를 지속적으로 투입하여도 도달률은 비례적으로 증가하지 않고 수확체감하다가 포화점에 다다르면 더 이상 증가하지 않고 빈도만 지속적으로 증가하게 된다. 예를 들어 〈그림 7-5〉에서 보이듯

이 텔레비전의 경우 광고비를 지속적으로 투입하면 90% 이상의 도달률을 얻을 수 있으나, 라디오의 경우 광고비를 지속적으로 투입하여도 도달률 50% 이상을 얻기가 어렵다. 즉, 라디오의 경우 광고비를 아무리 많이 투입하여도 도달률의 증가에 한계가 있기 때문에 광고캠페인의 일차적인 매체목표가 높은 도달률을 확보하는 것이라면 텔레비전과 같은 광범위한 수용자층을 가진 매체에 광고비를 많이 투입하여야 하며, 라디오 및 잡지와 같은 매체에 광고비를 많이 투입하는 것은 바람직하지 않다. 따라서 이러한 매체 유형별 도달률의 누적형태를 파악하면 미디어 믹스전략의 수립에 도움이 된다.

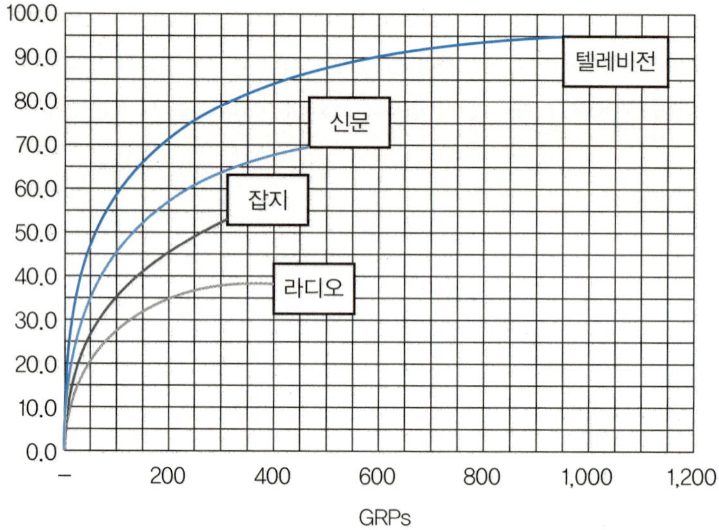

(자료원: 박원기 외(2006). 광고매체론. 커뮤니케이션북스.

그림 7-5 매체유형별 누적도달률 패턴(reach n+) 형태

도달율은 타깃 유형에 따라서도 누적되는 패턴이 다르게 나타난다. 예를 들어 텔레비전의 실시간 시청률이 10~20대에 비해 상대적으로 높은 30대 이상을 대상으로 캠페인을 진행할 경우 GRPs의 증가에 비례하여 도달률이 비교적 빠르게 누적되는 반면 텔레비전의 실시간 시청률이 갈수록 감소하는 10~20대를 대상으로 캠페인을 진행할 경우 GRPs의 증가에 다른 도달률의 누적 속도가 상대적으로 느리다. 이는 기본적으로 1020세대의 경우 텔레비전을 시청하지 않는 사람들이 많기 때문에 GRPs를 지속적으로 증가시켜도 도달률 곡선의 포화점에 다다르면 빈도만 증가할 뿐 도달률은 더 이상 증가하지 않기 때문이다.

도달률의 누적형태를 파악하면 도달률 대비 적정 노출량 산출에 도움이 된다. 예를 들어 〈그림 7-6〉은 GRPs와 도달률의 상관관계를 나타내는 산포도(scatter plot)이다. 〈그림 7-6〉에 나타난 GRPs와 도달률의 함수관계는 볼록형(convex) 곡선의 형태로 나타나고 있다. 이 그래프에 의하면 GRPs가 증가할수록 도달률은 처음에는 기하급수

적으로 증가하다가 어느 수준에서 수확체감(diminishing returns)하여 일정 수준에 이르면 더 이상 증가하지 않고 포화점인 100%에 접근하는 형태를 나타낸다. 이러한 도달률의 누적형태를 이해하면 도달률곡선은 최적의 광고노출량을 찾는데 유용하게 활용할 수 있다. 가령 〈그림 7-6〉의 XX TV 광고캠페인의 도달률과 GRPs의 관계를 나타내는 산포도에서 보여지듯이 도달률은 GRPs가 400%를 넘어서면서 급격히 감소하고 있다. 따라서 산포도를 통하여 GRPs를 지속적으로 투입하여도 도달률 값이 더 이상 증가하지 않는 수준의 GRPs는 약 400%로 추정할 수 있다. 따라서 도달률을 극대화할 수 있는 최적 수준의 광고노출량은 400 GRPs라고 할 수 있다. 즉, 광고캠페인에서 텔레비전광고의 도달률 확보를 일차적 매체목표로 할 경우 400 GRPs 값에 해당되는 광고예산을 투입하는 것이 가장 바람직하다.

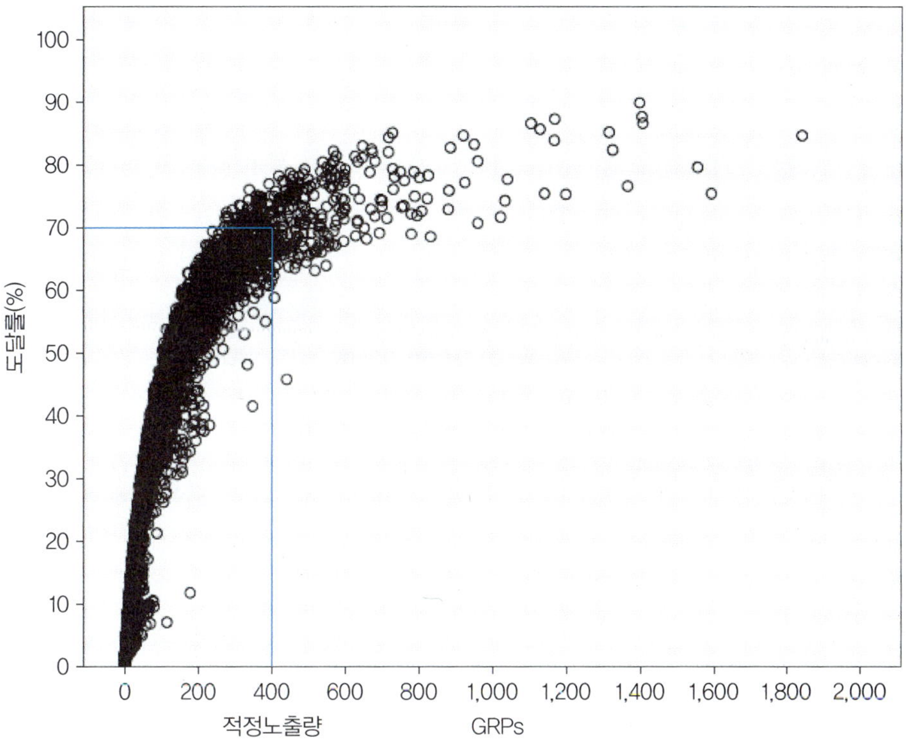

그림 7-6 TV 광고캠페인의 도달률 누적형태

3) 도달률의 전략적 의미 및 활용

매체계획의 목표

도달률은 하나 혹은 그 이상의 매체로 구성된 매체스케줄의 표적 수용자에 대한 도달범위를 나타내는 수치로써 매체스케줄이 달성해야할 매체목표를 나타낸다. 예를 들어 '광고캠페인 기간 동안 도달률 70%를 달성한다.' '혹은 표적 수용자의 70%에게 광고메시지를 도달시킨다'라는 매체목표를 세울 수 있다. 도달률은 광고캠페인의 일차적 목표인 인지도와 가장 밀접한 개념이다. 광고메시지가 표적 수용자들에게 인지되기 위하여 표적 수용자들에게 먼저 도달되어야 한다. 예를 들어 광고캠페인의 목표가 광고인지도 70%를 달성하는 것이라면 매체목표는 최소한 도달률 70% 이상이 되어야 한다. 이는 전체 표적 수용자들의 70%에게 광고메시지를 인지시키기 위하여 최소한 70%이상의 표적 수용자들에게 광고메시지가 먼저 도달되어야 한다는 것을 말해준다. 따라서 도달률은 광고캠페인의 일차적인 목표인 광고인지도의 필수조건이며 매체목표로써 사용되어지는 매우 중요한 개념이라고 할 수 있다.

매체목표로써 도달률은 광고캠페인의 목표인 인지도보다 항상 더 크게 설정되어야 한다. 그러나 충분한 광고비를 투입하여 많은 매체비히클들의 수용자들에게 광고메시지가 노출되었다고 해서 반드시 광고메시지에 대한 인지를 보장하는 것은 아니다. 이는 광고메시지의 도달이 광고메시지가 표적 수용자에게 노출될 기회를 제공할 뿐 수용자들이 광고메시지에 주의를 기울이고, 그 메시지를 해독하고, 최종적으로 기억하였다는 것을 의미하지는 않기 때문이다. 그럼에도 불구하고 도달률은 인지도 창출의 전제조건으로써 매우 중요한 역할을 한다.

광고캠페인 시 도달률이 강조되는 경우는 첫째, 신제품 런칭 시 인지도 창출이 우선인 경우, 둘째, 구매가 항상 발생하는 저관여제품의 광고캠페인처럼 광고의 단기효과와 구매시점 커버리지를 극대화하는 것을 목표로 할 경우, 셋째, 세일즈 프로모션과 이벤트캠페인처럼 광고에 대한 반응이 즉각적으로 나타나는 경우이다. 즉, 세일즈 프로모션과 이벤트캠페인의 경우 이월효과(carryover effect)[1]와 빈도의 누적효과가 필요 없고 가급적 많은 사람들에게 메시지를 도달시키는 것이 더 중요한 경우에 도달률을 강조하여야 한다.

일반적으로 특정시점 측면에서의 도달률 확대방법으로는 로드블록킹 플랜과 스캐터 플랜이 있다. 로드블록킹 플랜(roadblocking plan)은 TV의 경우 소구대상층이 주로 보는 모든 채널의 특정시간대 프로그램에 동시에 융단폭격 하듯이 광고를 노출시키는 방법이며, 신문의 경우 특정한 날, 잡지의 경우 특정한 주나 달에 모든 비히클에 동시에 노출시키는 방법이다. 반면에 스캐터 플랜(scatter plan)은 여러 방송국의 여러 시간대에 다양하게 분산시켜 광고를 노출시키는 방법을 말한다. 〈그림 7-7〉에서 보여지듯이 초기에는 로드블록킹 플랜이 도달률이 높게 나타나지만 GRPs가 증가되면서 결국 두 가지 방법의 결과가 비슷해진다고 할 수 있다.

매체비히클 선택의 가이드라인

도달률은 매체선택 혹은 미디어믹스전략에 직접적인 영향을 미친다. 도달률을 높이기 위해 새로운 수용자에게 광고접촉의 기회를 늘여야 한다. 높은 도달률을 매체목표로

---

1) 광고캠페인이 종료된 후에도 광고효과가 즉시 소멸되지 않고 일정기간동안 일부 남아있는 현상을 말한다.

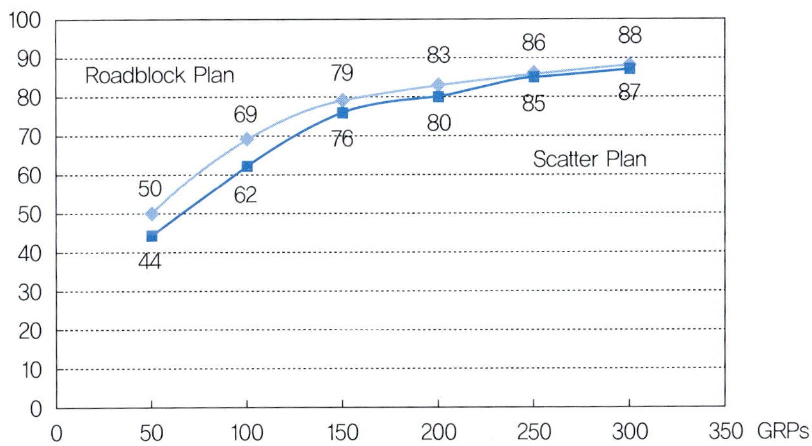

Roadblock	1.0	1.5	2.0	2.5	3.0	3.5
Scatter	1.2	1.7	2.1	2.6	3.0	3.5

자료원: Nielsen Media Research(1987)

그림 7-7 로드블록킹 플랜과 스캐터 플랜의 비교

한다면 가급적 많은 표적 수용자에게 광고 메시지를 전달해야 되기 때문에 반복 혹은 중복적으로 노출된 수용자를 적게 발생시키는 방향으로 매체를 선택하여야 한다. 즉, 매체비히클의 수용자층이 각기 다른 이질적인 매체를 선택하면 보다 더 다양한 계층의 사람들에게 광고메시지를 전달할 수 있는 기회가 커지기 때문에 도달률이 증가하게 된다. 예를 들어 20대가 많이 보는 시트콤과 30대가 많이 보는 일일 드라마에 각기 1회씩 광고를 삽입하면 시트콤 혹은 일일드라마 둘 중의 하나의 프로그램에 광고를 반복적으로 2회 연속 삽입하는 것보다 더 많은 사람들에게 광고메시지를 도달시킬 수 있다. 이는 10~20대가 주로 보는 시트콤과 30~40대가 주로 보는 드라마는 매체수용자층이 중복되지 않기 때문이다. 따라서 도달률을 높이기 위하여 매체수용자층이 동질적인 매체를 선택하는 것 보다 이질적인 매체를 골고루 선택하여야 한다.

매체스케줄의 평가기준

도달률은 매체스케줄의 사전사후 평가기준으로써 사용된다. 도달률은 매체스케줄이 계획된 후 이 매체스케줄이 얼마나 많은 표적 수용자들에게 도달할 수 있을 것인가를 사전평가하고 예측하기 위한 목적으로 사용된다. 사전평가 결과 설정된 매체스케줄이 기대하는 도달률 목표에 미치지 못할 경우 매체스케줄을 재구성하여야 한다. 도달률은 또한 매체스케줄이 집행된 후 얼마나 많은 사람에게 도달하였는가를 평가하는 사후평가의 목적으로도 사용한다. 이러한 사후평가를 통하여 나타난 결과를 차기 광고캠페인에서 반영한다.

2 빈도 혹은 평균빈도

빈도(frequency) 혹은 평균빈도(average frequency)란 광고캠페인 기간 동안 하나 혹은 그 이상의 매체비히클들로 구성된 매체스케줄을 통하여 개별 표적 수용자가 광고메시지에 반복적으로 노출된 횟수의 산술적 평균치를 말한다. 예를 들어 특정 매체비히클에 노출된 두 명의 표적 수용자들 중 1명은 광고메시지를 한번 본 반면에 다른 한 명의 표적 수용자는 3번을 보았다면 이들 2명의 표적 수용자들의 빈도 혹은 평균빈도는 2회이다.

광고주의 관점에서는 광고메시지가 얼마나 많은 표적 수용자들에게 도달하였는가도 중요하지만, 일정 기간 동안 투입된 광고노출량에 대해 표적 수용자들이 평균적으로 몇 번 노출되었는지를 알아보는 것 역시 중요하다. 이는 광고캠페인이 목표로 하는 광고메시지에 대한 표적 수용자들의 인지적 학습 혹은 행동적 학습 등에 빈도의 누적이 필요하기 때문이다. 예를 들어 인지적 학습을 위해 3회의 노출이 필요하다는 크루그만(Krugman, 1974)의 '3-hit'이론, 반복노출을 조건 형성의 중요한 전제조건으로 제시한 파블로프(Pavlov, 1902)의 고전적 조건화이론(classical conditioning theory), 자이언스(Zajonc, 1968)의 단순노출효과이론(mere exposure effect theory), 단기기억에서 처리된 정보를 장기기억에 저장하기 위해 리허설(rehearsal)이 필요하다는 아트킨슨과 쉬프린(Atkinson & Shiffrin, 1968)의 중다저장모형(multi-store model) 등도 빈도의 중요성을 이론적으로 뒷받침하고 있다.

1) 수용자 중복과 빈도의 추정

빈도는 새로운 표적 수용자가 아닌 매체비히클들에 중복노출된 수용자의 누적이 모여서 이루어진다. 예를 들어 〈표 7-1〉에서 보이듯이 총 10명의 표적 수용자 중에서 한번 노출된 사람은 2명, 두 번 노출된 사람 3명, 세 번 노출된 사람 2명이다. 이들 7명의 총 노출횟수는 14번으로써 7명의 표적 수용자가 특정 텔레비전 매체스케줄에 평균적으로 2번 노출되었다는 것을 알 수 있다. 따라서 평균빈도는 총 노출횟수인 14를 7명으로 나눈 2회(= 14/7)가 된다. 이는 이 매체스케줄의 GRPs 값인 140%를 도달률 값인 70%로 나눈 값과 같으며, 따라서 빈도 = GRPs/도달률이라는 함수관계가 형성된다. 〈그림 7-1〉을 예를 들어 설명하면 광고주가 열독률이 30%인 'KBS2 월화드라마'과 20%인 'KBS2 수목드라마'에 각각 1회씩 광고를 게재한 경우 이 두 개의 매체비히클들로 구성된 매체스케줄로부터 획득할 수 있는 평균빈도는 'KBS2 월화드라마'와 'KBS2 수목드라마'의 시청률을 모두 더한 값인 50 GRPs에 이 두 개의 프로그램들의 도달률인 44%를 나눈 값인 1.2회(= 50/44)가 된다. 이처럼 매체스케줄에 포함된 매체비히클들 간에 발생하는 중복수용자의 크기를 알면 도달률뿐만 아니라 빈도도 쉽게 계산할 수 있다. 그러나 중복수용자의 크기와 빈도의 관계는 중복수용자의 크기와 도달률의 관계와 반

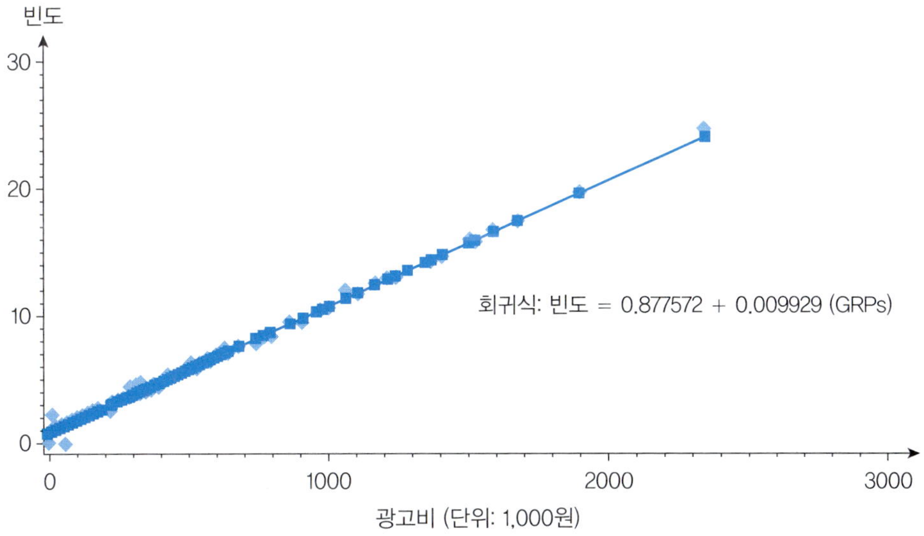

그림 7-8 TV 광고캠페인의 광고비와 빈도의 관계

대라고 할 수 있다. 즉, 도달률과 달리 매체비히클 간에 발생하는 중복수용자의 크기가 크면 클수록 빈도는 커지며, 반대로 중복수용자의 크기가 작으면 작을수록 빈도도 작아진다. 이처럼 도달률 뿐 만 아니라 빈도의 크기를 결정하는 요소도 중복수용자의 크기라고 할 수 있다. 일반적으로 매체수용자층이 동질적인 매체비히클들을 선택하면 수용자 중복과 빈도가 커지고 도달률은 작아지며, 반면에 매체수용자층이 이질적인 매체비히클들을 선택하면 수용자 중복과 빈도가 작아지고 도달률은 커진다.

2) 매체유형별 빈도의 누적형태

광고예산 혹은 GRPs를 지속적으로 투입하면 수확체감하는 도달률과 달리 빈도는 비례적으로 증가한다. 이는 광고예산 혹은 GRPs의 투입량에 비례하여 매체비히클 간과 매체비히클 내에 발생하는 중복수용자들의 수가 지속적으로 증가하기 때문이다. 〈그림 7-8〉의 그래프는 광고비 대비 TV 매체스케줄의 빈도의 누적형태를 나타낸다. 〈그림 7-8〉에 의하면 빈도는 광고비 투입량에 비례하여 지속적으로 증가하는 선형에 가까운 형태를 나타낸다.

빈도는 광고예산 혹은 GRPs가 증가할수록 비례적으로 누적되며, 빈도의 누적 속도는 매체유형과 타깃에 따라서 다르다. 〈그림 7-9〉에서 보이듯이 전통적인 4대 매체 가운데 텔레비전의 경우 빈도의 누적 속도가 가장 느린 반면에 라디오의 경우 빈도의 누적 속도가 가장 빠르다. 이는 텔레비전의 경우 메체수용자층이 비교적 다양한 채널과 프로그램들에 골고루 분산되어 있는 반면에 라디오의 경우 특정 프로그램을 매일 반복청취하는 고정청취자들이 많기 때문이다. 따라서 광고캠페인이 빈도의 누적을 매체목표로 할 경우 빈도의 누적에 효과적인 고정청취자층이 두터운 라디오매체를 선택

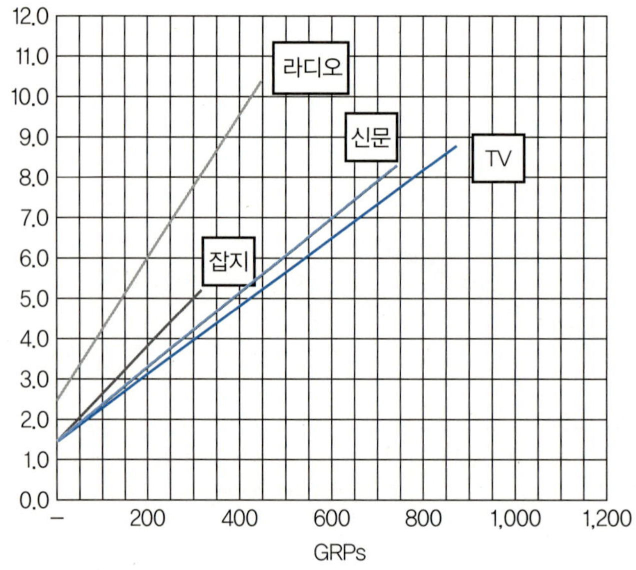

자료원: 박원기 외(2006). 광고매체론. 커뮤니케이션북스.

그림 7-9 매체 유형별 빈도 누적형태

하는 것이 빈도목표의 달성에 효과적이다.

빈도는 타깃 유형에 따라서도 누적되는 패턴이 다르게 나타난다. 예를 들어 라디오의 주 청취자인 30~50대를 대상으로 캠페인을 진행할 경우 라디오의 이용률이 상대적으로 낮은 10~20대에 비해 GRPs가 증가할수록 빈도가 더 빠르게 누적된다. 이는 라디오의 경우 자가운전을 하는 출퇴근 시간대의 30~50대 고정청취자가 많기 때문에 광고비를 지속적으로 투입하여도 광고메시지에 새롭게 노출되는 청취자가 늘어나기 보다는 이미 광고메시지에 한 번 이상 노출된 청취자에게 반복노출될 가능성이 크기 때문이다.

3) 빈도의 전략적 의미 및 활용

매체목표

빈도는 일반적으로 도달률과 함께 사용되며, 광고캠페인이 달성해야 할 매체목표를 나타낸다. 예를 들어 '광고캠페인 기간 동안 전체 표적 수용자의 70%에게 월 평균 3회 광고메시지를 도달시킨다'라는 매체목표를 세울 수 있다. 비록 많은 표적 수용자들에게 광고메시지를 도달시키기 위해서 도달률이 중요하지만 적절한 빈도의 누적이 수반되지 않으면 광고효과를 기대하기 어렵다. 특히 TV를 비롯한 대부분의 대중매체광고는 산만한 상태에서 수용되는 경우가 대부분이기 때문에 현실적으로 광고메시지에 한 번 노출된 것만으로 표적 수용자들로부터 기대하는 반응을 얻기가 어렵다. 가령 텔레비전광고는 매체클러터(media clutter, 광고혼잡현상)가 심하여 대부분 수용자들이 광고에 주의집중을 크게 기울이지 않는 저관여 상황에서 수용되는 경우가 많기 때문에 한

번의 노출만으로 얻고자 하는 커뮤니케이션효과가 잘 발생되지 않다. 특히 텔레비전광고는 대부분 15~30초라는 짧은 시간동안에 수용되기 때문에 광고메시지에 대한 기억의 흔적 만 남길 뿐 표적 수용자들에게 충분히 정보처리를 할 시간이 주어지지 않으며 따라서 기대하는 광고효과가 발생하기 어렵다. 따라서 표적 수용자들로부터 반복노출을 통해 최소한의 광고효과를 기대할 수 있는 빈도의 누적이 필요하다. 그러나 빈도의 지나친 누적은 감퇴효과(wear-out effect)를 초래할 수 있다. 〈그림 7-10〉에서 보이듯이 광고효과는 빈도의 누적에 비례하여 지속적으로 증가하다가 표적 수용자들이 광고메시지에 적응(adaptation)하게 되는 포화점(satiation point)에 다다르게 되면 광고메시지에 더 이상 주의집중을 하지 않거나 심지어 광고에 싫증을 내게 되는 감퇴효과(wear-out effect)가 발생하게 된다. 따라서 빈도의 과도한 누적으로 인한 과잉노출은 감퇴효과를 초래한다고 할 수 있다. 따라서 빈도의 지나친 누적으로 인한 감퇴효과가 발생하지 않도록 적정 수준의 빈도를 매체목표로 설정하는 것이 중요하다.

매체목표로써 빈도가 강조되는 경우는 신제품에 대한 인지적 학습이 필요한 경우, 감성적 소구를 이용한 조건적 학습이 필요한 경우, 메시지의 복잡성과 모호성이 큰 경우, 새로운 광고캠페인을 런칭할 때 광고메시지에 대한 인식의 문턱을 넘어설 수 있는 역치수준(threshold level) 이상의 반복노출이 필요한 경우, 매체클러터가 심하여 경쟁광고의 방해현상이 심할 경우이다.

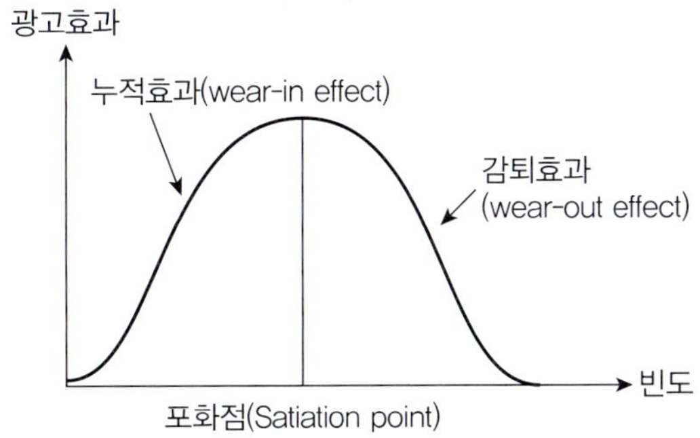

그림 7-10 누적효과 및 감퇴효과

매체비히클 선택의 가이드라인

빈도는 도달률처럼 매체선택의 중요한 가이드라인을 제시하여준다. 매체목표가 빈도를 높이는 것이라면 매체비히클들의 수용자층이 동질적인 매체와 비히클들을 선택하면 된다. 예를 들어 10~20대가 주로 보는 뮤직뱅크와 쇼! 음악중심에 광고를 각각 게재하면 매체수용자층이 동질적이고 중복노출될 확률이 커지기 때문에 빈도를 높일 수 있다. 즉, 매체수용자층이 동질적인 매체비히클을 반복 선택하게 되면 도달률은 더 이상 증가하지 않고 빈도만 지속적으로 증가하게 된다.

매체스케줄의 평가기준

빈도는 매체스케줄의 사전사후 평가기준으로써 사용된다. 매체기획을 통하여 매체스케줄을 구성한 후 이 매체스케줄이 목표로 하는 빈도수준을 달성할 수 있을 것인가를 사전평가하고 예측하기 위한 목적으로 사용된다. 매체스케줄의 사전평가 결과 설정된 매체스케줄이 예상되는 빈도목표에 미치지 못할 경우 매체스케줄을 재구성해야한다. 또한 빈도는 광고집행 후 매체스케줄이 목표로 하는 빈도수준을 달성하였는가를 사후평가하기 위하여 사용된다.

3 도달률과 빈도의 균형

일반적으로 도달률 혹은 빈도 한 가지 만으로 표적 수용자들로부터 원하는 반응을 얻을 수 없으며 도달률과 빈도의 적절한 균형(balance)이 이루어져야 표적 수용자들로부터 최소한의 기대하는 반응을 얻을 수 있다. 예를 들어 빈도가 너무 낮아서 광고메시지가 표적 수용자들이 역치수준 이하에 노출된다면 표적 수용자들에게 적절한 자극을 줄 수 없으며, 따라서 표적 수용자들로부터 어떠한 반응도 불러일으킬 수 없다. 이는 도달률은 메시지의 도달 범위를 나타내는 반면에 빈도는 인지적 학습 및 행동적 학습과 같은 광고정보처리과정과 더 큰 관련이 있기 때문이다. 또한 도달률목표가 너무 낮게 설정되어서 광고캠페인이 목표로 하는 수준의 도달효과를 얻지 못하면 광고캠페인을 통하여 기대하는 수준의 인지도를 얻을 수 없게 된다. 따라서 도달률과 빈도 어느 한쪽에 치우쳐서 매체목표를 설정해서는 안 되며, 적절한 수준의 도달률과 빈도의 균형을 찾는 것이 중요하다.

4 도달률과 빈도 적용의 한계 및 문제점

도달률과 빈도는 노출의 편중현상을 파악할 수 없다는 단점을 가지고 있다. 예를 들어 〈그림 7-11〉과 〈그림 7-12〉는 두 개의 광고캠페인에 동일한 GRPs를 투입하여도 표적 수용자들의 노출분포가 다름을 보여준다. 즉, 〈그림 7-11〉의 노출분포에 보이듯이 매체스케줄 A의 평균빈도가 3회일지라도 최빈치(mode)가 2회이기 때문에 대부분의 사람들은 실제로 2회 이하의 낮은 빈도에 노출되었다는 것을 알 수 있다. 즉, 평균빈도가 3회라는 것은 표적 수용자들이 평균적으로 3회 광고에 노출되었다는 것을 의미하지만 실제로는 대부분의 사람들이 평균적으로 3회 광고를 보았다는 것을 의미하지는 않는다. 반면에 〈그림 7-12〉의 매체스케줄 B의 평균빈도는 3회이고, 최빈치가 3으로서 많은 표적 수용자들이 광고메시지에 3회 노출되었다는 것을 알 수 있다.

이 두 개의 매체스케줄들의 평균빈도가 3회로 동일하여도 매체스케줄 A의 최빈치가 낮게 나타난 이유는 매체스케줄 A에 노출된 표적 수용자들이 1회와 2회의 낮은 빈도에 많이 분포된 반면에 매체스케줄 B에 노출된 표적 수용자들은 모든 빈도에 골고루

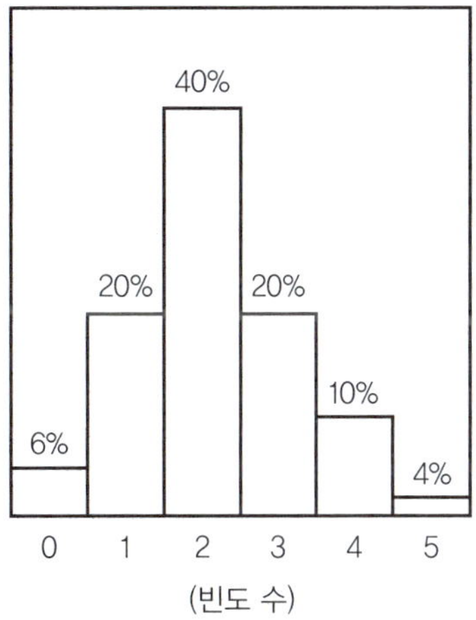

그림 7-11 매체스케줄 A(GRPs = 220)

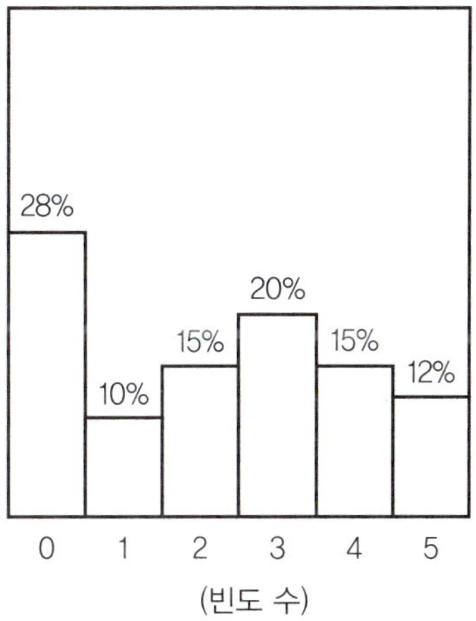

그림 7-12 매체스케줄 B(GRPs = 220)

분포되어 있기 때문이다. 이와 같은 노출의 편중현상은 광고캠페인이 목표로 하는 커뮤니케이션효과(예: 인지도, 호감도, 구매의향 등)를 획득할 수 없게 만든다. 이처럼 평균빈도로는 노출의 편중현상을 제대로 파악할 수 없으며, 이러한 평균빈도의 단점을 보완하기 위하여 등장한 개념이 유효빈도와 유효도달률 개념들이다. 유효빈도와 유효도달률 개념들은 다음 장에서 소개한다.

5 GRPs(총 노출률)

일반적으로 매체스케줄은 여러 개의 매체 및 비히클들과 각 매체비히클별 집행횟수로 구성되어 있다. GRPs(gross rating points)는 이 매체스케줄이 광고캠페인 기간 동안 획득할 수 있는 총 노출량을 나타내는 개념으로써 매체스케줄에 포함된 모든 매체비히클들의 시청률 혹은 열독률의 산술적 합계치(gross)라고 할 수 있다. GRPs는 매체스케줄에 포함된 매체비히클들의 시청률 혹은 열독률에 각 매체비히클별 집행횟수를 먼저 곱한 후 이를 모두 합산하여 계산한다. 예를 들어 〈표 7-2〉에서 5개의 매체비히클들과 각 매체비히클별 집행횟수로 구성된 매체스케줄의 경우 GRPs는 첫 번째 매체비히클인 'MBC 뉴스데스크'에서 다섯 번째 매체비히클인 '인간의 조건들'까지의 5개의 매체비히클 각각의 시청률에 집행횟수를 곱하여 각 매체비히클의 GRPs를 먼저 구한 후 이를 모두 합산한 값인 330%(= 30 + 30 + 100 + 150 + 20)가 된다. GRPs는 특정 매체스케줄에 대한 표적 수용자들의 노출 총량을 나타내기 때문에 100%라는 포화점이 없다. 예를 들어 시청률이 30%인 텔레비전 프로그램에 한 달 동안 4회의 광고를 집행하였다면 GRPs는 30 × 4 = 120%가 된다. 많은 광고캠페인들은 특정 표적 수용자를 대상으로 하기 때문에 GRPs라는 용어 대신에 TRPs(target rating points)라는 용어를 사용하기도 한다.

표 7-2 2015년도 XX 광고캠페인의 GRPs 계산의 예

매체비히클	시청률	집행횟수	GRPs(총 노출률)
1. MBC 뉴스데스크	15 %	2	30 %
2. 뮤직뱅크	10 %	3	30 %
3. 1박 2일	25 %	4	100 %
4. 런닝맨	30 %	5	150 %
5. 인간의 조건들	20 %	1	20 %
합 계			330 %

1) GRPs, 도달률, 빈도의 관계

GRPs는 도달률 및 빈도와 함수의 관계이다. GRPs는 도달률과 빈도를 곱한 값이 된다. 앞의 〈표 7-1〉에서 보여지듯이 특정 매체스케줄의 도달률은 70%(= 7/10 × 100)이고, 빈도는 2회(= 14/7)이다. GRPs는 도달률에서 빈도를 곱한 값인 140%(= 70 × 2)가 된다. 즉, GRPs 140%가 의미하는 것은 표적 수용자 7명이 4주간 총 14회 특정 매체스케줄을 통하여 방영된 광고메시지에 노출된 것을 의미한다. 이러한 GRPs 140%는 도달률에 빈도를 곱한 결과와 같으며 이는 'GRPs = 도달률 × 빈도'라는 공식이 성립된다는 것을 말해준다. 역으로 도달률은 GRPs 값에서 빈도를 나눈 값이 되며, 빈도는 GRPs를 도달률로 나눈 값이 된다. 예를 들어 도달률은 GRPs 값에서 빈도를 나눈 값인 70%(= 140/2)가 되며, 빈도는 GRPs 값인 140%에서 도달률을 나눈 값인 2회(= 140/70)가 된다. 따라서 도달률 = GRPs/빈도, 빈도 = GRPs/도달률이라는 공식이 성립된다. 이러한 GRPs, 도달률, 빈도의 함수관계를 수식으로 표현하면 다음과 같다.

$$\text{GRPs} = \text{도달률(reach)} \times \text{빈도(frequency)}$$

GRPs가 일정하다면 도달률과 빈도는 서로 맞교환(trade-off)의 관계에 있다. 즉, GRPs가 일정할 경우 도달률이 크면 빈도는 작아지고 빈도가 크면 도달률이 작아진다. 즉, GRPs의 값은 같아도 도달률과 빈도의 값은 다를 수 있다. 이는 도달률과 빈도는 서로 반비례적인 관계이기 때문이다. 대부분의 기업들은 광고예산이 제한되어 있기 때문에 도달률과 빈도를 동시에 극대화하는 것은 현실적으로 불가능하다. 따라서 광고예산이 한정된 범위 내에서 도달률과 빈도를 모두 증가시킬 수는 없기 때문에 한정된 광고예산 범위 내에서 도달률을 높이려면 빈도를 희생해야 하고, 빈도를 높이려면 도달률을 희생해야 한다. 따라서 제한된 광고예산으로 도달률과 빈도목표를 결정할 때 도달률과 빈도의 관계를 잘 알아야 도달률과 빈도의 적절한 균형을 맞출 수 있다.

GRPs(400) = 도달률(50) × 빈도(8)
GRPs(400) = 도달률(80) × 빈도(5)

2) GRPs의 전략적 의미 및 활용

매체목표

GRPs는 광고캠페인의 객관적인 노출 총량을 나타낸다. 일반적으로 광고목표를 먼저 수립하고 이를 달성하기 위하여 필요한 광고노출량을 매체목표로 결정하게 되는데 이 때 GRPs가 매체목표로써 사용된다. 매체목표로써 GRPs는 광고단가의 변동과 관계없이 동일한 가치의 광고노출량을 나타낸다. 예를 들어 GRPs 140%는 매체비히클들의 광고단가의 변동에 관계없이 언제, 어디에서든지 객관적인 광고노출량을 나타낸다. 따라서 GRPs는 광고캠페인의 노출 총량을 나타내는 매체목표의 일차적인 지표로서 광고예산보다 더 적합한 개념이라고 할 수 있다.

반면에 광고예산은 광고주가 구입해야 하는 매체비히클들의 광고단가가 매년 혹은 매월 인상 또는 인하되면서 변동이 있을 수 있기 때문에 객관적인 광고노출량의 기준으로써 부적합하다. 예를 들어 이번 달에 10억 원의 광고예산으로 100 GRPs를 획득할 수 있는 TV프로그램들을 구입할 수 있다면 다음 달에는 광고단가의 인상으로 이보다 더 적은 GRPs밖에 구입할 수 없다. 따라서 광고예산은 광고단가의 변동에 영향을 받기 때문에 객관적인 광고노출량을 나타내는 지표로써는 부적합하다고 할 수 있다. 그러나 GRPs는 특정 광고캠페인의 총 노출 총량만을 나타낼 뿐 도달률 및 빈도와 같이 광고커뮤니케이션효과(예: 인지도, 호감도, 구매의향 등)와 관련된 정교한 측정치는 아니다. 이와 같은 이유로 GRPs는 도달률 및 빈도와 같은 전략적인 개념으로 더 구체화되어야 한다.

광고예산의 산출

GRPs가 유용한 또 하나의 이유는 광고캠페인에서 투입해야할 광고예산을 쉽게 산출할 수 있는 편리함이 있기 때문이다. 일반적으로 GRPs 1%당 평균 광고단가를 알면 광고캠페인 시 투입해야 할 광고비용을 쉽게 계산할 수 있다. 예를 들어 2015년 2월에 집행된 텔레비전 광고캠페인들의 경우 1%의 GRPs를 획득하는데 드는 비용이 평균 2백만 원이고 2015년 3월 한 달 동안 광고캠페인 목표 달성에 필요한 GRPs가 500%라면 이 500%의 GRPs를 획득하기 위해 소요되는 광고예산은 10억 원(= 500 × 200만원)으로 예측할 수 있다. 이 때 GRPs 1%를 획득하는데 소요되는 평균 광고단가인 2백만원을 CPRP(cost per rating point)라고 한다. 이처럼 광고캠페인의 목표 달성에 필요한 GRPs 값에 GRPs 1% 획득에 필요한 평균 광고비를 나타내는 CPRP를 곱하면 바로 그 시장에 투입해야할 광고비를 산출할 수 있다.

또한 일정량의 GRPs를 획득하는데 소요되는 광고비용은 GRPs와 광고비 간의 상관

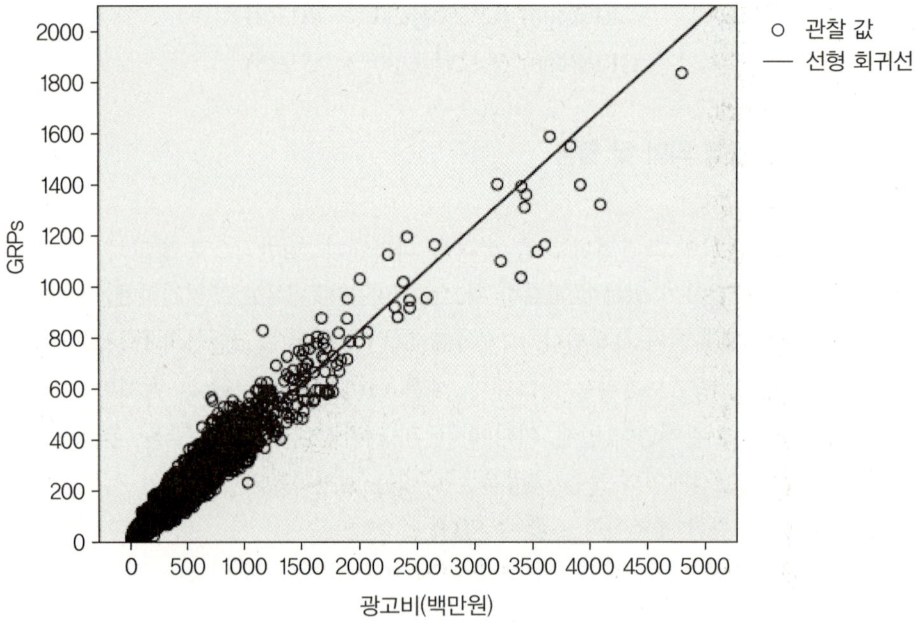

그림 7-13 광고비와 GRPs의 관계

관계를 나타내는 회귀식을 통해서도 추정할 수 있다. 〈그림 7-14〉는 2015년도에 텔레비전을 통하여 집행된 약 7,800여 개의 매체스케줄들을 구입하는데 소요된 광고예산과 이 매체스케줄들을 통해 획득한 GRPs 값들을 함수관계로 나타낸 것이다. 도표 상에 점으로 표시된 각각의 데이터들은 일 년 동안 집행된 월 단위 매체스케줄들의 광고예산과 이에 상응하는 GRPs 값들을 나타낸다. 이들 광고예산과 GRPs 값의 관계를 함수로 나타내면 GRPs = 6.202 + 0.412(광고비)와 같은 회귀식으로 표현된다. 이 회귀식에 의하면 GRPs 1%를 획득하는데 약 1,200만 원의 광고예산이 필요한 것을 알 수 있다. 이처럼 광고예산과 GRPs의 함수관계를 추정하여 광고캠페인에 투입해야 할 광고예산을 산출할 수 있다.

6 GI(총 노출수)

GI(gross impressions)는 매체스케줄이 획득할 수 있는 총 노출수를 말한다. GI는 GRPs를 노출횟수로 표현한 개념으로써 GRPs와 표적 수용자의 크기를 알면 쉽게 계산할 수 있다. 예를 들어 50만 명의 표적 수용자를 대상으로 광고를 집행하여 200%의 GRPs를 얻었다면 GI는 총 1,000,000(= 2 × 500,000)이 된다. 다음의 〈표 7-3〉에서 GPRs는 각 매체비히클의 시청률과 집행횟수를 곱하여 모두 더한 값이 되고 이 광고스케줄, GI는 총 GRPs인 130%에 표적 수용자의 수를 곱한 값이 된다.

표 7-3 2010년도 3월 XX 광고캠페인의 GI 계산의 예

매체비히클	시청률	표적 수용자 수	집행횟수	GI
KBS2 아침드라마	20%	1백만 명	2	1백만 × 0.2 × 2 = 40만
KBS2 주말드라마	30%	1백만 명	3	1백만 × 0.3 × 3 = 90만
계				130만

$$\text{GRPs} = 130\%[= (20 \times 2) + (30 \times 3)]$$
$$\text{GI} = 1.3 \times 1{,}000{,}000 = 1{,}300{,}000$$

130만 GI가 의미하는 것은 이 매체스케줄에 중복노출된 표적 수용자를 포함하여 연간인원 130만명이 광고메시지에 노출되었다는 것을 의미하며, 반드시 1백만 명의 표적 수용자들이 모두 광고메시지에 노출되었다는 것을 의미하는 것은 아니다. 즉, 매체스케줄의 최대 집행횟수를 고려할 때 100만 명의 표적 수용자들 가운데 1, 2, 그리고 최대 5회까지 노출된 사람들을 모두 계산에 넣어 130만이라는 수치가 산출되었으며, 1백만 명의 표적 수용자들 가운데 광고메시지에 한 번도 노출되지 않은 사람들도 존재할 수 있다는 사실을 알 수 있다. 즉, 1백만 명의 표적 수용자들 가운데 광고메시지에 실제 한 번도 노출되지 않은 사람들을 빼면 광고메시지에 노출된 순수한 표적 수용자의 수는 1백만 명 이하일 수 있다. 따라서 연인원 130만이라는 숫자는 총 노출횟수와 같은 개념이라고 할 수 있다.

CHAPTER 08

도달률과 빈도를 넘어서: 유효빈도 · 유효도달률 · 노출분포

1 유효빈도

유효빈도(effective frequency)는 빈도의 확장된 개념이다. 유효빈도는 특정 캠페인 기간 동안 어떤 커뮤니케이션 효과(예: 인지도, 호감도, 구매의향 등)를 발생시키기 위해 필요한 노출횟수(혹은 빈도)를 말한다. 유효빈도 개념은 1958년에 브라운 외(Brown, et al)에 의해 처음 아이디어가 제시된 이래 1990대 중후반까지 역치(threshold)의 존재유무를 중심으로 많은 학자들과 광고실무자들 사이에 이견이 있어왔다. 유효빈도 개념을 바라보는 관점들은 지금까지의 관련 문헌들을 종합하면 네이플즈(Naples)의 전통적 유효빈도의 관점, 볼록형 반응곡선 관점, 리슨시 플래닝 관점, 아헨바움(Achenbaum, 1977)의 유효빈도를 범위로 보는 관점, 로시터와 다나허(Rossiter & Danaher, 1998)의 구매성향 관점의 5개로 구분된다.

1) 네이플즈(Naples, 1979)의 전통적 유효빈도 관점

네이플즈(Naples)는 1979년에 광고의 반복노출의 효과에 관한 기존의 관련 연구 결과들을 집대성한 'Effective Frequency : The Relationship Between Frequency and Advertising Effectiveness'라는 연구논문(monograph)을 통해 유효빈도 개념을 체계적으로 정립하였다. 네이플즈(Naples, 1979)에 의하면 제품구매주기(product purchase cycle) 기간 동안 광고메시지에 대한 1회 노출은 제품의 판매와 관련하여 효과를 기대하기 어려우며, 2회 노출부터 효과가 발생하기 시작하여, 3회의 노출부터 소비자로부터 원하는 반응을 얻어낼 수 있다고 주장한다. 가령 네이플즈(Naples, 1979)의 이론의 이론적 배경이 된 크루그만(Krugman)의 "three-hit"이론에 의하면 사람들이 광고를 처음 보았을 때는 "저게 뭐지?"(what is it?)라는 단순한 호기심을 보이고, 두 번째 보았을 때는 "저 광고가 무엇에 대하여 이야기하는가?"(what of it?)라는 생각을 하게 되고 세 번째 보았을 때는 "무엇에 대하여 말하고 있다"(to remind)라는 반응을 나타내게 된다고 한다. 즉, 사람들이 광고메시지에 대하여 흥미를 가지고 취득한 정보를 강화(예

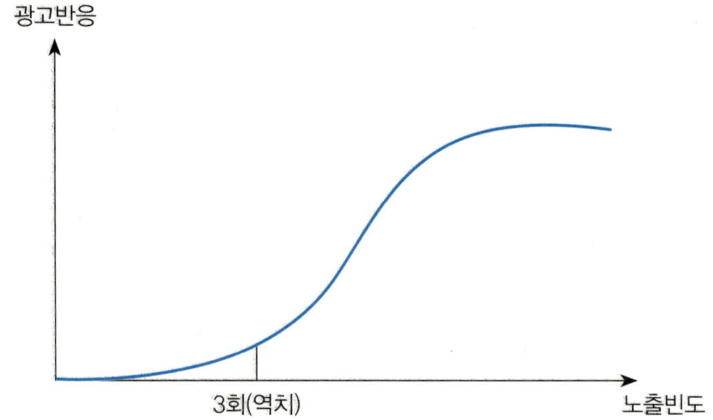

그림 8-1 S자-형태의 반응곡선

를 들어 회상)시키는 등 본격적으로 정보를 처리하는 것은 3회 노출 이후부터라고 한다. 네이플즈(Naples, 1979)은 이러한 여러 학자들의 견해를 바탕으로 표적 수용자의 3분의 2에 대해 매달 적어도 2회 이상, 많아도 4회 이하로 노출시키는 것을 매체목표로 설정하는 것이 현실적으로 적절하다는 제안을 하였다.

네이플즈(Naples, 1979)의 유효빈도에 관한 관점은 광고에 노출된 후 일정수준 이하의 빈도에서는 반응이 없고 일정 수준 이상의 빈도부터 반응이 일어나는 역치(threshold) 즉 인식의 문턱이 존재한다는 것을 가정한다. 역치(threshold)란 〈그림 8-1〉에서처럼 자극이 증가함에 따라서 초기 일정 수준이하의 자극 수준에서는 반응이 없고 일정 수준 이상의 자극부터 반응이 일어난다는 것을 말한다. 네이플즈(Naples, 1979)의 주장에 따르면 광고에 반응을 보이기 시작하는 역치가 되는 유효빈도는 3회에 해당된다. 따라서 1회와 2회까지의 빈도는 광고메시지에 대한 반응이 나타나지 않는 역치 이하에 해당된다. 예를 들어 〈그림 8-1〉의 S자-형태의 반응곡선에서 보여지듯이 역치가 되는 세 번째 노출부터 광고의 효과가 발생하며, 3회 이하에서는 광고에 대한 소비자 반응이 나타나지 않는다는 것을 의미한다. 즉 3회 노출부터 광고효과가 나타나는 역치가 존재한다는 것은 노출빈도를 X축으로 하고 광고반응을 Y축으로 한 반응함수로 나타내었을 때 S자-반응곡선의 형태를 나타낸다.

2) 볼록형 반응곡선 관점

S자-형태의 반응곡선과 대립되는 관점으로 볼록형 반응곡선(convex response curve) 이론이 있다. 볼록형 반응곡선이론은 광고효과는 1회 노출부터 발생한다는 것을 가정하기 때문에 역치의 존재를 부정한다. 즉 광고에 대한 소비자의 반응은 역치를 넘어

서야 발생하는 것이 아니라 처음부터 발생하며 빈도가 누적될수록 점차 수확체감(diminishing return)한다는 것을 주장한다.

즉 실제 시장에서 관찰된 많은 광고캠페인들은 단 한 번의 노출만으로도 광고효과가 발생한다고 보고하고 있다. 특히 세일즈 프로모션과 같은 직접반응(direct response)을 목적으로 하는 캠페인의 경우에는 단 한 번의 노출만으로도 효과가 발생한다고 주장하고 있다. 단지 1회 노출만으로도 광고효과가 발생한다는 것은 〈그림 8-2〉에서 보여지듯이 광고효과는 1회 노출부터 발생하며, 빈도가 증가할수록 그 효과는 점차 수확체감(diminishing returns)하는 볼록형 반응함수의 형태를 나타낸다. 따라서 볼록형 반응곡선이론에 의하면 광고메시지에 대한 첫 번째 노출이 가장 효과가 크며, 추가적인 노출들은 첫 번째 노출과 비교하여 점차 효과와 효율성이 감소한다.

리슨시 플래닝의 주창자인 존스(Jones), 맥도널드(McDonald), 에프론(Ephron)은 직접반응을 목적으로 하는 광고캠페인 이외에도 친숙한 브랜드에 대한 광고캠페인의 경우 볼록형 반응함수이론이 적용되는 경우로 제시하였다. 즉, 대부분의 광고캠페인의 경우 소비자들이 이미 브랜드에 대해 친숙한 경우가 많으며, 광고목표 또한 브랜드에 대한 새로운 지식의 습득이나 학습을 목표로 하기보다는 구매시점에서 브랜드에 대한 회상(remind)을 불러일으켜 구매할 준비가 되어 있는 소비자들을 실제로 구매하도록 부추기는 역할만을 하는 경우가 많기 때문에 1회 노출만으로도 소비자 반응을 불러일으키기에 충분하다고 주장한다.

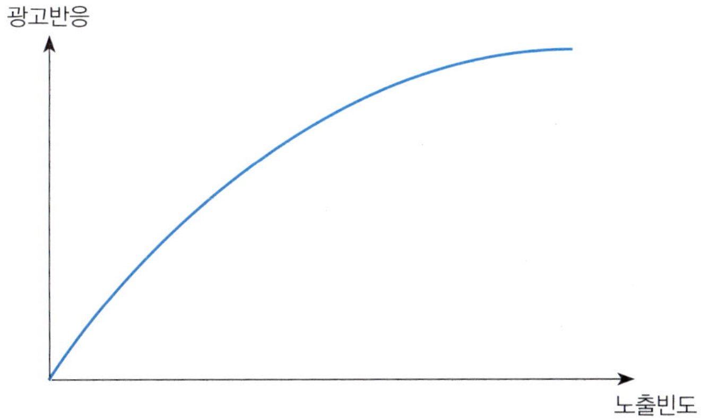

그림 8-2 볼록형 반응곡선

3) 리슨시 플래닝 관점

리슨시 플래닝(recency planning, 구매시점 중심기획)은 역치의 존재가 중요한 것이 아니라 노출시점이 중요하다고 보는 관점이다. 리슨시 플래닝은 광고가 소비자의 구매시점에 가까울수록 1회 노출만으로 충분히 구매행동을 유발할 수 있다는 광고의 단기효과(short-term advertising effect)를 설명하는 관점으로서 구매 전 최소한 3회 이상의 노출이 필요하다는 네이플즈(Naples, 1979)의 관점과 상반된 입장을 취하고 있다. 리슨시 플래닝은 광고의 판매탄력성이 크고, 소비자에게 친숙하며, 제품구매주기가 짧은 청량음료와 같은 저관여제품에 효과적인 매체기획 접근법이라고 할 수 있다.

리슨시 플래닝의 개념은 1990년대 초에 A-to-S Link사에 근무하는 A-S Link의 레이첼과 우드(Reichel & Wood)의 연구에 의해 최초로 언급되었으나, 본격적으로 학계 및 업계에서 공론화한 것은 존스(Jones, 1995)의 연구보고서가 발표된 이후부터이다. 존스(Jones, 1995)는 닐슨(Nielsen)의 싱글소스 데이터의 분석을 통하여 구매시점을 앞두고 첫 번째 노출이 매출에 미치는 영향이 가장 크며, 추가적인 노출이 매출에 미치는 영향은 급속히 수확체감한다는 사실을 발견하였다. 구체적으로 그는 구매시점 전의 일주일 기간동안 12개 제품카테고리에 속한 78개 상표들에 대한 광고노출횟수와 브랜드 점유율과의 상관관계를 분석한 결과, 평균 매출의 73%가 광고메시지에 한 번 노출된 가구(household)로부터 발생하며, 1회 이상의 추가적인 노출이 매출에 미치는 영향은 27%에 불과하다는 연구결과를 발표하였다. 이것은 제품의 구매를 앞두고 구매시점에 가장 가까운 첫 번째 노출이 매출에 미치는 영향이 가장 크며, 추가적인 노출이 매출에 미치는 영향은 상대적으로 미미하다는 것을 말해준다. 존스(Jones, 1995)는 이러한 연구결과를 바탕으로 노출의 리슨시 효과(recency effect of exposure)를 극대화하기 위하여 성수기를 중심으로 광고를 집중하는 전통적 매체기획보다 가급적 많은 표적수용자들에게 한 번씩 광고메시지가 도달되도록 광고메시지를 가급적 많은 주에 걸쳐 분산시키는 매체전략이 효과적이라고 주장하였다.

존스(Jones, 1995)의 연구 이후 최소 3회 이상의 노출이 필요하다는 전통적인 유효빈도 관점은 모든 마케팅상황에 적용되는 것은 아니며 경우에 따라서는 1회 노출만으로도 충분히 구매반응과 같은 광고효과를 불러일으킨다는 맥도널드(McDonald, 1996)와 레이첼(Reishel, 1996) 등의 후속 연구결과들이 속속 발표되었다. 맥도널드(McDonald, 1996)는 1996년 닐슨 싱글 소스 데이터 분석을 통해 시장에서 성숙기에 접어든 확립된 브랜드의 경우 구매시점에 가까울수록 1회 OTS(opportunity to see)만으로도 구매반응이 발생한다는 사실을 발표하면서 1960년의 1차 연구와 상반된 입장을 피력하였다. 그는 제품 구매 전 일주일 동안 관찰을 통하여 구매시점을 일주일 앞둔 일련의 노출들 가운데서 구매시점에 가장 가까운 노출이 그렇지 않은 경우보다 더 매출효과가 크다는 노출의 리슨시 효과를 다시 한 번 확인하였다. 그는 구매시점을 앞두고 3회 이상의 노출이 필요하다는 유효빈도이론은 단지 소비자에게 친숙하지 않은 브랜드에게만 제한적으로 적용된다고 반박하면서 "광고에 있어 중요한 것은 소비자가 구매할 준비가 되어있을 때 그 곁에 있어주는 것이다"라고 주장하였다.

존스(Jones, 1995)와 맥도널드(McDonalds, 1996)에 이어 에프론(Ephron, 1997)은 이러한 싱글 소스 데이터의 분석에 기반을 둔 일련의 연구들을 종합하여 리슨시 플래닝을 새로운 매체기획 패러다임의 하나로 체계적으로 정리하였다. 그는 구매시점에 가까울수록 1회의 노출(혹은 OTS)로써 충분하며, 광고의 단기효과(short-term effect)를 지속적으로 유지하기 위하여 빈도의 누적보다 항상 발생하는 새로운 구매의향자들에게 광고가 도달될 수 있도록 광고가 꾸준하게 집행되어야 한다는 지속형 스케줄링을 강조하였다. 특히 그는 구매주기가 짧은 제품들 뿐 아니라 제품구매주기가 긴 자동차와 같은 제품의 경우에도 제품구매가 항상 발생한다면 구매시점을 최대한 커버(cover)하기 위하여 광고를 지속적으로 유지해야 한다고 주장한다.

또한 그는 "광고에 있어서 중요한 것은 소비자가 구매할 준비가 되어 있을 때 메시지를 노출시키는 것이기 때문에 반드시 1회 노출이 충분하다는 것을 주장하는 것은 아니다"라고 주장하면서 유효빈도에 대하여 존스(Jones, 1995)보다 더 유연한 입장을 취하고 있다. 즉, 존스(Jones, 1995)가 주장하는 1회 노출은 구매시점에 가까운 노출이라는 뜻이지 그것이 반드시 광고메시지에 대한 첫 번째 노출을 의미하는 것은 아니다라고 주장하면서 실제로 매주 광고를 집행하게 되면 한 달간 누적빈도는 전통적 매체기획에서와 같이 적어도 4회가 될 수 있다는 점을 지적한다. 이러한 노출의 리슨시 효과를 주장하는 일련의 연구들은 빈도보다 도달률의 중요성을 강조함으로써 매체기획의 패러다임을 빈도(frequency)와 플라잇(flight) 중심에서 점차 도달률(reach)과 지속성(continuity) 중심으로 옮겨놓고 있다. 또한 리슨시 플래닝 철학의 실행이 점차 확산됨으로써 매체기획의 사이클 또한 과거 월 단위에서 최소 주 단위로 짧아지고 있다. 그러나 리슨시 플래닝은 개별 표적 수용자마다 구매시점이 각각 다르기 때문에 실무에 적용하기 어려운 단점을 지니고 있다. 에프론(Ephron, 1995)은 이러한 현실을 감안하여 항상 발생하는 표적 수용자의 구매시점을 최대한 커버하기 위하여 매주 광고를 지속적으로 유지하는 주 단위 도달률(weekly reach)극대화 전략을 제안하였다.

리슨시 플래닝은 제품의 구매주기가 짧은 제품들(예를 들어 청량음료, 스낵류 등),

그리고 소비자들에게 친숙하거나 성숙기에 접어든 유형의 제품들에게 유용한 미디어 플래닝 철학으로 자리잡고 있다. 아직 우리나라에서는 이러한 리슨시 플래닝 개념이 매체기획 실무에 확산되지 않고 있으나 아직도 월 평균 3회 혹은 4회의 유효빈도 위주의 매체기획 패러다임에서 크게 벗어나지 못하고 있는 우리나라의 매체기획 현실에 시사하는 바가 적지 않다고 할 수 있다.

리슨시 플래닝과 전통적인 매체기획의 비교

대중매체 중심의 전통적인 매체기획은 광고에 대한 소비자 반응에 역치가 존재한다는 것을 가정하고 제품의 성수기를 중심으로 4주 동안 최소 3회의 빈도를 누적하는 것을 목표로 한다. 따라서 전통적인 매체기획은 제품의 성수기를 중심으로 4주 동안 최소 3회 이상의 빈도를 누적하기 위하여 광고메시지를 가급적 많은 주에 걸쳐 분산하는 것보다 플라잇형 스케줄링으로 특정 기간(주로 제품성수기)에 광고를 집중한다. 반면에 리슨시 플래닝은 빈도의 누적에 대해 고민할 필요없이 구매의향자의 구매시점에 가깝게 광고를 노출시키는 것이 제품구매를 촉진하는데 효과적이다는 것을 강조한다. 즉, 리슨시 플래닝은 개별 소비자마다 구매시점이 다르고 따라서 구매가 언제 발생할지 모르기 때문에 구매시점 커버리지(coverage of purchase occasions)를 극대화하기 위하여 특정 시점에 광고를 집중하기보다는 항상 발생하는 표적 수용자들에게 광고가 노출될 수 있도록 매주 지속적으로 광고가 집행되어야 한다는 점을 강조한다. 특히 리슨시 플래닝은 대부분의 소비자들이 이미 브랜드 혹은 광고캠페인에 대해 잘 알고 있는 경

| 싱글 소스 데이터(single source data) |

리슨시 플래닝 개념은 마케팅 리서치기술의 발달로 광고의 노출횟수(혹은 빈도)와 매출과의 상관관계를 밝혀주는 싱글 소스 데이터(single source data)의 개발이 가능해지면서 등장하였다. 싱글 소스 데이터는 패널 조사를 통하여 특정 기간동안 조사에 참여한 패널들의 광고노출횟수와 광고제품의 구매여부 및 구매량을 조사한 다음 수집된 자료를 이용하여 둘 간의 상관관계를 분석한 데이터이다. 싱글 소스 데이터는 1980년대 이후에 IRI(Information Resources Incorporated)와 A. C. 닐슨과 같은 리서치회사에 의해 특정 제품의 광고에 노출된 사람이 그 제품을 구매하였는지를 추적할 수 있는 패널조사 기법이 개발되면서 가능하게 되었다. 조사에 참여한 패널들의 광고노출 여부는 피플미터(peoplemeter)에 의해 측정되며, 광고제품의 구매여부는 UPC 스캐너(UPC product scanner)라고 불리는 일종의 휴대용 전자장치에 의하여 기록된다. 조사에 참여한 패널들이 특정 매장에서 제품을 구매하면서 이 스캐너를 제시하면 구매기록이 자동으로 메인컴퓨터에 전송되어 기록된다.

표 8-1 유효빈도에 관한 실증연구들

	표본 수	분석방법	측정변인	연구결과 및 내용
Colin McDonald (1966)	225개 브랜드	패널 데이터	브랜드전환 (brand switching)	S자형 반응곡선(역치 있음), 2회 노출부터 효과가 발생
Colin McDonald (1996)	4개 제품군, 52개 브랜드	일기식 기반의 싱글 소스 데이터	시장점유율 (Market Share)	볼록형 반응곡선(역치 없음), 노출의 리슨시효과, 친숙한 브랜드는 1회 노출이 가장 효과적
John P. Jones (1995)	12개 제품군 78개 브랜드	닐슨 패널 데이터	브랜드점유율 (brand share)	볼록형 반응곡선(역치 없음), 노출의 리슨시효과, 1회 노출이 가장 효과적
Walter Reichel, Leslie Wood (1992)	9개 제품군, 167개 브랜드	싱글소스 데이터	브랜드점유율 (brand share)	노출의 리슨시효과, 구매 시점에 가장 가까운 1회 노출이 매출효과가 가장 큼
Kenneth Longman (1997)	11개 제품군, 176개 브랜드	닐슨 패널 데이터 (1990–92)	시장점유율 변화	볼록형 반응곡선로서 역치 없음, 1회 노출이 23~40% 시장점유율 증가, 후속노출은 효과가 미미함.

우가 많고, 광고는 이미 구매할 준비가 되어 있는 소비자들을 실제로 구매하도록 리마인드(remind) 시키거나 부추기는 역할을 하기 때문에 구매시점에 가까운 1회 노출만으로도 구매반응을 불러일으킬 수 있다고 주장한다. 즉, 리슨시 플래닝 개념은 기존의 3(+)이론이 최소한 3회 이상의 노출이 필요하다는 S자형 반응곡선이론을 정면으로 반박하고 있으며, 신제품이 아닌 소비자들에게 친숙하거나 성숙기에 접어든 유형의 제품들에게는 1회의 노출만으로도 효과가 있다는 것을 주장하고 있다.

리슨시 플래닝은 높은 빈도수를 얻기 위하여 광고예산 혹은 GRPs을 블록(bloc)형태로 집중하는 것이 아니라 광고예산 혹은 GRPs를 가급적 많은 주(weeks)에 걸쳐 분산시킴으로써 도달률의 효율성을 극대화한다. 따라서 리슨시 플래닝은 매체기획에 있어서 빈도보다 도달률을, 플라잇형보다 지속형 스케줄링을 강조하며 짧은 시간 높은 도달률을 달성하는 것을 목표로 하기 때문에 전체적인 도달률 대비 비용 효율성 개념인 CPRP(cost per reach point)를 최소화하는 전략을 사용한다.

광고예산이 허용하는 범위 내에서 광고메시지를 가급적 많은 주에 걸쳐 분산함으로써 광고메시지가 보다 많은 표적 수용자에게 도달하도록 주 단위 도달률(weekly reach point)을 극대화하는 매체전략을 제안하였다. 구체적으로 에프론(Ephron, 1997)은 주

단위 도달률(weekly reach point)을 극대화하기 위하여 지상파TV에 광고예산을 집중하는 것 대신에 중복노출을 최소화하고 매체수용자층을 분산시킬 수 있는 지역TV방송과 월간잡지, 비용효율적이고 낮 시간대에 광고메시지를 분산시킬 수 있는 케이블TV와 라디오를 사용하는 미디어 믹스전략이 효과적이라고 제안하였다. 또한 제한된 예산으로 30초 길이의 광고대신에 비용효율적인 15초 길이의 광고를 많이 집행함으로써 주단위 도달률(weekly reach)을 높일 수 있다고 주장한다.

4) 아헴바움(Achenbaum, 1977)의 유효빈도를 범위로 보는 관점

아헴바움(Achenbaum, 1977)은 유효빈도를 역치로 보는 관점들과 달리 가장 적정한 수준의 유효빈도를 3회에서 10회의 범위(range)로 제시하였다. 즉, 〈그림 8-3〉에서 보여지듯이 노출횟수가 3회 미만일 경우에는 비효과적 노출, 11회 이상은 과잉노출, 16회 이상은 부정적 노출에 해당된다. 아헴바움(Ahenbaum, 1977)에 의하면 빈도가 10회를 넘어서면 더 이상 추가적인 학습이 이루어지지 않기 때문에 과잉노출로 인해 설득효과가 감소한다.

아헴바움(Achenbaum, 1977)의 관점은 자극이 증가하면 점차 학습과 반응은 증대되지만 포화점(satiation point)에 달하면 학습과 반응이 점차 감소한다는 학습이론(learning theory)에 기반을 두고 있다. 즉 야코보비츠(Jacobovits, 1966)와 에이펠(Appel, 1966, 1971)의 연구에 의하면 언어적 및 시각적 자극에 대한 소비자 학습과 반응은 노출의 반복이 어느 수준을 넘어서면 포화점(satiation point)에 이르게 되고 이후에는 점차 수확체감(diminishing returns)하는 역 U자형 곡선(inverted U curve)의 형태로 나타난다. 따라서 이 이론에 의하면 광고효과는 광고노출의 반복과 함께 증가하다가 포화점인 정점을 지나면서 점차 감소한다고 할 수 있다.

표 8-2 전통적 매체기획과 리슨시 플래닝의 비교

	전통적 매체기획	리슨시 플래닝
매체목표	빈도(3+) 강조	도달률 강조
시간구성(time frame)	월 단위(4주 기준)	주 단위(1주 기준)
매체스케줄링전략	가중치(weight)와 플라잇(flight)	지속성(continuity)
미디어 믹스전략	집중형 믹스	분산형 믹스
효율성 평가기준	CPM(cost per thousand)	CPRP(cost per reach point)

아헴바움(Achenbaum, 1977)의 관점은 광고메시지에 대한 노출이 부족할 경우도 문제가 되지만 과잉노출 또한 문제가 된다는 것이다. 예를 들어 소비자의 광고에 대한 노출이 부족하여 역치를 넘지 못하게 되면 광고메시지의 정보를 효율적으로 처리하지 못하게 되어, 광고메시지의 핵심내용을 인지 혹은 회상하지 못하게 되는 반면에 과잉노출은 소비자들로 하여금 광고메시지에 쉽게 적응(adaptation)하게 하여 주의집중을 감소시키거나, 광고메시지에 싫증을 내거나, 광고메시지를 회피하거나, 심지어 광고 및 제품에 대한 부정적인 태도나 감정을 불러일으킬 수도 있다. 따라서 비효과적 노출과 과잉노출을 최소화하고 유효빈도의 범위 내에 매체노출량이 집중될 수 있도록 매체스케줄을 구성하여야 광고비의 낭비를 최소화할 수 있다. 〈그림 8-3〉의 노출분포곡선의 예를 들면 유효빈도의 범위는 3회에서 10회까지이며, 이 범위 내에서의 도달률의 합계치를 구하면 221%가 되며, 이를 ERPs(effective rating points) 즉 유효 총 노출률이라고 한다. ERPs 221%는 총 노출률인 400 GRPs의 55% 수준이며, 따라서 유효빈도 범위 내에서 전체 광고투입량의 55%만이 효과적으로 사용되었다고 할 수 있다. 유효빈도의 범위를 좁게 잡을 경우 ERPs 는 줄어들며, 반대로 유효빈도의 범위를 넓히면 ERPs는 GRPs에 접근하게 된다. 그러나 유효빈도의 범위는 반드시 3회에서 10회라고 단정 지을 수 없으며, 광고목표와 경쟁상황 등 여러 가지 요인들에 따라 2-7회, 5-15회 등 가변적이다. 따라서 광고목표에 맞는 적절한 유효빈도의 범위를 설정하고, 유효빈도 범위 내에서 ERPs가 극대화될 수 있도록 적절한 매체예산의 투입과 함께 매체스케줄이 구성되어야 한다.

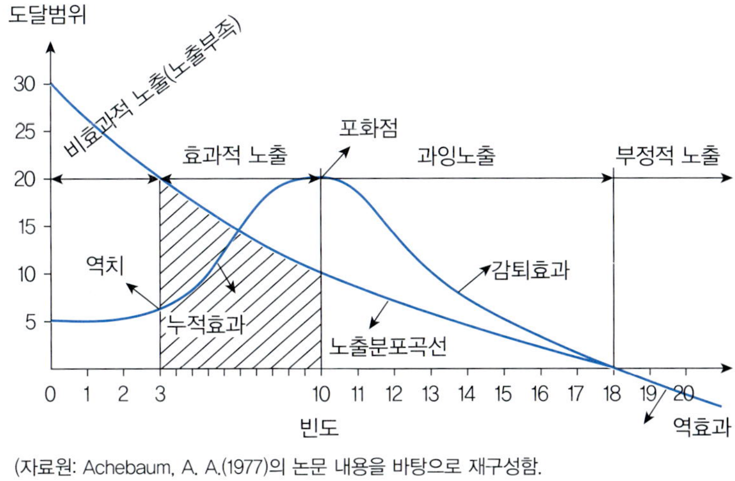

(자료원: Achebaum, A. A.(1977)의 논문 내용을 바탕으로 재구성함.

그림 8-3 유효빈도의 범위와 광고효과

5) 로시터와 다나허(Rossiter & Danaher, 1998)의 구매성향 관점

로시터와 다나허(Rossiter & Danaher, 1998)는 크루그만(Krugman, 1973) 등의 인지 학습이론(cognitive learning theory)에 바탕을 둔 네이플즈(Naples, 1979)의 관점과 달리 개별 소비자의 구매성향(disposition to purchase)이라는 역치의 개념을 구체적으로 제시하였다. 로시터와 다나허(Rossiter & Danaher, 1998)에 의하면 소비자의 브랜드에 대한 구매성향은 개별 소비자의 브랜드 구매확률(brand purchase probability)을 말하며, 이것은 구매행동으로 이어진다. 즉, 〈그림 8-4〉에서 보여지듯이 브랜드에 대한 구매성향은 광고에 노출된 후부터 점차 증가하기 시작하여, 어느 수준에 이르게 되면 구매행동으로 바뀌게 된다. 이 구매성향이 구매행동으로 바뀌는 시점이 바로 구매행동역치(purchase action threshold)가 된다. 즉, 구매행동역치는 광고에 노출된 후 구매성향을 거쳐 브랜드 선택과 같은 구매행동이 발생하기 시작하는 최소 유효빈도 수준이라고 할 수 있다.

로시터와 다나허(Rossiter & Danaher, 1998)에 의하면 구매성향은 브랜드 인지도(brand awareness), 브랜드 태도(brand attitude), 브랜드 구매의향(brand purchase intention)의 세 개의 커뮤니케이션 효과의 결합에 의해 측정되며, 이 세 가지 커뮤니케이션효과들은 제품의 유형에 따라 다르게 적용된다. 예를 들어 저관여/감성(low risk/transformational) 제품의 경우 브랜드 인지도와 함께 브랜드 태도가 구매성향(disposition to purchase)의 결정에 작용하며, 고관여/이성(high risk/informational), 저관여/이성(low risk/informational), 고관여/감성제품(high risk/transformational)의 경우 브랜드 인지도와 구매의향이 구매성향의 결정에 중요하게 작용한다. 즉, 브랜드

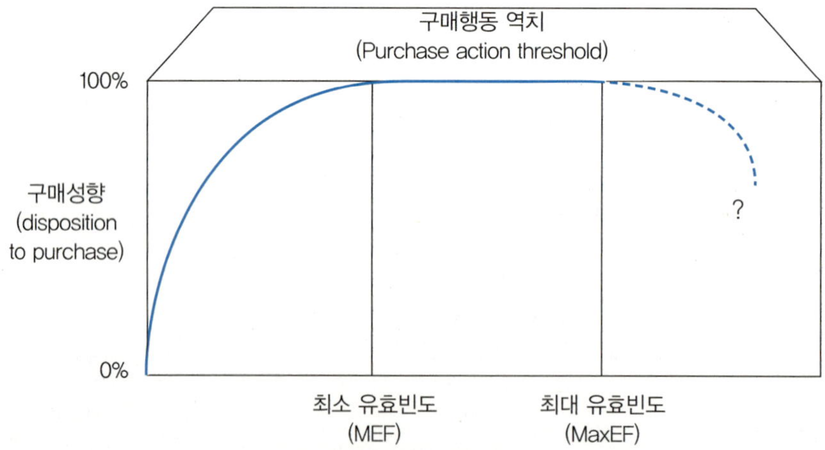

(자료원: Rossiter, T. R. & Danaher, P. J. (1998). Advanced media planning.

그림 8-4 개별 소비자의 구매행동 역치와 노출빈도의 관계

구매성향은 소비자의 브랜드 선택 시 브랜드 인지도와 함께 제품의 유형에 따라서 브랜드 태도 혹은 브랜드 구매의향이 개별적으로 추가된 것이라고 할 수 있다.

로시터와 다나허(Rossiter & Danaher, 1998)에 의하면 구매성향이 구매행동으로 바뀌는 역치가 되는 최소 유효빈도(MEF)는 '1'에서 시작하여 광고캠페인이 처한 상황에 따라서 2회도 될 수 있고 3회 혹은 그 이상도 될 수 있다. 가령 쿠폰제공을 통한 매출증대 혹은 세일즈 프로모션을 목적으로 하는 직접반응 광고캠페인의 경우 개별 소비자는 1회 노출만으로 제품에 대한 구매성향과 동시에 구매행동이 발생하기 때문에 최소 유효빈도는 1회가 될 수 있다. 반면에 특정 제품에 대한 브랜드 충성도가 낮거나 특정 제품을 처음 사용하는 신규고객의 경우 구매행동역치에 도달하기 전에 구매성향이라는 준비과정이 어느 정도 필요하기 때문에 최소 유효빈도의 수준은 2회, 3회 혹은 그 이상이 될 수 있다. 또한 광고캠페인이 브랜드에 대한 재인(recognition)보다 회상(recall)을 목표로 할 경우 혹은 경쟁자의 광고활동이 강화될 경우에도 최소 유효빈도의 수준은 높아질 수 있다.

로시터와 다나허(Rossiter & Danaher, 1998)에 의하면 광고에 대한 개별 소비자의 구매성향은 역치를 넘어서면서 평형상태(horizontal line)를 유지하다가 노출이 반복되면 어느 수준에서 감소할 가능성이 있다. 로시터와 다나허(Rossiter & Danaher, 1998)는 이러한 과잉노출로 인한 감퇴효과가 광고비의 낭비를 초래할 수 있다고 주장하면서 이를 최소화하기 위하여 감퇴효과가 발생하기 시작하는 빈도수준을 최대 유효빈도(Max/c)로 설정할 것을 제안하였다. 특히 광고가 단기간에 집중되는 경우 소비자들은 광고에 싫증을 내거나 광고에 반응을 보이지 않게 되는 등 감퇴효과가 발생한다. 가령 위협소구 혹은 유머광고와 같이 감성적 소구를 목적으로 하는 TV광고의 경우 광고메시지를 단기간에 과잉노출하게 되면 소비자들이 쉽게 광고에 싫증을 내게 되어 소비자들의 구매성향이 감소할 가능성이 있는 반면에 인쇄광고, 옥외광고, 직접우편광고, 인터넷 웹사이트광고의 경우에는 구매성향의 감소보다 광고메시지에 대한 주의(attention)가 감소하는 현상이 발생한다. 브라운(Brown, 1994)의 연구에 의하면 인쇄광고의 경우 3회의 노출이 감퇴효과가 발생하는 수준으로써 3회의 노출을 넘어서면 광고메시지에 대해 주목하지 않게 된다고 한다. 이런 경우 소비자들이 광고에 적응하기 전에 광고의 소재를 빨리 교체해 주거나 광고의 추가적인 집행을 유보하여야 광고비의 낭비를 막을 수 있다.

로시터와 다나허(Rossiter & Danaher, 1998)는 최소 유효빈도를 최대 유효빈도와 구분하면서 유효빈도의 범위를 구체적인 수치로 제시한 아헴바움(Achenbaum, 1977)

과 달리 최소 및 최대 유효빈도를 다양한 상황에 따라 가변적으로 적용할 것을 제안하였다. 예를 들어 광고캠페인이 세일즈 프로모션과 같은 광고의 이월효과가 필요 없는 단기 캠페인의 경우 일회성 거래를 목적으로 하기 때문에 개별 소비자의 광고캠페인에 대한 참여를 부추길 수 있는 최소 수준의 자극만으로 충분하다. 이런 경우 역치를 넘어서는 추가적인 노출은 크게 의미가 없으며, 광고비의 낭비를 초래하기 쉽다. 따라서 이 경우 최대 유효빈도는 곧 최소 유효빈도와 동일하게 적용된다. 반면에 장기적인 브랜드구축을 목적으로 하는 브랜딩 캠페인의 경우 소비자의 마음속에 브랜드의 이미지를 지속적으로 유지, 강화하기 위하여 광고의 이월효과(carryover effect)가 필요하며, 따라서 최대 유효빈도의 수준은 최소 유효빈도 보다 더 높아질 수 있다.

2 유효빈도 결정의 영향요인들

네이플즈(Naples, 1979)의 전통적 유효빈도관점, 볼록형 반응곡선관점, 존스(Jones, 1995)의 리슨시 플래닝관점을 비롯하여 지금까지의 적정 수준의 유효빈도에 관한 여러 연구자들의 관점들을 종합하면 모든 제품과 광고캠페인에 일률적으로 적용할 수 있는 유효빈도의 수준은 없다고 할 수 있다. 이는 적정 유효빈도 수준이 광고캠페인의 목표, 제품이 처한 시장 및 경쟁상황, 매체의 성격과 환경, 크리에이티브의 질(quality), 소비자의 광고수용태도 등과 같은 다양한 요인들의 영향을 받기 때문이다. 유효빈도의 결정에 영향을 미치는 요인들은 크게 마케팅 요인들, 광고 요인들, 매체 요인들, 소비자 요인들로 구분할 수 있다.

1) 마케팅 요인들

오스트로(Ostrow, 1982)에 의하면 시장점유율(MS), 브랜드 친숙성(brand familiarity), 제품수명주기(product life cycle: PLC)와 같은 마케팅 요인들은 유효빈도 수준의 결정에 큰 영향을 미친다. 예를 들어 특정 제품의 시장점유율이 낮을 경우 시장점유율이 높을 경우보다 더 높은 수준의 유효빈도를 필요로 하며 소비자들에게 친숙한 브랜드는 친숙하지 않은 브랜드보다 낮은 수준의 유효빈도로도 동일한 효과를 얻을 수 있다. 이는 친숙한 브랜드의 경우에는 인지적 학습이 필요 없고, 브랜드를 선택적으로 지각하고, 브랜드를 배경(background)이 아닌 형상(figure)으로 처리하며, 브랜드에 대해서 인지적 일관성을 느끼기 때문에 유효빈도 수준을 낮추어도 동일한 효과를 얻을 수 있기 때문이다.

또한 제품수명주기 상에서 도입기의 신제품일 경우 표적 수용자에게 제품을 알게 하기 위하여 기존제품일 경우보다 더 높은 유효빈도를 필요로 하며, 성장기에 접어든 제품의 경우 경쟁자들과 차별화하기 위하여 다소 높은 수준의 유효빈도를 필요로 한다. 성숙기에 접어든 제품의 경우 우리 제품 사용자의 시장 이탈을 막고 상표충성도를 유지하고 강화하기 위한 적정 수준의 유효빈도가 요구된다. 쇠퇴기에 접어든 제품의 경우 최소한의 마케팅 및 판촉활동 비용으로 재고를 처리하고 시장에서 철수하기 위하여 최소한의 낮은 수준의 유효빈도가 요구된다. 최근에는 브랜드가 쇠퇴기에 접어들지 않도록 브랜드자산 가치를 지속적으로 강화하는 방향으로 마케팅활동을 전개해 나가며, 만약 브랜드가 쇠퇴기에 접어들기 시작하면 브랜드를 리뉴얼(renewal)하거나 재활성화(revitalization)시킴으로써 브랜드의 수명을 늘려나가는 마케팅활동이 보편화되고 있다.

이외에도 경쟁사의 광고 및 마케팅활동이 강화되면 경쟁사의 광고 및 마케팅활동에 제압당하지 않기 위하여 유효빈도의 수준을 높여야 한다. 이러한 경우 유효빈도의 수준은 경쟁사와 대비하여 자사 제품에 대한 표적 수용자의 마음점유율(mind share)을 유지하거나 강화하는 수준에서 결정되어야 한다. 반면에 경쟁사의 광고 및 마케팅 활동이 미미하면 유효빈도의 수준은 낮추어도 된다.

2) 광고 요인들

광고목표는 유효빈도 수준의 결정에 가장 큰 영향을 미치는 요인이다. 예를 들어 신제품 도입기에 신제품에 대한 인지적 학습이 필요한 경우에 유효빈도는 역치를 넘어서야 최소한의 광고효과를 기대할 수 있다. 또한 고전적 조건화 학습과 같은 행동적 학습을 광고캠페인의 목적으로 하는 경우 무조건 자극과 중립자극 간의 조건이 형성되기 위하여 반복노출이 필요하기 때문에 유효빈도의 수준은 높아진다. 따라서 소비자정보처리과정에 대한 이해가 필요하다. 일반적으로 인지적 학습보다 행동적 학습이 필요한 경우에 더 높은 수준의 유효빈도가 요구된다. 또한 브랜드이미지의 제고를 목적으로 하는 브랜딩 캠페인의 경우 반복노출을 통한 광고의 누적효과를 높이기 위해 높은 수준의 빈도가 요구된다. 반면에 세일즈 프로모션이나 이벤트성 캠페인과 같은 직접반응을 불러일으키는 일회성 광고캠페인의 경우 단 한 번의 노출만으로도 소비자 반응 여부가 결정되기 때문에 낮은 수준의 유효빈도만으로도 충분하다. 예를 들어 인포머셜 TV광고처럼 정보처리가 비교적 잘 이루어지는 케이블 TV를 이용하여 일회성 직접반응 광고캠페인을 실시한 결과 광고물에 노출된 사람의 32%가 1회의 광고물 삽입(혹은 노출)에 반응을 보인 것으로 나타났으며, 85%는 3회 이후의 삽입에 반응을 보인 것으로 나타났다. 이와 같은 조사결과는 제품군에 대한 니즈가 매우 큰 사람들의 경우 1회의

표 8-3 직접반응광고와 프로모션 캠페인의 적정 유효빈도 수준

매체/광고의 유형	한 광고사이클 내 최소 유효빈도	한 광고사이클 내 최대 유효빈도
케이블TV 혹은 라디오 인포머셜(30초-120초 길이), 신문, 잡지, 옥외, 포스트, DM, 웹사이트	2	4
라디오(30초 12초 길이)	3	5
POP(구매시점) 프로모션	1	1

출처: Rossiter, J. R. & Danaher P. J.(1998). Advanced media planning

OTS 만으로도 일회성 직접반응 광고캠페인에 즉각적인 반응을 보인다는 것을 나타낸다. 일회성 직접반응 광고캠페인의 경우 광고에 대한 표적 수용자의 반응이 모두 소진된 후에는 추가적인 노출은 의미가 없기 때문에 최대 유효빈도의 결정이 매우 중요하다고 할 수 있다.

광고목표에 이어 광고카피의 복잡성(complexity)도 유효빈도 수준의 결정에 영향을 미친다. 텔리스(Tellis, 1997)에 의하면 광고카피가 양면적 메시지(two-sided message ads), 연성광고(soft-sell ads), 모호한 메시지일 경우 복잡성이 높으며, 더 높은 수준의 유효빈도가 요구된다고 한다. 예를 들어 감성적 소구를 많이 사용하는 연성광고의 경우 고전적 조건화 학습이 이루어지기 위하여 더 높은 수준의 빈도가 요구된다. 또한 양면적 메시지처럼 광고의 구성이 복잡하거나 모호하고, 여러 가지 메시지를 주장하여 소비자들이 내용을 쉽게 이해하지 못하는 경우 높은 수준의 유효빈도가 요구된다. 텔리스(Tellis, 1997)는 이러한 복잡성이 높은 메시지의 경우 소비자들로 하여금 광고에 대한 흥미를 유지시키며 지겨움을 지연시킬 수 있다고 하였다.

3) 매체 요인들

광고의 길이, 매체클러터, 비히클 주목도, 프로그램 및 기사와 광고메시지의 부합성과 같은 매체의 특성들도 유효빈도 수준의 결정에 영향을 미친다. 예를 들어 로시터와 다나허(Rossiter & Danaher, 1998)에 의하면 TV인포머셜(방영시간이 길어 판매소구점을 반복가능), 인쇄매체, 웹사이트, DM, 전광판과 같은 동영상을 제외한 옥외광고 혹은 포스터들은 광고메시지에 대한 정보처리를 할 충분한 시간이 주어지기 때문에 1회의 OTS만으로 충분하다고 한다. 반면에 인포머셜의 형태가 아닌 TV와 라디오와 같은 방송매체들은 15초에서 30초 길이가 많으며, 정보처리가 이루어지기 위한 역치수준에 도달하기 위하여 적어도 2에서 3회의 OTS가 요구된다.

다나허와 그린(Danaher & Green, 1997)은 인포머셜이 아닌 30초에서 90초 사이의 12개의 직접반응 광고캠페인을 조사한 결과 대부분의 광고캠페인들이 평균 3회의 OTS를 집행한 것을 발견하였다. 이것은 TV를 이용한 직접반응광고에 대한 반응의 대부분이 2회에서 4회 사이의 OTS에서 발생한다는 것을 나타낸다. 라디오의 경우 정확한 조사결과는 없으나 주목도가 TV에 비해 낮은 점을 감안할 때 3회에서 5회의 OTS가 필요한 것으로 보인다.

매체클러터, 매체주목도, 기사와 메시지의 부합성도 유효빈도의 결정에 영향을 미친다. 매체클러터현상이 심할 경우 낮은 경우보다 더 높은 유효빈도를 필요로 하며, 매체주목도가 낮은 경우 매체주목도가 높은 경우보다 더 높은 유효빈도를 필요로 한다. 즉 시장에서의 경쟁이 치열하여 매체클러터가 높은 경우에는 경쟁자 광고에 제압당하지 않기 위하여 높은 수준의 유효빈도가 요구된다. 또한 프로그램 혹은 기사와 광고메시지의 내용이 부합될 경우 유효빈도 수준을 낮출 수 있다.

4) 소비자 요인들

표적 수용자의 브랜드 충성도, 광고에 대한 수용태도, 구전(word of mouth: WOM)과 같은 개인적 영향도 유효빈도 수준의 결정에 영향을 미친다. 표적 수용자의 브랜드에 대한 충성도가 낮으면 유효빈도 수준을 높여야 하는 반면 브랜드에 대한 충성도가 높으면 유효빈도 수준을 낮추어도 된다. 표적 수용자의 광고에 대한 태도가 부정적이면 이들의 지각적 방어막(perceptual filter)을 돌파하기 위하여 유효빈도의 수준을 높여야 하며, 광고에 대한 태도가 부정적이지 않다면 유효빈도의 수준을 낮추어도 된다. 또한 표적 수용자의 구전활동이 활발하다면 유효빈도의 수준을 낮추어도 되는 반면에 표적 수용자의 구전활동이 활발하지 않다면 애초 설정된 유효빈도 수준을 유지하거나 높여야 한다.

3 유효빈도의 결정에 관한 접근방법들

1) 항목별 유효빈도 평가표를 이용한 단순 접근방법

적정 유효빈도 수준을 결정하는 가장 기본적인 방법은 항목별 유효빈도 평가표를 이용하는 방법이다. 이 방법은 〈표 8-4〉의 예에서 보여지듯이 유효빈도의 결정에 영향을 미치는 요인들을 중심으로 유효빈도 평가항목들을 설정한 후 각 평가항목별로 1에서 5점의 범위 내에서 우리 광고캠페인에 적합한 적정 유효빈도 수준을 체크하게 한 다음 이를 합산하여 평균한 값을 최종 유효빈도로 결정하는 방법이다. 가령 우리 제품이 시장에서 안정적인 매출을 유지하는 성숙기에 접어든 제품일 경우 비교적 낮은 수준의

표 8-4 항목별 유효빈도 평가표(estimator)

저 ←── 유효빈도 수준 ──→ 고						
1. 마케팅 요인들	1	2	3	4	5	
· 성숙기제품/안정적인 매출	□	□	□	□	□	신제품/신규 매출
· 기존 확립된 캠페인	□	□	□	□	□	새로운 캠페인
· 높은 경쟁사 광고활동	□	□	□	□	□	낮은 경쟁사 광고활동
· 높은 수준의 광고지원	□	□	□	□	□	낮은 수준의 광고지원
2. 광고 요인들	1	2	3	4	5	
· 인지적 학습	□	□	□	□	□	행동적 학습
· 일회성 캠페인	□	□	□	□	□	브랜드 이미지 제고
· 단순한 메시지	□	□	□	□	□	복잡한 메시지
· 참신한 메시지	□	□	□	□	□	진부한 메시지
3. 매체 요인들	1	2	3	4	5	
· 높은 비히클 주목도	□	□	□	□	□	낮은 비히클 주목도
· 낮은 매체클러터	□	□	□	□	□	높은 매체클러터
4. 소비자 요인들	1	2	3	4	5	
· 높은 충성도	□	□	□	□	□	낮은 충성도
· 높은 광고수용태도	□	□	□	□	□	낮은 광고수용태도
· 높은 구전활동	□	□	□	□	□	낮은 구전활동

유효빈도를 적용하는 반면 우리 제품이 시장에 갓 출시된 신제품일 경우 높은 수준의 유효빈도를 적용한다. 또한 메시지가 단순할 경우 낮은 수준의 유효빈도를 적용하고, 복잡할 경우 높은 수준의 유효빈도를 적용한다. 이렇게 하여 13개의 모든 평가항목들에 우리 제품에 적합한 빈도수를 체크한 후 최종적으로 평균값을 산출하여 이를 우리 광고캠페인의 유효빈도 수준으로 결정한다. 이 방법은 일부 광고대행사에서 사용하고 있는 가장 간단하면서도 쉬운 방법이라고 할 수 있다.

2) 오스트로(Ostrow, 1982)의 접근방법

미국의 다국적 광고대행사인 FCB의 오스트로(Ostrow, 1982)는 유효빈도의 결정에 영향을 미치는 요인들을 크게 마케팅 요인, 광고카피 요인, 매체요인의 3개로 분류한 후 적절한 유효빈도의 수준을 이들 요인들에 따라 가변적으로 적용할 것을 제안하였다. 오스트로(Ostrow, 1982)는 유효빈도의 결정에 영향을 미치는 요인들을 중심으로 평가 항목을 설정하고, 각 평가항목별로 ±1점의 범위 내에서 최대 1점 최소 −1점까지 가산 점수를 부여한 후 최종적으로 평균치를 산출하여 이를 최종적인 최소 유효빈도의 결정 시 가산점수로 활용하는 방법을 제시하였다. 즉, 아래의 〈표 8-5〉에서 보여지듯이 신

표 8-5 오스트로(Ostrow, 1982)의 항목별 평가방법 사례

저 ←	유효빈도 수준			→	고
A. 마케팅 요인들					
1. 기존 제품	−.2	−.1	+.1	+.2	신제품
2. 높은 시장점유율	−.2	−.1	+.1	+.2	낮은 시장점유율
3. 시장 지배적 상표	−.2	−.1	+.1	+.2	잘 알려지지않은 상표
4. 높은 상표충성도	−.2	−.1	+.1	+.2	낮은 상표충성도
5. 장기 구매주기	−.2	−.1	+.1	+.2	단기 구매주기
6. 일용품	−.2	−.1	+.1	+.2	비 일용품
B. 광고카피 요인들					
7. 단순한 카피	−.2	−.1	+.1	+.2	복잡한 카피
8. 독특한 카피	−.2	−.1	+.1	+.2	평범한 카피
9. 기존 캠페인 카피	−.2	−.1	+.1	+.2	새로운 캠페인 카피
10. 직접판매 위주의 카피	−.2	−.1	+.1	+.2	이미지광고 위주의 카피
11. 단일유형의 메시지	−.2	−.1	+.1	+.2	여러 유형의 메시지
12. 새로운 메시지	−.2	−.1	+.1	+.2	오래된 메시지
13. 큰 광고유닛	−.2	−.1	+.1	+.2	작은 광고유닛
C. 매체 요인들					
14. 낮은 매체클러터	−.2	−.1	+.1	+.2	높은 매체클러터
15. 높은 기사와 부합도	−.2	−.1	+.1	+.2	낮은 기사와 부합도
16. 높은 매체주목도	−.2	−.1	+.1	+.2	낮은 매체주목도
17. 지속형 광고	−.2	−.1	+.1	+.2	필싱 혹은 플라잇형 광고
18. 소수의 매체만 사용	−.2	−.1	+.1	+.2	다수의 매체사용
19. 높은 반복노출 기회	−.2	−.1	+.1	+.2	낮은 반복노출 기회

자료원 : Scissor & Bumba(1996)의 저서를 바탕으로 재구성 함.

제품일 경우 높은 유효빈도를 필요로 하며, 따라서 유효빈도 결정시 가산점수를 +0.2점을 추가한다. 또한 광고카피의 내용이 복잡할 경우에도 가산점수 +0.2점을 부여한다. 반면에 제품이 일용품일 경우에는 낮은 수준의 유효빈도만으로도 충분하기 때문에 가산점수를 오히려 −0.1점을 적용하고 광고카피가 비교적 단순할 경우에도 −0.2의 가산점수를 부여한다.

〈표 8-6〉은 FCB 그리드모델의 네 개의 제품유형별 광고목표 차원들을 유효빈도 설정의 기본 베이스로 한 다음 오스트로(Ostrow, 1982)의 방법을 이용하여 특정 브랜드 광고캠페인에서 유효빈도수준을 결정하는 사례를 보여주고 있다. 이 방법은 제품유형별 광고목표에 따른 기본 유효빈도의 결정, 평가항목별 가산점수의 부여, 가산점수의 적용과 최종 유효빈도 산출이라는 4단계 과정을 거친다.

먼저 첫 번째 단계는 광고목표에 상응하는 기본적인 유효빈도 목표를 결정한다. 예를 들어 〈표 8-6〉에서 보여지듯이 저관여/이성제품의 광고캠페인의 목표가 표적 수용자들을 대상으로 폭넓은 브랜드 인지도를 창출하는 것을 일차적인 목표로 한다면 기본적인 유효빈도 수준을 3회로 결정할 수 있다. 두 번째 단계는 오스트로(Ostrow, 1984)의 평가항목을 이용하여 제품 및 광고캠페인을 평가한 후 각각의 평가항목별로 가산점수를 부여한다. 즉, 광고카피가 복잡하면 +0.2의 가산점수를 부여하고 클러터현상이 심하면 +0.2, 경쟁자 광고활동이 심하면 +0.3, 광고메시지가 독특하면 −0.1의 점수를 각각 부여한다. 이러한 방식으로 저관여/이성제품의 광고캠페인에 관련되는 모든 평가항목들에 가산점수를 부여한 후 합산하면 가산점수의 합계는 + 1.0이다. 세 번째 단계에서는 기본 유효빈도에 합산한 가산점수를 적용하여 최종 유효빈도를 산출한다. 예를 들어 저관여/이성제품의 광고캠페인의 목표가 브랜드 인지도를 확보하는 것이라면 기본 유효빈도 3회에 합산된 가산점수 1회를 더하여 최종적으로 수정된 유효빈도 4회를

표 8-6 오스트로(Ostrow, 1982)의 방법을 이용한 유효빈도목표 결정의 예

제품유형들	광고목표의 차원들	한 광고사이클 내 기본 유효빈도	추가고려사항 (Ostrow의 평가항목들)	수정된 유효빈도
저관여/이성	재인/이성적 태도	3 + (= base)	신규 브랜드(+0.2)	3 + 1 = 최소 4
저관여/감성	재인/감성적 태도	5 +(= 3 + 2)	낮은 상표충성도(+0.2)	5 + 1 = 최소 5
고관여/이성	회상/이성적 태도	5 + (= 3 + 2)	평범한 카피(+0.2)	5 + 1 = 최소 6
고관여/감성	회상/감성적 태도	7 + (= 3 + 4)	높은 매체클러터(+0.2)	7 + 1 = 최소 7
			짧은 구매주기(+0.2)	
			(추가항목 평가합계 = +1.0)	

산출하게 된다. 이와 같은 방식으로 각각의 제품유형별로 광고캠페인들의 최종 유효빈도를 산출하면 최종적으로 산출된 유효빈도는 4회에서 7회까지에 달한다고 할 수 있다.

3) 로시터와 다나허(Rossiter & Danaher, 1998)의 접근방법

Rossiter & Danaher(1998)는 크루그만(Krugman, 1972)의 '3-hit'이론 및 에프론(Ephron, 1995)의 'single-exposure per one week'이론들을 포함한 기존의 유효빈도에 관한 이론들을 기반으로 비히클 주목도, 표적 수용자의 충성도, 커뮤니케이션목표, 구전(words of mouth: WOM)과 같은 개인적 영향의 정도에 따라서 유효빈도 수준을 조절할 것을 제안하였다. 로시터와 다나허(Rossiter, Danaher, 1998)는 이들 네 개의 요인들을 독립변인으로 하는 최소 유효빈도 추정 공식을 개발하였다. 이 공식은 "single-exposure per one week(한 주에 1회 노출)"이론을 바탕으로 한 광고사이클 내에서 '1회'의 노출을 시작점(building block)으로 하여, 비히클 주목도, 표적 수용자의 충성도, 커뮤니케이션목표, 개인적 영향의 정도에 따라서 유효빈도의 수준을 조절한다. 로시터와 다나허(Rossiter & Danaher, 1998)의 최소 유효빈도 추정 공식은 〈표 8-7〉과 같은 수식으로 표현된다.

표 8-7 로시터와 다나허(Rossiter & Danaher, 1998)의 최소 유효빈도(MEF/c) 추정 공식

$$MEF/c = 1 + VA \times (TA + BA + BATT + PI)$$

표 8-8 최소 유효빈도(MEF/c) 추정 방법

"−1"부터 LC+1*까지					
요인(factor)	−1	0	+1	+2	LC+1*
1. 비히클 주목			높은 주목	낮은 주목	
2. 표적 수용자		충성자	상표전환자	타 상표충성자 타 상표전환자	새로운 사용자
3. 커뮤니케이션 목표		브랜드 인지 정보적 브랜드 태도			브랜드 회상 감성적 브랜드태도
4. 개인적 영향	높음 (평균접촉 > 0.25)	낮음 (평균접촉 < 0.25)			

자료원 : Rossiter, T.R. & Danaher, P. J.(1998). Advanced media planning.

여기에서 MEF/c는 한 광고사이클 내의 최소 유효빈도, VA는 비히클 주목도(vehicle attention), TA는 표적 수용자(target audience), BA는 브랜드 인지도(brand awareness), BATT는 브랜드 태도(brand attitude), PI는 개인적 영향(personal influence)을 나타낸다.

비히클 주목도

로시터와 다나허(Rossiter & Danaher, 1998)는 매체비히클들의 주목도를 높은 주목도와 낮은 주목도로 구분하고, 높은 주목도일 경우 1회의 노출을 추가하고 낮은 주목도의 경우에는 상대적으로 높은 수준의 빈도를 필요로 하기 때문에 2회의 노출을 추가할 것을 제안하였다. 주목도가 낮은 매체비히클에 광고를 게재할 경우 2회의 노출을 추가하는 이유는 매체수용자들이 주목하는 확률이 높은 주목도를 가진 매체비히클들에 비해 2분의 1 수준밖에 안되기 때문이다. 높은 주목도를 가진 매체비히클들은 텔레비전 SA와 A시간대, 라디오의 A시간대(주로 출퇴근 시간대), 일차 구독자들이 주로 읽는 신문과 잡지, 빌보드와 같이 특정 위치에 고정 설치되어 있는 옥외광고, 직접우편, 인터넷 웹사이트를 포함한다. 반면에 주목도가 상대적으로 낮은 매체비히클들은 텔레비전과 라디오의 C, D시간대, 회람독자가 많이 보는 신문과 잡지, 카트와 같이 고정된 위치에 설치된 것이 아닌 움직이는 옥외광고 등이 포함된다.

표적 수용자의 충성도

유효빈도는 표적 수용자의 충성도의 영향을 받는다. 우리 브랜드에 대한 충성고객은 브랜드를 잘 알고 브랜드에 대한 학습이 필요하지 않기 때문에 추가적인 노출이 필요하지 않다. 그러나 우리 브랜드를 지속적으로 사용하지 않고 다른 브랜드로 자주 바꾸는 고객들에게는 한 광고사이클 내에서 브랜드 전환(brand switching)이 일어나기 전에 고객 이탈을 방지하기 위하여 1회의 기본노출에 1회의 추가적인 노출이 더 필요하다. 또한 우리 제품에 부정적인 태도를 가진 타사제품 충성고객들에게 효과적인 것으로 알려진 반박광고 혹은 비교광고를 통하여 새로운 학습을 유도하는 캠페인을 전개할 경우 2회의 추가적인 노출을 더하여 총 3회의 노출이 필요할 수 있다. 또한 신제품을 처음으로 시장에 출시할 경우에는 신규고객(new category users)들을 대상으로 단순히 매출보다 시장점유율의 증대가 일차적인 목표가 되는 경우가 많기 때문에 경쟁자보다 더 많이 광고를 집행하여야 한다. 즉 경쟁자와 크리에이티브 수준이 비슷할 경우 시장점유율을 높이기 위하여 시장에서 가장 강력한 경쟁자의 광고캠페인보다 더 많은 잠재고객들에게 더 자주 도달하여야 할 뿐만 아니라 신규고객들로 하여금 신제품에 대한 새로운 학습을 유도하기 위하여 경쟁자보다 더 높은 수준의 노출빈도가 요구된다. 특히 청량음료 혹은 맥주 브랜드와 같이 시장에서 경쟁이 치열한 제품군의 경우 신제품을 시장에 출시할 때 이와 같은 경우가 발생할 가능성이 크다.

만약 우리 브랜드가 시장에서 따라잡을 경쟁자가 없는 선두기업이거나 독점기업일 경우에는 경쟁자에 신경을 쓸 필요가 없기 때문에 신규고객들을 대상으로 신제품에 대한 새로운 지식을 학습시키는 것만이 필요하다. 따라서 이 경우에는 표적 수용자의 인지적 학습에 필요한 기본노출에 2회의 추가적 노출이 필요하다. 비록 우리 브랜드가 시장에서 선두의 위치를 차지하고 있더라도 시장에서 경쟁자가 막대한 광고비를 투입하여 빠르게 시장을 잠식해 나간다면 시장을 적극적으로 방어하기 위하여 가장 강력한 경쟁자를 대상으로 하는 캠페인의 경우에서와 마찬가지로 한 광고사이클 내에서 가장 강력한 경쟁자의 유효빈도에 1회의 노출을 추가(LC + 1/c)하는 것이 필요하다.

커뮤니케이션목표

유효빈도는 광고캠페인의 커뮤니케이션목표에 따라서도 다르게 적용된다. 유효빈도의 결정에 가장 큰 영향을 미치는 커뮤니케이션효과는 브랜드 인지도(BA)와 브랜드 태도(BATT)이다. 브랜드 인지도의 경우 재인과 회상으로 구분되는데 만약 광고캠페인이 브랜드 재인(brand recognition)을 목적으로 할 경우 추가적인 노출은 필요가 없으나 브랜드 회상을 목적으로 할 경우 상대적으로 높은 빈도가 요구된다.

브랜드 회상(brand recognition)을 광고캠페인의 목표로 할 경우 최대 유효빈도는 표적 수용자에 포함된 모든 사람들로 하여금 그 브랜드를 첫 번째로 회상할 수 있도록 하는 것이다. 그러나 대부분의 광고캠페인의 경우 광고예산의 현실적 제약으로 인하여 최대 유효빈도 수준으로 광고비를 투입할 수 없기 때문에 로시터와 다나허(Rossiter & Danaher, 1998)는 가장 강력한 경쟁자의 유효빈도에 1회의 노출을 추가(LC + 1)하거나 자사의 브랜드가 시장에서 선두브랜드일 경우 2회의 노출을 추가할 것을 제안하였다. 또한 광고캠페인이 이성적 브랜드 태도(informational brand attitude)를 목표로 할 경우 광고제품이 나와 관련이 있거나(혹은 나의 문제를 해결해 주거나) 혹은 관련이 없는 것으로 즉각적으로 인식되기 때문에 1회 혹은 2회의 노출만으로도 충분하며, 추가적인 노출에 대한 어떠한 조정도 필요치 않다. 반면에 광고캠페인이 감성적 브랜

표 8-9 커뮤니케이션목표에 따른 적정 유효빈도의 수

커뮤니케이션목표	재인(recognition)	회상(recall)
이성적 브랜드 태도	0회(추가 노출 없음)	2회 추가 노출 혹은 LC + 1
감성적 브랜드 태도	2회 추가노출 혹은 LC + 1	4회 추가 노출 혹은 LC + 2

드 태도(transformational brand attitude)를 목표로 할 경우 브랜드 이미지 혹은 태도를 구축하거나 강화하는 것이 필요하기 때문에 가장 강력한 경쟁자의 유효빈도에 1회의 노출을 추가(즉, LC + 1)하는 것이 필요하다.

브랜드 인지도와 브랜드 태도는 광고캠페인의 목표에 따라서 네 가지 유형의 조합으로 나타난다. 예를 들어 광고캠페인이 브랜드 재인과 이성적 태도를 목적으로 할 경우 추가적인 노출이 요구되지 않는다. 그러나 광고캠페인이 브랜드 재인과 감성적 태도 혹은 브랜드 회상과 이성적 태도를 목적으로 할 경우 2회 이상의 노출이 추가되거나 가장 강력한 경쟁자의 유효빈도에 1회의 노출을 추가(즉, LC + 1)하는 것이 바람직하다. 반면 광고캠페인이 브랜드 회상과 감성적 태도를 목표로 할 경우에는 가장 높은 유효빈도의 수준이 요구된다. 구체적으로 기본노출에 4회의 노출을 추가하거나 가장 강력한 경쟁자의 유효빈도에 2회의 노출을 추가(즉, LC + 2)하는 것이 바람직하다. 특히 맥주 혹은 패스트푸드 브랜드와 같이 브랜드 회상과 감성적 태도를 목표로 하는 경우가 이에 해당된다.

개인적 영향

개인적 영향(personal influence)은 구전(word of mouth)과 우연히 다른 사람들의 눈에 띄는 시각적 노출효과 등과 같은 사회적 확산(social diffusion)을 말한다. 구전(word of mouth)은 광고 인지도 혹은 브랜드 인지도 보다 광고태도 혹은 브랜드 태도에 긍정적인 영향을 미치기 때문에 광고노출의 두 배 이상의 효과가 있는 것으로 알려져 있다. 구전은 신제품뿐만 아니라 고관여제품(high-risk product) 등 제품유형에 관계없이 광고주기의 어떤 시점에서도 작용하며, 새로운 광고캠페인을 런칭할 때 가장 많이 발생한다. 특히 인터넷 광고캠페인은 구전효과를 목적으로 제작되는 경우가 많다. 일부 광고주들은 빅 스타를 모델로 한 재미있는 동영상 등을 제작하여 입소문 마케팅을 유도함으로써 의도적으로 구전효과를 노리기도 한다.

오즈가(Ozga, 1960)는 광고를 본 한명의 표적 수용자가 얼마나 많은 다른 표적 수용자들에게 광고에 관한 입소문을 내였는가를 나타내는 접촉 계수(contact coefficient)를 개발하였다. 로시터와 퍼시(Rossiter & Percy, 1987)에 의하면 이 접촉 계수를 고려하여 유효빈도의 수준을 낮출 수 있다. 구체적으로 구전의 접촉 계수가 최소한 .25 이상은 되어야 유효빈도를 1회 낮출 수 있다. 또한 경쟁자를 격하하는 직접적인 비교광고도 구전효과가 크기 때문에 유효빈도의 수준을 '1회' 낮출 수 있다. 접촉 계수 .25가 의미하는 것은 한 광고사이클 동안 광고에 노출된 네 명 중에서 최소한 한 사람은 다른 한 명에게 구전으로 접촉하였다는 것을 나타낸다. 이러한 대인접촉은 사람들 간에 널리 유포 혹은 확산되는 성질을 지녔기 때문에 실제 노출을 대체할 만큼 효과적이다. 그러나 접촉 계수가 .25이하일 경우 구전효과는 미미하기 때문에 유효빈도 수준은 조정할 필요가 없다. 구전효과가 큰 광고캠페인의 사례로는 나이키의 'Just Do It'(일단해봐/하면 된다)와 코카콜라의 'Polar Bears And Seal'(북극곰과 바다표범) 광고캠페인을 들 수 있다.

광고유닛을 이용한 최소 유효빈도의 조정

광고의 길이, 크기, 색상과 같은 광고유닛(ad unit)도 유효빈도의 결정에 영향을 미친다. 예를 들어 TV광고의 길이가 길거나 인쇄광고의 지면 사이즈가 크거나 흑백이 아닌 칼라광고의 경우 구매성향을 불러일으키는데 필요한 커뮤니케이션효과를 획득할 기회가 더 커진다. 로시터와 다나허(Rossiter & Danaher, 1998)는 광고유닛에 따라 유효빈도를 조정하기 위한 방법을 제시하였다. 구체적으로 30초, 1페이지, 흑백광고를 기준으로 하여 〈표 8-10〉에 나타난 지수들로 나눌 것을 제안하였다. 가령 〈표 8-10〉에

표 8-10 대중매체광고의 유닛 조정을 통한 최소 유효빈도 추정

광고 길이 (Commercial length)	텔레비전	라디오	
60초	1.2	1.4	
30초	1.0	1.0	
15초	0.8	0.8	
10초	0.7	0.7	
인쇄광고 크기 (Print ad size)	**신문**	**소비자 잡지**	**산업용 잡지**
2페이지 스프레드	1.2	1.3	1.7
1페이지 표준	1.0	1.0	1.0
1/2페이지	0.7	0.7	0.7
1/4페이지	0.5	0.4	0.4
인쇄광고 컬러 (Print ad color)	**신문**	**소비자 잡지**	**산업용 잡지**
4색	1.8	1.0(표준)	1.4
2색	1.5	0.8	1.2
흑백	1.0(표준)	0.7	1.0(표준)
위치(Location)	**옥외광고와 포스트**		
Competitive(standard)	1.0		
Stand-alons	2.5		

자료원 : Rossiter, J. R. & Danaher, P. S. (1998). Advanced media Planning.

서 보여지듯이 30초, 1페이지, 흑백광고를 기준으로 하였을 때 4색 신문 광고를 집행할 경우 최소 수준의 유효빈도(MEF)가 4라고 가정한다면 조정된 유효빈도는 〈표 8-10〉에 나타난 지수(index)로 나누면 4/1.8 = 2.2가 된다.

최소 유효빈도 추정의 예

밀러맥주(Miller beer)가 표적 수용자들의 평균 제품구매주기인 2주의 한 광고사이클 동안 표적 수용자인 브랜드 전환자(brand switcher)를 대상으로 잡지광고를 이용하여 밀러맥주에 대한 재인(recognition)과 감성적 브랜드 태도(transformational brand attitude)를 획득하는 것을 목표로 하는 광고캠페인을 실시한다면 밀러맥주(Miller beer) 광고캠페인의 최소 유효빈도(MEF/c)는 기본 노출 = 1회, 브랜드전환자(TA) = 1회, 비히클 주목도(VA) = 1회, 재인(BA) = 1회, 감성적 브랜드 태도(BATT) = 3회(LC+1, 즉 가장 강력한 경쟁자인 버드와이저의 유효빈도 수준인 +2에 1회의 노출을 추가), 구전효과(PI)= 0(개인적 영향이 없을 것으로 가정)회를 적용하여 최종적으로 2.5회[= 1 + 1 × 1 + 0 + (2 + 1) + 0/2]가 된다.

또한 타이드 세재(Tide detergent)가 표적 수용자인 타사 상표 충성자(other-brand royals)를 대상으로 지상파 TV 미니시리즈광고를 이용하여 타이드 세재(Tide detergent)에 대한 재인과 이성적 브랜드 태도를 획득하는 것을 목표로 하는 광고캠페인을 실시한다면 타이드 세재(Tide detergent)의 광고캠페인의 최소 유효빈도(MEF/c)는 기본 노출 = 1회, 타사 상표 충성자(TA) = 2회, 재인 = 0회, 이성적 브랜드 태도(BATT) = 0회, 비히클 주목도(VA) = 1회, 구전효과(PI) = 0회(개인적 영향이 없을 것으로 가정), 타이드 세재의 광고사이클 = 3주(표적 수용자들의 평균 제품구매주기)를 적용하여 최종적으로 1회[= {1+1 × (2 + 0 + 0 + 0)}/3]로 계산된다.

4 유효빈도이론의 적용의 한계와 문제점

인쇄매체를 활용한 광고캠페인의 경우 유효빈도를 적용하는데 있어서 첫 번째 장애요인은 열독률의 결함으로 인해 발생하는 문제점이다. 인쇄광고의 경우 일반적으로 유효빈도 3회를 목표로 하는 매체스케줄을 구성할 때 매체수용자 조사회사의 열독률 자료를 활용한다. 그러나 이러한 매체수용자 조사회사의 열독률 자료는 비히클 노출, 즉 OTS를 측정한 것이지 광고노출을 측정한 것이 아니기 때문에 비록 유효빈도목표를 3회로 설정하여도 이것이 반드시 광고메시지에 3번 노출된다는 것을 보장하지 않는다. 이는 매체스케줄에 3번 노출된 사람이라도 매체스케줄을 구성하고 있는 각 비히클 내의 광고메시지를 읽거나 보지 않는 사람들이 있기 때문이다. 이러한 문제는 결국 유효빈도 범위 내의 도달률을 과대평가하는 문제를 발생시킨다. 실제로 카민(Kamin, 1978)은 11-12회 정도의 OTS를 목표로 하여야 3회의 광고노출을 보장받을 수 있다는 연구결과를 발표하였다. 이러한 이유로 미국의 광고대행사들은 목표로 하는 3회의 광고노출을 얻기 위하여 열독률에 비중(weight)을 주어 실제 광고 메시지에 대한 열독률에 가깝게 조정한 후 조정된 열독률을 가진 매체비히클들로 3회의 광고노출을 획득할 수 있는 매체스케줄을 구성한다. 열독률 조정의 비중으로 많이 사용되어 지는 개념들은 회상(58.5%), 광고노출(52.1%), 인지(47.6%), 주목(43.6%)과 같은 커뮤니케이션 효과들(communication effects)이다.

광고캠페인에서 유효빈도 개념의 적용을 어렵게 하는 두 번째 문제점은 소비자의 의도적 광고회피행동이다. 유효빈도이론은 반드시 광고메시지에 대해 유효빈도 수만큼 노출되었다는 것을 전제로 한다. 예를 들어 유효빈도목표가 3회라면 반드시 광고메시지에 3회 노출되어야 수용자로부터 원하는 반응을 기대할 수 있다. 그러나 많은 수용자들은 광고를 보는 도중 광고에 주의를 기울이지 않거나, 광고를 의식적으로 회피한다. 특히 TV광고의 경우 대부분 저관여 상태에서 수용되는 경우가 대부분이기 때문에 자신에게 관여도가 높은 제품 혹은 브랜드가 아니면 이러한 의도적인 광고회피현상이 심하게 나타난다. 따라서 이러한 수용자의 의도적 광고회피행동이 심하게 나타날 경우 표적 수용자가 반드시 광고메시지에 3회 노출된다고 보장할 수 없으며 유효빈도의 적용은 설득력을 읽게 된다.

유효빈도 개념을 실무에서 적용하기 어렵게 만드는 세 번째 요인은 매체계획의 시간구성(time frame)이다. 매체계획의 시간구성이란 매체계획이 계획되고 집행되는 기간을 말하며 유효빈도목표가 설정되는 기간이다. 일반적으로 전통적인 매체계획에서는 제품 성수기를 중심으로 4주의 기간 동안 3회의 유효빈도를 획득하는 것을 관행으로 하거나 매체스케줄들이 보통 1개월 단위로 계획되고 집행되기 때문에 유효빈도목표의 설정은 1개월의 시간구성을 많이 사용한다. 그러나 특정 제품의 매체계획이 1개월 동안 3회의 최소 유효빈도를 획득하는 것을 목표로 한다고 하여도 개별 표적 수용자마다 제품구매주기가 다르기 때문에 모든 소비자가 제품 구매 전 반드시 3회의 광고노출을 보장받는 것은 아니다. 즉 자신의 제품구매주기가 매체계획의 시간구성과 일치하는 표적 수용자는 제품구매 전 광고메시지에 세 번 모두 노출될 수 있는 반면에 자신의 제품구매주기가 매체계획의 시간구성과 일치하지 않는 표적 수용자는 제품구매 전 광고메시지에 한번 혹은 두 번만 노출될 수도 있다. 가령 광고캠페인의 첫 번째 달의 1일부터 30일까지 한 달간 3회의 광고노출을 유효빈도목표로 설정한다고 하여도 어떤 소비자의 제품구매 시점이 그 달의 15일이라면 제품구매 전까지 광고메시지에 3회 노출된다고 할 수 없을 것이다.

따라서 특정 제품의 광고캠페인의 시간구성를 정하여 일률적으로 유효빈도목표를 적용하는 것은 그 기간 동안 모든 표적 수용자들에게 제품구매 전 유효빈도가 반드시 3회 누적된다는 것을 보장할 수 없기 때문에 기대하는 광고효과를 얻을 수 없게 된다. 이러한 이유로 리슨시 플래닝의 주창자인 에프론(Ephron, 1996)과 존스(Jones, 1999)는 유효빈도 개념의 실무에서의 적용의 한계로 시간구성을 지적하고 개별 표적 수용자의 각기 다른 구매주기와 구매시점을 최대한 커버하기 위하여 광고를 지속적으로 유지하여야 한다는 점을 강조한다. 이처럼 유효빈도목표가 설정되는 매체계획의 시간구성은 미디어 플래너들이 유효빈도 개념을 실무에 적용하는 것을 어렵게 하는 또 하나의 요인이라고 할 수 있다.

5 유효도달률

유효도달률(effective reach)은 전체 표적 수용자들 중 유효빈도 범위 내에 노출된 표적 수용자의 수를 백분율로 나타낸 것이다. 예를 들어 만약 어떤 광고캠페인이 목표로 하는 유효빈도의 범위가 3회에서 5회까지라면 유효도달률은 3회, 4회, 5회의 각 빈도에서 노출된 표적 수용자들의 크기를 합한 값이다. 즉, 유효도달률은 유효빈도의 범위 내의 표적 수용자의 도달률을 의미하며, 이는 유효빈도 범위 내의 표적 수용자의 크기를 나타낸다. 유효도달률은 매체스케줄에 대한 도달효과만을 측정하는 도달률과는 달리 커뮤니케이션효과를 전제로 하는 노출효과를 추정하는 지표이다. 즉 유효도달률은 브랜드 인지, 태도변화, 브랜드 전환, 메시지 회상 등과 같은 커뮤니케이션효과가 발생하는 데 필요한 유효빈도의 범위 내에서 광고캠페인에 노출된 표적 수용자들의 크기라고 할 수 있다.

유효도달률은 유효빈도 범위 내의 도달률을 나타내기 때문에 각 빈도에 노출된 표적 수용자의 비율(%)을 나타내는 노출분포를 통하여 산출할 수 있다. 노출분포는 특정 매체스케줄에 0회 노출된 사람부터 1, 2, 3, --- 등등 각 빈도에 노출된 표적 수용자들의 비율(%)을 말한다. 예를 들어 〈표 8-11〉의 특정 매체스케줄의 노출분포는 0부터 10회 이상까지의 각 빈도별 표적 수용자의 크기를 나타낸다. 즉, 이 노출분포에서 첫 번째 칸은 각 빈도수준을 나타내며, 두 번째 칸은 각 빈도에서의 표적 수용자의

표 8-11 특정 광고스케줄 A의 노출분포의 예

구분	빈도	표적 수용자 크기		
		도달인원	도달률	누적도달률
모집단: 10,000,000 도달인원: 도달률:	0	800,000	8.0	100.0
	1	1,100,000	11.0	92.0
	2	1,400,000	14.0	81.0
	3	1,600,000	16.0	67.0
	4	1,100,000	11.0	51.0
	5	810,000	8.1	40.0
	6	610,000	6.1	31.9
	7	460,000	4.6	25.8
	8	340,000	3.4	21.2
	9	300,000	3.0	17.8
	10+	1,480,000	14.8	14.8

노출인원, 세 번째 칸은 도달인원을 백분율로 표시한 도달률, 네 번째 칸은 누적도달률(reach n+)을 나타낸다. 이 노출분포를 이용하면 유효도달률을 쉽게 계산할 수 있다. 가령 미디어 플래니가 유효빈도의 범위를 3회에서 5회까지로 결정하였다면 이 때 유효도달률은 빈도 3회 이상 5회까지의 표적 수용자의 도달률을 모두 합한 35.1% (=16% + 11% + 8.1%)가 된다. 따라서 이 광고캠페인을 통해서 표적 수용자의 35.1%에게 광고메시지가 효과적으로 도달되었다고 할 수 있다. 일반적으로 매체목표의 설정에서 주어진 광고예산 혹은 GRPs의 범위 내에서 유효빈도의 범위가 먼저 결정된 후 유효빈도의 범위 내에 포함된 표적 수용자의 크기를 나타내는 유효도달률이 결정된다.

유효도달률은 유효빈도의 범위 내의 도달률을 의미하기 때문에 유효빈도개념과 함께 사용되며, 도달률과 빈도처럼 광고캠페인이 달성해야 할 매체목표의 지표로서 사용된다. 예를 들어 광고캠페인 기간 동안 유효도달률 60%를 달성한다. 즉 '표적 수용자의 60%에게 월 평균 3회 이상 광고 메시지를 도달시킨다'라는 매체목표를 세울 수 있다. 유효도달률은 상표인지도와 같은 커뮤니케이션효과와 광고매체의 노출량을 이어주는 개념이기 때문에 상표인지도 70%를 광고목표로 설정한다면 이러한 상표인지도 70%를 달성하기 위하여 최소 유효도달률 70%라는 매체목표를 세울 수 있다. 또한 유효도달률은 매체스케줄을 결정한 후 이 매체스케줄을 통하여 광고메시지가 표적 수용자에게 얼마나 효과적으로 도달될 수 있을 것인가를 사전평가하고 예측하기 위한 목적으로도 사용된다. 만약 매체스케줄의 사전평가 결과 광고캠페인이 예상되는 유효도달률

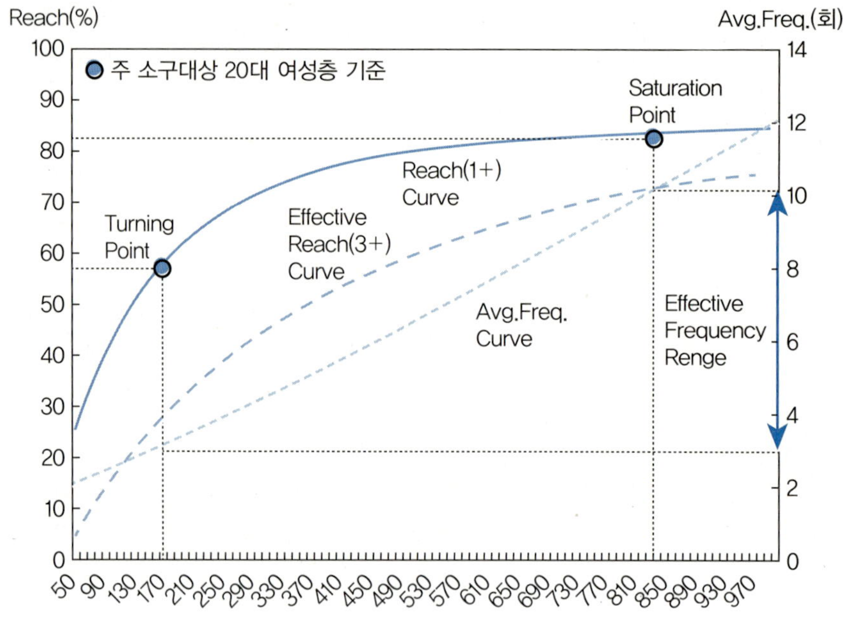

자료원: 오리콤

그림 8-5 특정 광고캠페인의 유효도달률 누적패턴

목표에 미치지 못할 경우 매체스케줄을 재구성하여야 한다. 또한 유효도달률은 광고집행 후 매체스케줄이 얼마나 많은 사람에게 효과적으로 도달되었는가를 사후평가하기 위하여 사용된다. 이러한 사후평가를 통하여 나타난 결과를 차기 광고캠페인에서 반영한다.

유효도달률은 도달률과 마찬가지로 광고비투입량이 증가할수록 수확체감적으로 누적된다. 그러나 유효도달률이 누적되는 속도는 도달률보다 느리며, 유효빈도의 수준이 높으면 높을수록 유효도달률이 누적되는 속도는 느려진다. 〈그림 8-5〉은 특정 광고캠페인의 도달률과 유효도달률의 누적 패턴을 나타낸다. 〈그림 8-5〉에서 보여지듯이 이 광고캠페인의 최소 유효빈도를 3회로 잡았을 경우 도달률은 60%, 유효도달률은 20%가 됨을 알 수 있다. 반면에 최대 유효빈도를 10회로 잡았을 경우 도달률은 82%, 유효도달률은 70%가 됨을 알 수 있다. 이처럼 유효빈도와 도달률 및 유효도달률의 누적패턴을 알게 되면 이를 매체목표의 설정에 효율적으로 활용할 수 있다.

6 노출분포

노출분포(exposure distribution) 혹은 빈도분포(frequency distribution)는 광고캠페

인 기간 동안 0, 1, 2, 3회, …등등 각 빈도수준에서의 특정 매체스케줄에 노출된 표적 수용자의 비율(%) 말한다. 예를 들어 여성동아, Feel, 라벨르에 각각 1개씩의 광고를 게재한다면 이 세 개의 광고를 한 번도 보지 않은 사람이 있을 것이고, 한 번 본 사람, 두 번 본 사람, 세 번 모두를 본 사람이 있을 것이다. 이러한 각 노출횟수에의 표적 수용자의 수(number)를 퍼센트로 나타낸 값을 노출분포라고 말한다.

〈표 8-12〉과 〈그림 8-6〉은 특정 TV 매체스케줄로부터 추출한 노출분포와 이것을 그래프로 표현한 예이다. 즉, 이 노출분포에는 특정 TV 매체스케줄에 노출된 표적 수용자의 크기가 각 빈도별로 나타나 있다. 예를 들어 〈표 8-12〉의 왼쪽 칸은 빈도를 나타내며, 도달률은 각 빈도에 해당하는 표적 수용자의 크기를 나타낸다. 이 노출분포에 의하면 특정 TV 매체스케줄의 광고메시지에 한번 노출된 사람은 전체의 11%, 2번 노출된 사람은 14%, 3번 노출된 사람은 16%로 나타나 있다. 노출빈도 1회부터 20회까지의 도달률을 모두 더하면 총 도달률 92%가 된다. 이는 TV 매체스케줄을 통하여 방영된 광고메시지에 한번이라도 노출된 사람의 비율이 전체 표적 수용자의 92%가 된다는 것을 나타낸다. 따라서 광고메시지에 한번이라도 노출되지 않은 표적 수용자의 비율은 전체 표적 수용자 100%에서 한번이라고 노출된 사람의 비율인 92%를 뺀 8%가 된다.

〈표 8-12〉의 두 번째 칸은 누적도달률을 나타낸다. 즉, 1+는 한번 이상 광고메시지에 노출된 표적 수용자의 비율, 2+는 두 번 이상 광고메시지에 노출된 표적 수용자의 비율, 3+는 세 번 이상 광고메시지에 노출된 표적 수용자의 비율을 나타낸다. 예를 들어 1+의 누적도달률이 92%라는 것은 전체 표적 수용자의 92%가 최소한 1번 이상 광고메시지에 노출되었다는 것을 말한다. 그러므로 누적도달률 1+가 의미하는 것은 노출빈도 1에서 20회까지의 도달률을 모두 합한 값이 된다. 누적도달률에서 0번 이상 노출된 표적 수용자의 비율을 나타내는 0+ 도달률은 항상 100%가 되는데 이는 광고메시지에 한번 이상 노출된 사람의 비율인 92%와 한 번도 노출되지 않은 사람의 비율인 8%를 더한 값이 된다.

〈표 8-12〉의 오른쪽 칸은 총 GRPs를 계산하는 것을 보여주고 있다. 즉, 각 빈도와 그 빈도에 해당하는 도달률을 곱하면 각 빈도에서의 총 GRPs가 되며, 이를 모두 합산하면 이 매체스케줄의 총 GRPs가 된다. 예를 들어 빈도 1회에서의 GRPs는 1 × 11 = 11%가 되며, 빈도 2회에서의 GRPs는 2 × 14 =28%가 된다. 이처럼 각 빈도에서의 GRPs를 계산하여 모두 더하게 되면 이 매체스케줄의 총 GRPs는 491.3%가 된다.

노출분포를 이용하면 도달률, 빈도, 유효도달률, GRPs를 쉽게 계산할 수 있다. 예를 들어 〈표 8-12〉의 노출분포에서 총 도달률은 노출빈도 1회부터 20회까지의 각 빈도

표 8-12 XX 광고캠페인의 TV 매체스케줄의 노출분포의 예

빈도	도달률	누적빈도		누적도달률	빈도		도달률		GRPs
0	8.0%	0	+	100.00%	0	×	8.0%	=	0.0%
1	11.0%	1	+	92.0%	1	×	11.0%	=	11.0%
2	14.0%	2	+	81.0%	2	×	14.0%	=	28.0%
3	16.0%	3	+	67.0%	3	×	16.0%	=	48.0%
4	11.0%	4	+	51.0%	4	×	11.0%	=	44.0%
5	8.1%	5	+	40.0%	5	×	8.1%	=	40.5%
6	6.1%	6	+	31.9%	6	×	6.1%	=	36.6%
7	4.6%	7	+	25.8%	7	×	4.6%	=	32.2%
8	3.4%	8	+	21.2%	8	×	3.4%	=	27.2%
9	3.0%	9	+	17.8%	9	×	3.0%	=	27.0%
10	2.6%	10	+	14.8%	10	×	2.6%	=	26.0%
11	2.4%	11	+	12.2%	11	×	2.4%	=	26.4%
12	2.0%	12	+	9.8%	12	×	2.0%	=	24.0%
13	1.8%	13	+	7.8%	13	×	1.8%	=	23.4%
14	1.4%	14	+	6.0%	14	×	1.4%	=	19.6%
15	1.2%	15	+	4.6%	15	×	1.2%	=	18.0%
16	1.0%	16	+	3.4%	16	×	1.0%	=	16.0%
17	0.9%	17	+	2.4%	17	×	0.9%	=	15.3%
18	0.7%	18	+	1.5%	18	×	0.7%	=	12.6%
19	0.5%	19	+	0.8%	19	×	0.5%	=	9.5%
20	0.3%	20	+	0.3%	20	×	0.3%	=	6.0%

총 도달률 = 92% (Reach)　　평균빈도 = 총 GRPs/총 도달률 (Freq.)= 5.34회　　총 GRPs = 491.3%

의 도달률을 모두 더한 값인 92%가 되고, 빈도는 총 노출률 값인 491.3%를 전체 도달률 값인 92%로 나눈 값인 5.34회가 된다. 그리고 이 노출분포에서 만약 유효빈도가 3회 이상에서 10회까지라고 한다면 유효도달률은 3회 이상 10회까지의 도달률을 모두 더한 값인 54.8%가 된다. 이처럼 노출분포를 통하여 도달률, 빈도, 유효도달률, GRPs를 쉽게 계산할 수 있다.

〈그림 8-7〉은 여성동아, Feel, 라벨르에 각각 1개씩의 광고를 게재한다면 이 세 개의 매체비히클로 구성된 매체스케줄에 대한 노출분포를 그림으로 나타낸 것이다. 즉, 〈그림 8-7〉에서 보여지듯이 이 잡지 매체스케줄에 한 번 노출된 사람(빈도 1회)의 도

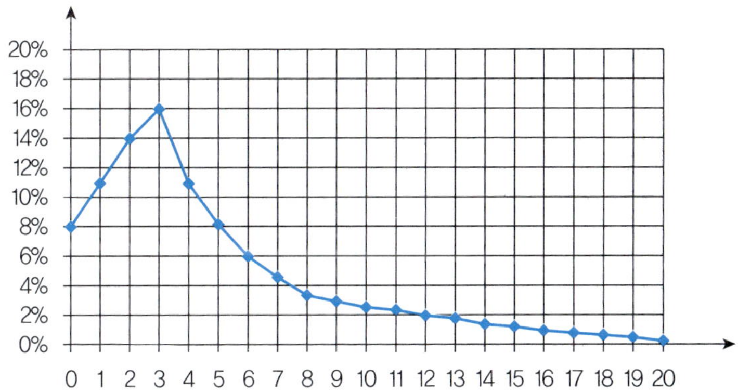

그림 8-6 노출분포곡선

잡지 매체스케줄 A

잡지종류	열독률	광고횟수	광고 일 회당 단가
여성동아	20%	1	1,500,000
Feel	21%	1	800,000
라벨르	17%	1	1,000,000
계	58%	1	3,300,000

잡지 매체스케줄 A의 노출분포

빈도	%
0	61%(= 100−39)
1	24%(= 9+6+9)
2	11%(= 4+4+3)
3	4%(= 4)

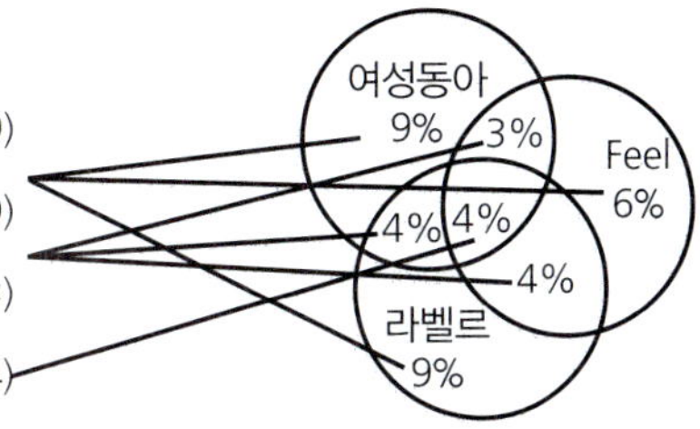

GRPs(gross rating points): 58%(= 1 × 24) + (2 × 11)+ (3 × 4)

도달률(Reach): 39%(= 24 + 11 + 4)

평균빈도(Average Frequency): 1.49(= 58/39)

유효도달률(3회 이상): Effective Reach): 4%

그림 8-7 잡지 매체스케줄 A의 노출분포

달률은 여성동아만 읽은 사람의 비율 9%, Feel만 읽은 사람의 비율 6%, 라벨르만 읽은 사람의 비율9%를 모두 더한 24%가 된다. 그리고 이 잡지 매체스케줄이 두 번 노출된 사람(빈도 2회)의 도달률은 여성동아와 Feel의 중복수용자 3%, 여성동아와 라벨르의 중복수용자 4%, Feel과 라벨르의 중복수용자 4%를 모두 더한 11%가 된다. 또한 이 잡지 매체스케줄에 세 번 노출된 사람(빈도 3회)의 도달률은 여성동아, Feel, 라벨르에 모두 노출된 세 매체비히클들의 중복수용자인 4%가 된다. 이 잡지 매체스케줄에 한 번도 노출되지 않은 사람(빈도 0회)은 전체 표적 수용자 100%에서 한 번 노출된 사람(24%), 두 번 노출된 사람(11%), 세 번 노출된 사람(4%)의 비율을 더한 값을 빼면 된다. 즉, 한 번도 노출되지 않는 사람의 비율은 100 − (24 + 11 + 4) = 42%가 된다.

이 노출분포를 이용하여 도달률, 빈도, 유효도달률, GRPs를 계산하면 도달률은 1회 이상 3회 빈도까지의 도달률을 모두 더한 값인 39%가 되며 평균빈도는 열독률을 모두 더한 GRPs 값인 58%에서 도달률 값인 39%로 나눈 값인 1.49가 된다. 그리고 유효빈도를 3회 이상으로 결정한다면 유효도달률은 3회 빈도의 도달률 값인 4%가 된다. 이처럼 노출분포는 도달률, 빈도, GRPs, 유효도달률을 계산하는데 유용하게 사용되어질 수 있다.

1) 노출분포의 전략적 의미 및 활용

노출분포는 평균빈도 개념의 단점인 노출분포의 편중현상문제를 파악하게 해준다. 즉, 〈표 8-13〉에서 보여지듯이 두 개의 매체스케줄이 도달률은 동일하여도 표적 수용자의 분포는 다르게 나타나고 있음을 알 수 있다. 즉, 매체스케줄 A는 표적 수용자의 분포가 1회와 9회 빈도 이상에만 몰려있다. 그러나 매체스케줄 B는 표적 수용자의 3회와

표 8-13 매체스케줄 A와 B의 노출분포

빈도	표적 수용자 도달률	
	매체스케줄A	매체스케줄B
1회	24	18
2회	16	13
3회	5	8
4회	4	7
5회	3	6
6회	2	6
7회	2	4
8회	1	3
9회 이상	13	5
계	70%	70%

10회의 유효빈도 범위 내에 골고루 분포되어 있음을 알 수 있다. 따라서 매체스케줄 B가 매체스케줄 A보다 더 효과적이라는 사실을 알 수 있다. 이처럼 노출분포는 특정 매체스케줄의 구성이 잘되었는지 혹은 못되었는지를 알 수 있게 해준다. 광고캠페인 시역치(threshold)를 넘을 수 있는 적정 수준의 GRPs를 투입하여야 할 뿐 아니라 과다노출로 인한 감퇴효과(wear-out effect)가 발생하지 않도록 매체스케줄을 구성하여야 한다. 즉, 매체스케줄 구성 시 노출분포가 양 극단에 치우치지 않고 유효빈도의 범위 내에 집중될 수 있도록 매체기획을 하여야 한다.

2) 노출분포의 추정방법들

실제 매체접촉자료를 이용하여 추정하는 방법

노출분포를 산출하는 가장 기본적인 방법은 일정기간동안 집행된 특정 광고캠페인에 노출된 개개인의 노출 횟수를 일일이 수작업으로 계산하여 도달률, 빈도, 유효도달률, 노출분포를 산출하는 방법이다. 예를 들어 특정 광고캠페인의 표적 수용자가 100만명이고, MBC 뉴스데스크에 한 달에 4회 광고를 삽입할 경우 표적 수용자 100만명이 한 달 동안 MBC 뉴스데스크에 삽입된 광고메시지에 최소 0회부터 최대 4회까지 노출될 수 있는데 이들 표적 수용자 100만명이 0회, 1회, 2회, 3회, 4회까지 노출된 횟수를 일일이 수작업으로 계산하여 노출분포를 산출하는 방법이다. 이 방법은 시청자들의 시청여부를 분 단위 혹은 초 단위로 측정하는 피플미터와 같은 전자감응장치를 사용하는 방송매체의 경우 가능하나 면접조사 및 일기식 조사와 같은 설문조사에 의존하는 인쇄매체의 경우 이용하기가 어렵다.

확률적 모델을 사용하는 방법

노출분포를 계산하는 또 다른 방법은 이항분포 및 베타이항분포와 같은 수학의 확률밀도분포를 이용하는 방법이다. 이 방법은 피플미터를 이용한 시청률조사와 같은 직접조사를 통하여 매체수용자로부터 수집된 자료를 분석하여 노출분포를 추정하는 방법보다 정확성이 떨어지는 단점이 있으나, 시청률 혹은 열독률만으로도 노출분포를 추정할 수 있기 때문에 사용하기에 간편하며, 실제 직접조사를 통하여 매체수용자 자료를 수집하기 어려운 인쇄매체 스케줄을 평가할 때 효과적인 방법이다.

매체스케줄의 노출분포를 추정하기 위하여 가장 많이 사용되고 있는 노출분포모델은 베타이항분포(beta binomial distribution)모델이다. 이 모델은 특정 노출빈도에서 오디언스들이 매체 스케줄에 노출될 경우의 수를 추정하는 베타분포와 특정 노출빈도에서 오디언스들이 특정 매체스케줄에 노출될 확률을 추정하는 이항분포를 결합한 모델이다. 이 모델을 이용하여 노출분포를 추정하기 위하여 시청률 혹은 열독률, 광고삽입수와 같은 기본적인 자료들을 필요로 한다. 이 모델을 구성하고 있는 이항분포(binomial distribution)의 기본모형과 원리는 〈표 8-14〉와 같다.

〈표 8-15〉에서 ${}_nC_f$는 n번 시행해서 f번 성공할 수 있는 총 경우의 수를 말하며 $(a)^f/(b)^{n-f}$ 는 n번 시행해서 f번 성공이 일어날 확률을 말한다. 즉 위의 식은 n번 시행하여 f번 성공하고 (n-f)번 실패할 확률을 나타낸다. 여기에서 n은 광고삽입수를 말하며, f는 0부터 n까지의 노출빈도를 말한다. 그리고 p는 평균 시청률 혹은 평균 열독률을 의미한다. 이 이항분포모델을 사용하여 노출분포를 계산하면 가령 3개월의 광고캠페인 기간 동안 특정 잡지에 광고를 3회 집행하였는데, 이 잡지의 열독률이 20%이라면 이 광고메시지에 한 번도 노출되지 않을 확률은 $0.512(={}_3C_0(0.2)^0(0.8)^3)$, 한 번 노출될 확률은 $0.384(={}_3C_1(0.2)^1(0.8)^2)$, 두 번 노출될 확률은 $0.096(={}_3C_2(0.2)^2(0.8)^1)$, 세 번 노출될 확률은 $0.008(={}_3C_3(0.2)^3(0.8)^0)$이 된다. 따라서 이 잡지광고 매체스케줄의 노출분포는 〈표 8-15〉에서 보여지듯이 0회 51.2%, 1회 38.4%, 2회 9.6%, 3회 0.8%가 된다.

표 8-14 이항분포의 기본모형

$V_{(f)} = {}_nC_f(p)^f(1-p)^{n-f}$	여기에서, $V_{(f)}$ = 매체스케줄 i에 0부터 n의 빈도에 노출될 확률
	n = 총 노출 수 혹은 총 광고삽입수
	f = 0부터 n까지의 노출빈도
	p = 평균시청률 혹은 열독률(average rating)
	1−p = 평균 비시청률 혹은 열독률
	C = 조합의 수학적 기호, combination.
	${}_nC_f = n!/f!\,(n-f)!$, ! = factorial.

표 8-15 이항분포를 이용한 노출분포 산출의 예

빈도	도달률(%)
0회	${}_3C_0(0.2)^0(0.8)^3 = \{3!/0!(3-0)!\}(0.2)^0(0.8)^3 = 51.2\%$
1회	${}_3C_1(0.2)^1(0.8)^2 = \{3!/1!(3-1)!\}(0.2)^1(0.8)^2 = 38.4\%$
2회	${}_3C_2(0.2)^2(0.8)^1 = \{3!/2!(3-2)!\}(0.2)^0(0.8)^3 = 9.6\%$
3회	${}_3C_3(0.2)^3(0.8)^0 = \{3!/3!(3-3)!\}(0.2)^0(0.8)^3 = 0.8\%$
계	100%

III

매체기획과정

CHAPTER 09

매체기획 의사결정과정

매체기획은 우리는 어디에 있는가(환경분석 및 제약요소 분석), 어디에 가고 싶은가(매체목표), 그리고 어떻게 그곳에 도달할 것인가(매체 전략 및 전술)를 명확히 밝히는 일이다. 매체기획은 마케팅기획 및 광고기획의 하위기획으로써 일차적으로 광고목표의 달성을 지원하고 이차적으로 마케팅목표의 달성을 지원하는 역할을 한다. 매체기획은 사전기획과정(pre-planning process), 기획과정(planning process), 실행과정(execution process), 평가 혹은 사후기획과정(measurement or post-planning process)의 네 단계 과정을 거친다. 사전기획과정은 환경분석(situation analysis)과 제약요소(constraints) 분석을 포함하여 매체기획에 영향을 미치는 제반 요소들을 파악하는 과정이며, 기획과정은 매체목표의 설정(setting media objective), 표적 수용자의 선정 및 정의(selecting and defining target audience), 매체전략(media strategies), 매체전술(media tactics)을 기획하는 것을 포함하여 구체적인 매체계획(media plan)을 완성해 나가는 과정을 말한다. 매체전략은 매체목표를 달성하기 위한 방법이고, 매체전술은 매체목표 및 전략에 이은 세부실천계획 혹은 세부운행계획을 말한다. 매체전술은 매체전략에서 결정된 내용을 더욱 정교하게 다듬어 그것을 구체적이고 완전한 플랜으로 창조하는 과정이다. 실행과정은 매체계획(media plan)에 포함된 매체를 구입하고 집행하는 과정을 포함한다. 그리고 평가 혹은 사후기획과정은 최종적으로 완성된 매체계획을 사전평가하고 캠페인 종료 후 매체목표 달성여부를 사후평가하는 과정을 포함한다.

1 사전기획과정

사전기획(pre-planning)은 '우리는 지금 어디에 있는가'를 파악하여 플래닝의 방향을 결정하는 과정다. 이 과정에서는 제품을 둘러싼 소비자 환경, 제품 환경, 경쟁 환경, 시장 환경 등의 환경분석과 매체기획에 직 · 간접적인 영향을 미치는 제약요소들을 찾아내어 요약 · 정리한다. 사전기획과정의 역할은 환경분석을 통하여 매체기획의 방향을 설정해줄 뿐만 아니라 광고주와 기획팀(account management team)에게 매체

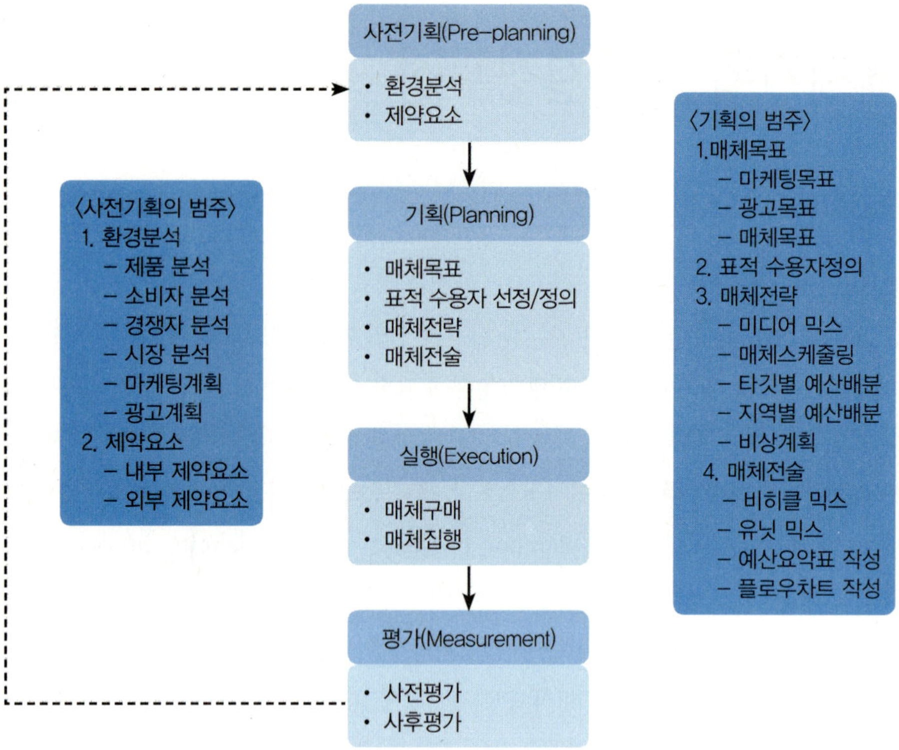

그림 9-1 매체기획 의사결정과정

의사결정과정(media decision making process)이 어디에 기반을 두고 있는지를 알기 쉽게 해준다.

사전기획은 크게 환경분석과 제약요소 분석의 과정으로 나누어진다. 환경분석(혹은 상황분석)은 매체 기획의 수립시 사전에 고려되고 알아두어야 할 사항들을 말한다. 환경분석은 제품 분석, 소비자 분석, 경쟁자 분석, 시장 분석, 마케팅계획, 광고계획을 포함하며, 제약요소 분석은 내부 및 외부 제약요소들의 분석을 포함한다.

2 기획과정

기획과정(planning process)에서는 '어디에 가고 싶은가'와 '어떻게 그곳에 도달할 것인가'에 관련된 의사결정과정을 포함한다. 즉, 기획과정에서는 매체목표를 설정하고 이러한 매체목표를 달성할 구체적인 매체전략과 매체전술을 결정하게 된다. 매체전략에는 표적 수용자의 정의, 매체목표 설정, 미디어 믹스, 매체스케줄링전략을 포함한다. 매체전략의 첫 번째 과정은 표적 수용자의 정의이다. 표적 수용자가 명확히 정의되면 될수록 적합한 매체 및 비히클을 선택할 기회가 커진다. 또한 매체기획에는 매체가 달성해야

할 매체목표가 반드시 기술되어야 한다. 매체목표의 기술에는 매체목표와 함께 매체목표의 바탕이 되는 마케팅목표와 광고목표도 기술되어야 한다. 또한 매체전략에는 표적 수용자별 예산배분, 지역별 예산배분, 시간대별 예산배분, 매체 유형별 예산배분 등이 포함된다. 즉 매체전략은 광고예산을 표적 수용자, 광고 타이밍, 지리적 범위, 매체 유형에 따라 어떻게 효율적으로 배분할 것인가에 관한 의사결정과정들을 포함한다.

보통 광고예산의 배분은 표적 수용자, 광고, 타이밍, 지리적 범위, 표적 수용자, 매체 유형의 상대적 중요도에 따라 결정된다. 즉 각각의 선택된 요인들이 광고캠페인의 목표 달성에 어느 정도 기여하는가에 따라 결정된다. 예를 들어 광고캠페인의 표적 수용자의 배분은 표적 수용자를 중요도에 따라 1차 및 2차 표적 수용자 등으로 구분할 경우 어떤 표적 수용자에게 더 많은 비중을 둘 것이며, 지역별 배분은 지리적 범위와 중요도에 따라 광고자원을 각 시장에 어떻게 할당할 것이며, 시간대별 배분은 광고캠페인 기간 동안 광고예산을 월별 혹은 주별로 어떻게 효율적으로 배분할 것인가를 말하며, 매체 유형별 배분은 매체 유형에 따라 광고자원을 어떤 비중으로 차등 배분할 것인가를 말한다. 이들 네 가지 유형의 광고예산 배분전략들 중 시간대별 배분을 매체스케줄링(media scheduling)이라고 하며, 매체 유형별 배분을 미디어 믹스(media mix)라고 한다.

매체선략이 결정되면 그 다음 과정은 각각의 매체전략에 대한 매체전술 혹은 세부 실행계획을 수립하여 최종적으로 예산요약표(budget recap) 및 플로우차트(flowchart) 작성을 포함한 매체계획(media plan)을 완성한다. 즉, 매체전술은 비히클 선택 및 광고횟수는 얼마나 집행하여야 하며 매체비용은 어떻게 계산하며 매체의 지면과 시간을 어떻게 구매하여야 하는지에 관한 구체적인 내용을 포함한다.

3 실행과정

실행과정(execution process)은 매체기획의 결과 최종적으로 구성된 매체계획 혹은 매체스케줄을 구매하고 집행하는 과정을 말한다. 매체구매(media buy)는 매체기획의 결과 최종 결정된 매체스케줄을 구매하는 것을 말하며, 매체집행(media execution)은 구매한 지면 혹은 시간대에 광고 메시지를 내어 보내는 것을 말한다. 광고매체의 구입은 광고주의 구매를 대행하는 광고회사가 광고판매회사인 미디어렙(media rep) 혹은 매체사의 영업팀과의 협상과 거래를 통하여 이루어진다. 지상파TV와 종합편성채널의 경우 방송광고판매회사인 미디어렙(media rep)을 통해 이루어지며, 케이블TV와 인쇄매체의 경우 매체사의 자체 영업팀을 통하여 판매가 이루어진다. 반면에 온라인, 모바일, IPTV광고의 경우 온라인 미디어렙을 통하거나 매체사의 자체 영업팀을 통해 판매된다. 그리고 지하철광고와 같은 옥외광고의 경우 입찰을 통하여 광고판매사업자로 지정된 업체가 광고를 판매한다. 지상파TV의 미디어렙으로는 KBS와 MBC의 공영방송의 광고판매를 담당하는 한국방송광고진흥공사(KOBACO)와 SBS의 민영방송의 광고판매를 담당하는 SBS M&C(marketing & communication)가 있다. 온라인과 모바일 미디어렙으로는 나스미디어(Nasmedia), 메조미디어(mezzomedia), 인크로스(Incross)가 대표적이다.

4 평가 혹은 사후기획과정

평가 혹은 사후기획과정(post-planning process)은 매체계획을 사전평가하고, 캠페인 종료 후 매체목표의 달성여부를 사후평가하는 과정을 포함한다. 사전평가는 매체기획이 끝난 후 매체 플랜을 집행하기 전에 매체기획의 결과 도출된 매체계획(media plan)이 매체목표를 달성할 수 있을 것인가의 여부를 평가하는 과정이다. 즉, 몇 개의 매체계획 대안들을 광고주에게 제시한 후 어떤 플랜이 광고목표의 달성에 가장 적합한가를 평가하는 작업이다. 이러한 사전평가는 광고주에게 매체목표 달성에 대한 예상과 함께 돈을 지불한 대가로 어떠한 효과를 달성할 수 있을 것인가를 확인시켜주는 역할을 한다.

사후평가는 매체 플랜이 집행되고 난 후의 효과 평가를 말한다. 즉, 광고캠페인이 끝난 후 매체플랜이 매체목표를 달성하였는지의 여부를 평가하는 과정을 말한다. 사후평가는 매체집행 후 매체집행이 계획된 대로 이루어졌으며, 또한 정해진 매체목표를 달성하였는가를 평가하는 과정이다. 이러한 사후평가를 통하여 문제점을 찾아내어 차기 매체기획에서 보완하고, 사후평가의 결과를 차기 매체기획에서 참고자료로써 활용한다.

전문매체대행사들은 각 브랜드마다 전담 미디어 플래너를 배치하여 사전 매체기획에서부터 사후평가에 이르기까지 매체기획과정 전반을 관리해준다. 여기에는 매체가 예정된 스케줄대로 집행되었는지 일 단위로 체크하고, 광고 방영이 불발될 경우 그 원인은 무엇인지를 분석해주며, 적절한 사후 대책까지도 마련해준다.

5 미디어 브리프

일반적으로 매체기획을 시작할 때 미디어 브리프(media brief)를 기본 자료로 활용한다. 미디어 브리프는 일반적으로 매체계획(media plan)을 개발하기 전 알아두어야 할 사항을 기록한 개요 혹은 지침서를 말한다. 미디어 브리프는 크리에이티브 브리프와 마찬가지로 사내의 광고개발의 지침서로써 활용되며 광고회사 내 어카운트 매니지먼트팀의 구성원들 간에 공유되는 매뉴얼이다. 미디어 브리프는 크리에이티브 브리프가 광고제작의 방향을 제시하여 주는 것과 마찬가지로 매체계획(media plan)이 수립되어야 할 방향을 제시하여 준다. 따라서 미디어 브리프에는 미디어 플래너가 매체기획을 하기 전에 알아두어야 할 마케팅목표, 광고목표, 매체목표, 표적 수용자의 특성, 광고캠페인 기간, 광고예산, 경쟁사분석, 크리에이티브방향 등을 비롯하여 매체계획의 수립을 가이드하여 주는 제반 사항들을 포함한다.

미디어 브리프는 용도에 따라서 플래닝 브리프와 구매 브리프로 구분하기도 한다. 미디어 플래닝 브리프는 마케팅계획(marketing plan)을 매체계획(media plan)으로 전환하기 위하여 사용되는 반면에 미디어 구매 브리프는 매체 구매팀이 매체를 구매하기 위한 참고자료로 사용한다. 즉, 미디어 구매 브리프는 매체계획이 실행되고 평가되는 토대로써 사용되어 진다. 따라서 미디어 구매 브리프는 매체 구매자들이 수립된 매체

표 9-1 미디어 브리프(media brief)의 예

광고주(client)	
캠페인 브랜드명	
담당 AP, AE, CD	
캠페인 목적	브랜드 특성과 캠페인의 목적
캠페인 기간	
마케팅목표, 광고목표, 매체목표	기대행동과 반응, 광고의 역할, 유효빈도 수준 등
표적 수용자 특성	1차 및 2차 표적 수용자 등
광고예산, 매체예산의 범위	전체 광고예산 중 매체 가용예산 등
경쟁사 및 시장 상황	현재의 경쟁 및 시장상황, M/S, 4P 특성 등
크리에이티브방향 및 특성	
판매의 계절성	성수기, 비수기 등 계절적 요인
활용 가능한 매체의 범위	
지리적 고려사항들	전국단위, 지역단위 캠페인 들
PR, SP, 이벤트 계획 등	
광고 및 매체집행의 제약요소들	광고환경 및 특정 매체집행의 장애요인들
경영자가 원하는 특기 사항	
기타 특기 사항	

계획을 집행하기 위하여 어떤 매체를 어느 정도 구매하여야 하는지에 관한 충분한 정보를 담고 있어야 한다. 따라서 미디어 구매 브리프는 매체선택 이유 및 근거, 각 매체 및 비히클의 구매기준, 타이밍과 스케줄링, 매체별 및 월별 매체예산 등과 같은 정보들을 추가적으로 필요로 한다. 미디어 구매 브리프의 역할은 첫째, 매체 구매자들(media buyers)로 하여금 매체의 목표 및 전략이 무엇인지를 알 수 있게 함으로써 캠페인 기간 동안 주어진 예산으로 어느 정도의 매체를 구매해야 되는지를 보다 더 잘 이해할 수 있게 해준다. 둘째, 좋은 미디어 구매 브리프는 매체 구매자로 하여금 다양한 매체 기회들을 탐색할 수 있게 하고 매체목표를 성취할 방법들을 다양하고 창의적으로 강구할 수 있게 해준다. 셋째, 좋은 미디어 구매 브리프는 광고주에게 그들이 원하는 결과를 얻을 수 있도록 광고예산이 적절하게 사용되어진다는 것을 확신시켜준다.

CHAPTER 10

사전기획과정

사전기획과정(pre-planning process)는 환경분석(situation analysis)과 제약요소(constraints) 분석으로 나누어진다. 환경분석은 매체기획에 영향을 미치는 내 · 외부 요인들을 찾아내어 요약정리하는 작업이다. 환경분석에는 크게 제품 분석, 소비자 분석, 경쟁자 분석, 시장 분석 등이 포함된다. 제약요소들은 매체계획(media plan)의 실행에 제약조건으로 작용할 수 있는 내, 외부적 요소들을 말한다. 내부 제약요소들은 광고예산 및 회사 경영정책과 철학 등을 포함하며, 외부 제약요소들은 매체환경 요인, 경쟁 요인, 법적 요인, 문화적 요인, 경제적 요인, 자연 환경 요인 등을 포함한다.

1 환경분석

1) 제품 분석

제품은 마케팅 믹스의 네 요소들 중 매체기획에 가장 직접적인 영향을 미치는 요인으로써 제품의 물리적 특성 및 속성, 제품수명주기, 제품 재구매 주기, 제품 포지셔닝 등이 있다. 제품의 특성 및 속성은 매체 선택에 직접적인 영향을 미친다. 예를 들어 우리 제품이 고관여/이성제품이라면 정보전달력이 뛰어난 인터넷이나 인쇄매체가 적합하고, 이미지가 중요한 제품이라면 TV가 상대적으로 유리하다. 또한 전자레인지에 데워 먹을 수 있는 피자와 같은 인스턴트 음식제품은 음식을 먹음직스럽게 보이게 하기 위하여 칼라재생력이 뛰어난 잡지가 효과적이다.

제품수명주기(PLC: product life cycle)는 제품이 인간의 수명처럼 도입기, 성장기, 성숙기, 쇠퇴기를 거친다는 이론이다. 우리의 제품이 제품수명주기의 어느 부분에 있느냐에 따라 매체전략은 영향을 받는다. 예를 들어 도입기에 있는 신제품의 경우는 광고캠페인의 목표는 상표인지도를 확보하는 것이며, 매체목표도 상표인지도 증대의 필수조건인 도달률을 강조하는 전략을 세워야 할 것이다. 반면 시장이 성숙기에 있는 제품에서는 도달률보다 꾸준한 반복이 중요할 수 있다. 제품 재구매 주기도 매체전략에 영향을 미친다. 제품 재구매 주기란 소비자가 제품을 구매한 후, 다음에 다시 구매할 때까지 걸리는 평균 시간을 말한다. 제품 재구매 주기가 짧은 제품(예를 들어 스낵, 청량음료, 라면)의 경우 구매시점(purchase occasion)을 최대한 커버하기 위하여 지속적인 광고가 필요하지만, 에어컨과 같은 판매의 계절성이 크고 재구매 주기가 상대적으로 긴 제품의 경우는 성수기에 광고를 집중하는 것이 효과적이다.

2) 소비자 분석

매체전략을 수립하기 전 미디어 플래너는 표적 수용자가 누구인지를 제일 먼저 파악하여야 한다. 누가, 언제, 얼마나 많이 우리 제품을 구매하는가를 안다면 어떤 매체를 선택할 것인지와 언제 광고를 집행할 것인지를 알 수 있다. 또한 소비자가 어느 곳에서 우리 제품을 많이 구매하는지를 알면 어떤 지역의 매체를 선택해야 될 것인지를 알게 된다. 또한 소비자가 특별히 많이 구매하는 시기와 적게 구매하는 시기를 안다면 효율적인 매체스케줄링전략을 수립할 수 있다. 따라서 소비자분석을 구체적이고 명확하게 하여야 매체의 선택과정에서 정확한 의사결정을 내릴 수 있다.

소비자 분석에서 제일 중요한 것은 제품에 따라 소비자들이 광고메시지에 대해 어떤 정보처리과정을 거치는가를 밝히는 것이다. 구체적으로 표적 수용자가 광고메시지를 접한 후 어떤 정보처리과정을 거쳐 구매의사결정을 내리는가를 알게 되면 광고목표는 무엇이며, 이러한 광고목표를 달성하기 위해 매체목표와 매체전략은 어떠해야 하는지를 알 수 있다. 1999년에 개발된 FCB 그리드모델은 이러한 관점에서 제품유형에 따른 소비자의 정보처리과정을 설명하는데 유용한 이론적 틀을 제공해 준다. FCB 그리드모델은 제품관여도와 제품 선택 시 이성/정서의 지배정도에 따라 제품들을 네 개의 영역으로 나누고 소비자의 정보처리과정, 광고목표, 매체전략이 달라져야 한다는 것을 제시한다. 예를 들어 〈표 10-1〉에서 보여지듯이 자동차, 전자제품, 보험상품 등과 같은 고관여, 이성적인 성격을 가진 제품의 경우 소비자의 정보처리과정은 사고(Learn), 느낌(Feel), 행동(Do)의 순으로 발생하며 이러한 제품들의 광고목표는 제품에 대한 차별화된 편익과 충실한 정보를 제공하여 제품을 알리는 것이다. 따라서 메시지전략은 특정 정보와 데몬스트레이션 중심으로 전개해야 하며 매체전략은 정보제공형 매체에 중점을 두어야 한다.

반면 명품의류, 향수, 고급화장품과 같은 고관여, 정서적인 제품의 경우 상표이미지와 자아이미지를 연결함으로써 브랜드에 대한 긍정적 감정과 태도를 창출하는 것이 중요하다. 따라서 매체전략은 광고접촉 시 상표개성을 강조하거나 소비자의 자아이미지에 소구할 수 있는 잡지 및 지하철 와이드칼라광고와 같은 이미지 제공형 매체를 선택하는 것이 바람직하다. 또한 종이휴지, 살충제, 표백제, 가정용 청소용품과 같은 저관여, 이성적인 성격을 가진 제품은 소비자들이 습관적으로 제품을 구매하는 성향이 강하기 때문에 반복노출로 구매시점에 브랜드 재인과 회상을 높이는 전략이 중요하며 매체전략은 신문의 작은 지면광고(예를 들어 돌출광고), 10초 정도의 자막광고, 라디오, 구매시점(pop)광고 등 주로 반복노출을 통하여 구매시점에 브랜드 회상을 높일 수 있는 리마인더(reminder) 매체를 선택하는 것이 바람직하다.

또한 청량음료, 스낵류, 담배 등의 기호품을 포함하는 저관여, 정서적인 제품의 경우 소비자의 구매 결정은 준거집단 혹은 또래집단과의 사회적 관계 속에서 습관, 자기충족, 자기만족에 기초하는 경향이 강하다. 이러한 제품의 경우 우리 제품이 준거집단 혹은 또래집단에 유행하는 제품이라는 것을 지속적으로 환기시킬 수 있는 TV, 인터넷광고, 소셜미디어광고, 옥외광고, 구매시점(POP)광고 등의 주의환기형 매체들이 효과적이다.

3) 경쟁자 분석

매체전략을 수립할 때 가장 중요한 고려사항들 가운데 하나는 경쟁자의 매체전략이다. 경쟁자들이 얼마의 광고비를 투입하는가를 알면 우리의 적정 매체예산 설정에 활용할 수 있으며, 어떤 매체와 스케줄링전략을 사용하였는가를 알면 경쟁자를 압도하거나 경쟁자와 차별화된 매체전략을 수립할 수 있다. 즉, 경쟁자 분석을 통하여 경쟁자의 매체전략을 분석함으로써 우리의 매체전략을 상대적으로 유리하게 전개해 나갈 수 있다. 예를 들어 경쟁자 분석을 통하여 경쟁자와 동일한 매체와 시간대에 광고를 집행할 것을 결정할 것인지 아니면 경쟁자와 맞대결을 피하여 경쟁자와 다른 매체와 시간대에 광고를 집행할 것인지를 알 수 있게 된다. 미디어 플래너는 경쟁자 매체전략의 강점과 약점을 분석하여 최대한으로 우리에게 유리한 대응전략을 수립할 수 있도록 노력하여야 한다.

경쟁자 분석에는 총 광고비, 광고비 점유율(SOV), 미디어 믹스전략, 매체스케줄링전략, GRPs, 도달률, 빈도, 유효도달률, 크리에이티브전략 등이 포함된다. 〈표 10-2〉는 특정 신용카드 브랜드의 경쟁자 매체전략을 분석한 사례이다. 이 사례에서 보이듯이 우리나라의 신용카드사들은 경쟁자들을 의식하여 매년 100억원 이상의 광고비를 사용하고 있으며, 대체로 비슷한 미디어 믹스전략을 택하고 있음을 알 수 있다. 또한 매체스케줄링전략은 지속형 스케줄링전략을 많이 사용한다는 사실을 알 수 있다.

표 10-1 FCB 그리드모형의 제품유형별 소비자 정보처리과정과 매체전략

제품유형	고관여/이성제품	고관여/감성제품	저관여/이성제품	저관여/감성제품
정보처리과정	Learn–Feel–Do	Feel–Learn–Do	Do–Learn–Feel	Do–Feel–Learn
광고목표	인지적 학습	감정적 학습	브랜드 회상	주의 환기
매체목표	인지적 학습에 필요한 노출수준에 초점	감정적 학습에 필요한 노출수준에 초점	습관적 기억 형성을 위한 노출수준에 초점	소비자 주의환기를 위한 노출수준에 초점
매체전략	정보제공형 매체(신문, 잡지, 인터넷, 모바일 등)	이미지제고형 매체(잡지, TV, 지하철 와이드칼라광고 등)	리마인더 매체(라디오, 자막, POP 등)	주의 환기형 매체(TV, 소셜미디어, 옥외매체, POP 등)

4) 시장 분석

미디어 플래너는 일차적으로 브랜드를 둘러싼 시장상황을 잘 파악하여야 한다. 제품을 둘러싼 시장환경이 현재 어떠하며 앞으로 시장에 어떤 변화가 일어날 것인가는 매체예산의 결정에 중요한 고려요인이 된다. 즉, 시장환경의 변동에 따라 광고전략 및 매체기획은 영향을 받게 된다. 특히 시장의 잠재적 규모는 매체예산 설정에 간접적으로 영향을 미치게 된다. 예를 들어 시장의 규모가 증가하고 지난 몇 년간 시장점유율이 지속적으로 증가되는 추세라면 매체예산을 증액시킬 수 있다.

5) 마케팅계획

마케팅계획(marketing plan)은 기업이 일정기간 내에 달성하고자 하는 목표와 이 목표를 달성하는데 필요한 마케팅예산, 시장 세분화 및 표적 수용자의 선정, 포지셔닝전략의 수립, 4P전략 등의 마케팅의 여러 요소들에 대한 종합적인 계획을 말하며 광고계획과 매체계획의 상위 개념으로 존재한다. 마케팅계획에 포함된 각 요소들은 매체계획의 범위와 내용을 결정지어주기 때문에 마케팅계획은 매체계획의 출발점으로써 매체전략을 수립하기 전에 가장 먼저 이해되어야 할 부분이다. 마케팅계획에 대하여 정확하게 알면 알수록 정확한 매체계획의 수립이 가능하다. 예를 들어 마케팅예산은 매체예산의 범위를 결정하여 주며, 마케팅목표는 매체목표가 수행해야 할 노출과제를 제시하여 주고, 마케팅 믹스의 4P인 제품(product), 가격(price), 유통(place), 촉진(promotion)의 4요소는 매체의 선택에 직접적인 영향을 미친다.

마케팅계획의 여러 요소들 중 4P는 광고캠페인의 목표 달성을 위한 효율적 매체전략의 수립을 위해 반드시 이해되어야 할 요소들이다. 예를 들어 마케팅믹스의 4P 중

제품의 컨셉(concept)이 가전제품처럼 소비자 문제해결과 같은 기능적 욕구를 충족시킬 수 있는 것이라면 제품의 기능적 편익(functional benefit)과 장점을 명확히 전달할 수 있는 인쇄매체가 효과적이다. 반면에 제품의 컨셉이 명품 핸드백처럼 자아표현 및 강화와 같은 상징적 편익(symbolic benefit)을 제공하는 것이라면 소비자들의 이상적 자아 이미지(ideal self-image)에 소구할 수 있는 잡지와 같은 이미지 제공형 매체가 적합하다. 또한 제품의 컨셉이 감각적 즐거움과 같은 경험적 편익(experiential benefit)을 제공하는 것이라면 오감을 자극할 수 있는 인터넷과 같은 체험형 매체가 적합하다.

FCB 그리드모델 상에서의 제품의 포지션(position)에 따라서도 매체전략이 영향을 받는다. 가령 제품이 고관여/이성적 제품으로 포지셔닝된 경우 이성적 소구에 어울리는 인쇄매체를 선택하여야 하며 제품이 고관여/감성적인 제품으로 포지셔닝되는 경우 감성적 소구에 어울리는 잡지와 같은 이미지 제공형 매체가 적합하다. 제품수명주기 상에서 도입기에 접어든 제품의 광고캠페인의 경우 신제품에 대한 폭넓은 인지도를 확보하기 위하여 TV와 같은 대중매체에 더 많은 매체예산을 할당하고, 성수기에 접어든 제품의 광고캠페인의 경우 판매촉진에 적합한 SP매체에 더 많은 매체예산을 할당해야 한다. 또한 성수기를 지나 쇠퇴기에 접어든 제품의 광고캠페인의 경우 기존에 창출된 광고효과를 지속적으로 유지해 나가기 위하여 라디오와 같은 리마인더(reminder)매체에 상대적으로 더 많은 매체예산을 할당해야 한다. 이외에도 V3 백신프로그램과 같은 컴퓨터 소프트웨어 제품들은 판매하고자 하는 제품의 특성상 대중매체를 광고매체로 사용하는 것보다 인터넷을 광고매체로 사용하는 것이 더 적합하다. 이처럼 제품컨셉(product concept), FCB 그리드 상의 제품포지션, 제품수명주기, 제품과 매체의 적합도 등에 따라 매체전략이 직접적인 영향을 받는다고 할 수 있다.

가격(price)의 경우에도 매체선택에 직접적인 영향을 미친다. 예를 들어 고가 제품의 경우 프리미엄 브랜드로써의 이미지를 갖고 있기 때문에 매체선택전략 또한 차별화되어야 한다. 가령 벤츠(Benz) 및 BMW와 같은 프리미엄급 자동차의 경우 고품격 이미지를 살릴 수 있는 고품격 매체(예: Noblesse, 내셔널 지오그래픽 등)에 광고를 하는 것이 바람직하다. 유통(place)은 광고를 어느 지역에 얼마나 집행할 것인가를 결정하는데 도움을 줄 뿐 아니라 판촉 및 이벤트를 어느 지역에 할 것인지를 결정하는 중요한 요소가 된다. 특히 유통망이 백화점, 대리점, 용산전자상가, 방문판매 등으로 세분화되어 있을 경우 이러한 유통구조를 잘 알아야 정확한 매체전략을 수립할 수 있다.

그림 10-1 마케팅 믹스, 촉진 믹스, 광고 믹스의 관계

촉진(promotion)은 광고, 판촉, 인적판매, PR, 이벤트 등으로 구성되어 있으며 촉진 믹스(promotion mix)라고도 불린다. 촉진 믹스는 다시 판매촉진, 대인판매, PR, 퍼블리시티, 광고로 나누어지며, 매체전략은 촉진 믹스 중 광고 믹스의 한 부분으로써 존재한다. 따라서 이러한 광고, 판촉, PR, 이벤트 등 촉진요소들을 잘 이해하여야 통합적 마케팅 커뮤니케이션 전략의 성공적 수행을 위한 효율적 매체전략을 수립할 수 있다.

6) 광고계획

광고계획(advertising plan)이란 누구에게(표적 수용자), 어떤 반응을 얻어내기 위해(광고목표), 무엇을(소비자 약속), 어떤 뒷받침으로(소구근거), 어떤 이미지로(상표개성), 어떤 매체를 통해(매체전략), 어떻게 표현(크리에이티브전략)할 것인가라는 질문에 답하는 과정이다. 즉, 광고계획은 마케팅목표를 어떻게 달성할 것인가에 관한 해답이다.

광고계획은 매체기획의 상위계획으로써 매체기획에 직접적인 영향을 미친다. 예를 들어 광고예산의 대부분은 매체예산으로 이루어져 있기 때문에 매체예산의 범위를 결정하여 주고, 광고목표는 매체목표의 도달범위와 빈도수준을 결정해 준다. 가령 광고목표가 신제품에 대한 폭넓은 인지도를 창출하는 것이라면 매체목표는 일차적으로 표적 수용자에 대해 폭넓은 도달률을 확보되어야 한다. 또한 크리에이티브전략이 감성적 소구를 통한 차별화된 브랜드 이미지 창출을 목적으로 한다면 감성적 소구와 이미지 제고에 적합한 TV 및 잡지와 같은 매체를 선택하여야 한다. 이러한 이유로 매체계획은 광고계획의 틀 안에서 수립되어야 하며 매체계획은 광고계획의 하위계획으로써 일차적으로 광고목표의 달성을 지원하고 궁극적으로 마케팅 목표의 달성을 지원할 수 있어야 한다. 따라서 미디어 플래너는 AE(account executive) 혹은 AP(account planner)

를 통하여 광고목표와 전략을 충분히 파악하고 있어야 광고목표를 달성하기 위한 효율적인 매체계획을 수립할 수 있다.

2 제약요소들

매체전략에 영향을 미치는 요인들 중 광고주가 통제할 수 없는 요인들(uncontrollable factors)을 제약요소(constraints)라고 한다. 미디어 플래너들은 매체목표를 달성하기 위하여 주어진 예산의 범위 내에서 광고주 혹은 광고회사가 통제할 수 없는 제약요인들을 고려하여 언제, 얼마의 예산으로, 어떤 매체에 광고를 집행할 것인가를 결정하여야 한다. 미디어 플래너들은 매체전략의 수립에 영향을 미치는 제약요소들에는 어떠한 것들이 있는지를 숙지하고 있어야 매체구매와 집행의 오류를 사전에 예방할 수 있다. 이러한 광고주와 광고회사가 통제 불가능한 제약요인들로는 회사의 경영정책 및 광고예산과 같은 내부적 요인들과 경쟁, 매체환경, 자연환경, 경제적, 법적, 문화적 요인 등 외부적 요인들을 들 수 있다.

표 10-2 6개 신용카드회사의 매체전략 분석 사례

구분	A사	B사	C사	D사	E사	F사
5대 매체 광고비(억원)	274	226	156	138	158	138
광고비점유율	24%	20%	14%	12%	14%	12%
미디어 믹스	주 매체: 지상파TV(50~80%) 보조매체: 케이블 + 라디오 + 신문 + 잡지					
매체스케줄링	Continuity 12개월	Pulse 10개월	3 Flight 9개월	Continuity 8개월	Continuity 5개월	Continuity 8개월
TV광고비(억원)	180	143	112	122	88	41
TV GRPs, SOV	7,192GRPs 23%	5,058GRPs 16%	4,512GRPs 15%	4,442GRPs 14%	3,902GRPs 13%	3,979GRPs 13%
TV 월 GRPs	695	920	574	641	909	585
TV 월 R(3+)	62~72	59~77	56~64	60~67	56~71	58~74

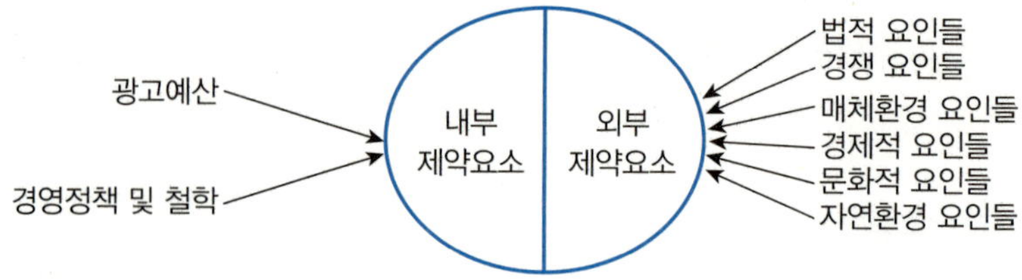

그림 10-2 광고주가 통제할 수 없는 내 · 외부 제약요소들

1) 내부 제약요소들

광고예산

내부 제약요소들 가운데 매체전략에 가장 큰 영향을 미치는 제약요소는 광고주의 한정된 광고예산이다. 광고자원이 풍부한 일부 대기업들을 제외하고 대부분의 중소기업들은 광고예산이 한정되어 있기 때문에 광고캠페인의 목표 달성을 위한 충분한 노출량을 투입하지 못한다. 특히 광고예산이 광고목표의 달성여부와 관계없이 최고 경영진 등의 주관적 판단과 경험에 의거하여 하향식으로 결정된다면 광고캠페인의 목표 달성을 위한 매체예산의 확보에 어려움을 겪게 된다.

회사의 경영정책

회사 내부의 경영방침이나 경영정책(management policy)의 변화는 매체기획에 영향을 미치는 내부적 요소 중의 하나이다. 예를 들어 회사의 경영방침이나 철학이 보수중산층을 대변하는 성향을 띈다면 매체선택전략도 진보적 매체보다 보수적 색채를 띄고 있는 매체에 중점을 둘 수 있다. 또한 회사의 인수합병으로 인한 기업 운영방침의 변화는 마케팅 및 광고운용전략 전반에 영향을 미친다.

2) 외부 제약요소들

법적 요인들

법적 요인들(legal factors)은 제약요소들 가운데 매체전략에 가장 큰 영향을 미치는 요소이다. 예를 들어 우리나라의 경우 주류광고는 TV에서 오전 7시 부터 오후 10시 이전까지는 전면 금지되어 있으며, 오후 10시 이후에도 알코올 도수 17도 이하의 주류만 광고가 가능하다. 또한 라디오의 경우 어린이와 청소년 프로그램을 제외한 오전 8시부터 오후 5시까지만 주류광고가 가능하다. 따라서 알코올 성분 17도 이상의 주류제품의 경우 TV광고를 할 수 없기 때문에 다른 대안 매체를 고려해야 한다. 또한 비교광고는 미국의 경우 비교적 자유롭게 허용이 되지만 우리나라의 경우 경쟁관계에 있는 제품을 부당하게 비방하거나 배척하는 광고표현은 허용이 되지 않는다. 이외에도 각 나라별로 광고심의제도가 달라서 광고심의의 결과에 따라서 매체의 집행은 영향을 받는다. 예를 들어 우리나라의 경우 '최상, 또는 가장 오래된, 또는 가장 가치 있는' 광고 문구에 대해 소비자 혹은 경쟁자가 공정거래위원회에 제소하거나 법원에 소송을 건다면, 광고주는 예정된 광고스케줄을 취소하는 등의 규제를 받게 된다. 법적 제약요인들은 국가별, 문화권별로 큰 차이가 있다. 예를 들어 독일에서는 텔레비전 광고가 하루에 40분 정도밖에 허용이 되지 않으며, 일요일에는 텔레비전 광고가 일절 허용되지 않는다. 또한 사우디아라비아에서는 라디오 광고가 전혀 허용이 되지 않는다. 따라서 글로벌 광고캠페인의 경우 국가별, 문화권별로 광고를 방영하거나 게재할 시점에 이러한 법적 제약요인들을 잘 이해하여야 된다.

경쟁 요인들

경쟁사의 광고활동(competitive activity)은 우리의 광고활동에 직접적인 영향을 미친다. 예를 들어 경쟁사가 우리보다 더 많은 광고예산을 투입한다면 우리의 광고캠페인이 경쟁사의 광고량에 압도당할 수 있다. 또한 우리 광고캠페인의 집행시기가 경쟁사의 광고활동시기와 겹친다면 경쟁사 광고의 간섭현상이 발생하여 광고의 효과가 반감될 수 있다. 따라서 경쟁사의 광고예산 규모와 매체전략 등 경쟁사의 광고활동을 잘 모니터링하여야 경쟁사의 광고활동을 효과적으로 상쇄하고 우리 광고캠페인의 효과를 극대화할 수 있는 효율적인 매체전략을 수립할 수 있다.

매체환경 요인들

방송광고판매제도와 같은 매체환경(media environment)은 방송광고의 매체전략에 가장 큰 영향을 미치는 매체환경 요인들 중의 하나이다. 우리나라의 방송광고 판매제도는 지상파TV의 경우 KOBACO와 미디어 크리에이터와 같은 공민영미디어렙을 통하여 판매가 이루어지며 광고요금의 결정 시 시청률을 적절히 반영하고, 시장의 수급상황에 따라 할인, 할증, 보너스율 등 탄력적인 요금제를 적용한다. 그러나 시장의 수급상황에 따라서 광고주의 요구에 탄력적인 대응이 어려운 한계를 지니고 있다. 예를 들어 지상파TV의 인기 프로그램의 경우 공급보다 수요가 더 많은 수급불균형 현상이 심하여 광고주가 원하는 프로그램과 시간대에 광고를 구매할 수 없는 경우가 많다. 반면 신문광고의 경우 미디어렙을 통하지 않고 자유 시장경제원칙에 따라 광고주와 매체사간 직거래방식으로 광고판매가 이루어지고 있으나 광고협찬 강요, 신문기사를 활용한 광고 유치, 인맥에 의존한 영업방식 등의 전 근대적인 거래관행들이 매체효과에 기반한 과학적인 매체기획의 장애요인이 되고 있다.

매체 클러터(media clutter, 광고혼잡현상)도 매체전략에 영향을 미치는 요인이다. 광고 혼잡현상이 심하면 비록 많은 사람들이 광고에 노출될 가능성이 높은 비히클, 예를 들어 시청률이 높은 프로그램에 광고를 방영하여도 경쟁광고의 방해현상으로 주목 효과가 떨어질 수 있다. 매체 클러터가 심한 경우 경쟁광고의 방해현상을 최소화하기 위하여 클러터현상이 적은 비히클을 선택하거나, 방송매체의 경우 길이가 긴 초수를 사용하거나, 동일 시간대 혹은 하나의 프로그램에 두 개의 광고를 삽입하여 수용자들이 충분히 정보처리를 할 수 있는 시간을 제공하는 더블 스폿팅(double- spotting) 전략을 사용하기도 한다.

경제적 요인들

경제적 요인들(economic factors)이란 경기주기, 인플레이션, 경제성장률, 저축률, 이자율, 물가상승률, 환률, 실업률, 소득분포, 부동산 가격의 변화 등을 말한다. 경기주기는 번영기, 쇠퇴기, 불황기, 회복기를 거치게 되는데, 번영기일 때 경제성장이 높으며, 소비가 증가한다. 따라서 기업은 생산능력을 확충하게 되고 많은 광고비를 지출하게 된다. 반면 쇠퇴기 때는 경기하락으로 실업률이 높고, 소비자의 가처분 소득이 줄어든다. 따라서 기업은 생산비용을 줄이고, 광고활동을 축소하게 된다. 불황기에는 경기침체로 인한 판매부진과 이익감소로 비용절감을 위해 광고예산을 감축하게 되며, 반대로 경기가 회복되어 이익이 증가하게 되면 그 여유분으로 광고 예산을 증가시키게 된다.

일반적으로 내수경기의 불황으로 경기 침체가 지속되면 광고주들은 내수판매부진과 이익감소를 겪으며, 비용절감을 위해 저비용 고효율 매체를 선호한다. 즉 내수경기 침체는 광고주로 하여금 광고단가가 높은 지상파TV광고를 회피하고 케이블TV, 인터넷, 모바일, 디지털 사이니지, BTL매체 등 대안 매체를 선택하게 하는 원인이 된다. 특히 디지털케이블, IPTV, 스마트미디어 등 새로운 매체의 등장으로 광고주의 선택권이 넓어지면서 광고주들은 광고비가 비싼 지상파 방송광고 대신에 이러한 대안 매체들의 활용이 증가하고 있다. 또한 우리나라의 광고주들은 광고비를 투자로 보기보다는 비용으로 보는 시각이 강하여 경기불황이 지속되면 광고예산을 삭감하는 대신 즉각적 판매촉진 활동을 강화하는 경향이 두드러지게 나타난다.

반면 불황기에 호황기를 대비하여 오히려 광고비의 지출을 유지하거나 오히려 늘려야 한다는 주장도 제기되고 있다. 특히 경기불황은 브랜드가치를 높이고 시장점유율을 확대할 수 있는 좋은 기회이다. 실제로 불황기에 경쟁자가 광고비의 지출을 줄일 경우 광고비를 지속적으로 유지한 기업의 경우 상대적으로 호황기에 그 매출 효과를 크게 기대할 수 있다는 사례들이 많이 보고되었다. 예를 들어 켈로그(kellogg)는 1929년에 경쟁사인 포스트(Post)가 광고비의 규모를 축소함에도 불구하고 광고비의 지출 규모를 유지함으로써 호황기에 시장에서 시장점유율 1위 브랜드로 자리매김할 수 있는 발판을 마련하였다. 또한 미국, 일본, 그리고 한국을 포함하여 전 세계적으로 불황기에 광고를 유지시키거나 증액한 기업들이 광고비를 줄인 기업에 비해 높은 판매신장률을 달성하였다. 이처럼 불황기에 광고비를 유지하거나 증가해야 하는 이유로는 불황기에는 경쟁자들이 상대적으로 광고비의 지출규모를 축소함으로써 적은 노력과 비용으로도 시장점유율과 브랜드자산을 강화할 수 있기 때문이다. 또한 불황기에 광고비의 지출을 줄이거나 중지하면 지금까지 투입된 광고비의 효과가 소멸될 뿐만 아니라 오랫동안에 걸쳐 형성된 브랜드 인지도와 호감도를 회복하는데 더 많은 비용이 소요될 수 있다. 이러한 이유로 불황기에 광고비를 삭감하면 일시적으로 비용개선 효과는 있을 수 있으나 중 · 장기적으로 매출에 나쁜 영향을 줌은 물론, 장기적으로 결국 브랜드파워의 악화를 초래한다.

문화적 요인들

매체전략은 다양한 국가별로 다른 문화적 요인들(cultural factors)도 고려해야 한다. 예를 들어 누드가 포함되어 있는 성적소구 광고나, 어린이를 대상으로 하는 광고의 경우 문화권별로 그 허용범위가 다르게 나타난다. 스웨덴에서는 9세 미만의 어린이를 대상으로 한 광고는 금지되어 있지만 북미에서는 허용이 되고 있다. 또한 특정 문화권에서는 여성용 속옷제품처럼 성적소구가 필요한 광고는 TV보다 잡지에서 더 관대하게 받아들여진다. 따라서 문화가 다르면, 광고 메시지의 내용도 달라져야 하며 이러한 차이는 결국 광고매체의 선택에도 영향을 미친다고 할 수 있다.

자연환경 요인들

천재지변과 기후 등 자연 환경(natural environment)도 매체전략에 큰 영향을 미치는 제약요소이다. 예들 들어 아이스크림, 음료수, 여행상품, 에어컨, 냉장고, 스키장비와 같은 기후와 날씨의 영향을 많이 받는 제품들의 경우 특정 지역의 기후와 날씨가 매체 스케줄링에 큰 영향을 미친다고 할 수 있다.

CHAPTER 11

매체목표

매체목표(media objective)란 광고캠페인의 목표를 달성하기 위하여 광고캠페인 기간 동안 얼마나 많은 표적 수용자들에게, 얼마나 자주, 얼마나 지속적으로 광고메시지를 전달할 것인가를 말한다. 예를 들어 XX 브랜드의 매체목표는 '2015년 광고캠페인 기간 동안 서울에 거주하고 있는 25세에서 49세 여성 80%에게 월 평균 5회 광고 메시지를 노출시킨다'라고 할 수 있다. 여기에서 광고메시지가 얼마나 많은 사람들에게 노출될 것인가를 나타내는 개념을 도달률(reach)이라고 하며, 광고메시지가 표적 수용자에게 얼마나 자주 노출될 것인가를 나타내는 개념을 빈도(frequency)라고 한다. 그리고 광고메시지가 광고캠페인 기간 동안 언제, 얼마나 지속적으로 노출될 것인가를 나타내는 개념을 지속성(continuity)이라고 한다. 도달률, 빈도, 지속성을 매체목표의 3요소라고 한다. 이외에도 매체목표에는 표적 수용자에 대한 구체적인 정의가 포함되어야 하며, 광고캠페인 기간과 지역이 명시되어야 한다.

또한 매체목표는 구체적이면서, 측정가능하고, 달성가능하여야 한다. 만약 매체목표가 도달률 및 빈도와 같은 계량적인 수치를 이용하여 구체적으로 제시되지 못하거나 추상적이면 매체전략과 전술의 수립에 정확한 방향을 제시할 수 없게 된다. 적절한 매체목표의 예는 〈표 11-2〉와 같다. 매체목표가 설정되면 그 다음 미디어 믹스와 스케줄링전략, 매체전술(혹은 세부실행계획)을 수립하여 구체적으로 광고캠페인의 목표를 달성하는데 필요한 매체스케줄을 구성하게 된다.

표 11-1 매체목표의 3요소

도달률 X 빈도 X 지속성

1 매체목표의 발전 단계

매체목표로써 사용되어지는 개념들은 광고예산 및 광고횟수에서 시작하여 GRPs. 도달률/빈도/지속성, 유효도달률 및 유효빈도, 광고반응, 총 노출가치로 발전하여왔다. 매체목표가 매체예산/횟수에서 시작하여 GRPs. 도달률과 빈도, 유효도달률과 유효빈도

표 11-2 매체목표의 예

기간	매체목표
광고캠페인 초기 (1월~4월)	XX 브랜드의 표적 수용자들을 대상으로 도달률 80%, 평균빈도 2회 이상을 달성한다. 즉, XX 브랜드 표적 수용자의 80%에게 월 평균 2회 이상 광고메시지를 노출시킨다.
판매성수기 (5월~8월)	XX 브랜드의 표적 수용자의 30%를 차지하고 있는 다량사용자들 중 최소 80%에게 메시지를 도달시키며, 판매성수기 동안 최소한 12회 광고 메시지를 노출시킨다.
광고캠페인 유지기 (9월~12월)	XX 브랜드의 표적 수용자에게 XX 브랜드를 지속적으로 상기시키기 위하여 최소 도달률 70%와 평균빈도 1회를 유지한다.

를 거쳐 광고반응으로 이동할수록 구체적이고 결과지향적이며 광고목표와의 관련성이 크다. 이러한 개념들 가운데 현실적으로 매체목표로 가장 많이 사용되어 지는 개념들은 GRPs, 도달률과 빈도, 유효도달률과 유효빈도이다.

1) 매체예산

매체예산은 광고투입량의 일차원적인 매체목표이다. 매체예산은 광고단가가 매년 혹은 매월인상 또는 인하되면서 변동이 있고, 또한 지역별 광고단가의 수준이 불규칙하기 때문에 객관적인 광고노출량의 기준으로써 부적합하다.

2) GRPs

GRPs는 광고단가의 변동, 시차, 지역에 관계없이 동일한 가치의 광고노출량을 나타내기 때문에 매체예산보다 매체목표로써 더 적합한 개념이다. GRPs목표의 예를 들어 보면 노트북 센스 광고캠페인의 경우 "2015년 광고캠페인 기간동안 표적 수용자인 대학생을 대상으로 매월 500 GRPs를 달성한다"를 매체목표로 정할 수 있다. GRPs목표는 매체예산이 결정되면 쉽게 산출된다. 예를 들어 매체예산을 CPRP(cost per rating

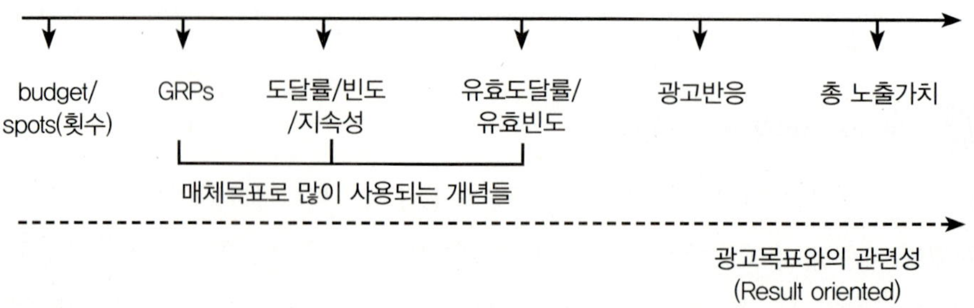

그림 11-1 매체목표의 발전 단계

point, 1%의 GRPs 획득에 필요한 광고비)로 나누면 매체예산에 상응하는 GRPs 값을 쉽게 계산할 수 있다. 일반적으로 TV광고의 경우 GRPs 1%를 확보하는데 소요되는 광고비는 약 200만원 정도이다. 따라서 만약 TV광고에 할당된 예산이 한 달에 2억이면 한 달에 약 100 GRPs를 확보할 수 있다. 그러나 GRPs는 매체계획이 특정 캠페인 기간 동안 획득하였거나 획득할 수 있는 총 노출량을 나타낼 뿐이지 도달률과 빈도처럼 인지도, 호감도, 구매의향과 같은 광고커뮤니케이션의 효과를 예측할 만큼 정교한 측정치는 아니다. 따라서 GRPs는 도달률과 빈도와 같이 광고효과를 예측할 수 있는 전략적 차원의 매체목표로 더 구체화되어야 한다.

3) 도달률, 빈도, 지속성

도달률은 표적 수용자에 대한 광고메시지의 도달범위를 나타내며, 빈도는 광고메시지에 대한 반복노출 정도를 나타낸다. 지속성(continuity)은 광고노출 횟수와 집행간격을 얼마나 일관되게 지속적으로 유지해 나갈 것인가를 말한다. 예를 들어 광고를 매일 집행하여 일 년 365일 동안 지속할 수도 있고, 매주 집행하여 일 년 52주 동안 지속할 수도 있다. 일반적으로 지속성은 광고캠페인의 특정 시점에 광고를 집중(weighting)하는 플라잇형(flight) 혹은 집중형(blitz) 스케줄링과 상반되는 개념이다. 도달률과 빈도는 광고목표인 커뮤니케이션효과와의 관련성이 GRPs 개념보다 크기 때문에 단순한 총 노출률을 나타내는 GRPs보다 한 차원 더 발전된 개념이다.

도달률, 빈도, 지속성 목표의 설정에서 중요한 것은 주어진 예산 혹은 GRPs의 범위 내에서 광고목표 달성에 적절한 수준의 도달률과 빈도의 조합을 찾는 것이다. 예를 들어 광고목표가 가급적 많은 표적 수용자들을 대상으로 높은 상표인지도를 창출하는 것이라면 매체목표는 도달률을 강조하여야 하며 광고목표가 단순한 상표인지도를 넘어서 핵심적인 표적수용자의 구매시점에 제품의 판매소구점(sales points)을 회상하게 하여 구매 고려대상군에 들게하거나 구매행동을 촉구하는 것을 목표로 한다면 매체목표는 빈도를 강조하게 된다.

대부분의 기업들은 광고예산이 제한되어 있기 때문에 도달률과 빈도를 동시에 극대화하는 것은 현실적으로 불가능하다. 따라서 주어진 예산으로 광고캠페인의 목표 달성에 가장 적합한 도달률과 빈도의 조합을 결정하는 것이 중요하다. 매체예산이 제한적인 상황 하에서는 도달률과 빈도는 맞교환(trade-off)의 관계로써 어느 한 쪽에 치우치면 다른 한 쪽이 희생될 수 있다. 주어진 예산이 비록 제한적일지라도 도달률과 빈도의 상대적 비중을 설정할 때 어느 한 쪽을 희생하면서 다른 한 쪽에 극단적으로 치우치는 도달률과 빈도목표의 설정은 바람직하지 않다. 이것은 왜냐하면 적절한 도달률과 빈도

표 11-3 광고목표에 따른 도달률과 빈도목표 조합의 예

광고목표	도달률과 빈도의 조합
신제품 런칭시 높은 상표인지도 확보	도달률 60% × 빈도 3회 = 월 180 GRPs
제품 성수기에 핵심 소구점 회상 및 구매행동 촉구	도달률 30% × 빈도 6회 = 월 180 GRPs

의 조합이 결정되어야 소비자로부터 기대하는 커뮤니케이션효과를 얻을 수 있기 때문이다. 예를 들어 〈표 11-4〉에서 보여지듯이 만약 빈도목표가 너무 낮아서 광고메시지가 역치수준 이하에 노출된다면 표적 수용자에게 적절한 자극을 줄 수 없으며, 따라서 표적 수용자로부터 어떠한 반응도 불러일으킬 수 없다. 또한 도달률목표가 너무 낮게 설정되어서 광고메시지가 기대하는 크기만큼의 표적 수용자들에게 도달할 수 없으면, 광고캠페인이 목표로 하는 수준의 인지도를 얻을 수 없게 된다. 따라서 도달률과 빈도 어느 한쪽에 치우쳐서 매체목표를 설정해서는 안 되며, 적절한 수준의 도달률과 빈도 목표의 조합을 찾는 것이 중요하다.

〈표 11-3〉의 예는 GRPs가 동일하여도 광고목표에 상응하는 도달률과 빈도의 조합이 달라짐을 나타낸다. 첫 번째 도달률과 빈도의 조합은 도달률에 더 많은 비중을 두고 두 번째 도달률과 빈도의 조합은 도달률 보다 빈도에 더 많은 비중을 두는 것을 보여준다. 따라서 미디어 플래너는 광고목표가 무엇인지(예를 들어, 인지도, 호감도, 구매의향 등)를 파악하여 도달률과 빈도 중 어떤 것에 더 많은 비중을 줄 것인지를 결정하여야 한다. 매체목표로써 도달률과 빈도의 조합이 결정되면 다음 단계로 이러한 매체목표를 달성하기 위하여 어떠한 매체와 비히클들을 선택할 것인지 결정하게 된다.

한편 도달률, 빈도, 지속성은 정해진 예산의 범위 내에서 서로 경쟁하는 맞교환(trade-off)의 관계에 놓여있다. 즉 도달률을 증가시키면 빈도와 지속성이 감소하고, 빈도를 증가시키면 도달률과 지속성이 감소하며, 지속성을 증가시키면 도달률과 빈도가 감소한다. 일반적으로 제한된 예산의 범위 내에서 도달률, 빈도, 지속성을 동시에 극대화하는 것은 현실적으로 불가능하기 때문에 도달률, 빈도 지속성의 적절한 균형을 맞추는 것이 중요하다.

표 11-4 부적절한 도달률과 빈도목표 조합의 예

사례들	도달률과 빈도의 조합
지나치게 높은 도달률과 낮은 빈도	도달률 90% × 빈도 2회 = 월 180 GRPs
지나치게 낮은 도달률과 높은 빈도	도달률 20% × 빈도 9회 = 월 180 GRPs

4) 유효빈도와 유효도달률

유효빈도와 유효도달률은 광고메시지와 광고효과 간의 관계를 노출횟수로 설명해보려는 시도로써 도달률과 빈도보다 한 차원 더 발전된 개념이다. 유효빈도 및 유효도달률을 이용한 매체목표의 예는 "광고캠페인 기간동안 표적 수용자들을 대상으로 유효도달률 50%를 확보한다"로 간략하게 기술할 수 있다. 이것은 역치수준에 해당되는 유효빈도를 3회 이상으로 설정하였을 경우 광고캠페인 기간동안 표적 수용자 50%에게 광고메시지를 최소한 3회 이상 노출시킨다는 것을 의미한다.

일반적으로 광고캠페인 목표 달성에 필요한 유효빈도의 범위를 먼저 결정하고 이를 바탕으로 유효도달률을 매체목표로 결정한다. 아헨바움(Achenbaum, 1977)은 이상적인 유효빈도의 범위를 3회에서 10회로 제시하였으나 모든 제품의 광고캠페인에 일률적으로 적용할 유효빈도의 수준은 없다. 이것은 왜냐하면 유효빈도 수준은 광고목표를 포함하여 다양한 요인들의 영향을 받기 때문이다. 오스트로(Ostrow, 1982)는 특정 광고캠페인에 적합한 수준의 유효빈도는 마케팅 요인, 광고카피 요인, 매체 요인 등 다양한 요인들의 영향을 받으며, 이러한 요인들에 따라서 특정 광고캠페인에 적합한 유효빈도의 수준 및 범위는 가변적으로 적용할 수 있다고 주장하였다. 오스트로(Ostrow, 1982)에 따르면 유효빈도에 영향을 미치는 마케팅 요인에는 제품친숙도, 시장점유율, 브랜드, 상표충성도, 제품유형 등의 5개의 요인들이 포함되며, 광고카피 요인에는 카피의 복잡성, 카피의 독특성, 광고캠페인의 친숙도, 카피의 성격, 광고메시지의 다양성의 5개 요인들이 포함된다. 매체 요인에는 클러터현상, 관련기사와 광고의 부합성, 주목도, 매체스케줄링 유형(지속형, 플라잇형, 집중형 등)의 네 개의 요인들을 포함한다. 따라서 특정 광고캠페인에 적합한 유효빈도의 범위는 이러한 요인들을 고려하여 설정되어야 한다.

유효빈도의 범위가 결정되면 유효도달률목표를 설정하여야 한다. 유효도달률은 유효빈도 범위 내에서 표적 수용자의 분포를 나타낸다. 따라서 매체목표로써 유효도달률은 유효빈도와 같이 사용된다고 할 수 있다. 미디어 플래너가 동일한 광고비(혹은 GRPs)를 투입하여도 유효빈도 범위 내의 유효도달률의 크기는 달라질 수 있다. 이것은 왜냐하면 매체스케줄을 어떻게 구성하느냐에 따라 유효빈도 범위 내의 표적 수용자의 노출분포가 달라지기 때문이다. 따라서 매체스케줄을 구성할 때 유효빈도 범위 내에서 유효도달률이 최대가 되도록 미디어 믹스, 비히클 믹스, 유닛 믹스전략을 수립하는 것이 중요하다. 즉, 광고메시지에 대한 노출이 유효빈도의 범위 내에 집중될 수 있도록 매체스케줄을 구성하여야 한다.

5) 광고반응

매체목표로써 유효도달률보다 한 차원 더 발전된 개념은 광고반응이다. 광고반응(advertising response)은 노출분포의 각 빈도에 해당되는 소비자반응(예: 브랜드 인지도, 호감도, 구매의향 등)의 크기를 나타낸다. 예를 들어 〈표 11-6〉에서 보여지듯이 광고반응이 브랜드 인지도일 경우 광고메시지에 한 번도 노출되지 않은 사람들은 상표를 전혀 인지하지 못하고, 한번 노출된 사람들은 30%, 두 번 노출된 사람들은 40%, 세 번 노출된 사람들은 50%, 네 번 노출된 사람들은 60%, 다섯 번 노출된 사람들은 70%가 상표를 인지한다는 것을 알 수 있다. 따라서 광고메시지에 노출된 횟수가 증가할수록 광고에 대한 반응은 증가한다는 것을 알 수 있다. 즉, 광고에 대한 소비자 반응은 빈도가 누적됨에 따라 점차 체증하는 형태로 나타낸다. 노출빈도와 이에 상응하는 광고반응과의 함수관계를 알 수 있다면 매체목표는 광고목표에 보다 더 가깝게 다가갈 수 있게 된다.

표 11-5 유효빈도의 범위에 영향을 미치는 요인들

최소 유효빈도 영향요인	최대 유효빈도 영향요인
마케팅 요인(신제품, 친숙도, 충성도 등) 광고카피 요인(카피의 복잡성과 질 등) 매체요인(클러터, 주목도, 스케줄링 유형 등)	타깃이 광고에 적응(adaptation)될 경우 과잉 노출로 감퇴효과가 발생할 경우 이월효과가 필요없는 경우(세일즈 프로모션과 같은 단기 캠페인)

표 11-6 광고반응의 예

빈도	0	1	2	3	4	5
도달률	30%	30%	20%	10%	7%	3%
광고반응 (브랜드 인지도)	0%	30%	40%	50%	60%	70%

6) 총 노출가치

최근에 캐논 외(Cannon, et al., 2002)는 최소 수준의 유효빈도 이하의 노출은 효과가 없다고 가정하는 네이플즈(Naples, 1979)의 전통적 유효빈도이론의 문제점을 극복하고, 최소 유효빈도 수준 이하에서의 매체효과를 보다 더 정확하게 평가하기 위하여 총 노출가치(total exposure value)라는 개념을 제시하였다. 총 노출가치는 매체스케줄의

표 11-7 총 노출가치의 예

빈도	노출분포	광고반응	노출가치
0	20%	0%	0.0%
1	40%	45%	18.0%
2	23%	68%	15.6%
3	10%	80%	8.0%
4	5%	85%	4.3%
5	2%	0.88%	1.8%
			총 노출가치: 47.7%

자료원: Cannon, H. M(2012). Media analysis and decision making. In S. Rodgers & E. Thorson(Eds), Advertising therory(pp. 313–336). NY: New york Routledge.

노출분포의 각 빈도의 도달률에 해당되는 광고반응(예를 들어 광고인지도)을 곱하여 산출된다. 예를 들어 〈표 11-7〉에서 보여지듯이 특정 광고캠페인의 매체스케줄에 한 번 노출된 사람이 40%, 광고인지도와 같은 광고반응이 45%이라면, 빈도 1회에 해당되는 노출가치는 (0.40 × 0.45) × 100 = 18%가 되며, 이들 각 빈도에 해당되는 노출가치들을 모두 더한 값이 47.7%로 총 노출가치가 된다. 이렇게 산출된 총 노출가치 18%는 매체스케줄로부터 최종적으로 획득한 광고인지도 효과라고 할 수 있다. 즉, 총 노출가치는 매체스케줄로부터 획득한 광고인지도와 같은 광고반응 가치의 합이라고 할 수 있으며, 이 광고캠페인은 광고인지도에서 총 47.7%의 추가적인 효과를 획득하였음을 알 수 있다. 총 노출가치 개념은 노출분포와 광고반응 보다 한 단계 더 발전된 광고캠페인의 효과를 더 정교하게 나타내는 개념이라고 할 수 있다. 그러나 총 노출가치 개념은 각 빈도수준에 해당하는 광고반응 값을 구하기 어려워 광고실무에서는 잘 활용되지 않고 있다.

2 마케팅목표, 광고목표, 매체목표의 위계관계

매체목표는 마케팅목표와 광고목표의 하위목표이다. 매체목표는 마케팅목표 달성에 유리한 판매환경을 조성하고 광고목표의 달성을 지원하여야 한다. 즉, 마케팅목표가 매출이라면 광고목표는 마케팅목표를 달성하는데 필요한 커뮤니케이션 과제를 수행하는 것이며, 매출목표는 광고목표를 달성하기 위해 필요한 노출과제를 수행하는 것이다. 따라서 마케팅목표, 광고목표, 매체목표는 수직적인 위계관계라고 할 수 있다. 예를 들어 〈표 11-8〉에서 보여지듯이 마케팅목표는 제일 상위차원의 목표로써 매출

표 11-8 마케팅목표, 광고목표, 매체목표의 위계관계

목표유형	목표의 지표들	목표의 사례들 (XX초콜렛 브랜드)
마케팅목표	매출액, 매출량, 시장점유율(MS)	어린이 표적 수용자 5만명을 대상으로 XX초콜렛 브랜드의 매출을 12개월 이내 10% 증가시킨다
광고목표	커뮤니케이션효과 (인지도, 호감도, 구매의향)	어린이 표적 수용자 5만명을 대상으로 XX초콜렛 브랜드에 대한 상표인지도를 12개월 이내 30퍼센트에서 50퍼센트로 증대시킨다.
매체목표	노출효과 (GRPs, 도달률, 빈도, 유효빈도, 유효도달률)	어린이 표적 수용자의 80%에게 XX초콜렛 브랜드 광고메시지를 최소 3회 노출시킨다

액, 매출량, 시장점유율을 나타낸다. 광고목표는 이러한 마케팅목표의 달성하는데 필요한 커뮤니케이션 효과이며 매체목표는 광고목표인 커뮤니케이션 효과를 창출하는데 필요한 노출효과를 나타낸다.

매체목표는 마케팅목표 및 광고목표에 부합되게 설정되어야 한다. 예를 들어 〈표 11-8〉에서 보여지듯이 XX초콜렛 브랜드의 마케팅목표가 어린이 표적 수용자 5만명을 대상으로 XX초콜렛 브랜드의 매출을 12개월 이내 10% 증가시키는 것이라면 이러한 마케팅목표 달성에 장애가 되는 상표인지도 부족을 해소하기 위하여 상표인지도를 30%에서 50%로 증대시키는 것이 광고목표가 되어야 한다. 또한 상표인지도를 30%에서 50%로 증대시키기 위하여 최소한 전체 표적 수용자의 50% 이상에게 광고메시지를 도달시켜야 하며, 따라서 광고메시지를 어린이 표적 수용자의 80%에게 노출시킨다는 매체목표를 설정할 수 있다. 따라서 마케팅목표는 광고목표의 범위와 내용을 결정하여 주며, 광고목표는 매체목표의 범위와 내용을 결정하여 준다고 할 수 있다.

3 매체목표 설정의 두 가지 접근방법들

매체목표의 설정은 광고예산의 설정 방법에 따라 상향식과 하향식으로 구분된다. 예를 들어 상향식 매체목표의 설정은 마케팅목표에 상응하는 광고목표를 설정하고, 이러한 광고목표의 달성을 지원할 노출량 즉 매체목표를 설정하는 것이다. 일단 마케팅목표 및 광고목표의 달성에 필요한 노출량 목표가 결정되면 이에 소요되는 광고예산을 산출하게 된다. 따라서 상향식 매체목표의 설정은 상향식 광고예산의 설정과정과 동일하다고 할 수 있다.

반면에 마케팅 및 광고목표와 상관없이 광고예산이 경영자의 주관적 판단 혹은 경험에 의해 하향식으로 미리 결정된다면, 매체목표는 주어진 광고예산의 범위 내에서 설정되어야 한다. 일반적으로 하향식 매체목표 설정의 경우 광고예산이 제한적이어서 광고주가 기대하는 만큼의 광고효과를 얻기에 충분치 않은 경우가 많기 때문에 미디어 믹스 및 매체스케줄링전략은 많은 제약을 받게 된다. 예를 들어 광고예산이 적을 경우 매체전략은 주로 광고단가가 높은 대중매체 대신에 광고단가가 비교적 저렴하고 비용 효율적인 비대중매체 중심으로 전개된다.

1) 상향식 매체목표의 설정

상향식 매체목표 설정은 마케팅목표에 상응하는 광고목표를 설정하고, 이러한 광고목표에 상응하는 매체목표를 설정하는 것이다. 즉, 마케팅목표(예를 들어 매출과 시장점유율)를 달성하기 위하여 광고목표(예를 들어 상표인지도와 상표태도)가 어떻게 설정되어야 하며, 이러한 광고목표를 달성하기 위하여 매체목표(예를 들어 GRPs, 도달률, 빈도)는 어떻게 설정되어야 하는지를 규명하는 것이다. 그러나 마케팅목표에 상응하는 광고목표를 설정하고, 이러한 광고목표에 상응하는 매체목표를 설정하는 것은 매우 어렵다. 이것은 왜냐하면 각기 성격이 다른 마케팅목표를 광고목표로, 광고목표를 매체목표로 전환하는 작업을 하여야 하기 때문이다.

상향식 매체목표의 설정에서 가장 중요한 것은 마케팅목표와 광고목표의 달성에 필요한 매체노출량, 특히 최소 유효빈도의 결정이다. 예를 들어 광고캠페인이 상표인지도의 확보를 목표로 할 경우 광고캠페인이 역치수준을 넘어서기 위하여 필요한 최소한의 노출횟수는 몇 회이며, 상표에 대해 이해도와 긍정적인 태도를 높이고, 나아가 구매욕구를 자극하고 구매행동을 촉구하기 위하여 얼마나 더 많은 노출빈도가 필요한가를 결정하여야 한다.

〈그림 11-2〉는 상향식 매체목표 설정의 예이다. 예를 들어 만약 XX커피 브랜드가 내년도에 100만명의 대학생 타깃을 대상으로 월 평균 10만개의 제품을 판매하는 것을 마케팅목표로 한다면 전체 타깃의 10%가 월 평균 1개의 제품을 구매하여야 한다. 전년도의 광고효과를 모니터한 결과 100만명의 전체 대학생 타깃 중 1%가 월 평균 1개의 제품을 구매하도록 하기 위하여 월 평균 3%의 최초상기도가 필요하다고 한다면 내년도 마케팅목표를 달성하기 위하여 월 평균 30%(=3% × 10%)의 최초상기도가 필요하다. 따라서 광고목표는 대학생 타깃을 대상으로 월 평균 30%의 최초상기도를 획득하는 것이라고 할 수 있다. 만약 최초상기도와 유효도달률 간의 관계를 1 : 2로 가정한다면 매체목표인 유효도달률은 60%가 된다고 할 수 있다. 〈그림 11-3〉은 광고목표인

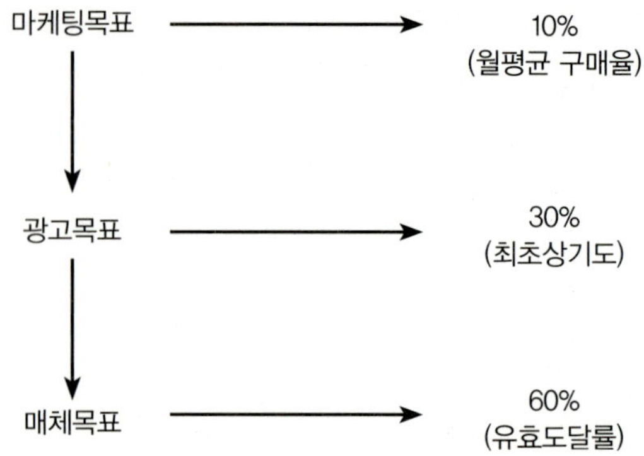

그림 11-2

브랜드 인지도와 매체목표인 GRPs 간의 관계를 나타내는 반응함수이다. 이러한 브랜드 인지도와 GRPs 간의 반응함수를 통하여 광고목표 달성에 필요한 매체목표 수준을 파악할 수 있다. 예를 들어 광고목표가 광고캠페인 기간 동안 브랜드 인지도 70% 달성이라면 반응함수의 관계식을 통하여 매체목표는 647 GRPs임을 알 수 있다.

그러나 반응함수는 장기간에 걸쳐서 광고투입량(GRPs)의 변화에 따른 효과 혹은 매출액 변화의 상관관계를 분석하여 그것이 과학적으로 관련성을 가질 때 구할 수 있다. 따라서 상관관계가 약하거나 그럴 경우 수학적 함수관계가 잘 나타나지 않기 때문에 정확한 반응함수의 도출이 어렵다. 또한 반응함수를 이용하는 방법은 〈그림 11-3〉의 오른쪽 표에서 보여지듯이 과거에 장기간에 걸쳐 축적된 GRPs 및 상표인지율 자료 등 종단적 자료를 필요로 하기 때문에 연구기간이 길고, 투자비용이 크며 분석결과도

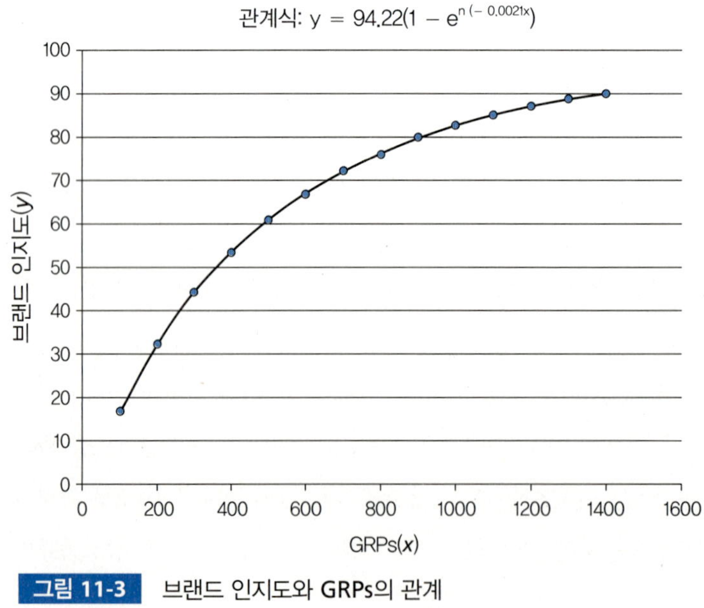

GRPs	브랜드 인지도
100	17.8%
200	32.3%
300	44.0%
400	53.5%
500	61.2%
600	67.5%
700	72.6%
600	76.7%
900	80.0%
1,000	82.7%
1,100	84.9%
1,200	86.6%
1,300	88.1%
1,400	89.2%
1,500	90.2%

그림 11-3 브랜드 인지도와 GRPs의 관계

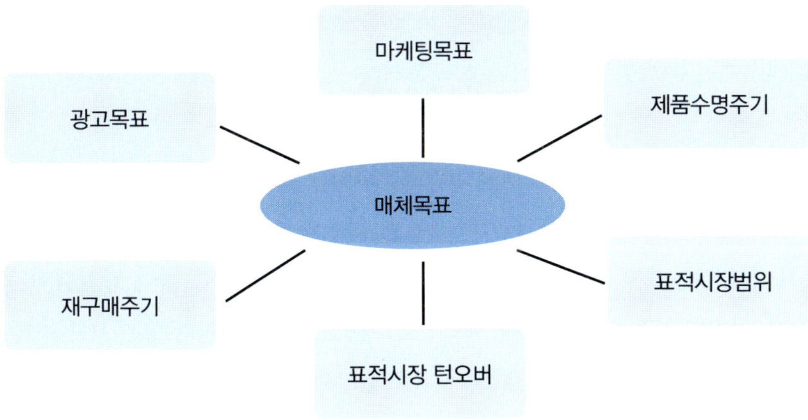

그림 11-4 매체목표에 영향을 미치는 요인들

해당 제품에 한해서만 적용될 수 있다. 또한 이러한 GRPs와 상표인지율 간의 상관관계는 시간의 변화에 따라 달라지는 것이므로 실제 실용화의 한계가 있다.

2) 하향식 매체목표의 설정

하향식 매체목표의 설정은 경영자의 주관적 판단 혹은 경험에 의해 결정된 광고예산의 범위 내에서 GRPs를 광고캠페인 계획 수립 전 먼저 설정하고, 이어서 미리 설정된 GRPs를 도달률 및 빈도와 같은 구체적인 매체목표로 전환하는 방법이다. 하향식 매체목표의 설정은 광고목표의 달성여부는 고려하지 않은 채 주어진 광고예산의 범위 내에서 GRPs, 도달률, 빈도와 같은 매체목표를 설정해야 하기 때문에 비논리적인 방법이라고 할 수 있다.

4 매체목표의 설정에 영향을 미치는 요인들

매체목표는 회사의 광고예산 규모, 마케팅목표, 광고목표, 제품수명주기, 표적 수용자의 범위, 제품 재구매주기, 표적 수용자의 턴오버 등 여러 가지 요인들의 영향을 받는다. 다음은 이러한 매체목표에 영향을 미치는 요인들이다.

1) 마케팅목표

마케팅목표는 광고목표를 통하여 매체목표에 간접적으로 영향을 미친다. 예를 들어 만약 새로 개발된 휴대폰 브랜드의 마케팅목표가 현재의 고객들로 하여금 휴대폰의 사용방법을 배우게 하여 제품을 교체 구입하게 하는 것이라면 광고목표는 표적 수용자들로 하여금 제품사용에 관한 다양한 방법을 회상시키도록 하고 매체목표는 사용방법의 회상을 촉진시키기 위하여 광고메시지를 반복해서 노출시켜야 한다.

2) 광고목표

매체목표는 광고목표를 달성하기 위해 필요한 노출량을 나타내며, 따라서 일반적으로 광고목표가 무엇인가에 따라서 매체목표는 영향을 받는다. 예를 들어 광고캠페인의 목표가 높은 인지도를 창출하는 것을 목적으로 하고 있다면 매체목표는 가급적 많은 사람들에게 광고 메시지를 전달해야 하기 때문에 도달률을 강조하여야 한다. 그러나 도달률만으로 상표 및 광고메시지에 대한 인지도를 창출할 수 없으며, 적절한 수준의 빈도가 확보되었을 때에만 상표 혹은 메시지내용에 대한 인지도가 발생한다. 이것은 왜냐하면 TV광고를 비롯한 대부분의 대중매체광고는 저관여 상태에서 수용되는 경우가 많기 때문에 한 번의 노출만으로 주의집중이 이루어지지 않으며 따라서 상표 혹은 광고메시지 내용에 대한 기억의 흔적이 남아있지 않는다고 할 수 있다. 따라서 상표 혹은 광고메시지 내용에 대한 인지도를 창출하기 위하여 적절한 수준의 도달률과 빈도의 조합이 이루어져야 한다. 반면 광고목표가 상표에 대한 단순한 인지도 창출의 단계를 넘어서 상표에 대한 태도변화 유도 혹은 구매의향의 유발과 같은 한 차원 더 높은 커뮤니케이션효과들을 목표로 한다면 매체목표는 도달률보다 빈도를 조금 더 강조하여야 한다. 이것은 왜냐하면 1~2회의 노출만으로 표적 수용자의 태도변화 등을 기대하기 어렵기 때문이다.

3) 제품수명주기

제품수명주기(product life cycle: PLC)란 제품이 인간의 수명처럼 도입기, 성장기, 성숙기, 쇠퇴기의 과정을 거치는 것을 말한다. 신제품의 도입기에는 표적 수용자를 대상으로 폭넓은 인지도를 확보하는 것이 중요함으로 도달률이 빈도보다 더 강조되어야 한다. 그러나 제품수명주기 상에서 제품이 성장기와 성숙기에 접어들면 판매가 증가하므로 제품의 판매소구점을 정확히 전달함으로써 판매를 증가하기 위하여 도달률보다 빈도를 강조하여야 한다.

4) 표적 수용자의 범위

표적 수용자가 인구학적으로, 지리적으로 광범위하게 분포되어 있으면 광고메시지의 도달범위가 넓기 때문에 빈도보다 도달률에 초점을 두어야 한다. 예를 들어 콜라와 같은 청량음료는 성별과 연령, 국경을 초월하여 누구나 다 즐겨마시는 제품이다. 이러한 표적 수용자가 광범위하게 분포된 제품의 경우 광범위한 표적 수용자 계층에게 도달하기 위하여 도달률에 초점을 맞추어야 한다. 반면에 표적 수용자층이 비교적 동질적이거나 좁게 정의될 경우 도달률보다 빈도에 초점을 맞추는 것이 바람직하다.

5) 제품 재구매주기

제품 재구매주기(product repurchase cycle)가 짧고 반복구매가 빈번하게 이루어지는 경우 구매시점 노출을 극대화하기 위하여 지속성을 유지하는 것이 바람직하다. 예를 들어 청량음료나 과자류와 같은 제품은 매일 혹은 일주일 간격으로 재구매가 이루어진다. 이처럼 제품 재구매주기가 짧은 제품들은 상표에 대한 친숙도와 소비자의 기억을 지속적으로 유지하는 것이 중요하다. 따라서 이런 제품의 경우 1회 노출만으로 충분히 소비자의 기억을 유지할 수 있으므로 빈도보다 지속성을 강조하여 소비자가 구매할 준비가 되어 있을 때 광고메시지가 가급적 많은 표적 수용자들에게 노출될 수 있도록 하여야 한다.

6) 표적시장 턴 오버

표적시장이 교체되는 것을 표적시장 턴 오버(target market turnover)라고 한다. 유아용품과 같은 제품은 유아용품 사용기간이 보통 1~2년이기 때문에 표적시장이 1~2년을 주기로 교체된다. 따라서 표적시장의 턴 오버가 심한 제품의 경우 새로운 표적시장에게 광고메시지를 최대한 많이 도달시키기 위하여 빈도보다 도달률을 강조하는 것이 바람직하다.

CHAPTER 12

표적 수용자의 선정

광고캠페인의 표적 수용자는 광고의 표적이 되는 소비자를 말한다. 광고캠페인에서 표적 수용자가 보다 더 명확하게 묘사되면 될수록 표적 수용자에게 더 효과적이고 효율적으로 도달할 수 있는 매체, 비히클, 유닛을 선택할 수 있게 된다. 즉, 표적 수용자를 명확하게 정의하게 되면 표적 수용자에게 광고메시지를 도달시킬 수 없는 매체와 비히클들을 피할 수 있거나 우리의 표적이 아닌 사람들에게 광고메시지가 도달하게 되는 것을 최소화할 수 있다.

1 시장세분화와 표적 수용자 선정과정

일반적으로 광고의 표적 수용자는 기업의 마케팅 활동을 시작하기 위하여 적절한 시장을 찾는 시장세분화 과정에서 구체화되며, 이러한 시장세분화 과정을 통하여 인구통계적 특성, 심리묘사적 특성, 제품사용량 등과 같은 구체적인 표적 수용자에 대한 정보가 얻어진다. 광고캠페인의 표적 수용자는 마케팅 환경분석, 시장세분화, 세분시장군 도출, 마케팅 표적시장 선정을 거쳐 최종적으로 선정된다. 즉 〈표 12-1〉에서 보여지듯이 마케팅을 둘러싸고 있는 거시 및 미시 환경분석을 통하여 소비자의 욕구 변화를 감지하고 소비자 욕구의 변화가 감지되면 소비자의 변화하는 욕구를 근거로 시장을 세분화한 후 한 개 혹은 여러 개의 세분시장군을 도출하고 이러한 세분시장군으로부터 3C(소비자 규모, 경쟁 강도, 기업의 가용자원)를 고려하여 최종적으로 한 개 혹은 여러 개의 마케팅 표적시장을 선정하고 이를 바탕으로 최종 광고의 표적 수용자를 결정하게 된다. 예를 들어 환경분석 결과 내수침체로 인한 경기불황으로 저가 제품에 대한 소비자의 욕구가 증가한다면 저가 시장을 표적으로 하여 기능을 단순화하고 값이 싼 보급형 제품을 개발하여 마케팅 활동을 수행함으로써 기업은 큰 성과를 거둘 수 있다. 이런 경우 저가 시장은 고객은 물론 기업에게 가장 유리한 성과를 제공하여 주는 매력적인 표적시장이 될 수 있다.

일반적으로 광고캠페인의 표적 수용자는 마케팅의 표적시장과 일치한다. 이것은 왜냐하면 마케팅 표적시장의 개발단계에서 이미 시장세분화 과정을 통하여 광고캠페인의 표적 수용자가 결정되기 때문이다. 그러나 최근에 통합적 마케팅 커뮤니케이션전략이 보편화되면서 마케팅의 표적시장은 광고 표적시장, 판매촉진 표적시장, 인적판매

표 12-1 표적 수용자 선정 과정

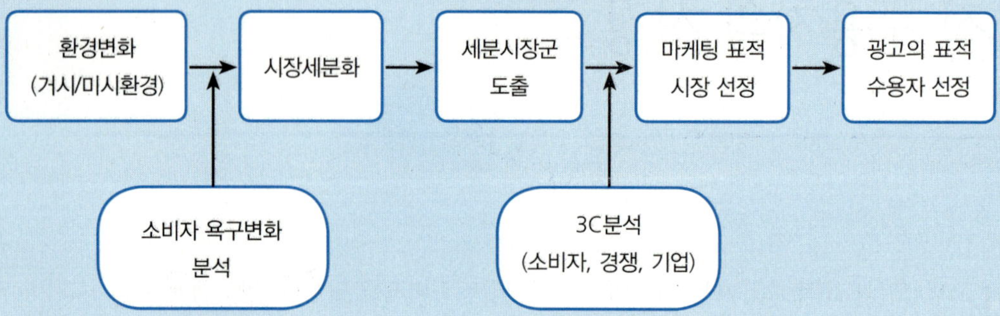

표적시장, PR 표적시장, 이벤트 표적시장, DM 표적시장으로 더욱 세분화되며, 따라서 광고 표적 수용자는 마케팅 표적시장보다 범위가 작다고 할 수 있다.

또한 일반적으로 광고의 표적 수용자는 제품의 실 사용자뿐만 아니라 구매의향자, 구매결정권자, 구매영향자, 중간도매상, 소매상과 같은 유통업자들을 포함한 판매에 직간접적으로 영향을 미치는 모든 사람들을 포함한다. 예를 들어 유아 혹은 취학 전의 어린이들을 대상으로 하는 제품의 경우 실 사용자는 유아 혹은 어린이 이지만 구매결정권자는 부모인 경우가 많기 때문에 표적시장과 표적 수용자가 다르다고 할 수 있다. 따라서 미디어 플래너는 제품의 매출에 중요한 영향을 미치는 표적 수용자들을 정확하게 파악하여야 광고캠페인의 성공확률을 높일 수 있다.

2 표적 수용자의 정의

표적 수용자의 정의(target market definition)는 광고메시지가 도달되어야 할 전형적인 사람들의 모습을 그려내는 것이다. 여기에는 그 사람의 성별, 나이, 직업, 소득, 좋아

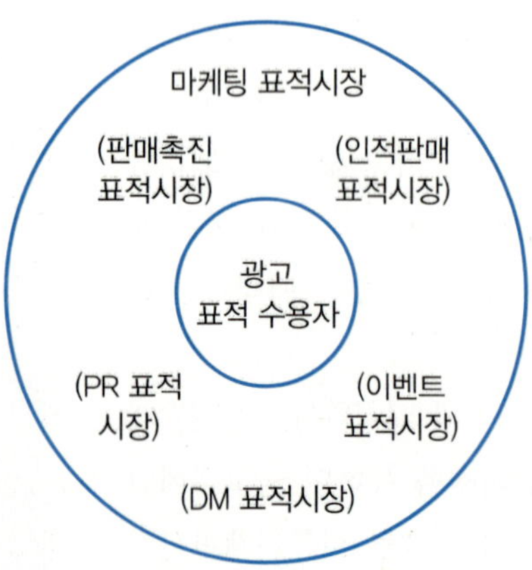

그림 12-1 마케팅 표적시장과 광고 표적 수용자

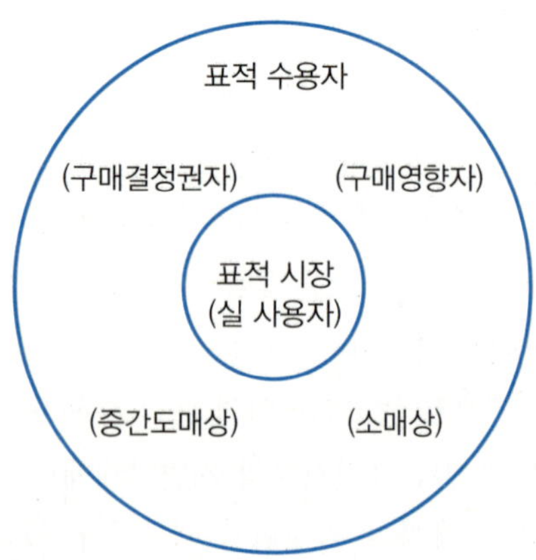

그림 12-2 표적시장과 표적 수용자

하는 것, 싫어하는 것, 열망하는 것, 관심사, 생애 대한 태도, 선호하는 제품, 자주 접촉하는 매체 등이 무엇이며 광고대상 상표와 경쟁상표에 대해서 어떤 생각을 가지고 있는가? 또한 표적 수용자가 어떠한 기능적, 상징적, 감각적 편익을 원하는가? 등이 포함된다.

광고의 표적 수용자가 구체적으로 묘사되면 될수록 우리 광고를 이러한 특정집단에게 적합하도록 만들 수 있으며 그들에게 효율적으로 도달할 수 있는 매체를 선택할 수 있게 된다. 일반적으로 표적 수용자의 정의에는 인구통계적 특성, 심리묘사적 특성, 지리적 특성, 제품사용량, 상표 충성도, 추구 편익과 같은 시장세분화 기준들이 사용된다. 인구통계적 특성, 심리묘사적 특성, 지리적 특성을 고객 특성 변수라고 하며 제품사용량, 상표 충성도, 추구 편익, 매체접촉행태 등을 고객 행동 변수라고 한다.

표적 수용자의 정의에서 가장 중요한 것은 표적 수용자의 인구통계학적 특성을 묘사하는 것이다. 이것은 왜냐하면 표적 수용자의 인구통계학적 특성은 매체목표와 매체전략의 수립에 직접적인 영향을 미치기 때문이다. 예를 들어 어린이부터 노인에 이르기까지 모든 사람을 대상으로 하는 제품의 광고캠페인처럼 표적 수용자의 범위가 넓으면 매체목표는 도달률에 초점을 두어야 하며 미디어 믹스전략도 도달범위가 넓은 매체 위주로 선택하여야 한다. 또한 매체를 선택할 때 표적 수용자의 인구통계학적 정보가 없으면 표적 수용자에게 효율적으로 도달할 수 있는 매체와 비히클을 선택할 수 없게 된다. 이것은 왜냐하면 TV와 신문과 같은 매체효과의 평가기준으로 사용되는 시청률과 열독률과 같은 매체접촉자료는 매체수용자에 대한 인구통계학적 정보만 제공하기 때문에 표적 수용자에 대한 인구통계학적 정보가 없으면 표적 수용자에게 효율적으로 도달할 수 있는 매체를 선택할 수 없기 때문이다. 예를 들어 TV를 활용한 광고캠페인에서 표적 수용자가 20대 남녀라면 20대 남녀가 주로 시청하는 프로그램(예를 들어 뮤직뱅크)을 선택하여야 우리의 광고메시지를 가장 많은 표적 수용자들에게 도달시킬 수 있다.

표적 수용자의 인구통계학적 특성은 매체노출량의 결정에도 영향을 미친다. 예를 들어 20대가 TV를 덜 시청하기 때문에 만약 표적 수용자가 20대 남녀라면 동일한

표 12-2 표적 수용자 정의에 포함되는 요인들

대분류	소분류	특성 요인들
고객 특성 변수	인구통계적 특성	성별, 나이, 직업, 학력, 소득, 인종, 결혼 여부 등
	심리묘사적 특성	라이프스타일, 개성, 태도, 자아개념, 동기, 욕구 등
	지리적 특성	지역, 도시 크기, 인구 밀도, 기후 등
고객 행동 변수	행태적 특성	제품사용량(다량, 보통, 소량), 상표 충성도, 추구 편익, 매체접촉행태 등

표 12-3 '피부미용비누'제품 광고캠페인의 표적 수용자의 정의 사례

피부미용으로 고민하며, 통상의 세면비누, 그리고 씻는다는 기능에 만족치 않고 약간의 부가적 이점을 바라는 14~24세의 젊은 여성으로서 유행을 의식하며 동류집단 가치(peer group value)d에 매우 민감한 반응을 보인다. 그들은 일주일에 한 개의 피부미용비누를 소비하여 항상 가장 품질 좋은 제품을 추구하기 때문에 새로운 것이라면 언제든지 시험구매할 용의가 있는 여성들이다. 또한 그들은 신문은 구독하지 않으며, TV는 하루 평균 1시간, 인터넷은 하루 평균 2시간, 그리고 SNS는 거의 매일 하루 평균 1시간을 이용한다.

TRPs(taget rating points)를 얻기 위하여 더많은 매체예산을 투입하여야 한다. 따라서 매체기획의 표적 수용자의 정의에는 반드시 성별, 나이, 소득, 직업, 학력과 같은 인구통계학적 정보가 포함되어야 한다.

〈표 12-3〉은 인구통계학적 특성, 심리묘사적 특성, 제품사용량 등과 같은 '피부미용비누'의 표적 수용자에 대한 정의의 사례이다. 즉, 이와같은 피부미용비누의 표적 수용자의 정의는 광고캠페인의 표적 수용자의 살아있는 생생한 모습을 보여주며 타깃에게 적합한 크리에이티브전략과 매체전략을 수립하는 데 도움을 준다. 여기에는 피부미용비누의 표적 수용자의 인구통계적 특성 뿐 아니라 라이프스타일, 심리적 특성, 그들에게 제공하는 기능적 편익, 제품사용량까지도 묘사하고 있다. 또한 그들이 자주 접촉하는 광고매체에 관한 정보도 포함하고 있다.

3 간접조사 자료를 활용한 표적 수용자 선정방법

광고메시지가 도달되어야 할 표적 수용자는 우리 제품의 현재 사용자인 경우가 많다. 따라서 광고캠페인에서 우리 제품의 표적 수용자를 파악하는 가장 효과적인 방법은 현재 우리 제품을 가장 많이 사용하는 소비자 집단이 누구인가를 파악하는 것이다. 즉 우리 제품이 속한 제품군을 가장 많이 사용하는 소비자 집단이 누구인가를 알게 되면 누구를 표적으로 광고를 해야 될 것인가를 알 수 있다.

일반적으로 광고캠페인의 표적 수용자인 제품의 실 사용자를 파악하기 위하여 신디케이트 조사(syndicated research)회사에서 제공하는 종합소비자 조사자료를 많이 활용한다. 예를 들어 미국의 신디케이트 조사회사인 SMRB(Simmons Market Research Bureau)와 GfK MRI(Mediamark Research & Intelligence)에서는 매년 정기적으로 550개의 제품카테고리에서 6,000개가 넘는 제품의 소비자 사용실태와 26,000명이 넘는 미국 소비자의 라이프스타일 및 매체접촉행태 조사자료를 제공한다. 우리나라에서는 한국방송광고진흥공사의 MCR(Media & Consumer Research), 제일기획의 ACR(Annual & Consumer Report), 한국리서치의 미디어 인덱스(Media Indix)가 독자적으로 혹은 신디케이트 형태로 매년 정기적으로 제품사용실태, 라이프스타일, 매체

접촉행태 조사자료를 제공한다. 이러한 독자적 조사 혹은 신디케이트 조사를 통하여 제공되는 제품사용실태 조사자료는 매체접촉행태 조사자료와 동시에 교차분석되어 표적 수용자에게 효율적으로 도달할 수 있는 매체선택의 간접조사 자료로써 활용된다.

미국의 GfK MRI 조사자료에 의하면 제품을 가장 많이 사용하는 집단을 다량 사용자(heavy users)라고 하며 평균적으로 사용하는 집단을 보통 사용자(medium users), 그리고 우리 제품을 가장 적게 사용하는 집단을 소량 사용자(light users)라고 한다. 일반적으로 제품의 다량 사용자를 표적 수용자로 하면 적은 광고비용으로 광고캠페인을 효율적으로 전개할 수 있다. 예를 들어 맥주제품의 경우 전체 맥주 소비의 80%를 20%의 다량 사용자들이 소비하는 2:8의 원칙이 적용된다. 따라서 이러한 전체 맥주 소비량의 80%를 차지하는 20%의 다량 사용자들을 주 표적 수용자로 한다면 적은 비용으로 광고캠페인을 효율적으로 전개할 수 있다. 이처럼 청량음료, 스낵류, 맥주와 같이 제품 재구매주기가 짧은 저관여제품들의 경우 이러한 다량 사용자를 표적 수용자로 한다면 적은 비용으로 광고캠페인의 성공확률을 높일 수 있다. 〈표 12-4〉는 이러한 맥주 음용자의 일주일 평균 맥주 소비량 조사자료를 활용한 표적 수용자 선정의 예를 보여준다. 〈표 12-4〉에서 보여지듯이 맥주제품의 주 표적 수용자가 될 수 있는 다량 사용자들은 25~34세 남성인 것을 알 수 있다.

신디케이트 조사자료에서 제공되어지는 제품사용량 분석을 통하여 표적 수용자를 선정하게 되면 그 다음 단계는 표적 수용자들의 매체접촉행태(예를 들어 시청률과 열독률)를 분석하여 표적 수용자들이 가장 많이 접촉하는 광고매체와 비히클들을 선택하게 된다. 한편 시장상황과 마케팅전략에 따라 제품의 다량 사용자가 반드시 일차 표적 수용자가 아닐 수도 있다. 예를 들어 우리의 마케팅전략이 신규 수요 창출을 통하

표 12-4 미국 맥주 음용자들의 일주일 평균 맥주 소비량(단위: 명, %)

성별/연령	전체 인구 수	전체 사용자	다량 사용자 (7잔 이상)	보통 사용자 (3-6잔 이상)	소량 사용자 (2잔 이하)
전체 성인	186,039,000	32.0	9.3	10.2	12.5
남자	88,760,000	44.9	16.0	14.6	14.4
여자	97,279,000	20.3	3.2	6.3	10.8
18~24	25,079,000	37.9	10.5	12.9	14.5
25~34	44,217,000	41.2	13.8	12.0	16.3
35~44	38,704,000	35.0	9.7	10.9	14.4
45~54	25,901,000	28.4	7.4	9.5	11.5
55~64	21,840,000	23.4	6.7	8.6	8.1
65+	30,297,000	18.0	4.4	6.5	7.1

자료원: 1993년 MRI(Mediamark Research Inc.)자료를 바탕으로 재구성함

여 시장 점유율을 증대시키는 것을 목표로 한다면 현재 제품을 전혀 사용하지 않는 새로운 소비자가 표적 수용자가 될 수도 있다. 또한 마케팅전략이 타사 상표 사용자를 공격적으로 공략하여 시장 점유율을 증대시키는 것을 목표로 한다면 타사 상표 사용자가 표적 수용자가 될 수도 있으며, 성장이 정체 되었지만 경쟁이 치열한 레드오션(red ocean)시장에서 광고자원이 부족한 경우 틈새시장(niche market)을 표적으로 함으로써 강력한 경쟁자를 피해 기대하는 캠페인 성과를 거둘 수도 있다. 예를 들어 중소 가전 전문 브랜드인 동양 매직은 독과점 상황에 놓여 있는 세탁기 시장에서 외국 고가의 제품을 선호하는 소비자들을 표적 수용자로 하여 고급 세탁기 시장을 공략함으로써 삼성과 LG와 같은 대기업 제품과의 경쟁을 피하고 광고 캠페인의 목표를 성공적으로 달성할 수 있었다.

4 표적 수용자별 광고예산의 배분

표적 수용자의 선정과정에서 광고의 표적 수용자가 하나가 아닌 여러 개로 세분화될 경우 각 표적 수용자별로 얼마의 광고예산을 할당할 것인가를 결정해야한다. 대부분의 매체기획에서는 표적 수용자를 1차 표적 수용자 및 2차 표적 수용자로 구분한다. 1차 표적 수용자는 보통 제품사용자, 구매결정권자, 구매영향자를 포함하여 폭넓게 정의된다. 제품사용자는 제품의 실 사용자들을 말하며 제품사용량에 따라 다량사용자, 보통사용자, 소량사용자로 구분된다. 구매결정권자는 제품구매를 최종 결정하는 사람을 말한다. 예를 들어 유아용품의 경우 제품의 실 사용자는 유아들이지만 구매결정권자는 부모인 경우가 많다. 구매영향자는 가족과 친구 등 구매에 영향을 미치는 사람을 말한다.

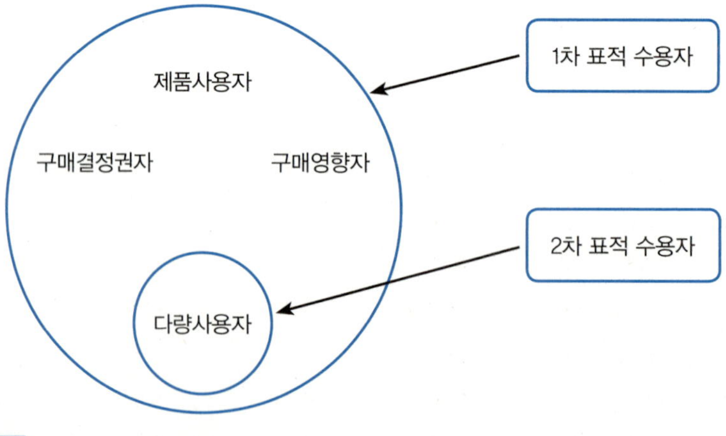

그림 12-3 표적 수용자의 유형

2차 표적 수용자는 1차 표적 수용자들 가운데 특별히 광고자원을 추가로 투입해야 할 필요가 있는 표적 수용자들을 말한다. 일반적으로 제품사용량이 많은 다량사용자들이 2차 표적 수용자인 경우가 많다. 예를 들어 맥주제품의 경우 1차 표적 수용자는 맥주를 소비하는 모든 음용자들을 포함하나 2차 표적 수용자는 1차 표적 수용자들 가운데 맥주 소비량이 가장 많은 다량사용자인 20대 남성으로 정의할 수 있다. 이러한 2차 표적 수용자에게는 광고자원과 노력을 추가로 배분한다. 보통 1차 표적 수용자에게 할당되는 광고예산의 비중은 전체 광고 예산의 60~70%정도이고 2차 표적 수용자에게 할당되는 광고예산의 비중은 전체 예산의 30~40%를 넘지 않는 것이 보통이다. 이렇게 2차 표적 수용자에게 특별히 광고자원과 노력을 추가로 투입하는 전략을 헤비업전략(heavy-up strategy)이라고 한다.

CHAPTER 13

미디어 믹스

매체목표가 정해지면 그 다음 설정된 매체목표를 달성하기 위해 광고매체, 비히클, 유닛들을 선택하고 선택된 매체, 비히클, 유닛을 구매하기 위하여 매체예산을 할당하게 된다. 매체스케줄에 포함된 매체, 비히클, 유닛의 선택은 미디어 믹스, 비히클 믹스, 유닛 믹스의 순으로 이루어진다. 미디어 믹스는 TV 라디오, 신문, 잡지, 인터넷, 모바일, 옥외매체 등의 매체유형을 선택하는 것이고, 비히클 믹스는 매체를 구성하는 동종 집합체를 나타내는 매체비히클을 선택하는 것을 말하며, 유닛 믹스는 광고길이, 위치, 크기 등을 결정하는 것을 말한다. 예를 들어 신제품을 시장에 출시하기 위하여 지상파TV를 주 매체로 활용한 신제품 런칭 광고캠페인을 계획할 경우 미디어 플래너들은 일차적으로 지상파TV를 선택한 후 그 다음 프로그램(예를 들어 KBS 9시 뉴스), 마지막으로 길이 혹은 초수(예를 들어 20초 혹은 30초)와 위치(예를 들어 전CM 혹은 후CM)의 순으로 선택하게 된다.

이러한 매체유형, 비히클, 유닛의 선택이 끝나면 그 다음 단계는 선택된 각각의 매체, 비히클, 유닛에 어느 정도의 예산을 할당할 것인가를 결정하게 된다. 미디어 믹스, 비히클 믹스, 유닛 믹스 과정에서 각 매체, 비히클, 유닛에 투입할 예산 비중의 결정은 매체, 비히클, 유닛의 중요도 등에 따라 다르다. 예를 들어 광고캠페인의 목표달성에 텔레비전매체가 신문매체 보다 더 중요하다면 텔레비전 매체에 더 많은 광고예산을 할당한다. 일단 선택된 매체, 비히클, 유닛에 적절한 예산을 할당하는 작업이 끝나면 미디어 믹스, 비히클 믹스, 유닛 믹스는 매체스케줄링과 결합되어 반기별, 분기별, 월별로 더욱 세분화된다.

1 미디어 믹스

매체, 비히클, 유닛선택의 3단계 과정에서 미디어 믹스(media mix)는 미디어플래너가 결정해야 할 첫 번째 과정이다. 미디어 믹스(media mix)는 매체목표를 달성하기 위하여 주어진 예산의 범위 내에서 광고주가 통제할 수 없는 제약요인들을 고려하여 어떤 매체를 사용할 것이며 또한 선택된 매체에 얼마의 예산을 할당할 것인가를 결정하는

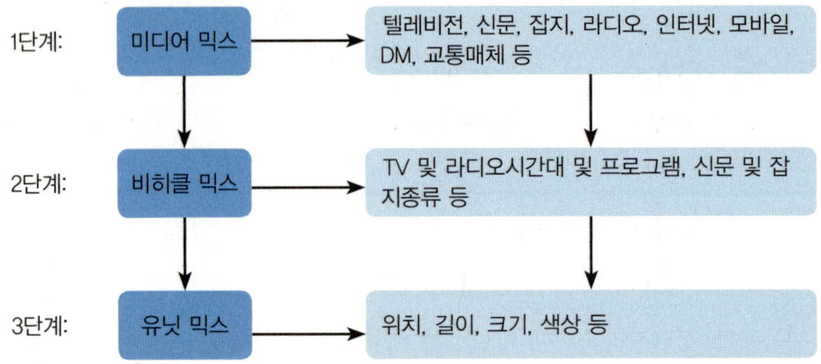

그림 13-1 미디어 믹스, 비히클 믹스, 유닛 믹스 과정

것을 포함한다. 보통 광고주들은 광고캠페인을 효율적으로 전개하기 위하여 한 가지 이상의 매체를 사용하기 때문에 최종 매체스케줄을 구성하기 위하여 미디어 믹스 과정을 거치게 된다. 미디어 믹스를 어떻게 하느냐에 따라서 광고캠페인의 목표 달성 여부가 결정되기 때문에 미디어 믹스에 관련된 의사결정 과정은 미디어 플래너에게 매우 중요하다고 할 수 있다.

1) 미디어 믹스의 장점들

폭넓은 도달률의 확보

디지털 케이블TV, 인터넷, IPTV, N-스크린 서비스 등 뉴미디어를 포함한 다매체, 다채널 시대의 도래로 수용자들의 분극화현상이 발생하고, 이에 따라 소비자들의 브랜드 접촉점이 다양화됨으로써 한 가지 매체만으로 표적 수용자에게 효율적으로 도달할 수 없게 되어가고 있다. 특히 소비자들의 다중매체소비행태의 증가로 텔레비전, 신문, 잡지, 라디오와 같은 전통적인 4대 매체의 사용은 점차 감소하는 반면에 케이블TV, 인터넷, 모바일매체와 같은 뉴미디어의 사용은 점차 증가하고 있다. 이러한 소비자들의 매체소비행태의 변화로 인해 한 두 개의 매체만으로 폭넓은 도달률을 획득할 수 없는 경우가 많다. 미디어 믹스는 다양한 매체에 광고메시지를 골고루 분산시킴으로써 표적 수용자층이 광범위한 제품의 광고캠페인이 목표로 하는 폭넓은 도달률을 확보하게 해준다. 예를 들어 콜라와 같이 표적 수용자층이 어린이부터 나이 든 성인에 이르기까지 골고루 분포된 제품의 경우 한 개 이상의 매체들을 사용하여 미디어 믹스를 함으로써 광범위한 표적 수용자층에게 광고메시지를 도달시킬 수 있다. 광고캠페인의 표적 수용자층이 광범위한 제품의 예로써 청량음료, 휴대폰, 시리얼, 패스트푸드, 패밀리 레스토랑 등을 들 수 있다.

커뮤니케이션 시너지효과의 극대화

미디어 믹스는 다양한 자극을 통한 커뮤니케이션 시너지효과를 극대화 할 수 있게 해준다. 파이비오(Paivio, 1986)의 이중 부호화 이론(dual coding theory)에 의하면 시각적 정보와 언어적 정보를 별도로 제시하는 것 보다 함께 제시하는 것이 기억에 더 효과적이다. 이는 미디어 믹스가 수용자에게 다양한 시청각적 자극을 제공할 수 있는 매체구성으로 광고메시지의 학습에 더 효과적임을 말해준다. 가령 소비자들은 시각, 청각, 미각, 후각, 청각 등을 포함한 오감을 활용하여 광고정보를 처리하게 되는데 이 중 인쇄매체는 시각을 통한 이성적인 정보처리에 효과적이며, 텔레비전과 인터넷 등은 시각과 청각을 동시에 이용함으로써 이성적인 정보처리뿐만 아니라 감성적인 정보처리에 효과적이다. 따라서 한 개 이상의 매체들로 미디어 믹스를 하게 되면 표적 수용자들에게 오감을 이용한 다양한 자극을 줄 수 있으며 표적 수용자들에 대한 커뮤니케이션 시너지효과를 극대화할 수 있다. 만약 한 가지 매체만을 사용하면 표적 수용자들에게 이러한 다양한 감각들을 통한 자극을 주기 어려우며 표적 수용자들을 쉽게 광고에 적응(adaptation)하게 하여 감퇴효과(wear-out effect)를 초래할 수 있다. 가령 신문매체는 청각적인 자극을 줄 수 없기 때문에 소비자의 감성을 자극하는데 한계가 있으며 TV와 라디오 등의 방송매체는 15–30초 이내의 짧은 시간동안 방영되기 때문에 표적 수용자들의 깊이 있는 정보처리에 한계를 준다. 따라서 미디어 믹스를 할 때 이러한 각 매체의 특성이 소비자의 광고정보처리과정에 미치는 영향을 고려하여 커뮤니케이션 시너지효과를 극대화하는 방향으로 매체들을 믹스하고, 이들 선택된 매체들에 대한 매체예산의 상대적인 비중을 결정하는 것이 중요하다.

노출분포의 균일성 확보

미디어 믹스는 노출분포의 균일성을 확보할 수 있게 해준다. 즉, 한 개의 매체에만 광고를 집중할 경우 표적 수용자들의 일부(예를 들어 특정 매체나 프로그램을 많이 보는 시청자)에게만 노출이 집중되고 나머지 표적 수용자들에게는 노출이 부족할 수 있다. 가령 〈표 13–1〉에서 보여지듯이 TV에만 광고를 집행할 경우 표적 수용자들의 분포가 1회와 9회 빈도 이상에만 몰려있음을 알 수 있다. 반면 TV와 인터넷에 동시에 광고를 집행할 경우 표적 수용자들이 1회부터 9회 이상까지의 빈도에 골고루 분포되어 있음을 알 수 있다. 만약 광고캠페인을 통하여 소비자의 반응을 얻어낼 수 있는 유효빈도의 범위가 3–10회 사이라면 표적 수용자 층이 각 빈도에 골고루 분포되어 있는 TV 및 인터넷을 결합한 미디어 믹스가 더 효과적이다. 이처럼 미디어 믹스는 노출이 지나치게 특정 빈도에만 몰리는 현상을 최소화해 줌으로써 광고노출이 유효빈도의 범위 밖에 편중

표 13-1 미디어 믹스의 노출분포의 균일성의 예

빈도	표적 수용자 도달률	
	TV	TV 및 인터넷
1회	24%	18%
1회	16	13
3~5회	11	15
6~8회	7	13
9회 이상	12	9
계	70%	68%

되게 분포되는 현상을 최소화하고 유효빈도 범위 내의 노출량을 극대화할 수 있게 해준다.

2) 미디어 믹스의 접근방법들

로시터와 퍼시(Rossiter & Percy, 1987)의 광고목표에 따른 미디어 믹스

광고캠페인의 매체스케줄을 구성하기 위하여 미디어 믹스를 할 때 가장 중요하게 고려해야할 사항은 광고목표이다. 로시터와 퍼시(Rossiter & Percy, 1987)는 광고목표를 브랜드 인지도와 브랜드 태도로 구분하고 각각의 목표에 적합한 미디어 믹스전략을 제시하였다. 예를 들어 광고목표가 구매시점에 브랜드 재인(brand recognition)을 증대하는 것을 목표로 할 경우 제품포장, 로고, 색상 등의 비주얼 아이덴티티를 시각적으로 노출시킴으로써 소비자의 주의를 환기시킬 수 있는 TV, 잡지, 옥외매체(빌보드, 야립, 교통매체 등), DM, POP(point of purchase)와 같은 매체들이 효과적이다. 반면에 광고목표가 브랜드 회상(brand recall)을 높이는 것을 목표로 할 경우 반복적인 노출로 상표명을 회상시킬 수 있는 TV, 라디오, 옥외매체, 인터넷과 같은 매체들이 효과적이다.

한편 로시터와 퍼시(Rossiter & Percy, 1987)에 의하면 광고캠페인이 브랜드 태도를 목표로 할 경우 매체유형의 선택은 네 가지 제품유형에 따라 달라진다. 예를 들어 고관여/이성제품(예: 가전제품 등)의 경우 제품의 차별화된 특성과 편익과 같은 제품정보를 바탕으로 브랜드 태도가 형성되기 때문에 제품정보를 효율적으로 전달할 수 있는 신문, 잡지매체, DM과 같은 인쇄매체가 효과적이다. 반면에 방송시간의 제약으로 광고메시지에 대한 정보처리시간이 충분히 주어지지 않은 TV와 라디오 등의 매체는 덜 효율적이다. 고관여/감성제품(예: 향수, 화장품 등)의 경우 브랜드 이미지에 대한 소비자의 감정이입을 통하여 브랜드 태도가 형성되기 때문에 이미지 및 색상표현의 한계가 있는 라

표 13-2 로시터와 퍼시(Rossiter & Percy, 1987)의 광고목표에 따른 미디어 믹스전략

	고관여/이성제품	고관여/감성제품	저관여/이성제품	저관여/감성제품
광고목표	회상/이성적 태도	회상/감성적 태도	재인/이성적 태도	재인/감성적 태도
크리에이티브 전략	제품정보전달	자아이미지 소구	습관적 기억유도	유행에 소구
미디어 믹스 전략	정보제공형 매체 (인쇄, 인터넷)	이미지 제고 매체 (잡지, TV)	리마인더 매체 (라디오, 자막, POP 등)	주의 환기형 매체 (빌보드, POP 등)

디오와 신문을 제외한 모든 매체들이 적합하다. 저관여/이성제품(예: 가정용 청소용품 등)의 경우 주로 제품에 대한 습관적인 사용경험을 통하여 브랜드 태도가 형성된다. 이러한 제품유형의 경우 저관여 상황에서 소비자의 광고정보처리가 비교적 짧은 시간 내에 이루어지기 때문에 제품의 판매소구점(sales point)을 비교적 간단하게 전달할 수 있는 모든 매체들이 이용 가능하다. 저관여/감성제품(예: 청량음료, 스낵 등 기호식품)의 경우 준거집단과의 사회적 관계 속에서 브랜드 사용으로 인한 자아만족과 사회적 승인에 의해 브랜드 태도가 형성된다. 따라서 시각적인 표현을 통하여 또래집단의 유행, 규범, 가치관 등을 환기시킬 수 있는 TV와 인터넷과 같은 매체들이 적합하다. 그러나 이 제품유형은 구매주기가 비교적 짧은 경우가 많기 때문에 광고캠페인이 어느 정도 진행된 후에는 높은 빈도의 확보가 용이한 라디오도 효율적이다. 로시터와 퍼시(Rossiter & Percy, 1987)의 관점은 제품유형을 제품관여도와 이성-감성 체계에 따라 네 가지로 분류한 후 적합한 미디어 믹스전략을 제시하였다는 점에서 FCB 그리드모델과 유사하다. 다만 광고목표를 브랜드 인지도와 브랜드 태도로 구분 한 점이 다르다고 할 수 있다.

매체 간 비교를 통한 미디어 믹스

광고캠페인의 매체스케줄을 구성하기 위한 미디어 믹스전략을 수립하기 위하여 매체 간 비교(inter-media comparison)과정을 거친다. 매체 간 비교는 광고캠페인의 목표 달성에 필요한 매체들을 선택하기 위하여 매체유형을 평가하는 과정을 말한다. 매체 간 비교에는 매체의 특성 및 장단점들이 중요한 평가기준이 된다. 예를 들어 광고목표가 브랜드 인지도를 높이는 것이라면 높은 수준의 브랜드 인지도를 확보하기 위하여 TV와 같은 표적 수용자에 대한 도달범위가 큰 매체를 선택하여야 한다. 또한 광고목표가 표적 수용자의 호감도와 같은 태도적 목표를 증가시키는 것이라면 감성적 소구를 할 수 있는 TV와 잡지매체가 효과적이다. 반면에 광고목표가 시험구매(trial)와 같이 개별 고객의 구매행동을 촉구하는 것이라면 세일즈 프로모션 및 이벤트와 같은 직접반응 광고캠페인에 적합한 인터넷, 모바일, DM과 같은 매체들이 적합하다. 따라서 미디어 플래너는 효율적인 매체 간 비교를 위해 각 매체의 장단점을 숙지하고 있어야 한다.

일반적으로 텔레비전은 감성적 소구에 효과적이며, 신문은 TV보다 더 많은 양의 정보를 전달할 수 있기 때문에 이성적 소구에 효과적이다. 잡지는 큰 지면과 칼라재생력이 뛰어나기 때문에 브랜드 이미지 제고에 효과적이다. 인터넷은 가상공간에서 브랜드를 직간접적으로 체험하게 하는데 효과적이며, 상호작용성이 뛰어나기 때문에 쿠폰 제공 및 이벤트 참여 등 직접반응 광고캠페인에 효과적이다. 또한 케이블TV는 제품의 사용방법을 시연(demonstration)하여 주문을 촉구하거나 제품문의 등 소비자들의 직접적인 반응을 촉구하는 인포머셜(informercial) 광고에 효과적이다. 따라서 매체 간 비교에서 이와 같은 광고매체들의 장단점을 고려하여 광고캠페인의 목표 달성에 적합한 매체유형을 선택하여야 한다.

매체 간 비교과정에서 또 한 가지 고려해야할 평가기준은 비용효율성이다. 매체유형을 선택할 때 다른 조건들이 동일하다면 최소의 비용으로 최대한 많은 수의 표적 수용자들에게 도달할 수 있는 매체를 선택해야 한다. 예를 들어 지상파TV와 케이블TV는 상호 대체적인 관계이기 때문에 매체예산이 충분하지 못한 경우 값비싼 지상파TV 대신에 비용효율성이 뛰어난 케이블TV를 광고매체로 선택할 수 있다. 그러나 TV와 신문과 같이 서로 이질적이면서 보완적인 관계에 놓여있는 매체 간 비교에는 비용효율성의 기준을 적용하는데 유의해야 한다. 가령 TV광고의 CPRP와 신문광고의 평균 CPRP를 비교하면 신문광고의 CPRP가 평균적으로 약 10배 정도 높다. 따라서 CPRP

표 13-3 매체유형의 장단점 비교

매체유형들	장점	단점
텔레비전	넓은 도달범위, 강한 임팩트	자세한 정보전달에는 부적합
신문	넓은 도달범위, 신뢰성, 기록성, 보존성, 뉴스성, 화제성	높은 광고비용 광고표현의 한계
잡지	타깃 선별성, 보존성, 기록성, 재독성, 회독성, 칼라재생력	낮은 도달률, 늦은 피드백, 낮은 적시성, 높은 클러터현상
라디오	타깃 선별성, 낮은 비용	낮은 이용률, 낮은 도달률, 낮은 주목률
직접우편(DM)	타깃 선별성, 친근성, 반응측정의 용이성	높은 제작비용, 수신자 명단 및 배달시점의 부정확성
뉴미디어 (인터넷, 모바일)	상호작용성, 즉각적인 피드백, 동시성과 비동시성, 문자성	낮은 도달률, 낮은 주목률

만을 기준으로 볼 때 TV매체의 도달효과 대비 비용효율성이 신문매체보다 더 높다고 할 수 있다. 그러나 TV와 신문매체는 광고캠페인의 목표를 달성하는데 요구되는 역할과 장단점이 서로 다르기 때문에 단지 CPRP와 같은 비용효율성만을 기준으로 TV매체를 선택할 수 없다. 예를 들어 신제품 런칭기에 신제품에 대한 폭넓은 인지도를 확보하기 위하여 도달범위가 넓은 TV매체를 선택해야 하며, 판매성수기에 자세한 판매소구점을 전달하거나 입학 및 졸업시즌과 같은 판촉기에 광고를 해야 할 경우 TV매체보다 상대적으로 큰 지면을 가진 신문매체가 효과적이다. 따라서 CPRP 및 CPM과 같은 매체의 비용효율성은 매체선택의 다른 기준들과 함께 사용하는 것이 바람직하다. 예를 들어 일차적으로 광고목표에 부합하는 매체를 선택한 후 이차적으로 비용효율성이 높은 순으로 매체를 선택할 수 있다.

매체접촉행태와 매체접촉망을 활용한 미디어 믹스

미디어 믹스의 가장 단순한 방법들 중의 하나는 표적 수용자들의 매체접촉도, 매체신뢰도, 매체접촉망과 같은 양적 자료들을 활용하는 것이다. 예를 들어 〈표 13-4〉는 표적 수용자들의 매체접촉도와 매체신뢰도를 이용한 미디어 믹스의 예이다. 〈표 13-4〉에서 보여지듯이 TV, 신문, 라디오, 잡지의 각 매체에 대하여 표적 수용자들의 매체접촉도와 매체신뢰도에 각각 50%의 비중을 주어 각 매체 간 광고예산의 비중을 결정할 수 있다. 가령 TV의 경우 미디어 믹스에서 차지하는 비중은 (67.3 × .5) + (34.5 × .5) = 50.9%가 된다.

표적 수용자의 매체접촉망(personal media network: PMN)도 미디어 믹스전략의 수립에 중요한 영향을 미친다. 표적 수용자의 매체접촉망은 전형적인 표적 수용자가 아침기상 이후부터 취침 전까지 하루 동안 접촉한 매체들을 시간대별로 기록한 것으로서 한 개인의 매체접촉동선이라고 할 수 있다. 이러한 표적 수용자의 매체접촉망을 파악하여 미디어 믹스에 활용할 수 있다. 예를 들어 〈표 13-5〉는 맥주제품의 주 소비계

표 13-4 소비자 매체접촉행태를 고려한 미디어 믹스의 예

구분	매체접촉도(50%)	매체신뢰도(50%)	미디어 믹스(%)
TV	67.3	34.5	50.9
신문	25.3	56.3	40.8
라디오	6.3	6.1	6.2
잡지	1.1	3.1	2.1
계	100	100	100

표 13-5 하이트맥주 표적 수용자의 매체접촉망(PMN)

대학생 00군의 어느 하루	회사원 00씨의 어느 하루
8시 기상!! 컴퓨터를 켠다. 간단히 메일 확인을 하다가 로그인 창 옆에 있는 하이트맥주 배너광고를 봤다. **9시** 지하철 역 안을 뛰어가면서 언뜻 와이드 칼라 광고를 스쳐간다. 지하철을 타니 천정에 **하이트맥주** 광고가 달려있고, 대충 넘겨보던 스포츠 신문에 **하이트맥주** 전면광고가 보인다. **1시** 점심을 먹으러 교문을 나서니 **하이트맥주** 시음용 차가 서있다. 기뻐하며 얼른 뛰어간다. **5시** 여자친구를 만나서 영화를 보러 간다. 영화 시작전 **하이트맥주** 광고가 시원하게 보인다. **8시** 지하철을 타고 이동을 한다. 천정에 **하이트맥주** 광고가 있다. **9시** 날씨도 덥고 해서 여자친구와 **하이트맥주**를 간단히 한잔 하고 집에 들어갔다. **11시** 자기 전에 TV를 켜니 권상우가 **하이트맥주** 광고에 나온다. 짜식 멋지군 생각하다 깜빡 잠이 들어버렸다.	**8시** 회사에 도착. 컴퓨터를 켜니 **하이트맥주** 배너광고가 나온다. 무심히 넘겨버렸다. 시간이 조금 남아 일간지를 보다가 광고를 보았다. **1시** 점심을 먹고 나오는데 날씨가 너무 덥다. 기지개를 켜다가 **하이트맥주** 옥외광고가 보인다. "으~아 시원하게 한잔 했으면." **8시** 오늘은 좋아하는 야구팀의 중계방송이 있는 날, 운전을 하며 가는데 차가 너무 막힌다. 라디오를 듣는데 **하이트맥주** 광고가 너무나 시원하게 들린다. **9시** 집에 들어서자마자 TV를 켠다. 야구중계를 보는데 포수 뒤로 **하이트맥주** 펜스광고가 보인다. "도저히 못 참겠다!!" 편의점에 **하이트맥주** 사러 간다. **10시** 야구가 끝나고 나니 **하이트맥주** 광고가 나온다. 날씨도 덥고 한잔 더하고 싶어서 다시 사러 나간다.

층인 20대 남녀(가칭 1929세대) 중 한 명의 전형적인 매체접촉망을 보여주고 있다. 만약 미디어 플래너가 표적 수용자의 매체접촉망과 일치되게 미디어 믹스를 한다면 광고 메시지의 타깃 적중률을 높일 수 있다.

제품수명주기에 따른 미디어 믹스

제품수명주기 상에서 도입기에 접어든 제품의 광고캠페인의 경우 신제품에 대한 폭넓은 인지도를 확보하기 위하여 TV와 같은 대중매체에 더 많은 광고예산을 할당하고, 성수기에 해당하는 제품의 광고캠페인의 경우 판매촉진에 적합한 신문과 인터넷매체 등에 더 많은 광고예산을 할당하게 된다. 또한 성수기를 지나 쇠퇴기에 접어든 제품의 광고캠페인의 경우 기존에 창출된 광고효과를 지속적으로 유지해 나가기 위하여 라디오와 같은 리마인더(reminder)매체에 상대적으로 더 많은 광고예산을 할당하게 된다. 이처럼 미디어 믹스는 자사의 제품이 제품수명주기 상에서 어디에 위치하느냐에 따라 달라진다. 따라서 우리 제품이 제품수명주기 상에서 어디에 위치하고 있는가를 파악하여 적절한 미디어 믹스전략을 수립하여야 한다.

미디어 믹스의 시간구성

미디어 믹스가 적용되는 시간구성(time frame)은 년 단위, 반기 단위, 분기 단위, 월 단위의 미디어 믹스로 구분할 수 있다. 년 단위의 미디어 믹스는 1년의 광고캠페인 기간 동안의 미디어 믹스를 말한다. 반기 단위의 미디어 믹스는 1년을 상반기와 하반기로 나누어 미디어 믹스를 하는 것을 말한다. 분기 단위의 미디어 믹스는 1년을 4분기(1/4분기, 2/4분기, 3/4분기, 4/4분기)로 나누어 미디어 믹스전략을 수립하는 것을 말한다. 마지막으로 월 단위의 미디어 믹스는 가장 낮은 단위의 미디어 믹스로써 월별 미디어 믹스를 말한다. 가장 큰 단위의 미디어 믹스는 년 단위의 미디어 믹스이고 가장 적은 단위의 미디어 믹스는 월 단위의 미디어 믹스이다. 일반적으로 미디어 믹스는 년 단위에서 시작하여 반기 단위, 분기 단위, 월 단위의 수준으로 하향식으로 결정된다. 그리고 년 단위의 미디어 믹스가 먼저 결정되어도 반기 단위, 분기 단위, 월 단위 미디어 믹스는 다를 수 있다.

2 비히클 믹스

미디어 믹스의 두 번째 과정은 비히클 믹스(vehicle mix)이다. 비히클 믹스는 매체를 구성하는 동종 집합체를 나타내는 매체비히클들을 선택하는 것을 말한다. 즉 매체유형을 선택한 다음 선택된 매체유형들 내에 어떤 비히클을 선택할 것인가를 결정해야 한다. 예를 들어 TV매체의 경우 어떤 프로그램에, 신문매체의 경우 어떤 신문에 광고를 방영 혹은 게재할 것인가에 관한 세부적인 전술을 결정하게 된다.

비히클 믹스는 A 비히클을 선택할 것인가 혹은 B 비히클을 선택할 것인가의 문제뿐 아니라 표적 수용자층이 동질적인 비히클들을 반복 선택할 것인가 아니면 혹은 표적 수용자층이 이질적인 비히클들을 골고루 선택할 것인가의 문제도 포함한다. 일반적으로 매체목표가 도달률을 높이는 것이라면 표적 수용자층이 이질적인 비히클들을 골고루 선택하여야 하며, 매체목표가 빈도를 높이는 것이라면 표적 수용자층이 동질적인 비히클들을 선택하여야 한다.

1) 비히클 믹스의 접근방법들

광고목표 및 매체목표에 따른 비히클 믹스

비히클 믹스는 광고목표 및 매체목표와 부합되게 설정되어야 한다. 즉, 광고목표가 상

표 13-6 광고목표, 매체목표, 비히클 믹스의 관계

광고목표 (DAGMAR 모형)	매체목표	비히클 믹스
인지/기억창출	도달률 강조	매체수용자층이 이질적인 비히클의 사용
이해/지식창출	↓	↓
확신/태도변화		
행동강화/변화	빈도 강조	매체수용자층이 동질적인 비히클의 사용

표 인지도를 높이는 것이라면 매체목표는 가급적 많은 표적 수용자들에게 메시지를 도달시켜야 하며, 이러한 높은 수준의 도달률목표를 획득하기 위하여 매체수용자층이 동질적인 비히클들을 반복적으로 선택하는 것 보다 매체수용자층이 이질적인 다양한 비히클들을 골고루 선택하는 전략이 바람직하다. 반면에 광고목표가 상표 인지도 확보단계를 지나서 표적 수용자의 상표에 대해 이해도를 높이고 긍정적인 태도변화를 유도하는 것이라면 충분한 수준의 반복노출이 이루어져야 하며, 이러한 높은 수준의 빈도를 확보하기 위하여 매체선택의 폭을 넓히는 것보다 표적 수용자층이 동질적인 비히클들을 선택하여 광고 메시지를 반복적으로 노출시켜야 한다. 〈표 13-6〉은 광고목표, 매체목표, 비히클 믹스의 관계를 나타낸다. 〈표 13-6〉에서 보여지듯이 광고목표가 인지에서 시작하여 이해, 확신, 행동과 같은 보다 더 높은 단계로 이동할수록 매체목표는 도달률보다 빈도를 더 많이 강조하게 되고 매체수용자층이 동질적인 비히클들을 선택하게 된다.

그림 13-2 표적 수용자와 매체비히클 수용자의 매칭

표적 수용자와 매체비히클 수용자의 매칭을 통한 비히클 믹스

도달효과 대비 비용효율적인 매체비히클을 선택하기 위해서는 타깃 시청률 정보를 활용하여 우리 제품의 표적 수용자들이 가장 많이 접촉하는 매체비히클들을 파악해야 한다. 예를 들어 〈표 13-7〉은 세 개의 TV프로그램들의 성별, 연령별, 학력별 시청률 정보를 보여준다. 〈표 13-7〉의 예에서 보이듯이 특정 맥주제품의 표적 수용자가 20대 남성이라면 이들 20대 남성의 시청률이 높은 프로그램이 '무한도전'임을 확인할 수 있

다. 이처럼 타깃 시청 정보를 활용하여 우리 제품의 표적 수용자가 어떤 매체비히클을 많이 접촉하는지를 확인하는 과정을 거치는 데 이를 표적 수용자와 매체비히클 수용자의 매칭(matching)이라고 한다.

일반적으로 표적 수용자는 인구통계학적 특성들(demographic characteristics), 심리묘사적 특성들(psychographic characteristics), 제품사용량(product usage)에 의해 정의된다. 그러나 타깃 시청률 정보는 성별, 연령, 학력, 소득, 직업 등 인구통계학적 특성들을 기준으로만 제공되며 심리묘사적 특성이나 제품사용량에 따른 시청률 정보는 제공되지 않는다. 따라서 특정 제품의 광고캠페인의 표적 수용자들이 제품사용량에 의해 정의되는 경우에도 타깃 시청률 정보를 활용하여 우리 표적 수용자들이 많이 접촉하는 매체비히클들을 선택하기 위하여 표적 수용자들의 인구통계학적 특성들에 관한 정보가 필요하다. 가령 특정 맥주제품의 표적 수용자가 맥주를 일주일에 7병 이상 소비하는 다량사용자(heavy users)로 정의된다면 이들 다량사용자의 성별, 연령, 학력, 소득, 직업 등의 인구통계학적 특성들을 알고 있어야 타깃 시청률 정보를 활용하여 특정 제품의 표적 수용자들이 많이 접촉하는 매체비히클을 선택할 수 있다. 〈표 13-8〉는 맥주 제품의 표적 수용자들을 제품사용량에 따라 다량사용자, 보통사용자, 소량사용자로 구분한 후 이들 표적 수용자들의 인구통계학적 특성들이 어떠한가를 보여주고 있다. 〈표 13-8〉의 예에서 보이듯이 맥주제품의 다량사용자는 20대 남성으로 나타났

표 13-7 인구통계학적 특성에 따른 시청률

TV프로그램명	성별		연령별				학력별			
	남	녀	20대	30대	40대	50대이상	초중졸	고졸	대재	대졸이상
무한도전	23.6	18.3	20.1	16.5	3.6	3.3	20.2	20.7	25.7	14.3
뮤직뱅크	15.3	13.4	10.4	15.6	22.3	21.7	12.8	20.6	30.7	24.9
MBC 8시 뉴스	8.5	3.0	6.1	14.9	14.3	8.6	5.9	10.2	17.5	12.3

표 13-8 맥주 음용자들의 인구통계학적 특성들에 따른 제품사용량

인구통계학적 특성들	모든 사용자 (all users)	다량 사용자 (heavy users)	보통 사용자 (medium users)	소량 사용자 (light users)
20대 남성	70%	40%	15%	15%
30대 남성	30%	10%	10%	10%
40대 남성	20%	5%	5%	10%

으며, 따라서 인구통계학적 특성에 따른 타깃 시청률 정보를 활용하여 20대 남성이 많이 시청하는 TV프로그램을 쉽게 선택할 수 있다. 이처럼 다량사용자의 인구통계학적 특성들을 파악하게 되면 우리 제품의 다량 사용자에 대한 시청률 정보가 없어도 인구통계학적 특성들에 따른 타깃 시청률 정보를 활용하여 이들 표적 수용자들이 많이 접촉하는 매체비히클들을 쉽게 선택할 수 있다.

매체 내 비교를 통한 비히클 믹스

광고캠페인의 매체스케줄에 포함될 매체비히클들을 선택하기 위하여 각 비히클들의 노출효과를 평가하는 매체 내 비교(intra-media comparison)과정을 거치게 된다. 매체 내 비교에서 가장 중요하게 고려해야할 평가기준은 비용효율성의 원칙이다. 즉 비용효율성의 원칙은 최소의 비용으로 최대한 많은 수의 표적 수용자들에게 도달할 수 있는 매체비히클들을 선택하는 것이다. 매체비히클들의 비용효율성을 평가하는 기준들로써 CPM과 CPRP가 사용된다. 즉 매체비히클들의 CPM과 CPRP를 비교하여 어떤 매체비히클이 가장 적은 비용으로 가장 많은 표적 수용자에게 도달할 수 있는 가를 평가하여야 한다.

〈표 13-9〉는 각 매체비히클 간의 CPRP를 계산하여 매체비히클들의 비용효율성을 비교, 평가한 것이다. 〈표 13-9〉에서 보여지듯이 표적 수용자의 크기는 TV 프로그램 A가 가장 크지만 표적 수용자 1%당 비용효율성은 가장 낮다. 반면에 TV 프로그램 B의 경우 표적 수용자의 크기는 TV 프로그램 A와 비슷하나 비용효율성은 세 개의 TV 프로그램들 중 가장 높다. 그리고 TV 프로그램 C의 경우 표적 수용자의 크기는 세 개의 TV 프로그램들 중 가장 작고, 비용효율성은 세 개의 프로그램들 중 중간 수준이다. 따라서 TV 프로그램 B가 비용효율성 면에서 가장 효율적인 매체라고 할 수 있다.

3 유닛 믹스

매체선택의 세 번째 과정은 유닛 믹스(unit mix)이다. 유닛 믹스는 광고길이(예: 20초

표 13-9 매체효율성 비교의 예

TV 프로그램 명	표적 수용자	광고비용	CPRP
프로그램 A	1,200,000	**600,000**	1,000,000
프로그램 B	1,000,000	800,000	**700,000**
프로그램 C	**900,000**	1,000,000	800,000

vs. 15초), 광고게재 면과 위치, 색상 등을 선택하는 것을 말한다. 매체를 선택할 때 어떤 매체유닛을 선택하느냐에 따라 광고효과가 달라진다. 예를 들어 특정 신문에 광고를 게재할 때 사회면에 광고를 게재하는 것 보다 1면에 게재하는 것이 더 효과적이다. 이것은 왜냐하면 신문 1면은 뉴스성과 화제성으로 사회면보다 열독효과 혹은 주목률이 더 크기 때문이다. 따라서 매체유닛의 선택은 시청률과 열독률과 같은 양적인 기준보다 매체의 열독효과와 주목률 등과 같은 질적인 기준들을 많이 사용한다.

1) TV유닛 믹스

TV유닛의 선택은 광고의 길이와 위치의 선택을 포함한다. 광고의 길이는 15초, 20초, 30초를 결정하는 것을 말한다. 일반적으로 프로그램광고는 15초이고, 스폿광고는 20초와 30초로 구분된다. 광고의 위치는 전CM, 중CM, 후CM으로 구분된다. 전CM은 프로그램이 시작되기 전 광고시간대이며, 케이블 방송에 허용된 중CM은 프로그램 방영 중 광고시간대이며, 후CM은 프로그램 종료 직후 광고시간대를 말한다. 일반적으로 광고의 길이에 따른 효과의 차이는 크지 않은 것으로 알려져 있다. 그러나 텔레비전 광고 시청률 자료를 분석한 결과 전CM보다 후CM의 광고시청률이 더 높은 것으로 알려져 있다. 특히 후CM 첫 번째 광고순서가 가장 효과적인 것으로 알려져있다.

2) 신문유닛 믹스

신문유닛의 선택은 어떤 면과 단수를 선택할 것인가를 말한다. 신문의 면은 1면, 사회면, 뒷면, 기타면 등으로 구성되어 있으며, 1면, 사회면, 뒷면 등 거의 모든 면에 광고를 할 수 있다. 따라서 매체목표를 달성하기 위하여 어떤 면을 선택하여야 할 것인지를 잘 결정하여야 한다. 일반적으로 1면은 뉴스성과 화제성이 있기 때문에 신제품의 런칭에 적합하며 뒷면은 주목률이 가장 높다. 신문의 단수는 광고의 크기를 말하는데 4단, 5단, 8단, 10단, 15단으로 구분된다. 신문 1면광고는 4단 크기이며, 신문 뒷면 광고는 15단의 크기이다. 최근에 신문광고의 주목효과를 높이기 위하여 광고의 형태와 크기가 비교적 자유로운 변형광고 등이 등장하고 있다.

일반적으로 신문의 면, 단수, 색상에 따라 광고의 효과가 다른 것으로 알려져 있다. 가장 최근의 연구에 의하면 광고의 열독효과는 15단, 10단, 8단, 4단의 순으로 차이가 나는 것으로 알려져 있다. 〈표 13-10〉에서 보여지듯이 15단 칼라광고의 열독효과가 가장 큰 것으로 나타났으며, 10단 흑백광고의 열독효과가 가장 작은 것으로 나타났다. 그러나 이 수치는 단순한 열독효과의 크기를 나타낸 것일 뿐 비용 대비 효율성을 고려한 것은 아니다. 따라서 이러한 열독효과의 단순비교보다 광고단가 대비 열독효과를

표 13-10 신문광고 크기 및 색상에 따른 열독효과

단수	전체	흑백	칼라
5단	26.1%	23.7%	34.0%
8단	28.3	24.9	33.4
10단	35.5	18.2	48.8
15단	45.8	36.9	51.6
합계	30.7	25.8	39.9

자료원: 조정식, 김선사(1998). 신문광고의 열독률분석: 광고매체적 요인들을 중심으로, 광고학연구, 9(4), 156.

계산하여 가장 효율적인 광고단수와 색상을 선택하는 것이 바람직하다. 또한 광고의 내용이 신문기사와 관련이 있으면 광고의 효과가 커진다. 따라서 신문광고의 게재 위치를 결정할 때 기사와의 관련성을 고려하여야 한다. 예를 들어 컴퓨터 관련 기사가 게재되는 신문의 면에 컴퓨터광고를 게재한다면 신문광고의 열독효과가 커질 수 있다.

3) 잡지유닛 믹스

잡지광고의 경우 게재면과 위치에 따라 광고효과가 달라진다. 일반적으로 표 4면이 가장 효과적이며 표 2면과 표 2대면은 표 4면 다음으로 주목효과가 크다. 내지면들 중에서 보통 목차 전의 앞부분(약 3-20페이지)이 더 효과적이며 오른쪽 페이지가 왼쪽 페이지보다 더 낫다. 따라서 잡지유닛을 결정할 때 게재위치를 고려하여야 한다.

4) 라디오유닛 믹스

라디오의 유닛은 TV광고와 마찬가지로 광고길이 및 위치 등을 포함한다. 라디오광고의 길이는 10초와 20초를 포함한다. 라디오광고의 위치는 TV광고와 마찬가지로 전CM과 후CM을 포함하며 스포츠중계에 한하여 중CM이 제한적으로 허용된다. 라디오광고의 경우에도 TV광고와 같이 광고길이 및 위치 등에 따라서 광고효과가 달라지기 때문에 광고길이 및 위치를 고려하여 매체유닛을 선택하여야 한다.

표 13-11 잡지게재 면에 따른 열독효과의 크기

표 4면 → 표 2면 및 표 2대면 → 내지면 앞부분 → 내지면 뒷 부분

CHAPTER 14

매체스케줄링전략

매체목표를 설정하고 미디어 믹스전략의 수립과 함께 매체예산을 언제, 얼마나 지속적으로, 얼마나 효율적으로 배분할 것인가를 결정하게 된다. 광고캠페인은 일회성에 그치는 것이 아니고 보통 일 년이라는 기간을 기본 단위로 하여 일년 내내 지속적으로 계획되고 실행된다. 매체스케줄링은 광고캠페인 기간 동안 광고예산을 언제, 어떻게 배분하면 광고캠페인의 목표를 효과적이고 효율적으로 달성할 수 있을 것인가에 대해 답하는 과정이다. 구체적으로 매체스케줄링은 광고예산의 배분량(media weight) 및 배분시점(timing)이 광고캠페인 기간동안 매월 혹은 매주 일정하지 않고 얼마나 변화하는가를 말한다.

현실적으로 광고 예산의 제약 때문에 광고주가 원하는 만큼의 충분한 노출량을 광고캠페인 기간동안 지속적으로 유지하기는 어렵다. 제한된 예산으로 경쟁자들을 제압하고 광고목표를 성공적으로 달성하기 위하여 광고예산을 캠페인 기간동안 효율적으로 배분하는 것은 매우 중요하다. 즉, 광고예산을 광고캠페인 기간 동안 얼마나 효율적으로 배분하는가에 따라 광고캠페인의 성공 여부는 많은 영향을 받는다.

1 매체스케줄링의 유형들

매체스케줄링의 유형은 광고예산의 배분량(media weight)과 배분시점(timing)의 차이에 따라 크게 지속형(continuous), 펄싱형(pulsing), 플라잇형(flight), 집중형(blitz)의 네 가지 기본적인 유형으로 구분된다. 〈표 14-1〉에서 보여지듯이 광고예산의 배분량의 변동이 클수록 불규칙적(non-evenly) 스케줄링, 작을수록 규칙적(evenly) 스케줄링으로 분류할 수 있으며, 배분시점의 변동이 클수록 플라잇(flight) 스케줄링, 작을수록 비플라잇(non-flight) 스케줄링으로 분류할 수 있다. 즉, 광고예산의 배분량(media weight)과 배분시점(timing)의 변동이 크면 클수록 플라잇형 스케줄링에 가까운 반면에 광고예산의 배분량과 배분시점의 변동이 작으면 작을수록 지속형 스케줄링에 가깝다. 따라서 이들을 조합하면 매체스케줄링의 유형은 크게 다음의 네 가지 유형으로 나타난다.

표 14-1 매체스케줄링의 유형

구분	광고예산의 배분량의 변동이 큼(non-evenly)	광고예산의 배분량의 변동이 작음(evenly)
배분시점의 변동이 큼 (flight)	불규칙적 플라잇형 (non-evenly flight)	규칙적 플라잇형 (evenly flight)
배분시점의 변동이 작음 (non-flight)	펄싱형(pulsing)	지속형(continuous)

지속형 스케줄링(continuous scheduling)은 광고캠페인 기간 동안 일정수준의 광고량을 지속적으로 유지하는 것을 말한다. 즉, 지속형 스케줄링은 매일 혹은 매주 일정한 비율의 광고량을 계획된 광고캠페인 기간동안 일정하게 투입하는 것을 말한다. 〈표 14-2〉에서 보여지듯이 두통약 브랜드 XX가 3개월의 광고캠페인 기간 동안 총 1,200 GRPs를 매주 100 GRPs씩 12주에 걸쳐 동일하게 배분한다면 지속형 스케줄링이라고 할 수 있다. 지속형 스케줄링은 일반적으로 매출이 광고캠페인 기간 동안 꾸준히 발생하는 경우에 바람직하다. 지속형 스케줄링의 장점은 소비자의 기억을 일정하게 유지하는 것이며, 광고의 판매 탄력성이 높은 성장기의 제품에 효과적이다. 그러나 지속형 스케줄링의 단점으로는 과다노출로 인한 감퇴효과(wear-out effects)가 발생할 가능성이 크며 반복노출에 따른 주의집중감소와 높은 광고비용을 들 수 있다.

펄싱형 스케줄링(pulsing scheduling)은 지속형 스케줄링과 플라잇형 스케줄링의 중간 형태로써 광고캠페인 기간 동안 광고는 지속적으로 유지하면서 광고예산의 배분을 시장상황에 맞추어 탄력적으로 집행하는 것을 말한다. 예를 들어 〈표 14-3〉에서 보여지듯이 일년 광고캠페인 기간동안 총 1,200GRPs의 광고량을 매월 마케팅 상황에 따라 탄력적으로 배분한다면 펄싱형 스케줄링이라고 할 수 있다. 펄싱형 스케줄링이 플라잇형 스케줄링과 다른 점은 광고를 전혀 하지 않는 기간에도 최소한의 광고량은 유지한다는 것이다. 펄싱형 스케줄링은 제품판매량이 계절적 요인에 의하여 불규칙적으로 나타나는 경우나 시장 상황의 변화에 따른 경쟁자광고에 적극적으로 대응하여야 하는 경우에 많이 사용한다. 펄싱형 스케줄링의 장점은 비용 효율성이 좋고, 표적시장

표 14-2 두통약 브랜드 XX의 지속형 스케줄링(총 1,200GRPs)

주별	1주	2주	3주	4주	5주	6주	7주	8주	9주	10주	11주	12주
GRPs 수준	100	100	100	100	100	100	100	100	100	100	100	100

표 14-3 두통약 브랜드 XX의 펄싱형 스케줄링(총 1,200GRPs)

월별	1월	2월	3월	4월	5월	6월	7월	8월	9월	10월	11월	12월
GRPs 수준	200	200	150	50	50	50	50	50	100	50	150	150

의 구매주기와 일치시킬 수가 있으며, 경쟁자의 광고전략에 유연하게 대응이 가능하다는 점을 들 수 있다. 반면에 펄싱형 스케줄링의 단점은 경쟁자의 스케줄링전략에 큰 영향을 받으며, 매체와 광고시간 선정의 어려움을 들 수 있다.

플라잇형 스케줄링(flight scheduling)은 광고예산과 노력을 시차를 두고 집행하는 스케줄링전략이다. 일반적으로 광고를 한 달 혹은 그 이상의 간격으로 건너 뛰면서 집행한다면 플라잇형 스케줄링이라고 할 수 있다. 펄싱형 스케줄링과 다른 점은 플라잇형 스케줄링은 광고캠페인 기간 동안 매월 광고를 지속적으로 유지하지 않고 광고를 하지 않는 휴지기가 존재한다는 것이다. 예를 들어 〈표 14-4〉에서 나타나듯이 일년의 광고캠페인 기간동안 총 1,200 GRPs를 적게는 1개월, 길게는 3개월의 간격을 두고 광고를 집행한다면 플라잇형 스케줄링이라고 할 수 있다.

플라잇형 스케줄링은 광고예산의 제약 등으로 광고를 지속적으로 하지 못할 경우 혹은 판매의 계절성이 뚜렷한 경우에 많이 사용한다. 플라잇형 스케줄링의 장점은 비용 효율성이 가장 높고, 경쟁사에 유연한 대응이 가능하다는 점을 들 수 있다. 반면에 플라잇형 스케줄링을 선택할 경우 주의해야할 점은 광고를 하지 않는 동안 발생하는 광고효과의 소멸 및 경쟁자 광고의 간섭현상이다. 예를 들어 오랫 동안 광고를 하지 않으면 표적 수용자의 관심 및 기억에서 멀어지게 되고, 광고를 하지 않는 기간이 길어지게 되면 광고의 효과가 소멸될 뿐만 아니라 경쟁자 광고가 표적 수용자의 마음속에 침투하여 마음점유율(mind share)을 증대하게 된다. 이러한 이유로 플라잇형 스케줄링은 광고 예산이 매우 제한적일 경우, 시장에서의 브랜드 포지셔닝이 확고할 경우, 광고의 누적효과가 클 경우, 혹은 광고를 줄여도 매출에 큰 장애가 되지 않는 경우에 많이 활용한다.

표 14-4 두통약 브랜드 XX의 플라잇형 스케줄링(총 1,200 GRPs)

월별	1월	2월	3월	4월	5월	6월	7월	8월	9월	10월	11월	12월
GRPs 수준	300	--	300	--	--	--	300	--	--	--	300	----

표 14-5 두통약 브랜드 XX의 집중형 스케줄링(총 1,200 GRPs)

월별	1월	2월	3월	4월	5월	6월	7월	8월	9월	10월	11월	12월
GRPs 수준	--	--	--	--	--	--	700	600	--	--	--	--

집중형 스케줄링(blitz scheduling)은 광고예산 및 노력을 특정 시점에 집중하는 것을 말한다. 이 전략은 계절적 요인의 영향을 많이 받는 제품, 예를 들어 에어컨 같이 특정 시기에만 많이 판매되는 제품의 경우에 사용된다. 또한 신제품을 시장에 출시할 경우 소비자의 인식수준을 단기간에 끌어올릴 필요가 있을 때 초기에 집중형 전략을 채택할 수 있다. 〈표 14-5〉에서 보여지듯이 일년의 광고캠페인 기간 동안 총 1,200 GRPs를 제품 판매성수기인 7월과 8월에 집중해서 배분한다면 집중형 스케줄링전략이라고 할 수 있다.

2 매체스케줄링의 시간구성

매체스케줄링은 장기적 관점에서 이루어지는 거시적 단위의 스케줄링과 단기적 관점에서 이루어지는 미시적 단위의 스케줄링이 있다. 거시적 단위의 스케줄링은 분기와 같은 장기적 관점에서 이루어지는 예산의 배분을 의미한다. 거시적 단위의 스케줄링은 판매의 계절성의 영향을 많이 받는다. 예를 들어 판매의 계절성이 있는 제품의 경우 특별히 많이 팔리는 계절과 그렇지 않는 계절로 구분하여 광고예산을 배분한다. 즉, 아이스크림의 경우 특별히 많이 팔리는 여름에 광고예산을 집중하고 비수기인 겨울에는 광고예산을 축소하거나 배분하지 않는다.

미시적 단위의 스케줄링은 장기적 관점에서 이루어지는 스케줄링이 아니라 한 달, 한 주, 혹은 요일과 같은 비교적 단기적 관점에서 이루어지는 스케줄링을 말한다. 미시적 단위의 스케줄링은 어떤 달에 그리고 한 달 4주 중 어떤 주에 광고를 집행하며 한 주일 동안 어느 요일에 광고를 집중할 것인가를 결정하는 것을 포함한다. 따라서 매체스케줄링의 시간구조는 분기 단위, 월 단위, 주 단위 요일 단위의 스케줄링으로 세분화할 수 있다.

거시적 스케줄링의 경우 보통 미국의 경우 일년 중 매출이 가장 많이 이루어지는 추수감사절과 크리스마스 시즌에 광고를 집중한다. 반면에 미시적 스케줄링의 경우 매월 마지막 주에 광고를 집행하는 것이 효과적이다. 이것은 왜냐하면 많은 직장인들은 매월 마지막 주에 급여를 받고 상품을 많이 구매하기 때문이다. 또한 소비자들은 주말에 쇼핑을 많이 하기 때문에 매출에 많은 영향을 미치는 금요일에 광고를 많이 한다.

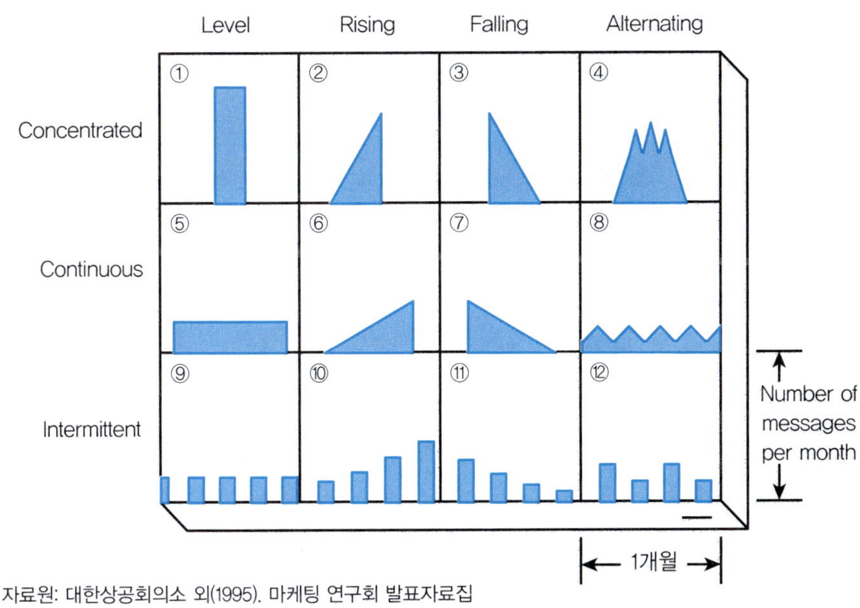

자료원: 대한상공회의소 외(1995). 마케팅 연구회 발표자료집

그림 14-1 미시적 스케줄링의 유형들

〈그림 14-1〉은 미시적 스케줄링 패턴들을 보여준다. 〈그림 14-1〉에서 보여지듯이 총 12개의 스케줄링 유형들 가운데 제일 윗 부분에 위치한 스케줄링 유형들(1, 2, 3, 4번째)은 특정 기간에 광고가 집중되는 집중형 스케줄링패턴을 보여준다. 두 번째 줄에 위치한 스케줄링 유형들(5 6, 7, 8번째)은 광고량이 일정비율로 배분되는 지속형 스케줄링을 나타낸다. 반면에 제일 아랫부분에 위치한 스케줄링 유형들(9, 10, 11, 12번째)은 광고예산이 일정 간격을 두고 간헐적으로 집행되는 플라잇형 스케줄링을 나타낸다. 또한 스케줄링 유형들이 왼쪽에서 오른쪽으로 옮겨갈수록 예산배분량의 변동이 다르게 나타남을 보여준다. 즉, 제일 왼쪽에 위치한 스케줄링 유형들(1, 5, 9번)은 광고캠페인 기간동안 광고량의 변동 폭이 없이 거의 일정하게 집행됨을 보여준다. 두 번째 칸에 위치한 스케줄링 유형들(2, 6, 10번)은 광고량이 시간의 흐름에 따라서 점차 증가하는 형태를 나타낸다. 세 번째 칸에 위치한 스케줄링 유형들(3, 7, 11번)은 시간의 흐름에 따라서 광고량이 점차 감소하는 형태를 보이고 있다. 네 번째 칸에 위치한 스케줄링 유형들(4, 8, 12번)은 광고량이 들쭉날쭉하게 집행되는 형태를 보여준다.

3 매체스케줄링 시 고려사항들

1) 광고목표

광고캠페인 기간동안 광고예산을 어떻게 효율적으로 배분하는가 하는 것은 광고목표의 직접적인 영향을 받는다. 예를 들어 광고목표가 제품의 도입기에 단기간에 높은 소비자반응(예를 들어 상표 인지도와 같은 커뮤니케이션효과)을 얻기 위해 짧은 기간 내에 광고예산을 집중하여야 하며, 성장기를 거쳐 성숙기에 접어들면 판매를 촉진하기 위하여 광고예산을 늘려야 한다. 반면에 제품이 성숙기를 지나 쇠퇴기에 진입하면 제품 판매량이 감소하므로 이미 창출된 기억을 유지하기 위한 최소한의 광고량만 집행하면 된다. 이처럼 광고목표는 매체스케줄링에 직접적인 영향을 미친다고 할 수 있다.

〈그림 14-2〉와 〈그림 14-3〉은 광고목표와 매체스케줄링의 관계를 보여준다. 두 개의 매체스케줄들은 일년의 광고캠페인 기간동안 동일한 예산을 투입하여도 광고목표와 그에 상응하는 매체스케줄링의 형태는 각기 다름을 나타낸다. 즉, 매체스케줄 A는 일년의 광고캠페인기간동안 매월 연속해서 1,000 GRPs를 집행하여 4,000 GRPs를 달성하는 것을 보여주는 반면에, 매체스케줄 B는 3개월 간격으로 1,000 GRPs를 투입하여 4,000 GRPs목표를 달성하는 것을 보여준다. 매월 연속해서 1,000 GRPs를 투입하는 것은 단기간에 높은 커뮤니케이션효과를 달성할 수 있지만 광고가 집행되고 난 후 창출된 소비자의 반응(예를 들어 인지도, 호감도 같은 커뮤니케이션 효과)은 급격하게 소멸될 우려가 있다. 반면에 3개월 간격을 두고 한번에 1,000 GRPs를 투입한다면 단기간에 높은 커뮤니케이션효과는 달성할 수 없지만 소비자의 반응은 서서히 증가시킬 수 있다. 따라서 광고목표가 단기간에 높은 브랜드인지도를 달성하는 것이라면 매체스케줄 A가 더 적합하다고 할 수 있다. 그러나 광고목표가 브랜드를 시장에 서서히 침투시키는 것이라면 매체스케줄 B가 더 적합하다고 할 수 있다. 이처럼 매체스케줄링을 어떻게 하느냐에 따라서 광고캠페인의 효과는 다르게 나타나기 때문에 매체스케줄링은 광고캠페인의 목표 달성 여부에 큰 영향을 미친다고 할 수 있다.

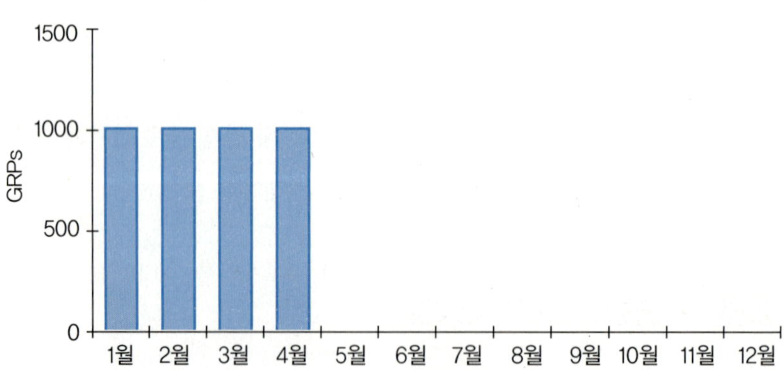

그림 14-2 매체스케줄 A

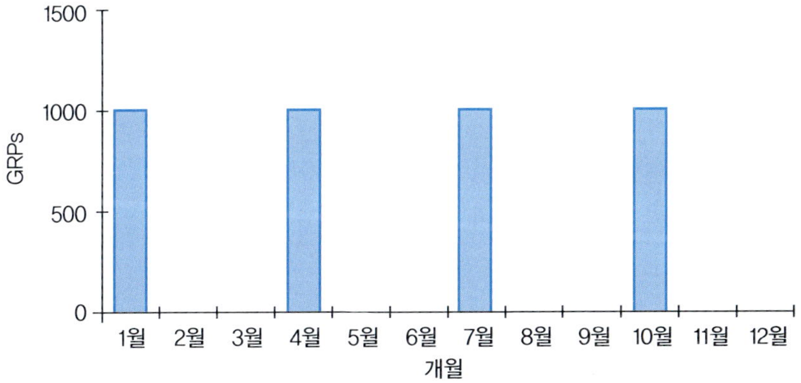

그림 14-3 매체스케줄 B

2) 판매의 계절성

매체스케줄링의 결정 시 고려해야할 가장 중요한 요인들 중의 하나는 판매의 계절성(seasonality)이다. 판매의 계절성은 성수기와 비수기 혹은 졸업 및 입학 시즌과 같이 판매의 계절적 요인이 존재하는 것을 말한다. 대부분의 제품들은 성수기와 비수기가 있거나 성수기라도 특히 제품이 많이 팔리는 달이 있는 등 계절적 요인에 의해서 상품의 수요가 캠페인 기간 동안 불규칙하게 나타난다. 예를 들어 청량음료와 같은 상품은 여름에 많이 팔리며, 의류 및 학용품은 졸업 및 입학시즌에 많이 팔린다. 따라서 성수기와 비수기에 따라 판매량이 다르다는 것은 매체스케줄링전략이 달라야 한다는 것을 말한다. 일반적으로 제품이 많이 팔리는 성수기에는 광고예산을 많이 배분하며, 그렇지 않은 비수기에는 광고예산을 적게 배분한다. 즉 제품판매의 성수기에 광고예산의 비중을 높이고 비수기에 최소한의 광고량만을 유지함으로써 광고예산의 효율적 사용을 극대화할 수 있다.

맥주, 청량음료, 커피, 스낵류 등과 같이 저관여제품들은 소비자들이 제품을 자주 구매하기 때문에 제품구매주기가 짧다. 이러한 판매의 계절성이 작고 꾸준히 팔리는 제품들의 경우에는 표적 수용자의 구매시점(purchase occasion)을 최대한 커버하기 위하여 지속형 스케줄링전략이 바람직하다. 노출의 리슨시 효과(recency effect of exposure)에 관한 일부 실증연구들에 따르면 표적 수용자의 구매시점에 가장 가까운 노출이 판매효과의 많은 부분을 설명하는 것으로 나타났다. 따라서 제품구매주기가 짧은 제품들의 경우 매일 매일 발생하는 표적 수용자의 구매시점을 최대한 커버하기 위하여 광고를 지속적으로 유지하는 지속형 스케줄링이 바람직하다. 또한 광고의 지속성(continuity)을 유지하지 못하면 자사 제품의 마음점유율(mind share)을 지속적으로 유지할 수 없게 되고 따라서 자사의 제품이 구매고려대상군(consideratoin set)에서 제외될

표 14-6 켈로그 시리얼의 분기별, 월별 판매비중(%)

1/4분기	2/4분기	3/4분기	4/4분기
1월: 4.5%	4월: 12.0	7월: 12.0	10월: 4.5
2월: 5.0	5월: 12.0	8월: 12.0	11월: 4.5
3월: 12.0	6월: 12.0	9월: 12.0	12월: 4.5

수도 있다.

반면에 판매의 계절성이 두드러지게 나타나는 제품의 경우에는 성수기와 비수기에 따라 광고예산을 다르게 배분해야 한다. 즉, 제품의 수요가 많은 성수기에 광고예산을 집중하고 비수기에는 광고예산을 적게 배분하는 플라잇형이나 펄싱형 스케줄링 전략이 바람직하다. 예를 들어 에어컨과 같은 상품은 7~8월 성수기에 광고량을 집중하여야 하며, 컴퓨터와 같은 제품은 졸업입학 시즌인 2~3월에 광고예산의 비중을 늘려야 한다. 따라서 판매의 계절성이 큰 제품의 광고캠페인의 경우 플라잇형 혹은 펄싱형 스케줄링이 효과적이다.

〈표 14-6〉은 켈로그 시리얼의 1년 광고캠페인 기간 동안의 분기별 및 월별 판매율들을 나타낸다. 〈표 14-6〉에서 보여지듯이 켈로그 시리얼의 판매량은 3월에서 9월에 집중되고 있으며, 10월에서 2월까지는 비수기인 것을 알 수 있다. 따라서 성수기인 3월에서 9월까지 광고예산을 많이 배분하고 비수기인 10월에서 2월까지는 광고예산을 적게 배분하여야 한다. 이처럼 효율적인 매체스케줄링전략을 수립하기 위하여 판매의 계절성이 반영되어야 한다.

3) 제한적 예산

매체스케줄링에 영향을 미치는 세 번째 요인은 예산의 제약이다. 대부분의 광고캠페인은 현실적으로 광고예산의 제약 때문에 광고주가 원하는 만큼의 충분한 노출량을 캠페인 기간 동안 지속적으로 유지하기는 어렵다. 따라서 모든 광고주들이 공통적으로 가지고 있는 광고예산 제약의 문제를 극복하고 광고캠페인이 의도하는 목표를 효과적으로 달성하기 위하여 광고예산을 광고캠페인 기간 동안 얼마나 효율적으로 배분하는가 하는 것은 매우 중요하다.

4) 기억과 망각

매체스케줄링에 영향을 미치는 또 하나의 요인은 소비자의 기억과 망각(remembering

and forgetting)이다. 모든 광고는 시간이 지나면서 소비자의 기억에서 소멸된다. 문제는 언제쯤 그것이 사라지고 어느 정도 소비자의 기억 속에 남아 있는가 하는 것이다. 따라서 추가적인 광고노출 없이 기억된 광고내용이 어느 정도의 기간 동안 유지될 것인가에 대한 해답이 효율적인 매체스케줄링전략을 수립하는데 도움이 된다.

광고에 따른 소비자반응은 광고를 증가시킬 때와 감소시킬 때의 효과가 대칭적이 아니다. 사실상 광고의 증가에 대한 소비자 반응은 기본적으로 학습 반응이며, 감소에 따른 반응은 망각 반응이라 할 수 있다. 보통 학습반응은 내용이 반복됨에 따라 증가되는 양이 시간에 따라 체감하는 형태를 가지며, 망각반응은 시간이 경과함에 따라 체증하는 형태를 갖는 것으로 받아들여지고 있다. 따라서 광고의 증감을 통해 학습과 망각의 행동을 조심스럽게 조절할 수 있다면 광고효과가 극대화 될 수 있다는 것을 예상할 수 있다. 가령, 소비자들이 광고내용을 쉽게 잊어버리는 경우라면 계속적으로 광고에 노출될 수 있도록 하는 지속형 스케줄링이 효과적일 것이며, 반대로 한 번 기억한 광고내용이 오랫동안 기억된다면 소비자 기억률에 따른 플라잇형 스케줄링이 적당하다고 할 수 있다.

질스키(Zielske, 1959)는 매체스케줄링이 사람들의 기억 및 망각 메커니즘과 관련이 있다는 사실을 발표하였다. 즉, 그의 기억과 망각에 관한 연구에 의하면 기억은 시간이 지날수록 감소하며, 특히 광고와 같은 자극이 중단된 직후 가장 크게 감소하며 시간이 지날수록 감소하는 정도가 작아진다. 반면에 광고와 같은 자극이 반복되면 망각은 감소하고 기억은 증가한다. 그러나 기억반응은 메시지가 반복됨에 따라 증가하는 양이 시간에 따라 체감하는 형태를 가지며, 망각반응은 시간의 경과에 따라 체증하는 형태를 보인다. 예를 들어 〈그림 14-4〉에서 보여지듯이 광고를 매일 13번 집행하면 상기도수준을 최고조에 이르게 할 수 있다. 그러나 광고를 중단한 직후 상기도는 급격히 감소한다. 따라서 단기간에 광고를 집중하여 제품에 대한 상기도를 최고조로 끌어올릴 필요가 있는 경우 집중형 스케줄링이 효과적이다. 반면에 광고를 일주일 간격을 두고 매주 13회 집행하면 상기도가 서서히 증가한다. 따라서 상기도를 서서히 증가시킬 필요가 있는 제품의 경우에는 이 연구에서 나타난 바와 같이 광고량을 분산시키는 지속형 스케줄링전략이 더 적합하다. 따라서 이러한 기억과 망각메커니즘을 고려하여 매체스케줄링전략을 수립하면 광고캠페인의 효과와 광고예산의 효율성을 극대화할 수 있다.

5) 광고시점과 판매시점의 차이

제품에 따라서 광고노출 시점과 판매가 광고의 영향을 받는 시점에서 차이가 발생할

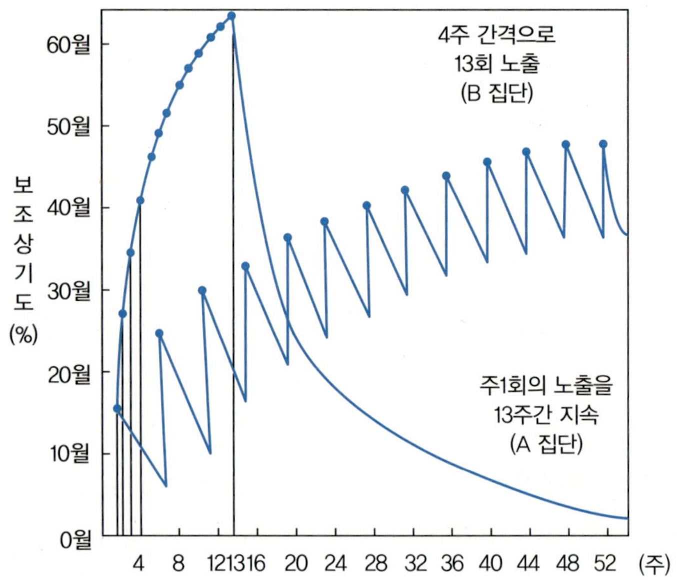

자료원: Zielske, H. A.(1959). The remembering and forgetting of advertising. The Journal of Maketing, 23(3), 239–243)

그림 14-4 광고노출과 상기도의 변화

수 있다. 광고의 판매효과 발생시점이 일치하지 않을 수 있다. 광고의 판매효과는 즉각적으로 나타나기도 하지만, 일정시간이 흐른 뒤 서서히 나타나기도 한다. 예를 들어 커피, 청량음료, 스낵과 같은 저관여제품들의 경우에는 광고의 판매효과가 즉각적으로 나타나지만, 컴퓨터 같은 고관여제품의 경우 광고효과는 몇 개월에 걸쳐 서서히 나타나는 경우가 많다. 이처럼 광고의 시차효과(lagged effect)가 나타날 경우에 광고시점과 판매시점의 차이를 고려하여 광고시점을 결정하여야 한다.

시계열분석을 통하여 컴퓨터제품의 광고노출 시점과 판매효과 발생시점의 시차를 조사한 연구에 의하면 광고를 집행한 후 4개월이 지난 후 판매효과가 나타나는 것으로 나타났다. 이처럼 광고의 판매효과가 4개월 뒤부터 발생한다면 미디어 플래너는 광고시점과 광고의 판매효과 발생시점에 차이를 고려하여 광고의 판매효과가 나타나기 4개월 전부터 광고를 진행하여야 한다. 그러나 제품마다 광고의 시차효과가 다르게 나타나기 때문에 이러한 시차효과를 파악한 후에 매체스케줄링전략을 수립하는 것이 바람직하다.

6) 이월효과

이월효과(carryover effect)는 광고캠페인이 종료된 후에도 광고효과가 즉시 소멸되지 않고 일정기간 동안 일부 남아있는 현상을 말한다. 가령 전월에 집행된 광고캠페인의 효과가 이번 달에도 일부 지속된다면 이를 광고의 이월효과라고 할 수 있다. 이월효과의 크기를 정확히 측정하여 매체스케줄링에 반영한다면 광고예산의 효율적 사용을 극대화할 수 있다. 예를 들어 이번 달에 집행된 광고의 효과 중 다음 달로 일부 이월된 광고효과를 획득하는데 필요한 크기만큼 광고예산을 적게 배분해도 된다. 그러나 이월효과를 너무 과대평가하여 광고예산을 너무 적게 투입한다면 실질적으로 광고의 노출부족을 초래할 수 있다는 점에 유의해야 한다.

광고의 이월효과는 표적 수용자의 기억력 등과 같은 심리적 특성과 광고물의 질적 수준 등에 따라 달라지나 최근의 일부 연구에 의하면 광고인지도를 기준으로 이월효과는 40% 수준으로 알려져 있다. 이월효과가 40%라는 것은 전월의 광고효과를 100%로 한다면 다음 달에 이월되는 광고효과는 40%정도가 된다는 것을 의미한다. 이월효과가 40%이면 광고캠페인 종료 후 몇 개월이 지나면 그 효과는 거의 소멸된다. 따라서 광고의 이월효과를 고려하여 매체스케줄링전략을 수립한다면 광고비의 낭비를 최소화하고, 광고자원을 효율적으로 사용할 수 있다.

7) 감퇴효과

감퇴효과(wear-out-effect)는 표적수용자들이 광고에 과잉노출되었을 경우 광고에 별 반응을 보이지 않거나, 광고 혹은 제품에 싫증을 내는 광고의 역효과 현상을 말한다. 광고의 감퇴효과는 주로 단기간에 많은 광고량에 집중노출되었을 경우 혹은 광고카피가 비교적 단순하여 표적 수용자가 광고메시지에 쉽게 적응(adaptation)할 경우에 나타난다. 즉, 광고의 감퇴효과는 표적수용자가 반복노출로 인하여 광고메시지에 심리적으로 적응(adaptation)되었을 경우에 발생한다. 이러한 감퇴효과는 광고비의 효율성을 감소시킨다. 따라서 이러한 광고의 감퇴효과가 발생하지 않도록 광고 소재 교체를 빨리 해주는 것이 필요하다. 〈그림 14-5〉는 과잉노출로 감퇴효과가 발생하는 것을 보여준다. 즉, 빈도가 누적될수록 주목률은 점차 감소하는 반면 상기율은 증가하다가 포화점을 넘어서면 감퇴함을 알 수 있다. 참고로 일부 연구에 의하면 우리나라 텔레비전 광고캠페인의 경우 평균 소재교체기간은 2.6개월로 나타났다.

8) 기타 매체스케줄링에 영향을 미치는 요인들

매체스케줄링에 영향을 미치는 기타 요인들에는 경쟁자 광고활동, 광고 카피의 복잡성, 매체클러터 현상이 있다. 경쟁사 광고활동은 경쟁이 치열한 시장의 경우 매체스케줄링에 직접적인 영향을 미친다. 예를 들어 경쟁자가 자사보다 더 많은 광고예산을 투

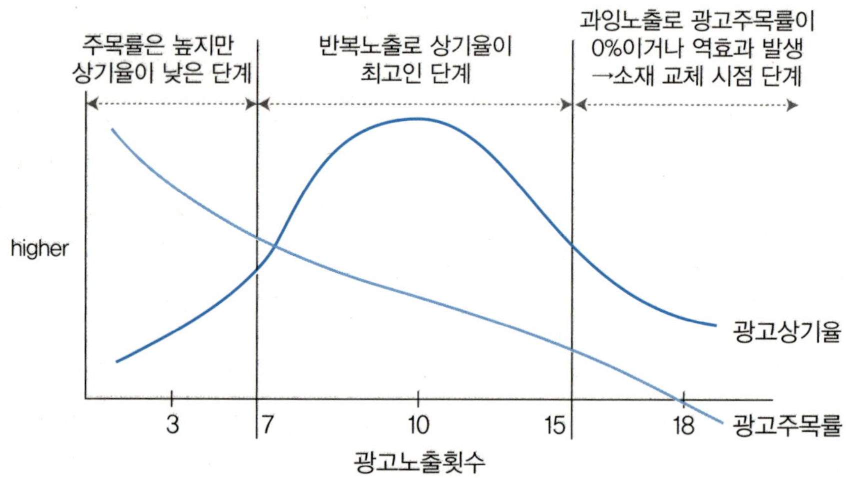

그림 14-5 노출횟수와 광고주목률/상기율의 관계

입할 경우 경쟁자와 유사한 스케줄링전략을 채택하는 것보다 경쟁자와 상이한 스케줄링전략을 채택하는 것이 바람직하다. 이것은 왜냐하면 자사의 광고캠페인이 경쟁자의 광고량에 압도당할 수 있기 때문이다. 반면에 자사가 경쟁자보다 더 많은 광고예산을 투입할 경우 경쟁자와 유사하게 스케줄링을 하여도 자사의 광고캠페인은 큰 영향을 받지않게 된다. 따라서 경쟁사의 광고활동을 잘 모니터 하여야 경쟁사의 광고활동을 효과적으로 상쇄하고 광고효과를 극대화할 수 있는 효율적인 매체스케줄링전략을 수립할 수 있다.

광고카피가 복잡할 경우에도 메시지에 대한 이해를 높이기 위하여 노출횟수를 늘려야 하며, 광고예산의 비중을 높여야 한다. 반면에 광고카피가 유머광고처럼 단순하거나 주목을 쉽게 끄는 경우 노출횟수와 광고예산의 비중을 낮추어도 된다. 그러나 유머광고처럼 단순한 카피의 경우 광고에 대한 감퇴효과(wear-out effect)가 빨리 발생하여 광고 혹은 제품에 대하여 쉽게 싫증을 낼 수도 있기 때문에 새로운 광고물로 소재교체를 빨리 해주어야 한다. 매체클러터는 광고혼잡현상을 말한다. 예를 들어 TV광고 한 블록 내의 전체 광고물의 수 혹은 경쟁자 광고물의 수가 많으면 클러터현상이 심하다고 할 수 있다. 특정 매체의 클러터현상이 심하면 광고물들 간의 간섭현상이 심하게 나타나기 때문에 광고집행 간격을 짧게 하여야 표적 수용자의 기억을 유지할 수 있다.

매체스케줄링은 제한된 광고예산을 가지고 광고를 집행하는 광고주들에게 매우 중요한 문제이다. 매체스케줄링을 어떻게 하느냐에 따라서 소비자에게 미치는 영향 즉, 광고의 효과는 달라질 수 있다. 따라서 판매의 계절성, 광고목표, 제품구매주기, 이월효과, 감퇴효과, 광고시점과 판매시점의 차이, 경쟁상황 등 매체스케줄링에 영향을 미치는 다양한 요인들을 올바르게 이해하여 자사의 제품과 광고캠페인의 목표에 적합한 매체스케줄링 전략을 수립한다면 광고캠페인 목표의 성공적 달성뿐만 아니라 광고비의 효율성을 극대화하고 불필요한 광고예산의 낭비도 막을 수 있다.

4 플로우차트와 예산요약표의 작성

미디어 믹스와 매체스케줄링전략이 결정되면 그 다음 단계는 매체전술(media tactic) 혹은 세부운행계획을 수립하여 최종적으로 플로우차트(flowchart) 및 예산요약표(budget recap) 작성을 포함한 매체계획(media plan)을 완성한다. 매체전술은 매체전략에서 결정된 내용을 더욱 정교하게 다듬어 그것을 구체적이고 완전한 플랜으로 창조하는 과정으로써 비히클 선택 및 광고횟수는 얼마나 집행하여야 하며 매체비용은 어떻게 산출하며 매체의 지면과 시간을 어떻게 구매하여야 하는지에 관한 구체적인 내용을 포함한다.

플로우차트(flowchart)는 광고캠페인 기간 동안 각 매체별 광고노출량과 집행횟수 등을 표시한 매체운행스케줄을 말한다. 텔레비전광고의 플로우차트는 보통 GRPs로 표시되나 신문, 잡지와 같은 인쇄매체의 경우 GRPs보다 광고횟수로 표시하는 것이 일반적이다. 보다 더 정교한 플로우차트는 GRPs와 광고횟수 이외에 매체스케줄이 달성해야할 구체적인 도달률, 빈도, 유효도달률 등의 매체목표를 포함하기도 한다.

예산요약표(budget recap)는 광고캠페인 기간 동안에 소요되는 매체예산을 분기별, 혹은 월별 등의 특정 기간별로 요약, 정리한 것이다. 예산요약표는 광고 캠페인 기간 동안 소요되는 예산이 얼마인지를 광고주에게 알려준다. 예산요약표에는 보통 매체유형, 비히클, 유닛별 광고횟수 및 광고단가 등이 포함된다.

표 14-7 플로우차트(flowchart)의 예

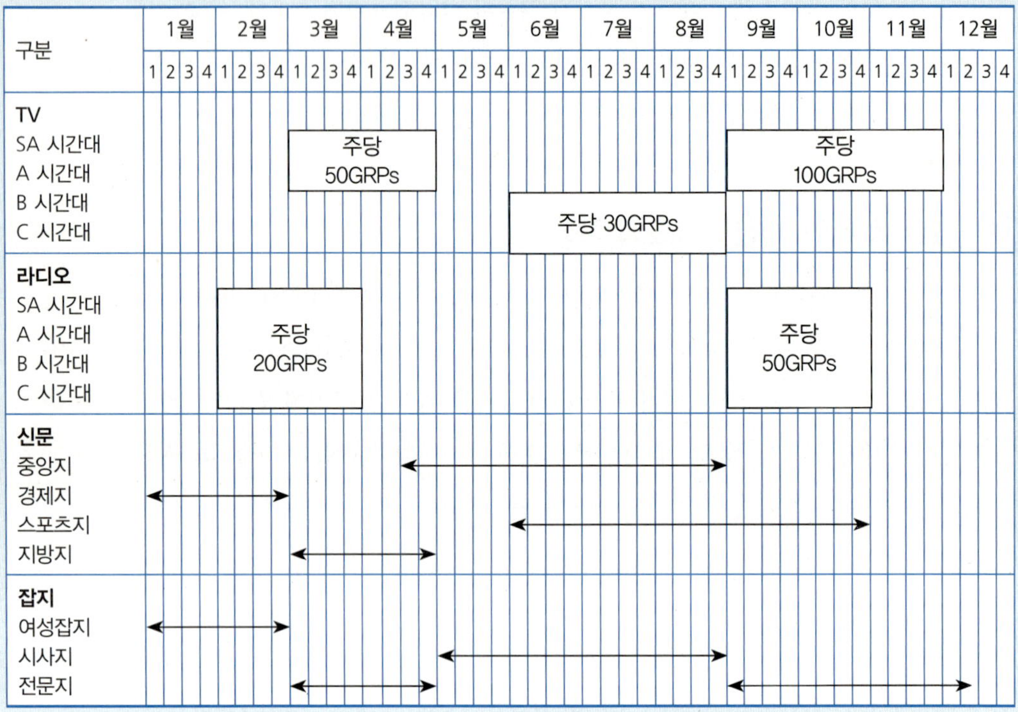

표 14-8 예산요약표(budget recap)의 예

(단위: 천원)

기간		매체	유닛	광고횟수	광고단가	매체예산
2015년 1/4분기	1월	MBC 뉴스데스크	SA타임 15초	8회	12,600	100,800
		조선일보	뒷면 15단 컬러	2회	105,300	210,600
		주부생활	표 4면	1회	20,000	20,000
		소계		11회		331,400
	2월	KBS2 월화드라마	SA 15초	8회	13,200	105,600
		동아일보	1면 4단 컬러	3회	61,050	183,150
		여성조선	표 2대면	1회	8,000	8,000
		소계		12회		296,750
	3월	KBS2 수목드라마	SA타임 15초	4회	13,200	52,800
		중앙일보	사회면 5단 컬러	3회	36,900	110,700
		우먼센스	표 4면	1회	20,000	20,000
		소계		8회		183,500
합계				31회		811,650

CHAPTER 15

광고지역의 결정

전국 규모의 광고를 하기에는 광고예산이 제한적이거나 미국과 같이 시장의 규모가 큰 경우 지역 혹은 시장의 중요도에 따라 광고예산을 어떻게 배분할 것인가를 결정해야 한다. 시장의 중요도를 평가하는 기준으로 BDI(brand development index)와 CDI(category development index)를 많이 사용한다. BDI는 특정 시장에서의 브랜드의 잠재력을 나타내는 지수이며 CDI는 특정 시장에서 브랜드가 속한 제품범주의 잠재력을 나타내는 지수이다. 보통 BDI와 CDI의 조합을 사용하여 시장의 잠재력을 평가한다. 일반적으로 BDI와 CDI가 모두 높거나 BDI는 낮고 CDI는 높은 지역에 광고 자원을 집중 배분한다. BDI와 CDI의 계산 및 활용방법은 다음과 같다.

$$\text{BDI} = \frac{\text{브랜드 X의 전국 판매량 대비 A 지역의 판매량 혹은 시장 점유율 (\%)}}{\text{전국 인구 대비 A 지역의 인구 혹은 시장점유율(\%)}} \times 100$$

$$\text{CDI} = \frac{\text{품목 전체의 전국 판매량 대비 A 지역의 판매량 혹은 시장점유율 (\%)}}{\text{전국 인구 대비 A 지역의 인구 혹은 시장 점유율(\%)}} \times 100$$

높은 BDI/높은 CDI의 경우 브랜드와 제품군 전체의 시장잠재력이 높다. 따라서 마케팅 및 광고활동을 강화하여야 한다. 높은 BDI/낮은 CDI의 경우 브랜드의 시장점유율은 높으나 제품군 전체에 대한 시장잠재력은 크지 않다. 따라서 현재의 브랜드 시장점유율을 유지하기 위하여 광고를 할 필요는 있으나 매출감소의 우려가 있으므로 시장을 지속적으로 모니터 하는 것이 중요하다. 낮은 BDI/높은 CDI이 경우 브랜드의 시장점유율은 높지 않으나 제품군의 시장잠재력은 크다. 따라서 브랜드의 시장점유율을 끌어올리기 위하여 광고를 강화할 필요가 있다. 그러나 광고를 강화하기 전에 먼저 브랜드의 낮은 시장점유율이 제품의 문제인지, 유통의 문제인지, 가격의 문제인지, 혹은 판촉 및 광고의 문제인지를 먼저 분석하여야 한다. 낮은 BDI/낮은 CDI의 경우 브랜드의 시장점유율과 제품군 전체에 대한 시장잠재력이 낮은 시장이기 때문에 광고를 하기에 적합한 시장이 아니며 위험이 따른다. 이러한 시장의 경우 시장철수를 고려하거나 광고를 하지 않는 것이 바람직하다.

표 15-1 BDI/CDI로 분류된 시장의 유형들

구분	높은 BDI	낮은 BDI
높은 CDI	높은 시장 점유율 높은 시장 잠재력	낮은 시장 점유율 높은 시장 잠재력
낮은 CDI	높은 시장 점유율 매출감소의 모니터	낮은 시장 점유율 낮은 시장 잠재력

표 15-2 XX시리얼 브랜드의 BDI와 CDI를 이용한 광고예산의 지역별 배분의 예

시장	BDI	비중(20%)	CDI	비중(80%)	비중 적용 후 BDI와 CDI 값	퍼센트
시카고	84	16.8	110	88.0	105	24.4%
달라스	96	19.2	98	78.4	98	22.8%
덴버	102	20.4	140	112.0	132	30.7%
센트 루이스	82	16.4	98	78.4	95	22.1%

또한 BDI와 CDI의 중요도에 따라 지역별로 BDI와 CDI의 비중을 달리하여 적용할 수 있다. 예를 들어 〈표 15-2〉에서 XX시리얼 브랜드의 마케팅 담당자는 4개 시장의 잠재력을 평가하는데 있어서 CDI를 더 중요한 지표로 생각하고 CDI에 80%, BDI에 나머지 20%의 비중을 주고 이러한 비중을 각 지역별 BDI와 CDI에 곱하여 비중이 적용된 후의 BDI와 CDI의 값을 계산하였다. 즉, 시카고지역의 BDI와 CDI의 합은 비중이 적용된 후 105(=16.8 + 88)가 된다. 이것을 전체 값인 430(=105 + 98 + 132 + 95)으로 나누면 그 비율은 24.4%{=(105/430) × 100}가 된다. 따라서 시카고지역의 광고예산은 전체 광고예산의 24.4%로 설정할 수 있다. 그러나 만약 광고예산이 부족하여 4개 지역에 광고예산을 할당할 수 없는 경우 BDI와 CDI 값을 기준으로 덴버지역과 시카고지역에 우선적으로 광고예산을 할당할 수 있다.

〈표 15-3〉과 〈표 15-4〉는 우리나라 참치 브랜드들의 BDI와 CDI를 활용한 브랜드 및 시장잠재력 분석 사례이다. 〈표 15-3〉은 A참치 및 B참치의 전국, 대전, 대구 지역의 판매량이며 〈표 15-4〉는 이를 기초로 한 BDI와 CDI 시장잠재력 분석 결과이다.

(1) A 참치 브랜드: 대전의 BDI와 CDI가 높고 대구지역의 BDI 및 CDI는 상대적으로 낮다. 따라서 브랜드와 제품군 전체의 시장 잠재력이 높은 대전지역에서 마케팅 및 광고활동을 강화하여야 한다.

표 15-3 A참치 및 B참치의 판매량

(단위: 000)

지역	인구	A참치 판매량	B참치 판매량	총 판매량
전국	42,000	80,000	170,000	300,000
대전	1,000	2,140	5,000	9,400
대구	1,200	2,020	5,400	7,800

표 15-4 A참치와 B참치의 BDI 및 CDI분석

구분	BDI		CDI
	A브랜드	B브랜드	
대전	112	124	132
대구	88	111	91

(2) B 참치 브랜드: A 참치 브랜드와 마찬가지로 대전지역의 BDI와 CDI가 높고 대구지역의 BDI와 CDI가 낮다. 그러나 A 참치 브랜드와 비교하여 대전과 대구지역의 BDI는 상대적으로 높다. 따라서 대전지역에서는 마케팅 및 광고활동을 강화하여야 하고 대구지역에서는 시장점유율을 유지하는 전략을 택해야 한다.

CHAPTER 16

매체스케줄의 효과 평가

매체스케줄의 효과 평가는 매체목표 설정, 미디어 믹스, 매체스케줄링전략을 통하여 매체스케줄을 구성하고, 또한 구성된 매체스케줄을 집행한 후에 실시하는 과정이다. 매체스케줄의 효과 평가는 매체기획의 결과 구성된 최종 매체스케줄이 계획된 매체목표를 달성할 수 있는가를 평가하는 사전평가와 광고캠페인이 종료된 후 매체목표를 달성하였는지 여부를 평가하는 사후평가로 나뉜다. 사후평가는 구매 후 분석(post-buy analysis)이라고도 한다. 매체비히클의 효과 평가 요소들에는 발행부수, 시청률, 청취율, 열독률, 구독률, CPM, CPRP 등이 사용되며, 매체스케줄의 효과 평가 요소들에는 도달률, 빈도, 유효도달률, GRPs, CPM, CPRP 등이 사용된다.

1 사전평가

사전평가는 선택된 매체스케줄이 매체목표를 달성할 수 있는가 혹은 없는가를 평가하는 것이다. 예를 들어 매체목표가 도달률 30%와 빈도 2회 달성이라면 매체스케줄이 도달률 30%와 빈도 2회를 달성할 수 있는 지를 평가하여야 한다. 만약 선택된 매체스케줄이 매체목표를 달성할 수 없으면 다른 대안적 매체스케줄을 선택하거나 매체스케줄을 재구성하여야 한다.

〈표 16-2〉은 25~54세 사이의 주부를 표적시장으로 하는 주방용품 세제 브랜드의 매체스케줄에 대한 사전평가의 예이다. 〈표 16-2〉에서

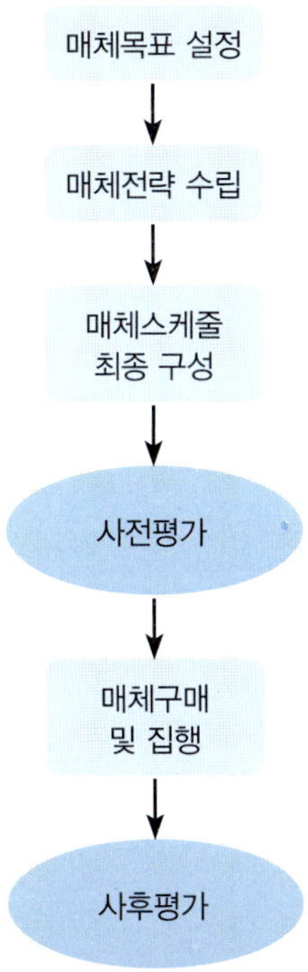

그림 16-1 매체스케줄의 효과 평가 과정

표 16-1 매체비히클과 매체스케줄의 효과 평가 요소들

매체 비히클의 효과 평가 요소들	매체스케줄의 효과 평가 요소들
발행부수, 시청률, 청취율, 열독률, 구독률, CPM, CPRP	도달률, 평균빈도, 유효빈도, 유효도달률, GRPs, CPM, CPRP

보여지듯이 이 브랜드의 매체스케줄은 3월 한달동안 총 4억원의 매체예산을 투입하여 GRPs 210%, 도달률 70%, 평균빈도 3회 유효도달률 30%를 달성하는 것을 매체목표로 하는 두 개의 매체스케줄을 구성하고 사전평가를 실시하였다. 매체스케줄 1은 지상파 TV, 신문, 잡지의 3개 매체들로 구성되었고, 매체스케줄 2는 지상파 TV와 케이블TV로만 구성하였다. 사전평가의 결과 총 4억원이라는 동일한 매체예산을 투입하였음에도 불구하고 이 두 개의 매체스케줄의 사전평가의 결과는 각각 다르게 나타났다. 즉 매체스케줄 1의 사전평가의 결과 GRPs와 도달률은 목표치를 상회하였으나, 평균빈도와 유효도달률은 목표치에 미달하였다. 반면에 매체스케줄 2의 사전평가의 결과 도달률은 매체스케줄 1보다 더 낮지만 GRPS, 평균빈도, 유효도달률 모두 계획된 매체목표를 상회하거나 이에 근접함을 알 수 있다. 이는 동일한 매체예산을 투입하였음에도 불구하고 지상파TV와 인쇄매체 대신에 지상파TV와 케이블TV로 선택한 매체스케줄 2가 매체스케줄 1보다 유효빈도의 범위 내에서 더 많은 표적 수용자에게 광고메시지를 도달시킬 수 있다는 것을 보여준다. 특히 매체스케줄 2의 경우 유효빈도의 범위 내에서 노출량이 더 많이 집중된 것으로 나타나, 투입된 매체예산이 매체스케줄 1보다 더 효율적 사용되었다는 것을 알 수 있다. 이러한 사전평가의 결과를 통하여 매체스케줄의 정확한 효과를 평가할 수 있다. 만약 사전평가 결과 이 두 개의 매체스케줄이 모두 계획된 매체목표를 달성하지 못한다면 매체계획(media plan)을 전면 재검토하여 이 브랜드의 광고캠페인의 매체스케줄을 다시 재구성하여야 한다.

표 16-2 사전평가의 예

평가 요소들	매체목표	사전평가	
		매체스케줄 1	매체스케줄 2
총 예산	4억	4억	4억
GRPs	210.0%	216.0%	217.0%
도달률(1+)	70.0%	90.0%	70.0%
유효도달률	30%	25%	32%
평균빈도(AF)	3회	2.4회	3.1회

2 사후평가

사후평가는 매체스케줄이 집행되고 난 후의 효과와 효율성을 평가하는 것이다. 사후평가를 하는 이유는 선택된 매체스케줄이 매체목표를 달성하였는가를 평가하기 위함이다. 즉 사후평가의 결과가 사전 평가를 통해 예측한 것과 차이가 있는지 없는지를 분석하고 차이가 있다면 그 문제점을 찾아내어 다음 매체계획에 문제점에 대한 개선 방안을 제안해야 한다. 사전평가와 사후평가의 차이가 발생하는 가장 큰 이유는 광고 집행 전과 후에 시청률과 열독률의 변화가 있기 때문이다.

〈표 16-3〉은 복사용지 브랜드인 A사의 20XX년도의 하반기 9~10월 2개월 간 집행한 TV광고캠페인의 사후평가의 결과이다. 〈표 16-3〉에서 보여지듯이 A사는 9~10월 2개월 동안 총 12억 7천만원의 광고비를 투입하여 547.9 TRPs(target rating points)를 획득하였음을 알 수 있다. 월별로 살펴보면 9월에는 매체계획(media plan)에서 설정된 예산보다 실제 광고비를 적게 사용하였으며 그 결과 TRPs, 도달률, 평균빈도, 유효도달률 혹은 R(3+)가 목표치에 미치지 못하는 것으로 나타났다. 그러나 CPRP는 매체계획의 목표치보다 낮게 나타나 TV광고를 효율적으로 집행하였음을 알 수 있다. 10월에는 9월의 부족한 노출량을 매우기 위하여 매체계획보다 더 많은 매체예산을 투입하였다. 그 결과 9월보다 TRPs, 도달률, 평균빈도, 유효도달률 혹은 R(3+)

표 16-3 A사의 TV 광고캠페인 사후평가의 예 (단위: 천원)

		총광고비	정기물	패키지	TRPs	R(1+)	빈도	R(3+)	CPRP
9월	실제	443,477	375,679	67,798	193.4	69.1	2.8	31.5	1,942
	플랜	648,000	540,000	108,000	250.0	74.4	3.4	38.5	2,160
	차이	−204,523	−164,321	−40,203	−56.6	−5.3	−0.6	−7.0	−218
	증감률	−32%	−30.4%	−37.2%	−22.6%	−7.2%	−16.7%	−18.3%	−10.1%
10월	실제	828,099	695,843	132,255	354.5	80.8	4.4	49.5	1,942
	플랜	648,000	540,000	108,000	250.0	74.4	3.4	38.5	2,160
	차이	180,000	155,843	24,255	104.5	6.4	1.0	11.0	−218
	증감률	27.1.6%	28.9%	22.5%	41.8%	8.5%	30.7%	28.5%	−10.1%
전체	실제	1,271,576	1,071,523	200,053	547.9	86.8	6.3	64.4	1,956
	플랜	1,296,000	1,080,000	216,000	500.0	85.6	5.8	61.3	2,160
	차이	−24,424	−8,477	−15,947	47.9	1.2	0.5	3.2	−204
	증감률	−1.9%	−0.8%	−7.4%	9.6%	1.4%	8.1%	5.1%	−9.4%

이 많이 개선된 것으로 나타났다. 10월의 CPRP도 매체계획에 나타난 목표치보다 낮은 것으로 나타나 TV광고를 효율적으로 집행하였음을 알 수 있다. 9~10월의 TV 광고캠페인의 사후평가 결과를 살펴보면 매체계획(media plan)상의 매체예산보다 실제로 더 적은 매체예산을 투입하였음에도 불구하고 TRPs, 도달률, 평균빈도, 유효도달률 혹은 R(3+)는 목표치를 상회하는 것으로 나타나, 전체적으로 TV광고를 매우 효율적으로 집행하였다는 것을 알 수 있다.

〈표 16-4〉는 복사용지 브랜드인 A사의 9~10월 2개월 간의 방송국별, 초수별, 시급별 TV광고집행 사후평가를 나타낸다. 먼저 방송국별로 광고비의 구성을 살펴보면 KBS2와 SBS보다 인기 드라마와 예능 프로그램이 많은 MBC에 더 많은 TV광고를 집행한 것으로 나타났다. 초수별로는 15초광고의 비중이 가장 높게 나타났으나, 비용효율성이 높은 20초 광고에도 비교적 많은 예산을 할당한 것으로 나타나 TV광고를 효율적으로 집행하였음을 알 수 있다. 시급별로는 주목도도 높고 비용효율적인 A시급의 비중이 가장 높은 것으로 나타났으며, 광고비가 가장 비싼 SA시급과 주목도가 가장 낮은 시간대인 C시급에는 가장 적은 예산을 할당한 것으로 나타났다. 전체적으로 TV광고 집행의 비용효율성은 높게 나타났지만 시청자들이 TV을 가장 많이 보는 저녁 시간대인 SA시급에 광고의 집행 횟수가 비교적 낮게 나타나, 도달범위가 약간 협소함을 알 수 있다. 요약하면 A사는 도달률과 주목효과보다 비용효율성에 조금 더 중점을 두었음을 알 수 있다.

표 16-4 복사용지 브랜드 A의 TV 광고캠페인의 방송국별, 초수별, 시급별 집행패턴 분석 (단위: 천원, %)

구분	합계	채널			초수			시급			
		KBS2	MBC	SBS	15″	20″	30″	SA	A	B	C
광고비	1,271,576 (100%)	356,041 (28%)	559,493 (44%)	356,041 (28%)	979,113 (77%)	267,031 (21%)	25,432 (2%)	216,168 (17%)	457,769 (36%)	406,904 (32%)	203,452 (16%)
횟수	469 (100%)	105 (22%)	197 (42%)	167 (36%)	286 (61%)	158 (34%)	25 (5%)	33 (7%)	97 (21%)	208 (44%)	131 (28%)
TRPs	547.9 (100%)	114 (21%)	254 (46%)	180 (33%)	351 (64%)	179 (33%)	18 (3%)	76 (14%)	218 (40%)	166 (30%)	88 (16%)
CPRP	1,970	2,359	1,754	2,028	2,028	1,869	1,847	2,770	1,734	2,083	1,650

*괄호 안은 %

3 매체스케줄 효과 평가의 문제점

1) 도달효과의 과대평가

제 6장에서 살펴본 바와 같이 인쇄매체의 열독률은 광고노출이 아닌 비히클 노출을 측정한 매체수용자 조사자료로써 실제 광고매체가 갖는 노출효과를 과대평가(overestimation)하는 경향이 있다. 이러한 열독률의 불완전한 측정은 매체스케줄의 도달률 추정 시 오차를 발생시킨다. 즉 전체 매체스케줄의 도달률을 추정할 때 매체스케줄을 구성하고 있는 각 매체비히클의 열독률의 산술적 합산치에서 비히클 간 혹은 비히클 내 중복수용자를 뺀 나머지를 합산하여 도달률을 산출하는데 이 때 추정된 도달률은 실제 광고메시지에 대한 도달효과를 과대평가하는 오차가 발생할 수 있다. 예를 들어 〈그림 16-2〉에서 보여지듯이 매체스케줄에 포함된 매체비히클들의 열독률을 사용하여 추정된 비히클 도달률(1+)가 27.8%라면 실제 광고메시지에 노출된 표적 수용자의 크기를 나타내는 메시지 도달률(1+)는 18.4%에 불과하다. 이는 추정된 도달률 28.7% 중에서 광고메시지를 보지 않은 표적 수용자의 비율이 9.4%나 된다는 것을 나타낸다. 따라서 열독률의 산술적 합산치로부터 계산된 비히클 도달률은 실제 광고페이지에 대한 도달률을 과대평가하는 결과를 낳게 된다. 이러한 도달률의 과대평가는 궁극적으로 매체기획자들로 하여금 광고목표를 달성하는 데 필요한 노출 부족을 야기할 수도 있으며 따라서 계획된 광고목표의 달성에 지장을 초래할 수도 있다. 이러한 도달률의 과대평가 문제를 해결하기 위하여 매체스케줄의 도달률을 추정하기 전에 매체스케줄에 포함된 각 매체비히클의 열독률을 실제 광고메시지 열독률에 가깝게 조정한 후 이들의 산술적 합산치로부터 광고메시지의 도달률을 산출하는 방법을 사용하기도 한다.

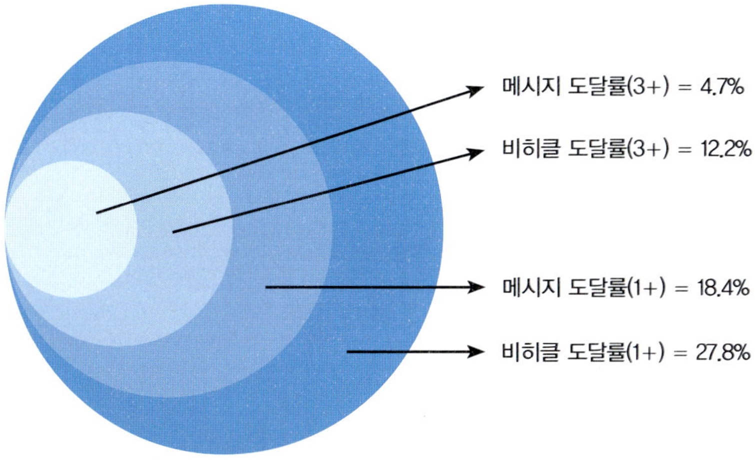

그림 16-2 메시지 도달률과 비히클 도달률의 차이

2) 반복효과의 과소평가

일반적으로 잡지매체는 독자들이 재독하는 경향이 높기 때문에 광고메시지에 대한 반복노출 효과가 크다고 할 수 있다. 그러나 잡지매체의 열독률은 기본적으로 비히클을 보았는가 혹은 안 보았는가 라는 매체수용자의 단일노출 여부만 평가하며 각각의 매체수용자가 특정 비히클이나 광고페이지를 몇 번 보았는가하는 반복노출여부는 가려내지 못한다. 따라서 제 7장에서 살펴본 바와 같이 매체스케줄을 구성하고 있는 매체비히클들의 열독률의 산술적 합산치에 포함된 중복수용자의 크기를 계산하여 추출된 평균빈도는 실제 광고메시지에 대한 반복노출 효과를 과소평가(underestimation)하는 오차가 발생할 수 있다.

예를 들어 특정 잡지 매체스케줄의 평균빈도가 3회라면 실제 광고메시지에 대한 평균빈도는 3회보다 더 클 수 있다. 즉, 표적 수용자들이 특정 잡지 매체스케줄을 구성하고 있는 각각의 잡지 매체비히클에 포함된 광고메시지를 여러 번 반복해서 보았다면 실제 광고메시지에 대한 평균빈도는 3회보다 더 클 수 있다. 따라서 열독률의 산술적 합산치에 포함된 중복수용자의 크기를 계산하여 추출된 잡지 매체스케줄의 평균빈도는 실제 광고메시지에 대한 표적 수용자의 평균빈도를 과소평가할 가능성이 있다. 이와 같은 평균빈도 과소평가의 문제점은 미디어 플래너로 하여금 광고목표 달성에 요구되어지는 노출횟수 이상의 과잉노출을 초래하여 궁극적으로 광고예산의 낭비를 가져올 수도 있다.

CHAPTER 17

광고예산의 설정

1 광고예산 설정방법의 분류

광고캠페인의 실시에 소요되는 전체 예산의 80% 이상은 매체의 지면과 시간을 구입하는데 사용된다. 따라서 광고예산(advertising budget)은 매체예산(media budget)과 거의 동일한 의미로 사용되며, 광고예산 설정의 다양한 방법들을 통해서 매체예산이 어떻게 설정되는지를 이해할 수 있다.

광고예산의 설정에는 10여 가지가 넘는 많은 방법들이 사용된다. 광고예산의 설정방법들은 크게 계량적 모형 이용법과 계량적 모형 비이용법의 두 가지 유형으로 구분된다. 먼저 계량적 모형을 이용하는 방법은 매출과 광고비 간의 수학적 함수관계를 나타내는 광고의 판매반응함수를 도출한 후 이를 이용하여 적정 광고예산을 책정하는 방법이다. 판매반응함수를 이용하는 방법들에는 광고점유율 기준법(MS-SOV관계분석법), 한계분석법, 회귀분석 이용법 등이 포함된다. 이 방법들은 주로 오랜 기간에 걸쳐 수집된 광고예산 및 매출액 자료 등을 사용하기 때문에 객관적 자료에 근거한 광고예산 설정방법이라고 할 수 있다. 광고점유율 기준법(MS-SOV 관계분석법)은 시장점유율과 광고점유율 간의 관계를 토대로 시장점유율 달성을 위해 필요한 광고점유율과 광고예산을 책정하는 방법이다. 한계분석법은 한계비용과 한계수익이 일치하는 점에서 광고예산을 설정하는 방법이다. 회귀분석 이용법은 과거 매출과 광고비와의 수학적 함수관계를 회귀분석을 통하여 파악한 다음 이를 근거로 새로운 예산 설정에 이용하는 방법이다.

반면에 계량적 모형 비이용법은 경영자 혹은 광고예산 담당자 나름대로의 주관적 판단과 경험에 의거하여 광고예산을 책정하는 방법이다. 지불능력 기준법, 경쟁자 기준법, 목표과업법 등이 여기에 속한다. 지불능력 기준법은 자금운영에 관련된 사항을 고려하여 광고비로 사용 가능한 금액을 광고예산으로 책정하는 방법이고, 매출비율법은 매출의 일정비율을 광고예산으로 책정하는 방법이다. 경쟁자 기준법은 동일 산업 내 경쟁사가 투입하는 광고비를 기준으로 광고예산을 책정하는 방법인 반면에 목표과업법은 마케팅목표와 광고목표를 결정한 후 이러한 목표를 달성하기 위해 필요한 광고

표 17-1 광고예산의 접근방법들

구분	계량적 모형 이용법 (판매반응함수 이용법)	계량적 모형 비이용법 (판매반응함수 비이용법)
하향식 접근방법 (top–down approach)	–	지불능력 기준법 매출비율법 경쟁사기준법 임의할당법
상향식 접근방법 (bottom–up approach)	광고점유율기준법(MS–SOV법) 한계분석법 회귀분석 이용법	목표과업법

예산을 설정하는 방법이다.

광고예산의 설정은 또한 광고예산이 광고캠페인 계획 수립에 앞서 최고 경영진 등의 주관적 판단과 경험에 의거하여 미리 설정되느냐 아니면 광고캠페인 목표 수립 후 이를 달성하기 위하여 필요한 예산을 추후에 산출하느냐에 따라 하향식 접근방법과 상향식 접근방법으로 구분한다. 하향식 접근방법은 경영자 혹은 광고예산 담당자의 주관적 판단 혹은 경험에 의해 광고예산을 광고캠페인 계획 수립 전 먼저 설정하고 광고캠페인 활동을 전개해 나가는 방식인 반면에, 상향식 접근방법은 광고목표를 수립하고 이를 달성하기 위하여 소요되는 예산을 추후에 설정하는 방법이다. 일반적으로 하향식 접근방법보다 상향식 접근방법이 광고목표 달성에 유리하며, 기업의 광고노력을 광고목표에 집중한다는 점에서 합리적인 방법이라고 할 수 있다. 그러나 기업의 지불능력을 고려하지 않은 채 지나치게 목표에만 집착한다는 단점도 지적된다. 반면에 하향식은 광고예산을 쉽게 산출할 수 있으며 최고 의사결정권자를 쉽게 설득할 수 있다는 장점이 있다. 그러나 이 접근방법은 광고가 매출에 영향을 미친다는 전제에 근거하고 있지 않기 때문에 광고예산의 설정이 비논리적이라는 단점도 갖고 있다. 또한 〈그림 17-1〉에서 보여지듯이 하향식에서 상향식으로 갈수록 주관적 판단과 경험의 법칙(rule of thumb)보다 객관적 자료에 근거한다. 예를 들어 매출비율법은 주관적 판단에 근거한 반면에 회귀분석 이용법은 객관적 자료에 근거한다.

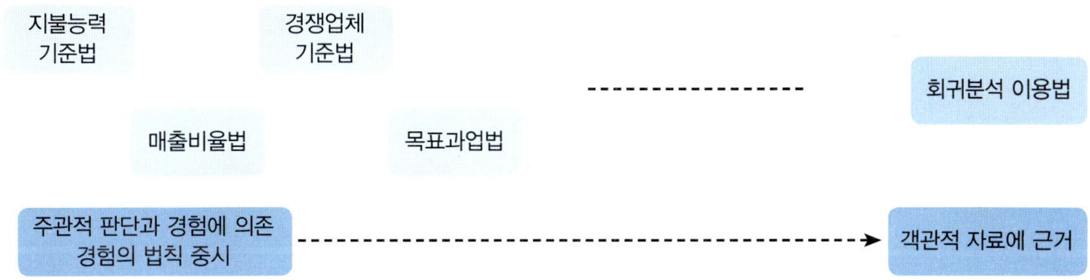

그림 17-1 광고예산의 접근방법과 차이

| 판매반응함수란? |

광고의 판매반응함수는 광고비와 매출(혹은 시장점유율) 간의 관계를 수학적 함수관계로 표현한 것이라고 할 수 있다. 판매반응함수에는 여러 가지 형태들이 있다. 예를 들어 아래의 두 개의 그림들 중 왼쪽 그림은 볼록형 곡선, 오른쪽 그림은 선형 직선의 형태를 띠고 있다. 대부분의 판매반응함수가 오른 쪽 그림처럼 광고비와 매출의 선형관계를 암묵적으로 가정하지만 실제로는 왼쪽의 그림처럼 볼록형 판매반응함수와 아래 부분의 그림처럼 S자형의 판매반응함수의 형태를 보인다는 주장을 펴기도 한다.

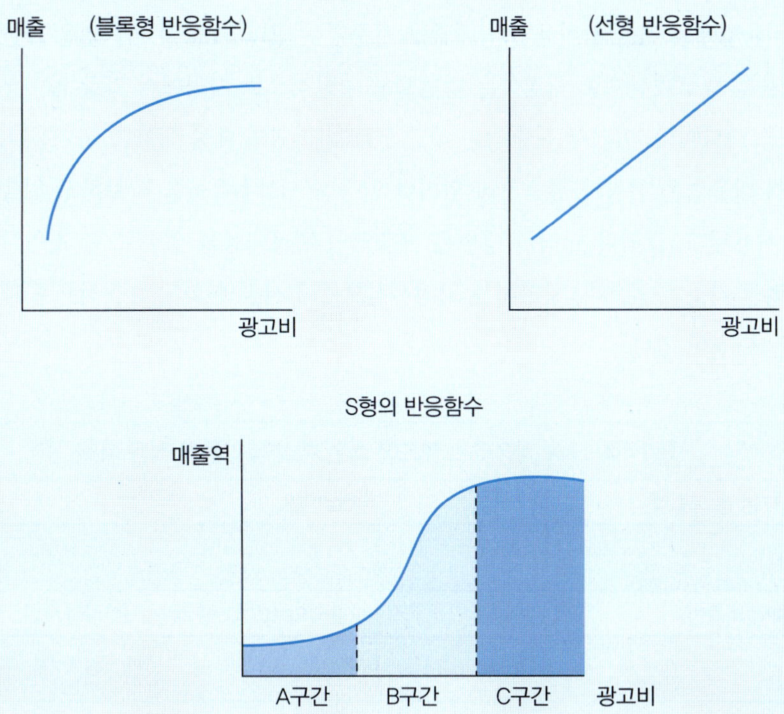

볼록형 판매반응함수는 광고비가 증가할수록 매출은 점차 감소하는 수확체감의 법칙이 적용되는 형태를 보여주고 있다. 즉, 광고비 지출이 증가할수록 매출은 체감률로 증가한다. 볼록형 판매반응함수는 처음부터 광고효과가 현저하게 나타나므로 초기의 적절한 광고비 투입은 충분한 매출 증대를 실현할 수 있음을 시사한다. 그러나 추가적인 광고비 증가에 따른 매출의 순증가효과는 점차 감소한다는 것을 알려준다. 반면에 S자형의 판매반응 함수는 광고비 지출이 적을 때는 매출에 대한 영향이 미미하다가 광고비 지출이 일정 수준을 넘어서면 매출이 급속도로 증가하기 시작한다. 그러나 어느 수준 이상의 과다한 광고비 지출은 매출 증가에 거의 영향을 미치지 않게 된다. 따라서 광고비의 역치수준과 포화수준 사이의 적정한 수준의 광고비 규모를 책정하는 것이 중요하다. 이러한 판매반응함수들은 매출과 이에 상응하는 광고비의 변화를 나타내기 때문에 매출액(Y 값)을 일정량 달성하기 위하여 광고예산(x 값)을 일정량 투입해야 한다는 것을 예측하게 해준다. 따라서 특정 기업이 목표로 하는 매출을 정하면 이러한 목표를 달성하기 위하여 필요한 광고예산을 추정할 수 있다.

2 광고예산의 설정방법들

1) 매출비율법

광고예산의 결정에 사용되고 있는 방법 중 하나가 매출비율법(percentage of sale)이다. 매출비율법에는 매출액 비율법과 매출량 기준법이 있다. 매출액 비율법은 매출액의 일정 비율을 광고예산으로 책정하는 방법으로 일반적으로 기업에서 가장 많이 사용하는 방법 중 하나이다. 여기서 매출액은 해당 연도의 기업의 매출 목표를 의미한다. 이러한 매출액 비율법은 시장이 성숙기에 있거나 안정적 시장점유율을 확보하고 있을 경우에 많이 사용된다. 그러나 이러한 방법은 매출액의 일정비율을 얼마로 할 것인지에 대한 논리적인 기준이 없으며, 광고비를 고정시킴으로써 시장 변화에 능동적으로 대처할 수 없다는 단점이 있다.

표 17-2 XX 컴퓨터 브랜드에 대한 매출액 비율법 적용 사례

2017년 총 매출액	100억 원
	↓
매출액 비율법	매출액의 10/100을 예산으로 설정
	↓
2018년도 광고예산	10억 원

표 17-3 XX 컴퓨터 브랜드에 대한 매출량 기준법 적용 사례

2017년 단위당 생산비용	10,000원
	↓
매출량 기준법	단위당 생산비용의 20%를 예산으로 설정
	↓
2018년 예상 판매량	1,000,000대
	↓
2018년 광고예산	2,000 × 1,000,000 = 20억 원

두 번째 매출량 기준법은 특정 제품 매출단가 혹은 단위당 생산비용에 대한 일정 비율 혹은 일정 금액을 광고예산으로 책정하는 방법으로 광고예산 규모는 예상 판매량에 의해서 결정된다. 이때 단위당 생산비용에 대한 광고예산의 책정비율은 경쟁업체의 수준이나 관례에 따라서 이루어지는 경향이 있다. 〈표 17-3〉은 매출량 기준법을 이용한 광고예산 설정의 예를 나타낸다. 즉, XX 컴퓨터 브랜드의 단위당 생산비용의 일정 비율을 광고예산으로 책정한 후 이를 차기 년도 예상 판매량에 곱하여 최종 광고예산을 결정한다.

매출비율법의 장점은 광고예산을 쉽게 산출할 수 있고, 기업들 간의 과당 경쟁을 피할 수 있으며 최고 의사결정권자를 쉽게 설득할 수 있다. 그러나 이 방법은 광고가 매출을 창출했는지의 여부를 측정하기 곤란하다는 약점이 있으며 광고가 매출에 영향을 준다는 전제에 근거하지 않고 있으며, 오히려 매출이나 매출추정치가 광고예산을 결정하게 된다는 논리적 문제를 갖고 있다. 이 방법은 기존의 유명상표에 대한 광고지출을 과다하게 하고, 광고를 중단하더라도 계속 구매할 가능성이 높은 상표충성도가 강한 고객에게 주로 소구하는 쇠퇴기 상표에 대해서도 과다한 지출을 하게 된다. 이에 비해서 보다 많은 광고예산을 필요로 하는 유망상표 혹은 새로운 상표일 때는 광고예산을 낮게 책정하게 한다.

〈표 17-4〉는 한국과 미국시장의 업종별 매출액 대비 광고비의 평균 비율을 나타낸 표이다. 〈표 17-4〉에서 보여지듯이 한국시장의 경우 제약과 출판 업종의 매출액 대비 광고비 비율이 가장 높은 것으로 나타났으며, 미국시장의 경우 화장품 업종의 매출액 대비 광고비 비율이 가장 높은 것으로 나타났다. 반면에 한국과 미국시장의 업종들 가운데 금융, 보험과 수송 및 운송 업종의 매출액 대비 광고비 비율이 가장 낮은 것으로 나타났다.

표 17-4 한국, 미국의 업종별 매출액 대비 광고비 비율 비교

업종	한국(1995)	미국(1996)
제약	14.3%	4.3%
출판	14.4	15.1
화장품	6.8	7.0
식음료	6.0	5.8
의류/섬유	2.6	5.8
전지전자	3.6	5.5
가정용품	7.0	9.2
수송/운송	1.0	1.2
유통	8.8	3.1
금융/보	0.3	0.8

출처: 제일 기획(1998)

이처럼 매출액 대비 일정 비율을 광고비로 책정할 때 구체적인 매출액 대비 광고비 비율은 경쟁자 혹은 업종 전체의 매출액 대비 광고비 비율을 참고로 할 수 있으며, 일단 매출액 대비 광고비 비율만 결정되면 해당 년도의 매출을 예상해서 쉽게 광고예산을 책정할 수 있다. 이러한 매출액 대비 광고비 결정법은 동일 업종 내 매출액 대비 광고비 비율 평균치를 사용하므로 논리적 타당성은 있으나 외부 시장상황의 변화에 따라 매출액 대비 광고비 비율이 달라질 수 있기 때문에 시장상황의 변화에 능동적으로 대처할 수 없으며, 때때로 경험적 판단을 내려야 한다는 한계점이 지적된다.

2) 한계분석법

한계분석법(marginal analysis method)은 이윤극대화방법의 일종으로써 판매, 광고비, 이익의 세 변수 간의 함수관계에서 이익이 최대가 되는 점을 광고예산으로 결정하는 방법이다. 즉, 광고비 증가율과 이익증가율이 일치하는 수준까지 광고비를 지속적으로 증가시키는 방법이다. 다시 말하면 기업이 광고예산을 설정하는 기본적인 목적은 마케팅목표, 즉 이윤극대화와 시장점유율 극대화에 있기 때문에 판매목표를 달성하는데 광고투자 수익이 비용보다 크거나 같아질 때까지 광고를 지속적으로 해야 한다. 이것이 바로 한계분석에 기초한 광고예산 결정방법이다. 즉, 한계분석법은 추가비용에 의한 한계수익이 추가비용을 초과하는 한, 광고예산을 지속적으로 증가시키는 방법이다. 이러한 한계분석법은 이론적으로는 대인판매, 유통, 가격과 같은 다른 마케팅 믹스의 요

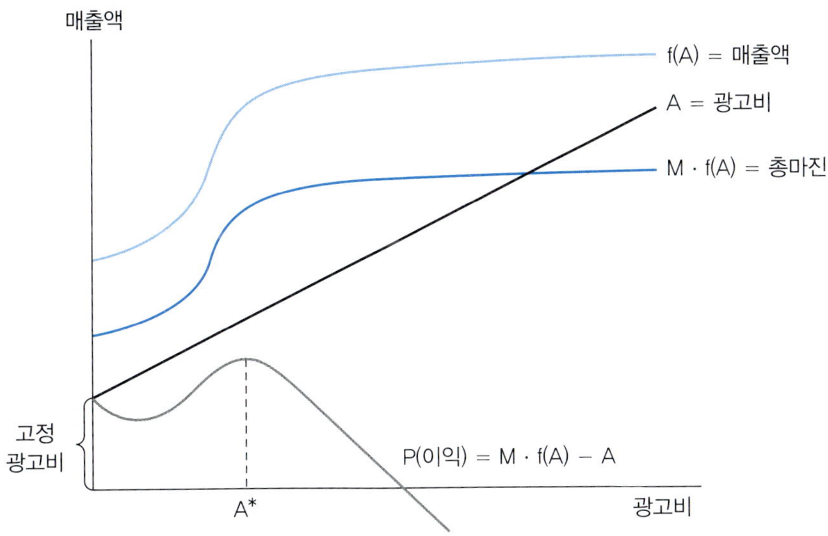

그림 17-2 한계분석법

소에도 적용될 수 있다.

〈그림 17-2〉는 매출과 광고비, 이익의 관계를 매출을 종속변인, 광고비를 독립변인으로 하는 관계식을 이용하여 설명하고 있다. 〈그림 17-2〉에서 보여지듯이 광고비를 지속적으로 투입하면 매출액이 계속 증가하여, 어느 수준에서 매출에 따른 이익이 극대화된다. 최적 광고비 수준은 매출에 따른 이익이 최대가 되는 수준, 즉 그림 상에서 A* 지점이 된다. 따라서 매출의 증가에 따른 이익이 최대가 되는 수준까지 광고비를 지속적으로 투입하는 것이 가장 최적이라고 할 수 있다. 만약 한계분석 결과 총 광고비 지출규모가 가용자원의 한계를 초과할 경우 각 자원의 투자규모를 전체적으로 줄이면 된다.

한계분석법은 매출은 광고비의 함수관계로써 광고가 매출에 미치는 효과는 반응함수를 이용해 측정할 수 있다는 가정을 전제로 하고 있기 때문에 광고는 매출에 직접적인 영향을 미치며, 매출이 광고에 의해서 전적으로 결정된다는 두 개의 가정을 기본 전제로 하고 있다. 따라서 광고의 매출효과가 즉각적으로 나타나는 제품들(예를 들어 광고의 판매탄력성이 큰 제품들)과 소비자에게 직접적인 구매행동을 촉구하는 판촉광고 및 쿠폰광고와 같은 직접반응 광고캠페인의 예산 설정에 효과적이다. 즉, 한계분석법은 광고의 즉각적이고 단기적 효과를 가정하기 때문에 이 방법을 이용하면 단기적으로는 최적 수준의 광고예산을 결정하는데 도움을 준다고 할 수 있다.

반면에 한계분석법의 단점은 한계수익을 추정하기가 어렵고, 매출이 전적으로 광고비에 의해 결정된다는 논리적 결함이 지적된다. 대부분의 컴퓨터 및 디지털 카메라와 같은 값비싼 고관여제품의 경우 광고가 매출에 미치는 영향은 미미하며, 매출은 광고뿐 아니라 가격, 유통, 판매촉진, 소비자 경제력 등 다른 요인들의 영향을 더 많이 받는다고 할 수 있다. 또한 컴퓨터 및 디지털카메라와 같은 값비싼 고관여제품들의 경우 광고정보처리 시간에 길기 때문에 매출에 대한 광고의 효과는 즉각적으로 나타나지 않고 시차를 두고 길게는 몇 개월 후에 서서히 나타난다. 따라서 이러한 광고의 매출에 대한 제한적 역할과 광고의 지연효과(lagged effects) 등으로 인하여 광고와 매출 간의 관계를 나타내는 판매반응함수의 정확한 형태를 결정하는 것이 어렵다고 할 수 있다.

3) 광고점유율 기준법(MS–SOV 관계분석법)

광고점유율 기준법(MS-SOV 관계분석법)은 시장점유율(market share: MS) 대비 일정 비율의 광고점유율(share of voice: SOV)을 광고예산으로 책정하는 방법이다. 즉, 이 방법은 동일 산업 내 시장점유율과 광고점유율이 일정한 상관관계에 있다고 가정하고 이러한 상관관계를 분석하여 목표 시장점유율 달성을 위해 필요한 광고점유율과 광고예산의 규모를 산출하는 방법이다. 이 방법은 시장점유율과 광고점유율 등 경쟁상황을 고려하기 때문에 매출 규모만을 고려하는 매출비율법보다 객관적이며, 성장시장뿐만 아니라 성숙시장에도 효과적으로 적용될 수 있다는 장점이 있다. 즉, 시장에서의 경쟁업체의 광고동향을 분석, 검토하여 광고예산을 결정하는 이점이 있다. 팩햄(Peckham, 1981)에 의하면, 현재 수준보다 매출을 증가시키기 위해서는 SOV가 MS의 약 1.5~2배 수준으로 지출되어야 한다. 즉 시장점유율보다는 상대적으로 높은 광고점유율을 나타내야만 매출이 증가할 수 있다. 그러나 이 방법은 광고점유율만이 시장점유율에 영향을 준다고 가정한다는 점이 단점으로 지적된다. 〈표 17–5〉에서 보여지듯이 광고점

표 17-5 광고점유율 기준법의 절차

1단계	시장점유율(MS) 목표 설정
	↓
2단계	시장점유율(MS)과 광고점유율(SOV)간 상관관계 분석
	↓
3단계	제품군 전체 광고예산 추정
	↓
4단계	자사브랜드에 대한 적정 광고예산 산출

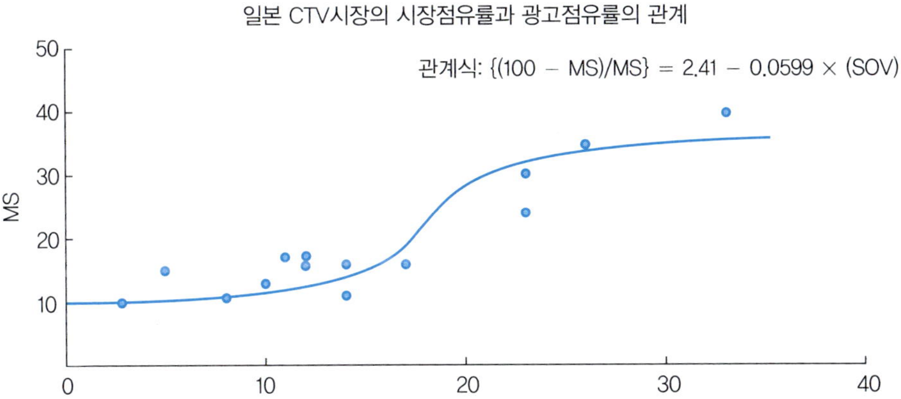

자료원: 제일기획(1998)

그림 17-3 시장점유율과 광고점유율의 관계

유율 기준법(MS-SOV 관계분석법)은 먼저 시장점유율 목표를 설정하고, 2단계로 시장점유율과 광고점유율간 상관관계 분석한 후 3단계로 제품군 전체의 광고예산을 추정한 후, 마지막으로 자사브랜드에 대한 적정 광고예산을 산출한다.

〈그림 17-3〉은 일본 칼라텔레비전(CTV)시장의 1991~98년 시장점유율 및 광고점유율의 관계를 나타낸다. 이 그림을 통해 일본 CTV시장의 시장점유율과 광고점유율 간에 의미있는 정(+)의 상관관계가 존재한다는 것을 알 수 있다. 회귀분석을 통해 시장점유율과 광고점유율 간 관계식을 추정한 결과 S자 형태의 반응함수 모형이 도출되었다. 이러한 시장점유율과 광고점유율간의 관계식이 도출되면 기업이 목표로 하는 시장점유율 대비 광고점유율을 도출하고, 전체 광고규모를 예측해 적정 광고예산을 산출할 수 있다. 예를 들어 특정 기업의 내년도 CTV 시장점유율목표가 20%라고 가정하면 〈그림 17-3〉의 관계식에 의해 광고점유율은 약 30%가 도출된다. 만약 CTV시장의 내년도 전체 광고비 규모가 3백억원으로 추정된다면 특정 기업의 내년도 광고예산은 90억원이 된다. 시장점유율과 광고점유율의 상관관계를 분석할 때 연도별 자료를 이용하는 것이 좋으며, 적어도 5년치 이상의 자사 및 경쟁사 자료를 활용하는 것이 결과에 대한 신뢰성을 높일 수 있다. 또한 관계식의 추정에 있어 단순한 선형 모형을 적용하는 것보다는 로그 모형, S자 모형 등 다양한 형태의 반응함수 모형을 적용해 보는 것이 이론적으로나 실무적으로 타당한 결과를 도출할 수 있게 해준다.

4) 경쟁자 기준법

경쟁자 기준법(competitive parity)은 주요 경쟁사의 과거 광고비 지출이나 경쟁사의 광고비 평균을 구해서 그 수준으로 광고예산을 책정하는 방법으로써 경쟁관계에서의 시장점유율 확보를 위한 하나의 방안이 될 수 있다. 그러나 경쟁회사의 광고비 수준이 특정 회사의 목표와 관련이 없을 경우 이 방법은 무의미하다. 또한 브랜드의 명성과 시장에서의 제품의 위치가 다르므로 경쟁사 광고비를 보고 맞추어 집행하는 것은 무리가 따른다. 그리고 기업들의 광고지출 습관은 시간이 지나도 변하지 않지만, 시장 조건은 시간이 지남에 따라 변화한다는 것을 전제하는 한, 동일 산업 내 기업들이 항상 최적수준에서 광고에 지출하고 있다는 보장이 없다고 할 수 있다. 특히 중소기업은 대기업과 유사한 수준의 광고비를 책정하더라도 중소기업의 광고효과는 대기업의 광고효과에 비례하는 만큼 효과를 얻지 못할 수도 있다. 따라서 이 방법은 광고예산 설정의 논리적 근거와 타당성이 다른 방법들에 비해 미흡하다고 할 수 있다. 경쟁자 기준법은 경쟁업체를 지나치게 의식할 경우 많이 사용한다. 즉, 독과점시장에서 소수회사들 간의 경쟁이 심할 경우에 많이 채택한다. 예를 들어 삼성전자와 LG전자는 가전제품 시장에서 서로를 크게 의식하기 때문에 주로 상대 경쟁사의 광고예산을 참고로 하여 광고예산을 설정하는 경향이 있다.

5) 지불능력 기준법

지불능력 기준법(affordable method)은 자금운영에 관련된 사항을 고려하여 광고비로 사용 가능한 금액을 광고예산으로 책정하는 방법으로써 고정비와 같이 필수적으로 들어가는 비용 등을 공제하고 목표이익의 수준을 결정한 후에 광고예산을 설정하는 방법이다. 이 방법은 보수적인 기업에서 많이 사용하는 방법이며, 기업이 불황기에 접어들 때에 가장 많이 사용한다. 이 방법은 광고예산을 효과적으로 통제할 수 있지만, 시장기회의 변화에 능동적으로 대처하지 못하기 때문에 필요한 시기에 적절한 지원을 할 수 없는 단점이 있다.

6) 회귀분석 이용법

회귀분석 이용법(regression analysis method)은 광고비와 매출의 관계를 수학적 함수관계로 나타내는 회귀방정식을 도출하는 방법이다. 회귀분석을 통하여 도출된 회귀방정식을 광고의 판매반응함수라고도 한다. 즉, 광고의 판매반응함수는 광고비와 판매(혹은 시장점유율)의 관계를 수학적 함수관계로 표현한 것이다. 만약 광고비와 매출의 관계를 선형이라고 가정한다면 판매반응함수는 $S = a + bA$로 표현된다. S는 매출, A는 광고비, a는 상수, b는 회귀계수를 나타낸다. 이 광고의 판매반응함수는 기본적으로 매출(S)을 일정량 달성하기 위하여 광고비(A)를 일정량 투입해야 한다는 것을 예측하게 해준다. 따라서 특정 기업이 목표로 하는 매출을 정하면 이러한 목표를 달성하기 위하여 필요한 광고예산을 추정할 수 있다. 가령 회귀분석을 통하여 추정된 판매반응함수가 S = 0.05 + 0 .05A이고, 목표로 하는 매출이 10억원이라면 이 광고의 판매반응함수를 통하여 광고비는 1억원이 소요된다는 것을 쉽게 산출할 수 있다.

회귀분석 이용법의 단점은 광고의 판매반응함수를 가정하는 한계분석법과 같은 한계점을 그대로 내포하고 있다. 즉, 매출이 광고에 의해서만 결정된다는 가정을 전제로 하고 있기 때문에 광고투입량만으로 매출과의 상관관계를 규명하려고 하는 것이 단점으로 지적된다. 즉, 회귀분석 이용법은 실제로 장기간에 걸쳐서 광고비 투입량의 변화에 따른 매출액 변화의 상관관계를 분석하여 그것이 과학적으로 관련성을 가질 때, 회귀분석에 의해 판매반응함수를 구할 수 있다. 따라서 상관관계가 약하거나 그럴 경우 정확한 판매 반응함수의 도출이 어렵다. 회귀분석 이용법은 장기간에 걸친 광고비 자료 등 종단적 자료를 필요로 하기 때문에 연구기간이 길고, 투자비용이 크며, 분석결과도 해당 제품에 한해서만 적용될 수 있으며, 또한 시간의 변화에 따라 달라지는 것이므로 실제 실용화는 매우 어렵다.

7) 목표과업법

목표과업법(objective-task method)은 달성 가능한 커뮤니케이션목표를 광고목표로서 설정하고, 이를 달성하기 위해 필요한 매체목표를 결정하고, 이 매체목표를 달성하는데 소요되는 제반 비용을 광고예산으로 설정하는 방법이다. 즉, 광고캠페인이 표적 수용자에게 효과를 미칠 수 있는 최소한의 노출빈도와 도달률을 설정한 뒤 그 목표를 달성할 수 있도록 광고비를 투입하는 것을 말한다. 가령, 만약 광고목표가 특정 표적시장을 대상으로 일정 수준의 상표인지도를 확보하는 것이라면, 목표로 하는 상표인지도를 달성하기 위하여 필요한 도달률, 빈도, GRPs와 같은 광고노출량을 결정한 후 이러한 광고노출량을 얻기 위하여 소요되는 광고예산을 산출하게 된다.

〈표 17-6〉에서 보여지듯이 삼성 갤럭시 휴대폰 신제품의 광고목표가 광고캠페인 런칭 첫 달 표적 수용자들을 대상으로 50%의 상표인지도를 창출하는 것이라면, 이 목표를 실현하는데 요구되는 매체목표는 전체의 70%의 표적 수용자들에게 평균적으로 5회의 광고메시지를 노출시키는 것이 될 수 있다. 따라서 70%의 표적 수용자에게 연 평균 5회의 광고노출을 확보하는데 소요되는 비용이 광고예산이 된다. 즉, 전체 표적 수용자의 70%에게 연 평균 5회의 광고메시지를 노출시키기 위하여 350 GRPs(= 70 × 5)가 필요하며, 이 350 GRPs를 얻기 위하여 1 GRPs당 평균적으로 약 2백만원의 광고비가

표 17-6 휴대폰 '갤럭시'의 목표과업법을 이용한 예산 설정 사례

광고목표 설정	브랜드의 표적 수용자들을 대상으로 상표인지도 50% 달성
	↓
매체목표 설정 (수행과업)	광고목표를 달성하기 위하여 표적 수용자 70%에게 년 평균 5회 광고메시지 노출(도달률 70%, 평균빈도 5회)
	↓
총 노출량 환산	도달률 70%, 평균빈도 5회를 총 노출량으로 환산하면 350 GRPs가 됨
	↓
최종 예산 도출	350 GRPs 확보에 소요되는 최종 예산은 약 7억원에 달함

든다고 계산되면 총 7억원의 광고비가 필요하다.

목표과업법은 광고목표를 먼저 정하고 목표 달성에 소요되는 비용을 광고예산으로 책정한다는 점에서 상향식 접근방법이라고 할 수 있으며, 기업의 광고노력을 광고목표에 집중한다는 점에서 매우 합리적이며 따라서 실무에서 가장 많이 선호되고 있는 방법이기도 하다. 또한 이 방법은 광고목표의 달성에 바탕을 둔 매체의 노출량을 기준으로 하기 때문에 광고예산 중 10% 내외를 차지하고 있는 광고제작비를 제외한 순수한 매체예산의 설정방법으로 각광받고 있다. 그러나 목표과업법은 기업의 지불능력을 고려하지 않은 채 지나치게 목표에만 집착하며, 광고목표를 달성하는데 소요되는 광고비용을 산출하는데 어려움이 있다는 점이 단점으로 지적된다. 또한 대부분의 광고목표가 자료에 근거하여 작성되지 않고, 통상적으로 광고기획자의 경험에 의해 설정되는 경우가 많기 때문에 광고목표와 마케팅목표와의 관계가 불명확하다는 단점이 지적된다.

8) 임의할당법

임의할당법(arbitrary allocation method)은 온전히 경영자의 주관적 판단으로 광고예산이 책정되는 방식으로 지불능력 기준법보다 더 취약한 광고예산 결정방법이다. 임의할당법은 이론적 근거가 없으며 광고목표를 무시한 광고예산 수립방법으로 다른 방법들과 비교할 때 이점이 전혀 없다고 할 수 있다.

3 광고예산 결정의 영향요인들

광고예산의 결정은 많은 내 · 외부적 요인들의 영향을 받는다. 광고예산을 설정하기에 앞서 마케팅목표, 광고목표, 제품수명주기, 경쟁기업의 광고활동, 광고제품의 성격, 광고물의 수준, 광고시장의 현황, 최소한의 노출빈도, 경쟁회사의 반응 등의 광고예산 설정에 영향을 미치는 요소들을 분석하여 광고예산의 결정에 반영해야 한다.

1) 마케팅목표 및 광고목표

광고예산의 설정은 마케팅 및 광고와 관련된 목표를 달성하기 위해서 설정되는 것이기 때문에 이들 목표들은 광고예산과 직접적인 관련을 갖는다. 예를 들어 마케팅목표가 시장점유율을 확대하는 것이라면 단순히 시장점유율을 유지하는 것 보다 더 많은 광고예산을 필요로 할 것이다. 또한 광고목표가 단순히 브랜드 인지도를 높이는 것이라면 상대적으로 적은 비용으로도 가능하지만, 반복광고를 통하여 소비자의 선호도를 높이거나 구매욕구를 자극하여 구매행동을 촉구하는 것이라면 더 많은 광고예산이 필요하다. 일반적으로 광고목표의 달성을 위하여 어느 정도 수준의 광고예산이 투입되어야 하는가에 대한 정답은 없으나 광고캠페인을 통하여 소비자에게 영향을 미칠 수 있는 최소한의 노출빈도를 설정한 뒤 그 목표를 달성할 수 있도록 적절한 광고예산을 투입하는 것이 필요하다.

2) 매체목표

광고예산의 설정은 매체목표의 직접적인 영향을 받게 된다. 예를 들어 특정 광고캠페인의 매체목표가 일 개월의 광고캠페인 기간 동안 도달률 70%와 빈도 3회를 달성하는 것이라면, 총 210GRPs(= 70 × 3)가 필요하며, 이를 확보하는데 소요되는 매체구입 비용이 광고예산이 된다. 즉 광고캠페인이 표적 수용자들로부터 기대하는 반응을 획득할 수 있는 적정 수준의 도달률과 빈도목표의 결정은 광고예산의 설정에 직접적인 영향을 미치게 된다.

3) 제품수명주기

제품수명주기에 따라 광고예산을 달라질 수 있다. 즉, 우리 제품이 도입기, 성장기, 성숙기, 쇠퇴기의 제품수명주기 상에서 어디에 위치하고 있느냐에 따라 광고예산은 달라진다. 예를 들어 도입기나 성장기에 있는 제품, 또는 시장에서 제품을 새롭게 재런칭하는 경우는 많은 광고예산이 필요하다. 그러나 쇠퇴기에 있는 제품은 전자의 경우보다 적은 광고예산이 필요할 것이다. 또한 성숙기에 접어든 제품의 경우 광고보다 판매촉진 및 인적판매 등의 역할이 커지게 되기 때문에 소비자 및 중간상을 대상으로 하는 판매촉진 비용과 직접마케팅 비용이 증가한다.

4) 경쟁기업의 광고활동

경쟁기업의 광고활동은 광고예산의 결정에 큰 영향을 미친다. 특히 경쟁이 치열한 시장의 경우 경쟁기업의 광고활동은 기업의 광고예산 편성 등 광고활동에 직접적인 영향을 미치게 된다. 예를 들어 경쟁기업이 많은 광고예산을 책정하여 시장에서 광고활동을 공격적으로 전개함으로써 소비자의 마음점유율(mind share)를 확대한다면 장기적으로 기업의 시장에서의 지위 유지 및 강화에 위협이 될 수 있다. 따라서 기업은 시장에서의 자사 브랜드에 대한 소비자의 기억과 마음점유율을 지속적으로 유지, 강화하고, 시장에서의 경쟁기업과 관련한 상대적 지위를 유지해 나가기 위해서 경쟁기업에 상응하는 광고예산을 편성하는 등 경쟁기업의 광고활동에 적절하게 대응하여야 한다. 특히 광고예산을 설정하는데 있어서는 경쟁자들의 최근 광고예산의 사용방법과 규모에 대해 심도 있는 분석을 해야 한다. 이는 아무리 광고목표에 부합하는 최적의 광고예산을 결정했다하더라도, 경쟁자가 우리보다 5~10배가 넘는 광고예산을 사용한다면 경쟁광고에 압도당하여 우리 제품의 광고는 소비자에게 아무런 영향을 미치지 못할 수 있기 때문이다.

5) 지불능력

광고예산은 기업의 지불능력을 감안하여 책정하여야 하며, 무리한 광고예산의 투입으로 기업에 큰 위험부담을 주어서는 안된다.

6) 비상계획

광고캠페인의 목표 달성에 필요한 적정 수준의 광고예산을 편성함과 아울러 예측 불가능한 사태변화에 대비하여 사전에 일정한 수준의 예비 예산을 준비해야 한다. 예를 들어 광고캠페인의 목표에 맞추어 적정 광고예산을 설정했지만, 캠페인 중기에 새로운 경쟁자가 뛰어들어 과도한 광고비를 집중시킨다면, 그에 대응할 수 있는 비상계획(contingency plan)이 마련되어야 한다.

4 광고예산의 배분

광고예산의 배분은 광고예산 혹은 광고자원을 표적 수용자, 광고 타이밍(timing), 지리적 범위, 매체 유형과 같은 요인에 따라 어떻게 효율적으로 배분할 것인가에 관한 의사결정을 말한다. 광고예산의 배분에는 표적 수용자별 배분, 지역별 배분, 시간대별 배분, 매체유형별 배분 등이 있다. 예를 들어 광고캠페인의 표적 수용자별 배분은 표적 수용자를 중요도에 따라 1차 및 2차 표적 수용자 등으로 구분할 경우 어떤 표적 수용자에게 더 많은 비중을 둘 것이며, 지역별 배분은 지리적 범위와 중요도에 따라 광고예산을 각 시장에 어떻게 할당할 것이며, 시간대별 배분은 광고캠페인 기간 동안 월별 혹은 주별로 광고예산을 어떻게 효율적으로 배분할 것인가를 말하며, 매체 유형별 배분은 매체 유형에 따라 광고예산을 어떤 비중으로 차등 배분할 것인가를 말한다. 이들 네 가지 유형의 광고예산 배분들 중 시간대별 배분을 매체스케줄링(media scheduling)이라고 하며, 매체 유형별 배분을 미디어 믹스(media mix)라고 한다. 즉 광고예산의 배분은 특정 표적 수용자층, 지역, 타이밍, 매체 유형의 상대적 중요도에 따라 결정된다. 매체 유형별 배분 및 시간대별 배분전략은 앞장의 미디어 믹스와 매체스케줄링전략에서 다루었기 때문에 본 장에서는 생략한다.

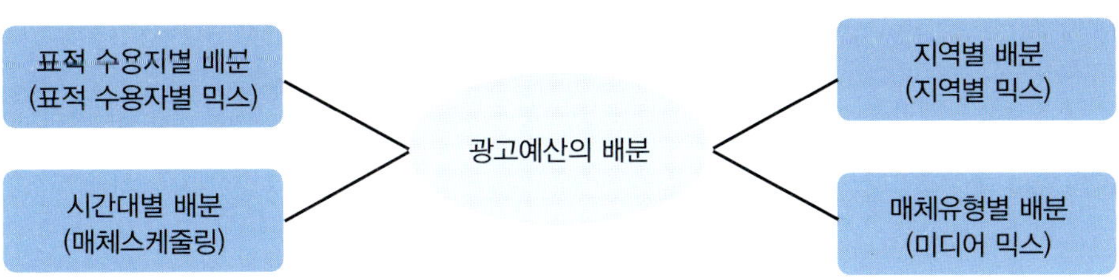

그림 17-4 광고예산의 배분

IV

광고매체의 유형

CHAPTER 18

방송매체

1 TV

1959년 최초로 전파를 발사한 TV는 2000년대 이후에 새로운 방송통신 융합형 및 모바일 플랫폼들이 등장하면서 새로운 형태로 진화하고 있다. 2002년에 스카이 라이프로 알려진 위성 디지털 방송 서비스가 제공되기 시작하였고, 2005년 디지털 케이블로의 전환과 함께 2010년 IPTV와 같은 새로운 방송통신 융합형 매체들로 속속 등장하고 있다. 특히 2013년부터 지상파TV가 디지털 방식으로 전환되면서 현재 우리나라에서 서비스 중인 디지털 TV방송은 지상파 디지털TV, 디지털 케이블방송, 위성방송, IPTV(internet protocol television), DMB방송(digital multimedia broadcasting)을 포함한다.

2017년 제일기획 조사에 의하면 국내 방송광고 시장 규모는 3조 9,303억 원으로서 전체 광고 시장 11조 1,295억 원의 35.3%를 차지하였다. 이 중 지상파 TV는 38.7%, 라디오는 7.1%, 케이블 및 종편은 46.8%, IPTV는 2.3%, 위성방송 및 DMB 등 기타는 5.1%의 비중을 차지하였다.

TV는 큰 화면으로 시청각 정보를 동시에 제시함으로써 수용자를 감정적으로 몰입시킬 수 있는 장점이 있으며, TV가 거의 모든 가정에 보급되어 있는 현실을 감안할 때, 광고비는 많이 들지만 CPM과 CPRP를 고려할 때 비용효율적인 매체이다. 그러나 TV 광고는 플랫폼의 유형에 따라서 광고유형, 초수, 허용량, 중간광고 허용 여부 등의 광고규제, 광고판매방식, 광고요금체계 등이 각기 다르기 때문에 미디어 플래너는 이러한 차이점들을 숙지하고 있어야 효율적인 매체기획을 할 수 있다.

디지털 시대의 도래로 새로운 디지털 TV매체들이 등장함에 따라서 기존의 전통적인 지상파TV 중심의 광고환경은 급변할 것으로 예상된다. 예를 들어 디지털 케이블방송, IPTV, 위성방송은 소비자의 광고 및 제품정보에 대한 통제권을 증가시켜 송신자에서 수신자로 이어지는 단선적인 커뮤니케이션에서 벗어나 소비자와의 상호작용적 커뮤니케이션이 가능한 양방향광고 환경을 조성할 것으로 기대된다. 즉 디지털방송 환경에서의 광고는 단순한 정보전달 및 이미지 중심의 전통적인 광고의 역할과 기능에서 벗어나서 광고, PR, 세일즈 프로모션, 이벤트 등을 포함한 통합적 마케팅 커뮤니케이션을 구현하는 채널로 확장될 것으로 예상된다. 또한 디지털방송은 아날로그방식의

표 18-1 우리나라의 TV방송 플랫폼 유형들

구분	지상파TV	케이블TV	종합편성채널	위성TV	IPTV	지상파DMB
사업자수	네트워크4 지역민방10	SO 118개 PP 200개 내외	4개	ktSkylife	3개	6개 사업자
인허가유무	허가	SO 허가, PP 등록제	허가	허가	허가	허가
자체 콘텐츠	–	일부 운영	운영	운영	운영가능	–
EPG서비스[1]	불가	디지털식기능	불가	가능	가능	가능
VOD서비스[2]	불가	일부 가능	불가	가능	가능	현재 불가
인터넷	불가	일부 가능	불가	가능	가능	현재 불가
서비스특징(유무료)	고정방송(무료)	고정방송(무료)	고정방송(무료)	고정방송, 일부 이동(유료)	고정 · 이동형 방송(유료)	이동방송(무료)
커버리지	전국(권역별)	권역별	전국(권역별)	전국	전국	권역별
가입자 수	–	1,300만 가구	–	180만 가구	1,000만 가구	–
수익원	KBS–수신료 그 외 광고	SO 수신료 PP 광고	광고	수신료 중심, 일부 광고	수신료 일부 광고	광고
디지털 유무	HD디지털화	부분 디지털		디지털	가능	디지털
양방향 유무	불가	디지털셋업박스 설치 시 가능	불가	가능(전화라인)	가능	가능
광고규제	강함	중간	중간	중간	중간	강함
수신기	일반 수상기	일반 수상기, 셋업박스	일반 수상기, 셋업박스	일반 수상기, 셋업박스	일반 수상기, 셋업박스	휴대폰, 차량, 이동기기

TV에 비해 5~6배 선명한 화질의 영상뿐만 아니라 각종 데이터 정보를 실시간으로 고객에게 서비스해 준다. 디지털 케이블방송, IPTV, 위성방송 등의 디지털 방송들은 상향채널(return path)을 활용하여 양방향광고(two-way or interactive ad)뿐만 아니라 디지털오디오 채널, 양방향 프로그램 안내, 뉴스, 날씨, 교통, 여행, 여성, 문화 등 각종 생활정보 검색, T-메일, T-게임, T-commerce 등의 다양한 양방향 데이터 서비스를 제공할 수 있다. 이들이 제공하는 양방향광고(two-way or interctive ad)서비스는 단순한 이미지와 정보전달 중심의 광고에서 벗어나서 소비자가 광고시청 중 광고물에 대한 평가와 브로슈어와 할인쿠폰 등 추가정보 요청, 이벤트참여, 제품구매도 가능하게 한다. 이러한 이유로 디지털방송 환경에서 광고는 소비자를 보다 더 세분화하고 소비자와의

1) electronic program guide의 머리글자로써 TV, 케이블, 라디오, 위성방송 등의 프로그램을 안내하고 방송편성표를 제공해주는 서비스

2) video on demand의 머리글자로써 전화선, 동축케이블, 광섬유 등의 통신망으로 연결된 컴퓨터 혹은 TV를 통해 시청자가 원하는 영상, 음성, 데이터 등의 프로그램들을 시청자가 원하는 시간에 전송, 재생해주는 주문형 비디오 시스템을 말한다.

상호작용을 중시하며, 광고를 세일즈 프로모션, 이벤트, 퍼블리시티 등의 통합적 마케팅 커뮤니케이션(IMC)프로그램과 융합시키는 새로운 전략이 요구된다.

1) 지상파TV

지상파TV는 KBS1, KBS2, MBC, SBS, EBS 와 iTV(인천방송) 및 PSB(부산방송)을 포함한다. 이 중 KBS1을 제외하고 광고방영이 가능하다. 지상파TV는 광범위한 도달력과 높은 타깃 접촉률로 오랫동안 광고효과가 가장 높은 매체로 자리잡아왔으나, 최근에 온라인과 모바일 광고시장의 급성장으로 성장세가 둔화되고 있다. 특히 최근에 종합편성채널의 등장, IPTV의 성장, N스크린 서비스의 확대 등으로 시청률과 매출액이 지속적으로 하락하여 2012년 이후 온라인매체에게 광고비 점유율 1위 자리를 내어주었다.

지상파TV는 전파가 짧은 시간 안에 거의 모든 가정에 도달한다는 점을 감안할 때, 광고비는 많이 들지만 비용 효율적인 매체이다. 그러나 시청률이 높은 프로그램에 광고가 집중되는 등 광고의 혼잡현상(clutter)이 심하며, 일방적인 메시지 전달로 인한 수용자의 피로감 누적으로 재핑(zapping) 등 광고회피현상도 심하다는 점이 단점으로 지적된다. 또한 케이블TV 및 IPTV와 달리 스포츠, 문화, 예술행사 등 장시간 방송되는 프로그램들을 제외하고, 프로그램 중간에 광고를 할 수 없다는 점도 광고매체로써 지상파TV의 경쟁력을 떨어뜨리는 요인이 되고 있다.

지상파TV광고의 유형

지상파 TV광고는 프로그램광고, 토막(SB: station break)광고, 특집광고, 연간스포츠광고, 시보광고, 자막광고, 협찬광고가 있으며, TV광고의 종류마다 시간유형이 다르며, 제한규정이 있다. 프로그램광고는 프로그램의 스폰서로 참여하여 본 방송 전후에 방송되는 광고로써, 기본적으로 15초이며 프로그램 전체 시간의 10/100만이 허용된다. 토막(SB)광고는 프로그램과 프로그램 사이에 행해지는 광고를 말한다. 토막(SB)광고는 20초가 가장 많으며 한 시간당 2회, 한 회당 90초만 허용된다.

시보광고는 매시간 시보와 함께 행해지는 광고로 한 회에 10초를 방영 할 수 있다. 자막광고에는 이어서(곧이어)나 ID(국명고지)의 두 가지 종류가 있고, 화면의 1/4정도만 방영 할 수 있다. 특집광고는 정규 프로그램이 아닌 비정규 프로그램으로 편성된 특집프로그램에 스폰서로 참여하는 광고를 말한다. 연간스포츠광고는 스포츠중계 시 집행되는 광고로 연간계약을 한다. 자막광고는 TV 화면의 방송국 명칭 고지나 방송순서의 고지 시에 자막으로 방송하는 광고를 말한다. 협찬광고는 프로그램 종료 부분에 TV 프로그램에 제작비나 상품을 협찬하는 협찬사와 협찬내용을 화면과 멘트를 통해 시청자들에게 밝히는 광고이다. 협찬광고의 크기는 화면의 1/4로 제한되어 있으나 브랜드나 제품의 직접 노출을 통하여 상대적으로 저렴한 광고비 대비 큰 주목효과를 얻을 수

표 18-2 지상파TV광고의 유형

광고 유형	광고 초수	허용량 (제한 규정)
프로그램광고	15초	프로그램 시간의 10/100 이내 가능
토막(SB)광고	20초, 30초	시간마다 2회(보통 30초 1, 20초 3), 4건 이내
특집광고	15초, 20초, 30초	프로그램광고에 준함
연간 스포츠광고	15초	
자막광고	10초	매 시간 6회 이내, 1회 10초 이내, 자막의 크기는 화면의 1/40이내
협찬광고	–	공공기관 및 공공단체의 협찬에 한함. 지방사는 기업협찬 허용.
시보광고	10초	법령에는 명시되어 있지 않음

자료원: KADD(KBS2, MBC, SBS 3개 채널 기준), 2015

있으며, 프로그램에 삽입함으로써 재핑(zapping)의 우려를 감소시킬 수 있다. 협찬광고는 대부분의 예능 프로그램에 가능하며 주로 중소기업이나 교육기관 등의 공공단체들만 참여할 수 있다. 협찬광고의 예로는 "이 프로그램에 참여하신 분들에게는 00대학에서 백화점 상품권을 드립니다"를 들 수 있다.

이러한 협찬광고 유형들 이외에도 캠페인협찬, 프로그램 제작협찬, PPL(product placement) 등의 협찬상품과 간접광고 상품이 있다. 캠페인협찬은 공익적이고 긍정적인 메시지로 대중과 소통하는 40초간의 커뮤니케이션으로, 공공의 이슈를 홍보하고 브랜드 및 기업의 신뢰도 제고를 목적으로 한다. 프로그램 제작협찬은 다양한 장르의 프로그램 내용이나 형식과 결합함으로써 브랜드 및 기업의 인지도와 호감도를 제고할 수 있다. PPL은 프로그램 내에 다양한 방식으로 제품 및 브랜드를 직접 노출함으로써 자연스럽게 콘텐츠와 결합된 홍보 효과를 기대할 수 있다.

지상파 TV광고의 방영순서와 시급

TV광고는 방송편성표와 광고의 유형에 따라서 순서대로 게재된다. 텔레비전 방송광고는 프로그램광고(전CM), 프로그램광고(후CM), 자막광고(곧이어), 토막(SB)광고, 자막광고(국명고지)의 순으로 진행된다. 예를 들어 〈표 18-3〉에서 보여지듯이 일일연속극이 방송되기 전후에 방영되는 광고를 프로그램광고라고 한다. 프로그램광고는 프로그램 방송 전에 방영되는 전CM, 프로그램 방송 후에 방영되는 후CM으로 구분된다. 전CM광고는 프로그램의 타이틀곡이 나온 후에 프로그램의 스폰서로 참여하는 광고주들의 소개가 끝난 후 방영된다. 반면에 후CM 광고는 프로그램이 끝나자마자 프로그램 타이틀곡이 나오기 전 방영되는 광고를 말한다.

〈SK텔레콤 캠페인 협찬〉

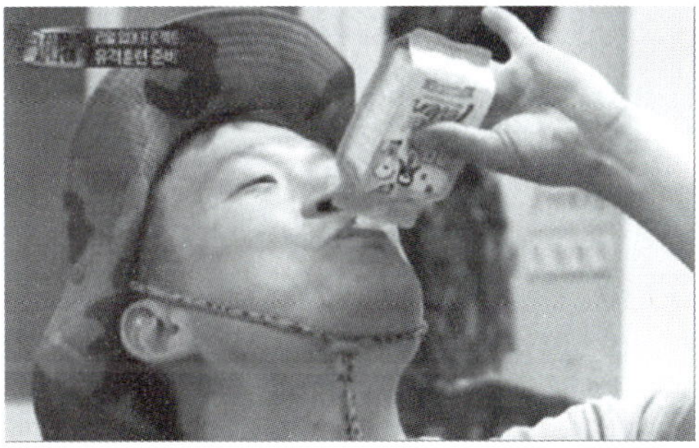

〈진짜사나이 간접광고〉

〈현대자동차 프로그램 제작협찬〉

자료원: www.imbc.com, 2015

그림 18-1 캠페인 협찬, 프로그램 제작 협찬, PPL 간접광고의 예

표 18-3 MBC의 TV광고 방영 순서

시간대	프로그램 순서	세부 순서	광고순서
		타이틀 송	
		프로그램 시청 전	전CM
19:15~19:54	일일연속극	프로그램시청	
		프로그램 시청 후	후CM
		타이틀 송	
	뉴스데스크를 보내드리..	곧이어	자막광고
19:54~19:55	Station Break	–	토막광고
	만나면 좋은 친구 MBC	국명고지	자막광고
		뉴스데스크 타이틀	
		프로그램시청 전	전CM
19:55~20:54	삼성전자 애니콜이.. 뉴스데스크 본방송	프로그램 시청	시보광고
		프로그램시청 후	후CM
		뉴스데스크 타이틀	

프로그램광고가 끝나면 이어서 "곧이어 MBC 뉴스데스크를 보내드리겠습니다"라는 멘트가 나가면서 화면 하단에 화면의 4분의 1크기의 자막으로 된 자막광고가 10초간 방영된다. 자막광고가 끝나면 다음 프로그램이 시작되기 전 90초간 광고(1개의 20초 광고, 1개의 30초 광고)가 나가는데 이를 토막(SB)광고라고 한다. 토막(SB)광고가 끝나면 다시 "만나면 좋은 친구 MBC 문화방송"이라는 멘트가 나오면서 화면하단에 자막광고가 나오는데 이를 국명고지(ID)광고라고 한다. 8시 MBC 뉴스데스크 프로그램의 경우 15초짜리의 여러 개의 전CM 광고가 나간 후 정확하게 7시 59분 50초가 되면 "삼성전자 애니콜이 8시를 알려드립니다"라는 멘트가 나오는데 이를 시간을 고지한다고 하여 시보광고라고 한다.

TV방송의 시급은 프로그램 편성시간의 등급을 의미하며, 방송시간대를 SA, A, B, C의 4개의 단위로 구분한 것이다. 시급은 시청률, 라이프스타일, 광고주 선호도 등으로 산출되는 시간대의 가치를 나타내며, 시청자들이 어느 시간대에 TV를 많이 보고, 어느 시간대에 적게 보는지를 구분해 놓은 것이다. 시급은 현재 시청률 예상지수, 장르별 특성, 매체별 초당요금 등을 고려해 만든 프로그램광고의 기준요금이 확립되기 이전에는 방송광고요금을 산정하는 결정적 요인이었으며, 지금도 토막(SB)광고와 자막광고의 단가를 산정할 때 기준이 된다. 즉 토막(SB)광고와 자막광고의 경우 프로그램광고와 달리 시급, 초수, 방송권역(전국, 서울, 부산, 대구, 광주, 마산권)별로 광고단가가 책정된다. TV광고 시급은 평일, 토요일, 일요일에 따라 각각 다르며 SA시급의 광고요금이 가장 비싸다. 평일 SA시급은 오후 8시부터 11시까지이고, 토요일은 오후 7시부터 11시, 일요일은 오후 7시부터 11시 30분까지이다. SA시급의 광고요금이 가장 비싸다. 2014년 전체 방송광고비 중 시급별 구성비를 살펴보면 SA시급 45.4%, A시급 33.7%, B시급 16.5%, C시급 4.4% 순으로 되어 있다.

지상파TV광고 판매방식과 요금책정

지상파TV광고는 방송광고판매회사인 미디어랩(media rep)을 통해 판매된다. KBS2, MBC, EBS는 공영방송 미디어랩인 한국방송광고진흥공사(KOBACO), SBS는 민영방

표 18-4 TV방송의 시급

평일: 07:00 08:30 09:30 12:00 17:00 19:00 20:00 23:00 24:00 24:30

C	B	A	B	C	B	A	SA	A	B	C

토요일:

C	B	A	B	A	SA	A	B	C

일요일: 23:30 24:00 24:30

C	B	A	SA	A	B	C

송 미디어랩인 SBS M&C를 통해 광고요금이 책정 · 판매된다. 광고주가 지상파TV광고를 하려면 광고주가 직접 한국방송광고진흥공사와 미디어 크리에이터에 청약하거나 광고회사의 방송매체팀을 통해 미디어렙에 의뢰하면 된다. 미디어랩은 청약된 광고물을 방송사에 의뢰하고 방송사는 광고회사 방송매체팀을 통하여 미디어랩으로부터 전달받은 광고물(CM)을 프로그램 편성일에 맞춰 편집하여 광고를 방영(on-air)하게 된다. 광고집행 후 방송매체팀은 모니터링을 통하여 광고가 제대로 집행되었는지 확인한다. 방송사는 방송된 총광고비의 19%를 수탁 수수료로 미디어렙에 지불하며 미디어랩은 방송사로부터 받은 19%의 수탁수수료 가운데 방송발전기금 6% 이내, KOBACO 운영비 2%, 기타 세금 1%을 제외한 약 11%를 광고회사 대행수수료로 지불한다.

방송광고의 판매방식은 판매기간을 기준으로 살펴볼 경우 업프론터(upfront), 정기물, 임시물로 구분된다. 업프론터(upfront)는 6개월 이상 장기물로 판매하여 판매자와 구매자가 안정적으로 거래하는 판매방식을 말하며, 정기물은 기본적으로 3개월 단위이나 1~5개월까지 탄력적으로 판매가 가능한 광고를 말한다. 임시물은 정기물 판매이후 잔여물량에 대해 일반적으로 단 건에서 1개월 이하로 월 중에 판매하는 방식이다. GRPs 보장판매는 광고주가 정기물로 구매한 방송프로그램에 대하여 방송광고 계약기간동안 한국방송광고진흥공사가 광고주와 상호 합의한 총 시청률을 보장해 주는 제도로써 광고주들에게는 유리한 판매방식이다. 선매제 판매(preemption)는 제시금액이 높은 구매자가 우선적으로 선매하는 방시을 말한다. CM순서 지정 판메제는 광고주가 CM지정료를 추가로 부담하여 청약 프로그램의 CM위치를 지정하는 제도로써 지정료는 기준요금 대비 10% 이상(5% 단위, 상한폭 없음)에 달한다.

이밖에 미디어랩들은 다양한 보너스제도, 할인 및 할증제도, 여러 개의 광고상품을 묶어서 판매하는 패키지상품을 도입하여 광고주의 요구에 탄력적으로 대응하고 있다. 보너스상품에는 기간 및 볼륨 보너스, 비수기 보너스, 1 + 1보너스, 신규 광고주 보너스, SBS Royalty Bonus 등과 같은 상품들이 있으며 패키지상품에는 장르별 패키지, 시간대 패키지, 타깃 맞춤형, 시간대 집중형(프라임타임, 주중평일), 할인 패키지, 뉴스패키지, 일일/아침드라마 패키지, 크로스미디어 패키지 등의 다양한 상품들이 있다. 할

표 18-5 지상파TV광고의 판매과정

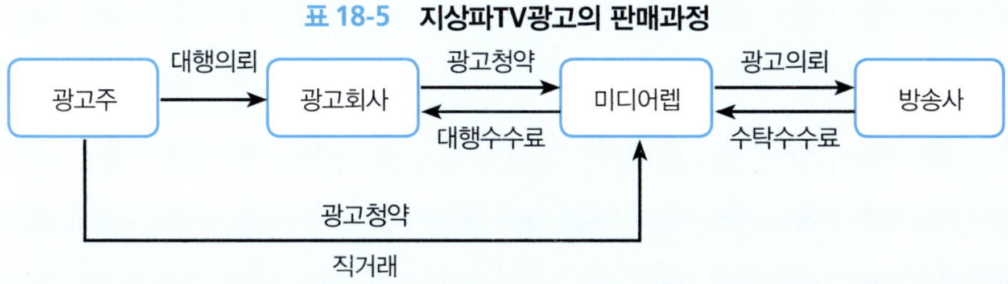

표 18-6 지상파TV의 광고판매방식

판매방식	내용
업프론터(Upfront)	6개월 이상 장기물로 광고패키지를 판매하여 판매자와 구매자가 안정적으로 거래하는 판매방식
정기물	업프론터 잔여물량을 통상 월 단위로 판매하는 방식(1~5개월)
임시물	정기물 판매이후 잔여물량에 대해 일반적으로 단 건에서 1개월 이하로 월중에 판매하는 방식
GRPs 보장판매	광고주가 정기물로 구매한 방송프로그램에 대하여 방송광고 계약기간동안 한국방송광고진흥공사가 광고주와 상호 합의한 총 시청률을 보장해 주는 제도(프로그램 수시교체 보상제)
선매제 판매 (preemption)	사전에 지정한 특정 프로그램과 SB를 대상으로 보다 높은 요금을 제시하는 광고주에게 판매하는 제도로써 통상 1개월 단위이며 시청률은 기준요금 대비 80% 이상(5% 단위, 상한폭 없음)
CM순서 지정 판매	CM순서를 지정할 수 있는 판매방식

자료원: 한국방송광고진흥공사(www.kobaco.co.kr), 2015

인상품에는 30초 이상 장 초수 할인 등이 있다. 또한 드라마 시청률이 기준 시청률(일반적으로 10%) 대비 일정 수준 하락 시 추가 보너스를 제공하는 드라마 시청률 보상제도도 운영하고 있다.

2) 케이블TV(종합유선방송)

케이블TV는 1995년에 첫 방송을 시작한 이래 2005년에 디지털 케이블 방송 서비스가 상용화되면서 채널의 수도 150개로 증가하였고 가입자 수도 2014년을 기준으로 1,478만 가구에 달한다. 케이블TV는 PP(program provider), SO(system operator), NO(network operator)로 구성되어있다. PP는 뉴스보도, 영화, 스포츠, 교양, 드라마, 음악, 요리, 어린이/만화 등 전문분야별로 프로그램을 제작하여 SO에게 공급하는 프로그램 공급사이며, SO는 이들 프로그램을 공급받아 가입자에게 전송하는 종합유선방송사업자를 말한다. NO는 한국전력 및 한국통신과 같은 전송망사업자로서 유선 케이블망의 구축을 담당한다. 이처럼 케이블TV는 지상파TV와 달리 전문분야별로 프로그램이 제작되어야 할 뿐만 아니라 가입자를 확보해야 하며, 또한 유선전송망을 구축해야 한다.

1999년 종합유선방송법 개정으로 PP, SO, NO의 겸영이 허용되면서 한 개의 사업자가 여러 개의 SO나 PP(MSO, MPP), SO와 PP를 동시에 소유하는 것(MSP)이 가능하게 되었다. MSO(multiple SO)는 여러 개의 SO를 가진 복수종합유선방송사업자, MPP(Multiple PP)는 여러 개의 PP를 가진 복수PP사업자, MSP(multiple SO, PP)는 PP와 SO사업을 같이 하는 사업자를 말한다. 현재 가장 많은 PP를 소유한 MPP는 18

개의 PP를 소유한 CJ E & M이며, 가장 많은 SO를 소유한 MSO는 전국적으로 23개의 방송국을 소유한 CJ헬로비전과 15개의 방송국을 소유한 T-Broad가 있고, 가장 대표적인 MSP사업자도 CJ E&M이다.

기존의 아날로그 방식의 케이블TV도 디지털 기술의 결합으로 방송, 통신, 데이터가 융합된 디지털 케이블TV로 발전하고 있다. 디지털 케이블TV는 2005년 7월 큐릭스가 국내 최초로 디지털 케이블TV 방송을 시작한 이래 현재 서울과 경기 등 수도권 지역과 전국 대도시의 경우 대부분의 SO가 디지털 전환을 완료하였다. 중소도시와 농어촌 지역의 경우 디지털 전환의 지체로 방송 프로그램들의 화질이 지상파 디지털TV처럼 HD(high definition)급이 아닌 SD(standard definition)급으로 방송되고 있으며 양방향광고와 T-commerce를 포함한 다양한 양방향 데이터 방송서비스는 불가능하다. 2014년 말 기준으로 전국의 아날로그 케이블방송의 디지털 전환률은 48.6%에 이르고 있으며, 오는 2017년까지 중소도시와 농어촌까지 케이블TV의 디지털 전환이 완료되면 채널의 수도 크게 늘어날 뿐만 아니라 모든 케이블TV가 HD급 고화질로 방송될 것으로 예상된다.

디지털 케이블TV는 광케이블 및 디지털 압축 기술의 발달로 대용량 정보 전송이 가능하기 때문에 현재보다 4~5배 더 많은 400개 이상의 다채널 서비스를 제공할 수 있으며, 케이블망 자체를 상향채널(return channel)로 활용할 수 있기 때문에 지상파 방송이나 디지털 위성방송에 비해서 양방향 데이터 방송서비스를 실시하기에 유리하다. 디지털 케이블TV는 디지털 다채널 서비스와 이를 효율적으로 이용하는 것을 도와주는 전자프로그램 가이드(EPG: electronic program guide), 영화나 교육용 콘텐츠 등이 주요 장르로 예상되는 VOD(video on demand)[3], PPV(pay-per-view)[4], 생활정보 검색 서비스, 양방향광고(two-way or interactive ad), T-commerce, T-메일과 같은 각종 양방향 데이터 방송서비스를 제공해 준다. 이처럼 디지털 케이블TV는 방송, 통신, 인터넷 서비스들을 동시에 제공하는 트리플 플레이 서비스(triple play service: TPS)를 가능하게 한다.

케이블TV광고의 유형

케이블TV광고의 유형에는 지상파TV처럼 프로그램광고, 토막(SB)광고, 자막광고(ID, 곧이어), 시보광고, 협찬광고, 가상광고가 있으며, 광고의 종류마다 크기와 시간유형이 다르며, 제한규정이 있다. 프로그램광고는 프로그램 중간, 전, 후에 하는 광고를 포함하며, 광고의 길이는 15초와 30초를 포함한다. 프로그램광고, 토막광고, 자막광고, 시보광고의 길이, 크기, 제한규정은 지상파TV와 동일하다. 케이블TV광고의 가장 큰 특징

3) Video On Demand(주문형 비디오)의 약자임. 다시보기 기능을 통하여 이미 방영된 프로그램을 유료로 다시 시청하는 서비스를 말함.

4) Pay Per View의 약자로 원하는 영화나 프로그램을 유료로 다시 볼 수 있는 서비스

표 18-7 케이블TV의 PP사업자 및 장르별 현황

장르/구분	MPP	지상파PP	독립PP	공공 및 의무송신채널
엔터테인먼트	tvN[1], ETN, YTN Star[3], Comedy TV[3]	KBS Joy[7], MBC every1[7], SBS funE[7]		
영화	OCN[1], 채널CGV[1], Catch On[1], Super Action[1], Screen[2], CINEf[2]	MBC Music[7]		
음악	M–net[1], KMTV[1]	SBS MTV[7]		
드라마	Dramacube[2], FOX[2], Dramax[3], AXN[3], 더드라마[3], DramaH[4], 드라마하우스[5]	KBS드라마[7], MBC 드라마넷[7], SBS Plus[7]		
스포츠	J Golf[5], 바둑TV[1]	JTBC Golf[5], KBS N Sports[7], MBC Sports+[7], SBS Sports[7], SBS Golf[7]		
보도/정보/경제		SBS CNBC[7]	WOW한국경제TV, RTN부동산 · 경제TV	YTN
교양/다큐/문화	QTV[5], National Geographc[1], ONT[4], 디스커버리코리아[6]	KBS N Life[7]		
생활/여행/레저	FOXlife[2], 라이프N[3], TLC코리아[6]		생활건강TV, 리빙TV, FTV	
헬스	헬스메디TV[4]			
어린이/만화/게임	투니버스,[1] 온게임넷[1], CHAMP[2], 카툰 네트워크[5], 에듀키즈[6]	KBS Kids[7], Nickelodeon[7]	재능TV	
남성	XTM[1], FX[2]			
여성	OnStyle[1], Olive[1], StoryOn[1], FashionN[2], Trendy[4]	KBS W[7], MBC QueeN[7]		
패밀리	채널 뷰(CH view)[2]			
공공				KTV, 국회방송, 아리랑TV, OUN (방송대학TV)
종교				평화방송, 불교TV, 기독교TV
홈쇼핑			GS, 롯데, 현대, NS, CJ, 홈앤쇼핑	
외국/국제	중화TV[1], CHING[4], TVB코리아[6]			

1) CJ E & M, 2) T–cast, 3) iHQ(CU미디어), 4) 현대미디어, 5) 중앙미디어 네트워크, 6) CMB계열, 7) 지상파TV 계열

은 중간광고가 허용이 된다는 것이다. 중간광고는 하나의 TV프로그램이 시작하고 나서 끝나기까지 프로그램 중간에 편성되는 광고를 말하며, 광고효과가 상대적으로 높은 것으로 알려져 있다. 중간광고의 경우 45~60분 프로그램은 1회, 60~90분 프로그램은 2회, 90~120분 프로그램은 3회 이내로 1회 당 최장 1분 이내로 제한된다.

또한 케이블TV는 인포머셜(informercial)[5]과 같은 장초수 광고가 허용이 되며, 골프와 같은 스포츠 채널의 경우 가상광고[6] 가 활성화되어 있다. 인포머셜은 허가받은 6대 홈쇼핑 방송사(GS, 현대, 롯데, NS, CJ, H&S)를 제외하고 채널 사업권을 따내지 못한 일반 홈쇼핑들이 케이블TV의 광고시간대에 상품광고를 방영하는 것으로써 현재 인포머셜광고를 방영하고 있는 곳은 60여곳이나 된다.

케이블TV광고의 판매방식, 시급, 요금책정

케이블TV광고는 프로그램을 제작, 공급하는 PP가 광고주를 유치 · 편성한다. 그러나 모든 광고를 독점 판매하는 지상파 방송채널들과 달리 PP는 해당 프로그램을 전송하는 SO에 일정비율의 광고시간대를 할애해 준다. 이 시간대에 SO는 자신들이 프로그램을 전송하는 지역의 지역 광고주를 유치 · 편성한다. 보통 PP와 SO의 광고편성비율은 8: 2로 분할된다. PP와 SO는 자체 미디어렙이나 광고영업팀을 통하여 광고를 판매한다.

케이블TV광고의 광고판매방식은 채널별 비용단위로 판매하는 것이 일반적이며, 프로그램 단위로 판매하는 것은 많지 않다. 보통 1,000만 원을 지불하고 한 달에 몇 회 형태로 계약하는 경우가 대부분이다. 예를 들어 1,000만 원을 내면 30초 기준 보너스 횟수를 포함하여 16~20회 광고를 내보낼 수 있다. 24시간 방송되는 케이블TV의 1회 광고비는 최대 60~70만 원에 달한다. 케이블TV의 광고시급은 채널에 따라서 SA, A의 2등급에서부터 SSA, SA, A, B, C의 5등급까지 다양하며 SSA시급의 광고요금이 가장 비싸다. 케이블TV광고가 가장 비싼 시간대는 일반적으로 지상파 뉴스 및 드라마가 끝난 후인 오후 11시-새벽 2시까지이지만 PP에 따라 다르다. 가령 어린이 만화채널의 경우 학교나 유치원에서 돌아온 후인 오후 4시-저녁 9시까지가 광고비가 가장 비싼 시간대인 반면에 드라마 채널의 경우 오전 9~11시의 주부 시청이 집중되는 시간이 가장 비싸다. 케이블TV도 지상파TV처럼 보너스제도를 도입하고 있다. 즉, 거래질서의

5) 정보(information)와 광고(commercial)의 합성어로, 상품이나 점포에 관한 상세한 정보를 제공해 시청자(소비자)의 이해를 돕는 광고기법을 말한다. 인포머셜은 1분 이상 30분 이하의 TV광고로, 상품의 기능과 품질을 상세히 설명한 후 구매 전화번호를 알려주는 형식이다. 인포머셜은 일반 커머셜(commercial)과는 달리 시청자의 직접적인 응답을 받는 형식으로 구성된다. 통상 광고상품의 효과적인 실연, 즉 상품 데몬스트레이션(demonstration)을 보여주면서 상품의 장점을 눈으로 확인시켜 주는 형식을 띠며 광고방송이 진행되는 동안 시청자의 주문 전화를 처리하게 된다.

6) 가상광고는 2010년 방송법 시행령개정안이 국무회의를 통과한 이후 합법적으로 실시되고 있다. 가상광고는 축구, 야구, 골프 등 운동경기 중계 프로그램에 한하며, 선수, 심판, 관중 위의 노출은 금지되어 있다. 가상광고의 크기는 화면의 1/이내이고, 허용시간은 프로그램 길이의 5/100이고 방송 전에 자막으로 고지해야한다.

유지를 위하여 현행 단가체계는 고수하면서 보너스율을 적용하여, 간접적으로 할인해준다. 일반적으로 PP사들이 적용하는 보너스율은 많게는 1000%에 이른다. 케이블TV의 일부 PP사들은 스폰서십 형태의 광고영업을 전개하기도 한다. 스폰서십 형태의 광고란 광고주가 자사 제품의 이미지에 부합되는 프로그램에 대하여 제작비를 전액 혹은 일부를 지원해주는 것을 말한다. PP사는 그 댓가로 광고주에게 PPL이나 광고시간 할애 등 상응하는 혜택을 제공해준다.

3) 종합편성채널

2009년 신문방송 겸영이 가능한 미디어법의 통과로 신문사들이 방송사를 운영하는 것이 가능해지면서 종합편성채널이 등장하였다. 종합편성채널(일명 종편 채널)은 케이블TV, IPTV, 위성방송의 플랫폼들을 이용하여 주로 1~2가지의 장르로만 방송하고 있는 기존의 케이블 방송사들과는 달리, 예능, 드라마, 뉴스, 시사보도, 교양, 예술 등 모든 장르에 걸쳐서 방송하는 것이 가능한 방송채널을 말한다. 종합편성채널은 모든 장르를 편성한다는 점에서는 지상파와 차이점이 없으나 케이블TV, IPTV, 위성방송 플랫폼들을 통해서만 송출하기 때문에 여기에 가입한 가구만 시청할 수 있다. 또 하루 19시간으로 방송 시간을 제한받는 지상파와는 달리 24시간 종일 방송을 할 수 있고, 중간광고도 허용되는 차이점이 있다. 따라서 종합편성채널은 지상파V와는 콘텐츠에서 케이블TV와는 케이블망을 공동으로 사용한다는 점에서 경쟁관계에 놓여있다고 할 수 있다.

현재 정부의 허가를 받은 종합편성채널은 조선일보 계열의 TV조선, 중앙일보 계열의 jTBC, 동아일보 계열의 채널A, 매일경제신문 계열의 매일방송(MBN) 등 4개의 방송사들이 있다. 최근에 종합편성채널에서 자체 제작한 일부 드라마 및 예능 프로그램들의 시청률이 높아지면서 광고매체로써 영향력도 점점 더 커지고 있다. 특히 우리나라의 경우 전 국민의 80% 이상이 케이블TV, IPTV, 혹은 위성방송을 시청하고 있기 때문에 향후 종합편성채널은 지상파TV에 맞먹는 영향력을 갖게 될 수 있다.

종합편성채널은 자체적으로 설립한 미디어랩을 이용하여 광고를 판매하고 있으며, 판매방식은 케이블TV와 유사하며 정기물의 경우 청약금액에 따라서 1,000만원을 지불하고 한 달에 몇 회 형태로 계약하는 경우가 일반적이다. 이 외에도 장기 소액 광고주 할인제, 신규 청약 우대제, 로열티 우대제 등 할인 및 우대제도와 다양한 유형의 패키지 상품들이 있다. 예를 들어 JTBC의 광고판매회사인 J미디어랩의 경우 정기물 이외에 킬러 콘텐츠 집중형 상품, 테마형 상품, 콘텐츠 융합형 상품, 크로스채널 상품 등의 다양한 패키지 상품들을 판매하고 있다. 킬러 콘텐츠 집중형 상품은 JTBC의 주요 인기 프로그램 위주로 패키지를 구성하여 SA시급(20~24시대)의 광고비중을 최대 50%까지 높게 제공하는 상품이다. 테마형 상품은 연관성 높은 시간대 및 콘텐츠 위주로 구성된 패키지 상품이며 콘텐츠 융합형 상품은 다양한 유형의 PPL, 프로그램 컨셉, 출연진 등을 활용하여 제작된 맞춤형 광고 위주로 구성한 광고패키지 상품이다.

표 18-8 J미디어렙의 기본 판매 가이드라인

청약 금액	일반 판매(15초)		패키지 판매(15초)	
	1천만원 당 횟수	시급구성	1천만원 당 횟수	시급구성
1억원 이상	18	SA: 30% A: 35% B: 25% C: 10%	10	SA: 최대 50%
8천만원–1억원	15		8	SA: 최대 40%
5천만원–8천만원	15		8	SA: 30%
5천만원 이하	12		–	SA: 30%

자료원: J미디어렙, 2015

표 18-9 JTBC 주요 프로그램의 광고 단가(단위: 원)

프로그램	시급	회차별 청약조건(15초 기준)			월 단위 청약 조건		
		중CM	PIB	전후CM	중CM	PIB	전후CM
비정상회담	S	6천만	4천만	3천만	2억	1.5천	1억
냉장고를 부탁해 내친구의 집은 어디인가 썰전 마녀사냥 학교 다녀오겠습니다 금토드라마	A	4천만	3천만	2천만	1.5억	1억	7천만
유자식 상팔자 JTBC뉴스룸	B	2천만	1천5백만	1천만	7천만	5천만	3천만

자료원: J미디어렙, 2015

4) IPTV

IPTV(internet protocol television)는 초고속 인터넷을 이용하여 정보 서비스, 동영상 콘텐츠 및 방송 등을 텔레비전 수상기로 제공하는 서비스를 말한다. 인터넷과 텔레비전의 융합이라는 점에서 디지털 컨버전스의 한 유형이라고 할 수 있다. IPTV를 이용하기 위해서는 TV수상기와 셋톱박스(set top box), 인터넷 회선이 필요하다. 즉, IPTV는 셋톱박스가 설치된 가입자의 TV를 초고속 인터넷망으로 연결하고 방송프로그램, VOD, 이메일, 쇼핑정보 등의 부가 서비스를 양방향으로 제공한다. 따라서 컴퓨터에 익숙하지 않은 사람이라도 리모컨을 이용하여 간단하게 인터넷 검색은 물론 영화 감상, 홈쇼핑, 홈뱅킹, 온라인 게임, MP3 등 인터넷이 제공하는 다양한 콘텐츠 및 부가 서비스를 제공받을 수 있다.

IPTV는 비디오를 비롯한 방송 콘텐츠를 제공한다는 점에서는 일반 케이블방송과 별다른 차이점이 없지만, 양방향성이 추가된다는 점이 큰 특징이다. IPTV는 일반 지상파 방송이나 케이블방송과는 달리 시청자가 자신이 편리한 시간에 자신이 보고 싶은 프로그램만 선택적으로 볼 수 있게 하며, 방송, 통신, 인터넷 서비스들을 동시에 구현하는 트리플 플레이 서비스(triple service play)를 가능하게 한다. 즉, IPTV는 텔레뱅킹, 인터넷 메일, PVR 등의 콘텐츠 서비스와 VOD와 다채널 방송을 실시간으로 제공하면서 동시에 홈 네트워크를 구현할 수 있는 장점이 있다. 이러한 이유로 IPTV는 디지털 케이블TV의 강력한 경쟁상대로서 여겨진다. IPTV가 시행되면 TV방송의 주도권이 방송사나 중계업자로부터 시청자에게 넘어간다. 현재 홍콩과 이탈리아, 일본 등 일부 국가에서 IPTV 서비스를 하고 있지만 전 세계적으로 초기 시장진입단계라고 할 수 있다. 국내의 경우, 통신사업자들이 기존의 인프라를 최대한 활용하여 범위의 경제 효과를 누리고자 IPTV 서비스 제공에 적극적으로 나서고 있다.

IPTV의 등장은 상호작용성에 기반을 둔 양방향광고(interactive advertising)를 출현시켰다. 양방향광고는 소비자가 광고시청 중 광고물에 대한 평가, 브로슈어 등 추가 정보 요청, 상품 견본, 할인권 등 프로모션 활동에 참여하고 제품구매 등을 리모컨으로 할 수 있는 광고라고 할 수 있다. 양방향광고는 인터넷이나 유선전화망과 같은 상향채널(return channel)을 갖추고 있는 모든 형태의 디지털 TV매체들(IPTV, 디지털 케이블, 디지털 위성방송, 스마트TV 등)에서 구현이 가능하다.

IPTV광고의 분류와 유형

IPTV광고는 기존의 방송광고보다 훨씬 다양한 유형의 광고가 가능하나, 크게 소비자가 광고와 상호작용을 할 수 없는 단방향광고(one-way ad)와 상호작용의 정도가 높은 양방향광고(two-way or Interactive ad)로 구분할 수 있다. 단방향광고는 단순노출로 끝나는 광고로써 VOD(video on demand)광고가 대표적인 유형이고, 양방향광고는 전자프로그램 가이드(EPG) 내의 배너나 동영상광고 혹은 광고나 프로그램을 보는 도중에 뜨는 트리거 배너(trigger banner)와 같은 푸쉬형 광고에 노출 중 리모컨 조작을 통하여 광고주 전용 페이지(DAL: dedicated advertisers' location) 혹은 화면 하단의 마이크로사이트 형태의 이벤트 창으로 이동할 수 있는 유형의 광고이다. IPTV 양방향광고는 크게 독립형 광고와 연동형 광고로 구분된다. 독립형 광고는 독립적인 데이터 채널 혹은 전자프로그램 가이드(EPG) 내에 배너광고나 동영상광고의 형태로 부가적인 정보를 제공하는 양방향광고를 말한다. 연동형 광고는 광고 혹은 프로그램에 연동된 광고를 말한다. 연동형 광고는 시청자가 광고나 프로그램을 보는 도중에 트리거 배너(trigger banner)나 팝업창이 뜨면 이를 클릭하여 해당 광고와 연관된 DAL에 접속하여, 세부 상품정보를 조회하거나 제품과 관련된 이벤트 혹은 프로모션에 참여할 수 있다. 연동형 광고는 인터넷을 상향채널(return channel)로 하기 때문에 광고 연동형 광고(CIC), 프로그램 연동형 광고(CIP), EPG 연동형 광고, VOD 연동형 광고(CIV) 등을 포함하여 기술적으로 모든 형태의 광고가 가능하다.

표 18-10 IPTV광고의 분류와 유형들

단방향 광고		양방향광고		
실시간 채널광고	VOD광고	실시간 채널 연동형	VOD 연동형	EPG 연동형
SB (Station Break) 광고	Pre–Roll광고 Mid–Roll광고 Post–Roll광고	CIC* (CM in CM) CIP* (CM in Program) PPL* (Product Placement)	CIV* (CM in VOD)	EPG Banner*

- SB광고: 실시간 채널 광고시간 (2분)에 노출
- Pre–Roll 광고: VOD콘텐츠 시청 전 노출
- Mid–Roll 광고: VOD콘텐츠 시청 중 노출
- Post–Roll 광고: VOD콘텐츠 시청 후 노출
- CIC: 광고 시청 중 트리거 배너 노출 후 DAL로 이동
- CIP: 프로그램 시청 중 트리거 배너 노출 후 DAL로 이동
- CIV: VOD콘텐츠 시청 중 트리거 배너 노출 후 DAL로 이동
- PPL: 프로그램 속 정보성 광고
- EPG 배너: EPG 노출 시 배너형태로 노출

자료원: 김상훈, 이경렬(2010), 디지털 방송광고 이용행태조사, 한국광고단체연합회.

CIC(CM in CM)는 광고 속에 광고를 삽입하여 해당 상품이나 서비스의 부가정보를 제공하는 광고로써 광고 안에 보다 상세한 정보를 담은 2차 광고를 삽입한 형태로 제공된다. 시청자는 이 광고 화면에 뜨는 트리거 배너(trigger banner)를 선택해 더 자세한 정보를 시간제한 없이 검색해 볼 수 있으며 리모컨으로 개인 정보를 입력, 경품이나 사은품 이벤트에 참가할 수 있다. CIP(CM in Program)는 프로그램 속에 삽입된 광고란 의미를 지닌 광고로써 드라마나 스포츠 같은 프로그램을 보다가 중간에 소비자 의사에 따라 2차 광고에 링크될 수 있는 양방향광고의 형태이다. 가령 드라마를 보던 중, 주연 배우가 타고 있는 차를 구입하고 싶거나 더 알아보고 싶으면 해당 화면을 소비자가 클릭하면 링크되는 서비스이다. CIC와 CIP는 실시간 방송시청 중에 삽입되는 실시간 채널 연동형 광고라고 할 수 있다. EPG 연동형광고는 전자프로그램 가이드(electronic program guide, 홈메뉴로도 불림) 내에 배너나 동영상 형태로 삽입되는 형태의 양방향광고이며 VOD 연동형 광고는 VOD 프로그램 시청 중에 삽입되는 형태의 광고이다. 광고주는 이와 같은 연동형 광고를 통해 각종 프로모션과 이벤트를 실시하거나 제품 판매 혹은 보다 더 세분화된 광고마케팅 활동을 위한 고객 정보를 수집할 수 있다. 현재 우리나라의 IPTV 양방향광고 서비스는 KT의 olleh TV, SK브로드밴드의 브로드앤TV, LG유플러스의 LG유플러스(U+)TV의 세 개의 IPTV사업자들에 의해 제공되고 있다.

CIP의 트리거 배너광고

EPG 혹은 메뉴화면 배너광고

자료원: kt Cook TV, 2012

그림 18-2 트리거 배너, EPG 배너광고의 예

IPTV 양방향광고의 정보처리과정

IPTV 양방향광고도 인터넷광고와 마찬가지로 푸쉬형 광고[7]에 노출된 후 리모컨 조작을 통하여 랜딩페이지(landing page)에 해당되는 데이터 방송화면 혹은 광고주 전용페이지(DAL: dedicated advertisers location)로 넘어가서 메시지와 상호작용하게 된다. 따라서 고정형 플랫폼을 기반으로 하는 IPTV 및 스마트TV와 같은 양방향 TV광고는 양방향 및 상호작용성이라는 차별화된 기술적인 특성을 기반으로 하여 인터넷 배너와 SMS기반의 모바일광고처럼 3단계 정보처리과정을 거치게 된다.

IPTV 양방향광고 정보처리과정의 첫 번째 단계는 광고주에 의해 발송된 푸쉬형 광고(예: 트리거 배너 등)에 수동적으로 노출되는 단계이고, 두 번째 단계는 리모컨의 양방향 접속 버튼을 눌러 광고주 전용 페이지(DAL)에 접속하는 단계이고, 세 번째 단계는 리모컨 조작을 통하여 인터넷의 웹 사이트에 해당되는 광고주 전용 페이지(DAL)에 접속 후 광고콘텐츠와 상호작용하는 단계이다. 소비자들은 광고주 전용 페이지(DAL)에 접속한 후 추가정보 탐색과 이벤트에 참여하게 된다. 즉, 소비자들은 광고 혹은 프로그램을 시청하면서 리모컨을 이용하여 광고주 전용 페이지(DAL)에 접속한 후 의도적으로 광고물에 대한 평가와 브로슈어, 카탈로그, 상품 견본, 할인권 제공 등의 추가적인 정보를 요청할 수 있으며, 직접 상품을 구매할 수도 있다. 따라서 소비자들이 푸쉬형 광고에 노출된 후 광고주 전용 페이지를 거쳐 메시지와 상호작용하는 IPTV 양방향광고의 3단계 정보처리과정에서 소비자들 스스로 광고주 전용 페이지(DAL)과 같은 자발적이고 능동적인 정보처리가 이루어져야 추가 정보 요청 및 상품주문과 같은 광고주가 기대하는 광고효과를 얻을 수 있다.

---

[7] 푸쉬형 광고에는 표출형태에 따라 트리거(trigger, 광고 혹은 프로그램을 보는 도중에 화면 좌측 상단에 나타나는 작은 이미지 형태의 푸쉬형광고로써 리모컨의 조작을 통해서 광고주 전용 페이지로 이동할 수 있는 관문 역할을 함), 인터랙티브 팝업(interactive pop-up), 인터랙티브 배너(interactive Banner), 혹은 브랜드 채널 등이 있다

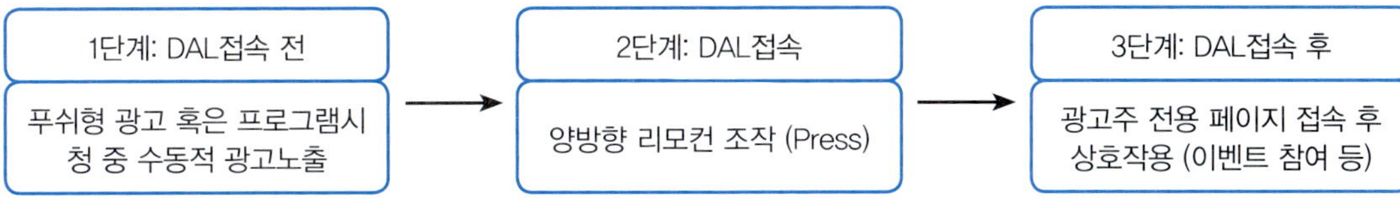

그림 18-3 IPTV 양방향광고의 정보처리과정

5) 디지털 위성방송

디지털 위성방송은 적도 36,700 km 상공에 위치한 위성의 방송용 중계기에 지상지구국을 경유하여 방송전파를 발사하고 이를 다시 위성중계기가 증폭, 변조하여 지상으로 재전송한 전파를 가정에서 수신하는 방송을 말한다. 디지털 위성방송은 초기에 통신위성을 이용하여 전송하는 프로그램을 지상의 방송사업자나 케이블TV사업자가 수신하여 이를 다시 지상파나 케이블을 통해 각 가정에 재전송하는 방식이었다. 이후 직접위성방송(DBS: direct broadcast satellite)이 등장한 이후에는 가정에서 소형 접시형 안테나를 설치하여 위성으로부터 방송전파를 직접 수신하는 것이 가능해졌다.

디지털 위성방송은 아날로그 방송에 비해 화질과 음질이 뛰어나며, 지형 및 지상의 기후와 관계없이 방송수신이 가능함으로써 전파의 도달범위가 넓고 기존의 지상파 방송이 도달할 수 없는 난시청지역을 해소할 수 있다는 장점을 들 수 있다. 또한 위성의 방송용 중계기의 탑재능력이 향상되고 디지털 비디오 및 오디오 압축 기술이 발전함에 적어도 수십 개, 많으면 수백 개의 다채널 서비스를 제공할 수 있으며, 방송주파수의 틈새대역을 활용하여 TV화면에 방송 프로그램 관련 정보와 날씨, 뉴스, 교통 등의 각종 생활정보는 물론 T-commerce와 양방향광고 등의 다양한 양방향 데이터 방송서비스들을 제공할 수 있다. 반면에 디지털 위성방송의 단점으로는 전파의 월경현상, 위성의 짧은 수명과 고장 시 수리불가, 무단 수신 및 도청의 가능성 등을 들 수 있다.

현재 우리나라의 경우 위성방송사업자인 kt스카이 라이프(Sky Life)가 kbs, mbc, sbs 등 지상파 채널, 홈쇼핑, CNN · NHK 등 외국방송 채널, 영화 · 뉴스 · 스포츠 · 음악 · 오락 · 교육 · 다큐멘터리 등 전문채널, PPV(pay per view)채널, 31개 오디오채널 등을 포함하여 2014년 기준 모두 212개 채널들을 서비스하고 있다.

kt스카이라이프는 2003년부터 스카이터치(SkyTouch) 채널을 통하여 양방향 데이터 방송서비스를 제공하고 있다. 스카이터치가 제공하는 양방향 데이터 방송서비스는 크게 독립형 서비스(virtual channel service)과 프로그램 연동형 서비스(enhanced type service)로 구분된다. 독립형 서비스는 독립된 데이터방송 전용채널(스카이터치의 경우 ch20, 100)을 통해 증권, 날씨, 운세, 교통상황 등 각종 부가적인 정보를 제공하는 서비스로써 영상신호 없이 문자와 그래픽만으로 이루어져 인터넷 웹 페이지와 유사하다. 독립형 서비스에서는 뉴스, 날씨, 운세, 여행, 교육, 여성, 문화, 재테크 등 각종 생활정보뿐만 아니라 주식, 금융거래, 쇼핑 등 각종 데이터방송을 이용할 수 있다.

표 18-11 kt스카이 라이프의 다양한 양방향 서비스들

구분	장르 및 서비스 내용
독립형 데이터방송	뉴스, 날씨, 운세, 금융(주식시세, 재테크, 은행업무), 교육, 생활정보(교통, 건강, 여행, 육아, 요리, 패션, 뷰티, 영화, 문화 등), 게임, 만화, 최선영화 시청, 쇼핑, 이벤트 응모, T-메일, 단문메시지서비스, 배너광고 등
연동형 데이터방송	프로그램 추가정보(드라마, 스포츠, 예능, 뉴스, 다큐 등), 이벤트 정보, 연동형 쇼핑(드라마, 스포츠 등의 오락채널), 투표(드라마, 게임쇼, 스포츠), 퀴즈쇼 등
부가형 서비스	EPG, PVR[8], VOD
양방향광고 서비스	연동형광고(CIC, CIP), 개인화광고, 배너광고 등

반면에 프로그램 연동형 방송서비스는 기존 방송 프로그램에 데이터를 연동한 서비스로 시청자들은 방송 프로그램을 시청하면서 등장인물 및 배경장소 등 프로그램과 관련된 정보를 검색하거나 프로그램 관련 이벤트참여 및 쇼핑 등 각종 데이터방송을 이용할 수 있다. 최근에 kt스카이라이프는 KTH(KT Hitel Co.)와 공동으로 방송 프로그램을 시청하면서 프로그램 방송 중 연관 상품에 대한 정보 제공, 이벤트 참여, 제품구매 등이 가능한 콘텐츠 연동형 T-commerce서비스를 개시하였다. 예를 들어 시청자가 TV속 출연자의 의상에 클릭하면 의상정보와 함께 그 옷을 구매할 수 있다. 제품구매 및 결제는 기존의 홈쇼핑처럼 소비자가 직접 고객 센터에 전화를 걸거나 고객의 휴대폰 번호로 전송된 모바일 URL에 접속하여 이루어진다.

kt스카이라이프가 제공하는 양방향광고에는 CIC와 CIP가 있으며, 시청자가 TV프로그램이나 광고를 보는 도중 나타난 트리거 배너의 빨간색 버튼을 누르면 화면 하단에 별도의 쇼핑창 혹은 해당 광고와 연관된 DAL로 연결되어, 방송 중인 TV프로그램이나 광고를 계속 보면서 세부 상품정보를 조회하거나 리모컨으로 개인정보를 입력하여 제품과 관련된 이벤트에 참여 혹은 직접 제품을 구매할 수 있다. kt스카이라이프의 양방향광고와 데이터 방송서비스는 인터넷 망을 상향채널(return channel)로 이용하는 IPTV와 달리 유선전화망을 상향채널로 이용한다는 점에서 차이가 있다.

6) DMB방송

DMB방송(digital multimedia broadcasting)은 개인 휴대용 또는 차량용 단말기를 통해 이동 중에 텔레비전, 라디오, 데이터 방송 등 다채널 멀티미디어 방송을 시청할 수 있는 이동형, 개인형 디지털 미디어를 말한다. DMB방송은 DMB방송사가 PP(pro-

8) Personal Video Recorder의 약자로 비디오테이프 없이 생방송을 직접 녹화하는 PVR 서비스(SkyPVR로 불림)로 2006년에 국내 최초로 상용화함.

gram provider)로부터 제공받은 TV, 라디오, 데이터방송 콘텐츠를 송신탑에 송출하면 각각의 정보는 송신탑에서 다시 직접 단말기 또는 음영지역에 설치된 중계기(gap filler)를 통해 단말기에 전달된다. DMB는 지상의 송신탑을 통해 방송 프로그램을 전송하는 방식으로 공익성과 보편성을 지향하는 지상파DMB(terrestrial DMB)와 위성과 지상의 중계기(gap filler)를 활용하고 프리미엄급 멀티미디어 서비스를 통해 상업성을 지향하는 위성DMB(satellite DMB)로 나누어진다. DMB 방송서비스는 언제 어디서든 혹은 이동 중에도 인기있는 지상파방송 프로그램을 시청할 수 있다는 장점으로 인하여 시청자들의 호응을 얻었으나, 최근에 유튜브(YouTube) 등 무료 동영상 공유사이트와 무선인터넷을 기반으로 하는 N-스크린 서비스의 등장으로 시청률이 감소하고 광고매체로써 영향력도 점점 더 감소하고 있다. 특히 위성DMB는 2005년 5월 서비스를 시작한 이래 가입자 수가 한 때 최대 200만명까지 증가하였으나 무료서비스인 지상파DMB와의 경쟁과 스마트폰의 보급으로 인한 N-스크린 서비스 등 DMB를 대체하는 신규 서비스의 대중화로 유료가입자 수의 감소와 수익성 악화로 2012년 8월에 서비스를 종료하였다. 현재에는 지상파DMB만이 무료로 방송서비스를 제공하고 있다.

DMB방송은 방송매체와 모바일매체의 특성을 동시에 지니고 있다. 방송콘텐츠가 지상파방송의 재송신을 통하여 제공된다는 점에서 기존의 방송매체의 특성을 지니고 있으며, PDA, 휴대폰, 내비게이션 등의 휴대용 단말기를 이용하여 방송서비스를 제공한다는 점에서 모바일매체의 특성을 지니고 있다. DMB방송의 가장 큰 특징은 개인화 및 이동성이다. 즉, 기존의 지상파 및 디지털 위성방송이 주로 고정된 장소에서 가구단위로 이루어지는데 반하여 DMB방송은 시간 및 공간의 제약에서 벗어나 언제 어디서든 개인단위의 방송을 가능하게 해준다. 따라서 DMB방송은 방송의 개인화를 통하여 이동성과 편의성의 중요성이 부각되는 현대인의 생활양식에 부합하는 개인화된 멀티미디어 방송매체라고 할 수 있다. 또한 DMB방송은 이동통신망의 상향채널(return channel)을 이용하여 정보유통의 양방향성과 상호작용성을 기술적으로 보장해 준다. 따라서 이동 중 TV를 시청하면서 뉴스, 날씨, 음악 다운로드 등 각종 생활정보검색 서비스, 방송 프로그램 연동 서비스, 퀴즈 및 투표 등의 참여형 서비스와 같은 다양한 이동통신망과 연동한 양방향 데이터 방송서비스가 가능하다. 반면에 DMB방송은 개인휴대 단말기를 통하여 혼자만 볼 수 있기 때문에 지상파 TV방송처럼 여러 명이 동시에 시청하는 효과는 기대할 수 없다.

지상파DMB 방송광고의 유형에는 프로그램광고, 토막광고, 자막광고 등이 있으며, 중간광고가 허용이 된다. 프로그램광고의 경우 광고주의 요구가 있을 시에는 다양한 초수의 판매가 가능하다. 그리고 운동경기, 문화.예술 행사 프로그램 등의 중간 휴식 또는 준비 시간에는 중간광고의 회수, 건수, 시간에 제한이 없다. 지상파DMB방송의 광고는 KBS, MBC DMB의 경우 한국방송광고진흥공사, SBS(u)의 경우 미디어크리에이터가 판매를 대행하고 있는 반면에 YTN DMB, U1미디어, 한국DMB를 포함한 나

표 18-12 지상파 DMB 방송 서비스 현황

구분	현황
사업자 수	수도권 9개사(U-KBS, My MBC, SBS(u), EBS m, YTN DMB, Cj DMB, QBS DMB, U1미디어, OBS m), 전국 14개 지역 31개 사업자
사업자 지위	지상파방송 사업자 • 플랫폼 사업(채널운용/임대), 종합, 보도, 전문편성 PP 송출
서비스 개시	2005년 12월 수도권 지역
서비스 지역	2007년부터 전국으로 확대
제공채널 수	수도권 9개 사업자, 전국 14개 지역 31대 사업자 • 비디오 채널: 92개, 오디오 채널: 22개, 데이터 채널: 27개
요금수준	무료
수익모델	광고시장 기반 • 광고(주수입), 송출료(채널임대료), 데이터방송(유료)
수신기	개인형 단말기(휴대폰, 스마트폰, 태블릿PC, PMP), 가정용 단말기(데스크 톱, 노트북), 차량용 수신기(네비게이션), PDA

머지 지상파DMB방송의 경우 지상파DMB방송 사업자들이 직접 광고를 판매한다.

지상파DMB의 광고시급은 A, B, C의 3등급으로 비교적 단순하며 출퇴근 시간인 오전 7부터 10시까지가 A타임이며, 밤 12시부터 다음날 오전 6시까지가 C타임, 그

표 18-13 지상파 DMB 방송광고의 유형과 광고 규정

광고 유형		허용량	
프로그램광고	전후CM	프로그램 시간의 10/100	매시간 6분 이내
	중간광고	40~60분 미만 프로그램 1회 이내 60~90분 미만 프로그램 2회 이내 90~120분 미만 프로그램 3회 이내 120~150분 미만 프로그램 4회 이내 150~180분 미만 프로그램 5회 이내 180분 이상 프로그램 6회 이내	매회 1분 이내
토막광고		매시간 4회, 매회 1분 40초 이내	매시간 3분 20초 이내
자막광고(ID, 곧이어)		매시간 10회 이내, 매회 10초 이내, 자막 크기는 화면의 1/3	1분 40초
계		시간당 평균 10분 이내, 매시간 최대 12분 이내, 단 방송시간이 120분 이상인 프로그램 편성 시 해당 시간의 전체 광고시간이 방송광고 프로그램 시간의 15/100 이내인 경우에는 시간당 15분 이내	

자료원: 한국방송광고진흥공사(www.kobaco.co.kr), 2015

표 18-14 지상파 DMB 광고의 시급

~06:00	06:00~07:00	07:00~10:00	10:00~12:00	12:00~14:00	14:00~18:00	18:00~22:00	22:00~24:00	24:00~
C	B	A	B	A	B	A	B	C

이외의 시간대는 B타임에 속한다. 지상파DMB방송의 광고판매는 일반상품의 경우 구매자가 원하는 프로그램이나 시간을 선택하여 구매하는 방식을 취하고 있으나, 패키지상품의 경우 광고횟수, 드라마와 프로야구 등 인기 프로그램이나 출퇴근 시간대를 묶어서 판매하고 있다. 또한 청약기간과 볼륨에 따른 보너스제도 등을 도입하여 운영하고 있다.

2 라디오

라디오는 오랫동안 광고주가 선호하는 4대 매체 중의 하나로 자리잡아 왔으나, 디지털 기술의 발전으로 위성, 케이블, IPTV, DMB 등이 오디오방송 서비스를 제공하고 인터넷을 통한 다양한 형태의 오디오방송(예: 개인음악방송 등)이 활성화되면서 청취자가 분산되고, 광고시장에서 라디오의 점유율이 지속적으로 하락하고 있다. 특히 음악방송을 전문으로 하는 채널과 프로그램의 경우 스마트폰과 MP3 등 신규 유사 서비스를 제공하는 기기들과 차별성이 약하여 청취율과 청취시간이 지속적으로 감소하는 원인이 되고 있다.

최근에 침체된 라디오의 발전과 광고시장 활성화를 위하여 라디오방송에 대한 규제완화와 조기 디지털화에 대한 논의가 이루어지고 있다. 라디오방송의 디지털화가 이루어지면 CD 수준의 멀티 서라운드 고음질 오디오 서비스(5.1 채널 제공)뿐만 아니라 EPG(electronic program service, 전자 프로그램 가이드)를 이용한 서비스(채널 검색, 녹음 등), 다채널 서비스, 부가 데이터 방송서비스(뉴스, 증권, 교통, 날씨 등), TPEG 서비스[9], GPS 서비스, R-Commerce와 같은 다기능의 서비스가 가능할 것으로 예상된다.

라디오의 장점은 TV에 비해 광고비가 저렴하고 제작비가 적게 들며, 프로그램별로 수용자의 특성이 두드러지기 때문에 표적 수용자의 선별력이 강하다는 점을 들 수 있다. 예를 들어 주부를 대상으로 하는 프로그램과 심야 청소년을 대상으로 하는 음악 전문 프로그램의 경우 수용자의 특성이 뚜렷하고 프로그램에 대한 충성도가 높기 때문에 특정 수용자를 대상으로 광고를 하는 것이 가능하다. 또한 라디오는 고정청취자를 대

9) Transport Protocol Expert Group의 머리글자로써 DMB 방송 주파수를 이용해 자동차 내비게이션 단말기에 실시간 교통 정보, 여행 정보 등을 보여주는 기술

표 18-15 라디오광고의 종류

광고 유형	허용량	광고 길이	내용
프로그램광고	프로그램 시간의 10/100	주로 20초	스폰서로 프로그램에 참여하여 프로그램 전후에 방송. 중CM은 제한(스포츠 중계는 허용)
토막(SB)광고	시간마다 4회, 4건 이내	20초	프로그램과 프로그램 사이, 즉 SB(Station Break)에 방송.
특집광고	프로그램광고에 준함	20초	비정규프로그램으로 편성된 특집프로그램에 참여하는 광고
스포츠광고		20초	스포츠중계 시 집행되는 광고로 연간계약
시보광고	법령에는 명시되어 있지 않음	10초	시간고지 시에 제공형태 광고

상으로 반복노출이 가능함으로 TV 혹은 신문광고를 통해 창출된 인지도를 지속적으로 유지하기 위한 리마인더(reminder)매체로써 효과적이다. 따라서 제품이 쇠퇴기에 접어들었을 때 도입기 및 성장기에 축적된 제품에 대한 인지도, 호감도, 이미지 등을 지속적으로 유지시키기 위하여 상표명 혹은 광고메시지의 핵심내용을 자주 회상시킬 수 있는 라디오와 같은 매체가 필요하다. 또한 라디오는 다른 일을 하면서도 청취하는 것이 가능하고, 정서적으로 호소하는 것이 용이하며 시공간의 제약이 덜하다. 반면에 라디오광고는 다른 매체들에 비해 보급률에 비해 이용률이 낮기 때문에 도달률이 낮으며, 메시지 전달이 순간적이어서 집중도가 떨어지고 청각적 자극만을 제공하기 때문에 브랜드나 광고에 대한 학습, 태도형성이 어렵다는 것이 단점으로 지적된다.

1) 라디오광고의 종류

라디오 방송국은 하루 평균 1,300분의 방송을 하고 있다. 우리나라에는 13개사의 라디오 방송국이 있는데, 라디오광고의 경우에 MBC-AM과 MBC-FM이 전체 라디오 광고비에서 차지하는 점유율이 63.9%나 된다. 라디오광고의 유형은 TV광고와 거의 유사하다. 즉, 라디오광고의 종류는 프로그램광고, 토막(SB)광고, 특집광고, 스포츠광고, 시보광고 등이 있으며, 광고단가도 시급별로 책정된다.

2) 라디오방송의 시급과 광고요금책정

라디오광고는 공중파 매체이기 때문에 TV와 마찬가지로 한국방송광고진흥공사 및 미디어 크리에이트와 같은 공민영 미디어랩을 통해 판매되며, TV처럼 공공재로 간주해 원가주의에 입각한 광고요금 책정방식을 이용하고 있다. 라디오방송의 시급은 A, B, C의 3등급으로 나뉘어져 있으며, 출퇴근 시간대인 A시급의 광고요금이 가장 비싸다. 라디오광고 가운데 토막광고와 시보광고는 시급에 따라 요금의 차이가 있으며, 프로그램

표 18-16 라디오방송의 시급

06:00		07:00		16:00		18:00		21:00		24:00
C	B	A	B	A	B	C

표 18-17 방송광고 제한규정

구분	내용
주류광고	• 알콜 성분 17도 이상의 주류광고 금지(방송심의규정과 국민증진건강법) • 알콜 성분 17도 이하의 주류광고는 TV 07:00–22:00, 라디오 17:00–익일 08:00 방송불가
청소년 유해 매체물광고	• 청소년 유해 매체물광고의 경우 어린이와 청소년을 대상으로 하는 방송프로그램의 광고시간 또는 전후 토막시간에 방송불가

광고의 경우 전파료와 제작비를 합쳐 광고요금을 책정한다. 그러나 프로그램 광고요금의 경우 높은 시급의 프로그램에 높은 가격이 책정되는 경향이 있으므로 라디오 광고요금의 수준을 결정하는 가장 중요한 요인은 시급이라고 할 수 있다.

3 방송광고의 제한규정

TV광고는 다른 매체에 비해 규제가 심해 제품의 성격에 따라 노출에 제한이 있다. 방송광고심의규정에 의하면 주류 광고의 경우 TV와 라디오의 실시간 방송에 한해 알코올 도수 17도 이상의 주류는 방송할 수 없고, TV의 경우 알코올 도수 17도 이하의 주류광고도 오후 10시 이후부터 다음 날 오전 7시전까지만 허용이 되는 등 시간의 제약을 받는다. 라디오의 경우 주류광고는 오후 5시부터 다음 날 오전 8시까지 전면금지되어 있으며 오전 8시부터 오후 5시 사이에도 어린이와 청소년을 대상으로 하는 라디오 프로그램의 전후에 주류광고를 할 수 없게 규정되어 있다. 주류 광고에 등장하는 인물은 19세 이상이어야 하며, 청소년의 외형 또한 목소리를 묘사하지 못하게 되어 있다. 2015년에 국회에서 디지털케이블과 IPTV의 VOD 프로그램에도 청소년 보호시간대와 어린이와 청소년이 시청할 수 없는 등급의 방송콘텐츠에서 주류광고를 하지 못하도록 의무화하는 국민건강증진법 일부 개정안이 추진 중에 있다. 또한 영화, 음반, 비디오, 간행물 등의 청소년 유해 매체물광고의 경우 어린이와 청소년을 대상으로 하는 방송프로그램의 광고시간 또는 전후 토막시간(station break)에 방송이 허용되지 않는다.

CHAPTER 19

인쇄매체

1 신문광고

우리나라 최초의 신문은 1883년에 창간된 한성순보이며 광고가 게재된 최초의 신문은 1886년 램프, 시계, 직물 등의 제품광고가 처음 게재된 한성주보이다. 2013년 12월 말 기준으로 문화체육관광부와 전국 17개 시도에 등록된 전체 일간지의 수는 363종에 달하며, 인터넷 신문의 수는 4,916개에 달하고 있다. 최근에 온라인과 모바일을 이용한 뉴스보기가 활성화되면서 '인터넷 신문'을 발행하는 단체나 기관이 급증하고 있으나, 포털과 주요 일간지의 온라인판 신문을 제외한 대부분의 인터넷신문은 소규모 자본과 조직을 토대로 운영되고 있으며, 정보의 생산보다는 유통에 치우치고 있어, 저널리즘 본연의 기능을 수행하지 못하고 있다.

2017년 제일기획 조사에 의하면 국내 인쇄광고 시장 규모는 1조 7,494억 원으로서 전체 광고 시장의 15.7%를 차지하였으나, 2015년 이후 점유율이 지속적으로 하락하고 있다. 이 중 신문광고는 80.3%, 잡지광고는 19.7%를 차지하였다. 일간신문은 한 때 전 연령층에서 고루 읽힐 만큼 영향력이 큰 매체였으나 2002년에 무가지가 등장하고 인터넷 포털이 뉴스콘텐츠를 공급하면서 열독률이 큰 폭으로 하락하였다. 무가지는 2002년 메트로의 창간 이후 그 수가 7개로 늘어나고, 발행부수가 한 때 300만부에 이를 정도로 폭발적으로 성장하였으나, 최근에 무료 와이파이 존의 확대로 스마트폰이 상용화되면서부터 모바일뉴스에게 자리를 내어주고 광고매출이 급감하고 있다. 또한 스마트폰 이용률의 증가는 스포츠신문 광고시장의 축소에 큰 영향을 미치고 있다.

광고매체로써 신문매체의 장점은 넓은 커버리지, 신뢰성, 기록성, 보존성, 뉴스성, 시의성 등을 들 수 있다. 신문광고는 중앙지의 경우 전국적으로 배포되기 때문에 넓은 도달범위를 갖고 있고, 지방지의 경우 지역적 특성이 있으므로 지역별 광고계획 수립이 가능하다. 신문광고는 매일 발행되고 광고집행 절차가 간단하기 때문에 시장의 변화에 맞추어 최신 정보를 항상 신속하게 전달할 수 있으며 광고크기와 게재회수 등이 유연한 장점을 가지고 있다. 또한 신문광고는 신문의 보도, 논평, 해설 등의 저널리즘 기능으로 인하여 신뢰도가 높으며 최신의 뉴스를 전달할 수 있는 특성으로 인하여 항상 최신의 제품 이미지를 목표청중의 마음속에 심어줄 수 있다. 또한 신문광고는 시간의 제약에 자유롭고, 큰 지면을 가지고 있기 때문에 자세한 정보를 담을 수 있어서 광고인지도, 주목도, 접촉도가 높다. 따라서 신문광고는 가전제품 및 컴퓨터제품 등과 같이 자세한 정보전달이 필요한 제품이나 제품의 성장기 및 성숙기의 판촉 메시지를 전달하는데 효과적이다. 반면에 신문광고의 단점은 독자층이 광범위하여 명확하고 세분화된 목표청중에 대한 도달이 어렵고 목표청중이 선별적일 경우 광고비의 낭비를 초래할 수가 있다. 그리고 잡지에 비해서 수명이 짧으며 중앙지의 경우 광고단가가 비싸고 칼라 재생능력이 잡지에 비해 떨어진다.

1) 신문의 분류

신문은 판형, 발행주기, 페이지 크기, 독자의 성격, 배포 시장, 이용자에 따라 분류할 수 있다. 전 세계적으로 신문은 크게 3가지 판형으로 나뉜다. 일간지 크기의 대판(broadsheet: 가로 391 mm, 세로 545 mm), 지하철 무가지 크기의 타블로이드(tabloid: 가로 272 mm, 세로 391 mm), 대판과 타블로이드 중간 크기인 베를리너판(Berliner: 가로 323 mm, 세로 470 mm)이 있다. 우리나라 일간지의 대다수가 대판을 채택하고 있으나, 2009년에 중앙일보가 최초로 베를리너 판을 도입하였다. 배를리너판은 미국의 뉴욕타임즈, 월스트리트 저널(유럽판), 영국 더 가디언, 더 타임즈, 디 인디펜던트 등 해외 유수의 신문들이 채택하고 있으며, 무가지보다는 크고, 일간지보다는 적은 중간 크기여서 지하철에서 옆 사람에게 불편을 주지 않는 장점도 있으나, 대판 크기에 익숙한 일반 독자들에게 이질감이 느껴진다는 단점이 있다.

신문은 독자의 성격에 따라 경제지, 스포츠지, 영자지, 소년지, 특수지 등으로 분류되며 배포시장에 따라 전국지와 지방지로 분류된다. 또한 발행주기에 따라 일간지, 주간지, 격주간지, 월간지 등으로 분류되며 이용자가 누구냐에 따라 전국광고주, 지역광고주, 공동광고주로 분류된다. 우리나라에서는 등록된 신문의 대부분이 일간지이며 이 가운데 90%이상이 조간지이다. 전국광고주는 전국지에 게재되는 광고의 스폰서를 말하며 지역광고주는 지방지에 게재되는 광고의 스폰서를 말한다. 공동광고주는 제조사와 지역 대리점 혹은 도매상이 광고비를 공동으로 분담하는 형태로써 이러한 유형의 광고를 공동광고라고 한다. 공동광고는 제조사의 제품과 지역 대리점 혹은 도매상의 메시지를 동시에 전달할 수 있기 때문에 광고비절감과 시너지효과(synergy effect)를 극대화할 수 있는 장점이 있다.

2) 신문광고의 규격과 종류

우리나라 일간신문의 규격은 세로는 단(1단은 3.4 cm), 가로는 센티미터(cm)로 표현되며 전체 신문지면의 크기는 세로 15단 × 가로 37 cm로 되어 있다. 신문의 단수는 광고의 크기를 말하는데 아래로부터 4단, 5단, 8단, 10단, 그리고 15단으로 구분된다. 따라서 흔히 말하는 5단통 광고는 5단 × 37 cm, 전면광고인 경우는 15단 × 37 cm이다.

신문광고는 면별로 광고규격이 정해져 있으며, 종합섹션 1면은 대표적인 광고지면

표 19-1 신문의 종류

신문의 종류		신문 명
전국지	종합일간지	조선일보, 동아일보, 중앙일보, 한국일보, 한겨레 등 18개지
	경제지	한국경제, 매일경제 등 8개지
	스포츠	일간스포츠, 스포츠서울, 스포츠조선
	영자지	코리아 헤럴드, 코리아 타임스
	소년지	소년 조선일보, 소년 동아일보 등 4개지
지방지		부산일보, 대구매일, 광주일보, 충청일보, 강원일보 등 66 개지
대학지		대학신문(서울대), 연세춘추(연세대) 등
전문지		전자신문, 미디어오늘, 디지털 타임스 등
특수지		환경일보, 농민신문, 공업일간지 등
주간지		일요신문, 일요서울, 일요시사, 주간현대, 중앙선데이 등
무료신문		메트로, 데일리노컷뉴스
IT전문지		전자신문, 디지털타임즈 등

으로 4단광고, 7.5단 × 15 cm광고, 제호광고, 돌출광고 등을 실을 수 있으며, 종합뉴스섹션 2면부터는 신문광고의 가장 대표적인 형태인 5단 × 37 cm와 9단 21 cm광고와 같은 변형광고를 지정하여 실을 수 있다. 그리고 신문의 한 면 전체를 차지하는 15단 광고는 종합뉴스섹션, 경제면 등 고정섹션과 신문의 제일 뒷면에 실을 수 있다. 따라서 광고 면에 게재되는 광고의 크기는 각 면마다 지정된 광고 단을 초과하지 않는 범위 내에서 결정되며 2페이지 스프레드광고와 같은 특별한 경우는 광고 및 편집데스크와의 협의를 통해 결정한다. 무가지의 경우는 판형의 크기가 일반신문보다 작기 때문에 2단 1칼럼, 2단 2칼럼, 3단 2칼럼, 3단 5칼럼, 5단 5칼럼, 6단 3칼럼, 10단 5칼럼의 7개 광고 규격이 있다.

신문광고는 1면, 사회면, 경제면, 뒷면, 기타 면 등 거의 모든 면에 광고를 할 수 있기 때문에 광고캠페인의 목표를 효과적으로 달성하기 위하여 어떤 면을 선택하여야 할 것인지를 잘 결정하여야 한다. 일반적으로 1면은 뉴스성과 화제성이 있기 때문에 신제품의 런칭에 적합하며 뒷면 전면광고는 주목률이 가장 높다. 반면에 신문광고의 1면과 전면광고는 광고효과가 높지만 예산이 많이 든다는 단점이 있다.

일반적으로 신문광고의 열독효과는 15단, 10단, 8단, 5단의 크기순으로 차이가 난다. 그러나 이 수치는 단순한 열독효과의 크기를 나타낸 것일 뿐 비용 대비 효율성을 고려한 것은 아니다. 따라서 이러한 열독효과의 단순비교보다 광고단가 대비 열독효과를 계산하여 가장 비용효율적인 광고면과 단수를 선택하는 것이 바람직하다. 또한 광고의 내용이 신문기사와 관련이 있으면 광고의 효과가 커진다. 예를 들어 컴퓨터 관련 기사

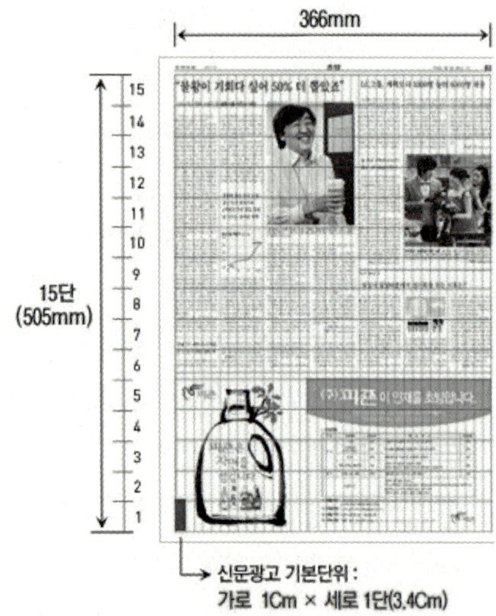

자료원: 에코컴(cafe.naver.com/easycosyad), 2015

그림 19-1 신문의 규격 및 광고기본단위

가 게재되는 신문의 면에 컴퓨터광고를 게재한다면 신문광고의 열독효과가 커진다. 따라서 신문광고의 게재 위치를 결정할 때 기사와의 관련성을 고려하여야 한다.

신문광고는 형태에 따라서 디스플레이광고, 분류광고, 간지광고 등으로 구분된다. 디스플레이광고(display advertising)는 헤드라인, 그림, 카피로 구성된 일반적인 영업광고(기업광고, 상품광고)를 말하며, 분류광고(classified advertising)는 신문의 일정한 난에 한데 묶어서 내는 가장 간략한 형태의 광고로써 주로 공고, 부고, 성명서, 구인, 구직, 매매, 소개, 분실, 심인(찾는 사람) 등에 이용되는 안내광고를 말한다. 간지광고(pre-printed inserts)는 신문에 삽입된 전단지 형태의 광고를 말한다. 분류광고에는 부고, 성명서, 공고, 부동산, 준공고, 기타 등이 있다.

표 19-2 신문광고의 형태에 따른 분류

구분	내용	종류
디스플레이광고	헤드라인, 그림, 카피로 구성된 일반적인 기업광고 및 상품광고	광고면광고(4단, 5단, 8단, 15단, 변형광고), 돌출광고, 제호광고
분류광고	신문의 일정한 난에 한데 묶어서 내는 가장 간략한 형태의 광고로써 주로 구인, 구직, 매매, 소개, 분실, 심인(찾는 사람) 등에 이용되는 안내광고	임시물광고(공고, 준공고, 부고, 성명서, 특수공고 등), 안내광고(구인, 구직, 매매, 소개, 분실, 심인 등)
간지광고	신문지 사이에 끼워져서 배달되는 전단지 형태의 삽입광고	–

신문광고의 대표적인 형태인 디스플레이광고는 게재되는 위치에 따라서 광고면광고, 돌출광고, 제호광고로 나뉜다. 광고면광고는 가장 기본적인 형태의 광고로 광고의 밑면이 하단 가장자리에 닿아있는 광고를 말한다. 디스플레이광고는 게재되는 면과 단수에 따라서 다양한 형태가 있으나 최근에 신문광고의 주목효과를 높이기 위하여 가로와 세로의 길이를 변형하여 신문기사의 좌우측면에 게재하는 등 광고의 형태와 크기가 비교적 자유로운 다양한 형태의 변형광고들이 등장하고 있다. 변형광고는 기사 옆에 주로 게재되는 7.5단 × 15 cm, 7.5단 × 27 cm, 9단 × 21 cm광고가 대표적이며, 기타 2페이지에 걸쳐 게재되는 스프레드(양면)광고, 같은 날 같은 매체에 동일 품목을 2페이지 이상 시리즈로 연속 게재하는 멀티광고 등이 있다. 변형광고 중 9단 21 cm광

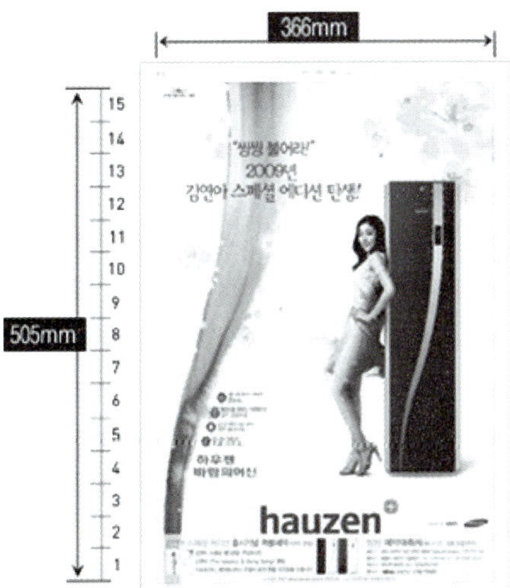

전면 광고

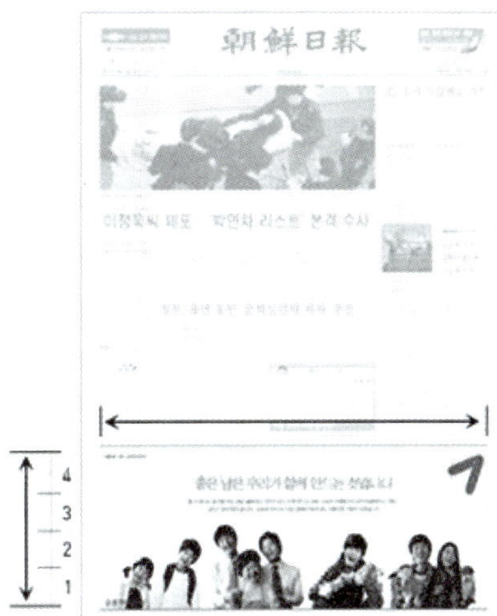

4단 광고

5단 광고

자료원: 에코컴(cafe.naver.com/easycosyad), 2015

그림 19-2 섹션, 면별 디스플레이광고의 다양한 유형들

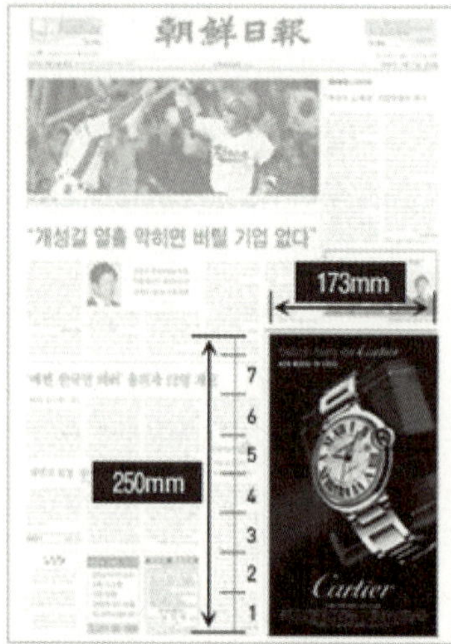

7.5단 × 15 cm 광고

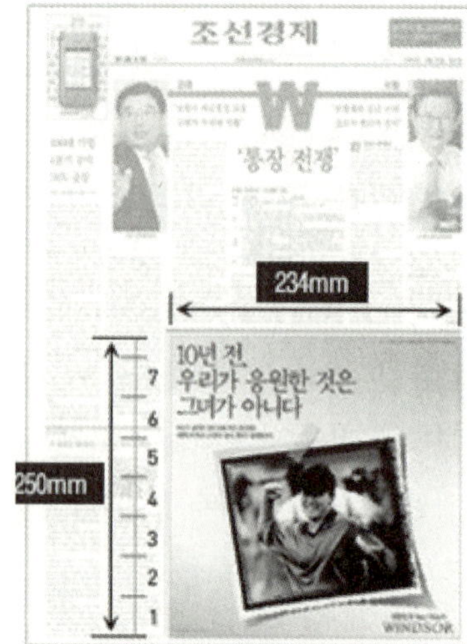

7.5단 × 27 cm 광고

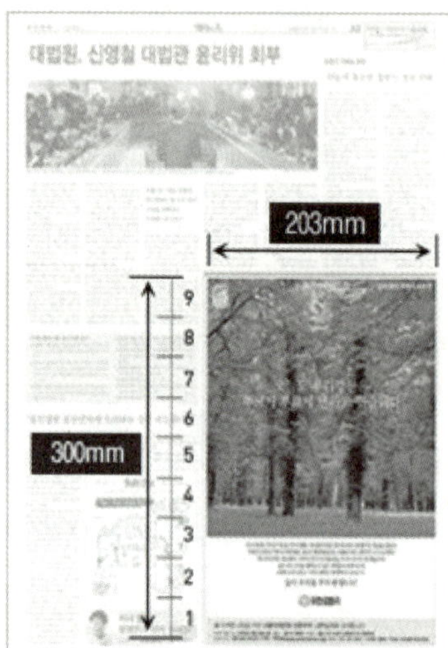

9단 × 21 cm 광고

자료원: 에코컴(cafe.naver.com/easycosyad), 2015

그림 19-3 변형광고의 다양한 유형들

고는 종합뉴스섹션 2면부터 지정하여 게재가 가능하며, 가로쓰기 편집에 적합하고, 광고주목률이 높아서 광고주들이 선호한다. 또한 신문을 펼쳤을 때 두 개 지면에 광고를 싣는 스프레드광고는 넓은 지면을 활용하여 독자들에게 많은 정보를 힘있게 전달할 수 있는 장점이 있다.

돌출광고는 제호 옆이나 본문 각 섹션의 특정 기사 위, 가운데, 혹은 밑에 주로 브랜드명이나 로고 중심으로 게재되는 작은 사이즈의 광고물을 말한다. 제호광고는 신문의 제목인 제호 옆에 게재되는 돌출광고의 일종이다. 돌출광고는 광고면광고에 비해 차지하는 면적은 작지만 면적 당 주목률은 뛰어나며, 광고비도 면적이 적기 때문에 상대적으로 저렴하다. 특히 본지 1면 제호 옆 돌출광고는 톡톡 튀는 크리에이티브로 적은 예

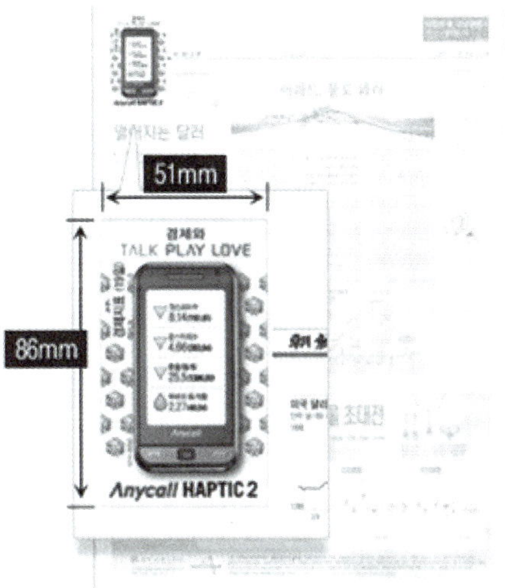

제호 광고

돌출 광고

자료원: 에코컴(cafe.naver.com/easycosyad), 2015

그림 19-4 돌출광고의 다양한 유형들

산만으로도 독자의 주목을 끌어낼 수 있기 때문에 신문광고 중 비용대비 광고효과가 크다. 그러나 돌출광고는 시선의 흐름에서 벗어난 위쪽 구석에 위치하고 있으므로 스쳐 지나가도 무슨 광고인지 금방 알아챌 수 있게 해야 한다. 따라서 일관된 디자인 정책과 임팩트있는 아이디어로 독자의 주목을 끌어내는 것이 중요하다. 대표적인 돌출광고의 성공사례로써 '스포츠 토토'를 들 수 있다.

분류광고는 게재내용별에 따라서 공고, 준공고, 부고, 성명서 등의 임시물광고와 구인, 구직, 모집, 금융, 부동산, 심인(찾는 사람), 심부름 등의 안내광고가 있다. 공고는 국가, 단체, 개인이 법률에 근거한 공시, 최고, 구인, 정책 등을 발표하는 광고를 말하며, 준공고는 체인점 모집 등 공고성 내용이 기타 내용과 함께 나가는 광고를 말한다.

표 19-3 분류광고의 종류

종류	내용
공고	국가 기관이나 공공 단체에서 일정한 사항을 일반 대중에게 광고, 게시, 또는 다른 공개적 방법으로 널리 알리는 것
준공고	체인점 모집 등 공고성 내용이 기타 내용과 함께 나가는 광고
부고	사망, 장례일정 및 진행 주체, 장례 후 사의를 표하는 인사광고
성명서	국가, 단체, 개인의 주장을 담은 광고로써 담화문, 호소문, 성명서, 의견서, 사과문 등이 포함
안내광고	신문의 일정한 난에 한데 묶어서 내는 가장 간략한 형태의 광고로써 주로 구인, 구직, 모집, 금융, 부동산, 심인(찾는 사람), 심부름 등에 이용되는 광고

분류광고 A형

분류광고 B형

자료원: 에코컴(cafe.naver.com/easycosyad), 2015

그림 19-5 분류광고의 다양한 유형들

부고는 사망, 장례일정 및 진행 주체, 장례 후 사의를 표하는 인사광고를 포함한다. 성명서는 국가, 단체, 개인의 주장을 담은 광고로써 담화문, 호소문, 의견서, 사과문 등이 해당된다.

신문광고는 표현 형식에 따라서 기사식광고, 삽화광고, 의장광고, 안내광고 등으로 구분하기도 한다. 기사식광고(advertorial)는 광고형태와 내용을 신문기사와 유사하게 만든 광고로써 기사에 대한 독자의 신뢰를 편승하여 광고에 대한 거부감을 줄이는 효과가 있다. 기사식광고는 독자들을 혼돈스럽게 할 우려가 있으므로 신문 상단에 전면광고라고 표기하여야 한다. 삽화광고(illustration advertising)는 삽화형식의 광고를 말하며, 의장광고(design advertising)는 의장이나 도안을 기초로 하여 문안이나 문자를 덧붙여서 하는 광고를 말한다. 또한 신문광고는 색도에 따라 흑백광고와 칼라광고로 나누어지며, 칼라광고는 청색이나 적색만 들어가는 1도 칼라광고, 2도 칼라광고가 있다.

신문광고의 단가는 1단 × 1 cm를 기본단위로 산정한다, 반면에 미국에서는 1인치 × 1칼럼을 기본단위로 하며, 이를 표준 광고 단위(SAU: standard advertising unit)라고 한다. 신문광고의 단가는 신문의 종류, 발행부수, 커버리지, 광고게재 위치, 규격(면, 단수), 색도, 광고성격, 광고일자 및 요일에 따라 다르게 적용된다. 신문의 종류별로 볼 때 중앙지 혹은 종합일간지가 가장 비싸며 경제지, 스포츠지, 지방지, 소년지 순으로 광고의 단가가 차등 적용된다. 신문광고의 단가는 광고 게재위치에 따라 1면부터 54면,

종합섹션과 경제, 스포츠섹션의 가격이 모두 다르게 책정이 된다. 일반적으로 1면이 가장 비싸며 사회면, 뒷면, 제 2사회면, 2–3면, 스포츠면 순으로 광고 단가가 차이가 난다. 신문광고의 크기에 따라 전면부터 소형광고까지 광고단가의 차이가 많이 나기 때문에 제품성격, 소비자, 예산 등 여러 가지 상황을 고려하여 크기를 선택하여야 한다. 색도에 따라서도 칼라광고가 흑백광고보다 요금이 1.5~2배 정도가 높으며 광고성격에

표 19-4 동아일보 광고단가표

구분	면	기본규격	흑백	컬러	판매규격
종합섹션	1면	1단 × 1 cm	374,081	374,081	4단/7.5단 × 15 cm
	2,3면	1단 × 1 cm	200,000	200,000	5단/7.5단 × 27 cm/9단 × 21 cm
	4,5면	1단 × 1 cm	170,000	170,000	5단/7.5단 × 27 cm/9단 × 21 cm
	사회면	1단 × 1 cm	150,000	150,000	5단/7.5단 × 27 cm/9단 × 21 cm
	기타면 지정	1단 × 1 cm	120,000	130,000	5단/7.5단 × 27 cm/15단 전면
	기타면 미지정	1단 × 1 cm	110,000	120,000	5단/7.5단 × 27 cm/15단 전면
	지방판	1단 × 1 cm	50,000	50,000	5단/15단 전면
	스프레드	1단 × 1 cm	150,000	150,000	7.5단, 10단, 15단 브릿지
	뒷면	1단 × 1 cm	190,000	190,000	15단 전면
경제 및 기타 섹션	1면	1단 × 1 cm	200,000	200,000	5단/7.5단 × 27 cm/9단 × 21 cm
	2,3면	1단 × 1 cm	150,000	150,000	5단/7.5단 × 27 cm/9단 × 21 cm
	기타면 미지정	1단 × 1 cm	90,000	100,000	5단/9단 × 21 cm/15단 전면
	뒷면	1단 × 1 cm	130,000	130,000	15단 전면
내용별	부고/성명서	1단 × 1 cm	150,000	150,000	기타면 기준 면 지정 시 면별 단가 적용
	공고	1단 × 1 cm	130,000	130,000	
	부동산	1단 × 1 cm	150,000	150,000	
	대학, 학원	1단 × 1 cm	85,000	85,000	
	안내광고	2행	70,000	–	1행 추가 시 50,000원 가산
	기타	1단 × 1 cm	–	–	지면별 단가 적용
돌출	종합섹션 1면	2단 × 5 cm	9,000,000	10,000,000	–
	경제섹션 1면	2단 × 5 cm	5,000,000	6,000,000	–
	사회면	2단 × 5 cm	5,000,000	6,000,000	–
	기타면	2단 × 5 cm	4,000,000	5,000,000	–
제호	종합섹션	2.5단 × 7 cm	–	3,500,000	–
	경제섹션	2.5단 × 7 cm	–	1,500,000	–
	기타섹션	2.5단 × 7 cm	–	1,200,000	–

자료원: 동아닷컴(donga.com), 2015년

따라 특수공고, 일반공고, 영업광고 순으로 광고요금의 차이가 난다. 또한 월요일부터 일요일까지 매월 1일부터 31일까지 광고단가가 다르기 때문에 사전에 광고일자와 요일 등을 확정하여 광고를 집행하여야 한다.

2 잡지광고

우리나라 최초의 잡지는 1896년에 창간된 대조선독립회보이며 우리 나라에서 최초로 광고가 게재된 잡지는 1907년 창간된 조양보로 알려져 있다. 잡지는 초기에는 일반대중의 구미에 맞는 내용을 골고루 담은 종합지로써의 성격이 강하였으나 사회가 갈수록 분화되고 사람들의 라이프스타일이 복잡해짐에 따라 더욱 전문화되었다. 2010년 기준 4,368개의 잡지가 발행되고 있으며 월간지가 전체의 60%에 달한다. 이들 대부분의 잡지들은 특정 연령, 성, 직업, 취미, 기호를 지닌 소수집단을 대상으로 그들에게 적합한 정보를 제공하는 전문지이다.

잡지광고는 목표청중을 선별적으로 수용할 수 있고 상세한 제품정보를 전달하며 발행 주기가 길기 때문에 4대 매체 중 광고노출 확률이 가장 높다. 또한 재독 및 회독률이 높기 때문에 광고의 반복노출 효과가 크고 광고효과가 오래 지속되며, 고급, 다색도 인쇄가 가능하여 선명한 칼라를 재생할 수 있는 장점이 있다. 반면에 잡지광고는 다른 매체들에 비해 도달률이 낮으며, 발행주기가 길기 때문에 최신 정보를 고객에게 신속하게 전달할 수 없고 광고에 대한 반응이 늦다는 점을 들 수 있다. 또한 페이지 수가 많기 때문에 광고에 대한 접촉률이 균일하지 않으며 광고의 양이 많아 매체클러터현상이 심하다는 점을 들 수 있다.

최근에 잡지매체는 전체 기사의 50%를 광고가 차지할 만큼 잡지의 광고 의존도가 높아 잡지 본연의 정보 전달 기능을 상실하고 있다는 지적을 받고 있다. 이러한 현상은 1997년 IMF이후 잡지광고 판매량의 감소로 나타나 1998년 한해 폐간한 잡지의 수가 무려 1,753건으로 등록된 총 잡지 수의 27%에 달하였다. 특히 경쟁이 심한 여성 월간지는 창간과 폐간이 반복되었으며 새로 창간된 여성지들도 독자의 주목을 끌기 위하여 형식과 내용 면에서 더욱 감각적인 형태로 변하였다. 잡지광고를 많이 하는 주요 업종으로는 패션이 1위, 화장품이 2위, 서비스가 3위, 가정용품이 4위를 차지하고 있다.

1) 잡지의 분류

잡지는 발행주기, 잡지의 판형(크기), 잡지의 성격에 따라 분류할 수 있다. 잡지는 발행주기에 따라 주간지, 월간지, 격월간지, 계간지, 반 연간지, 연간지로 분류된다. 2000년을 기준으로 등록된 전체 잡지 중 41.4%가 월간지, 37.1%가 주간지, 11.5%가 계간지, 6.3%가 격월간지, 그리고 3.7%가 연 2회간으로 되어 있다. 잡지는 판형(크기)에 따라 4 × 6판, 4 × 6배판, 5 × 7판(국판), 5 × 7배판(국배판), 신5 × 7판(신국판), 크라운판, 타블로이드판, 변형판 등으로 분류된다. 이중 가장 많이 사용하는 판형은 5 × 7배판(국배판)으로 대부분의 시사주간지와 여성지가 이 판형으로 되어 있다. 잡지는 또한 성격에 따라 남성지, 여성지, 학생지, 시사지, 일반교양지, 경제지, 취미 · 레저지, 스포츠지, 전문지, 특수지 등으로 분류되기도 한다. 미국의 경우 잡지는 크게 소비자지, 농업지, 비지니스지로 분류된다. 일반지는 일반대중이 쉽게 볼 수 있는 소비자 잡지이며 농업지는 농업에 종사하는 사람들을 대상으로 정보를 제공하거나 교육을 하며 비즈니스지는 다양한 업종에 종사하는 사람들을 대상으로 하는 잡지이다.

2) 잡지광고의 유형

잡지광고는 게재되는 면의 위치와 광고형태에 따라 분류할 수 있다. 광고가 게재되는 면의 위치에 따라 크게 표지 면(cover page)과 내지 면으로 구분된다. 표지 면은 앞과 뒤의 겉표지를 말하며 표 2, 표 2대면, 표 3, 표 4로 구분된다. 표 1면은 잡지의 표지(front cover), 표 2면은 표지 안쪽 면(inside front cover), 표 2대면은 표 2면과 마주보는 면(facing inside front cover), 표 3면은 뒤표지의 안쪽 면(inside back cover), 표 4면은 뒤표지의 겉 면(back cover), 내지 면(inside)은 겉표지를 제외한 잡지의 나머지 면을 말한다.

잡지광고는 형태에 따라 좌수광고, 우수광고, 기사대면 좌수광고, 기사대면 우수광고, 접지(folder)광고, 그리고 새로운 페이지가 삽입되는 여부에 따라 삽지광고루 분류된나. 좌수광고는 잡지의 가운데를 기준으로 좌측면에 게재되는 광고, 우수광고는 우측면에 게재되는 광고, 기사대면 좌수광고는 기사의 좌측면에 게재되는 광고, 기사대면 우수광고는 기사의 우측면에 게재되는 광고를 말한다. 접지광고는 책의 가운데를 기준으로 두 페이지가 마주보는 형태로 된 광고를 말하며 삽지광고는 잡지 면 사이에 2분의 1페이지 혹은 엽서크기로 끼워 넣는 광고를 말한다. 국내 잡지광고 집행현황을 살펴보

표 19-5 잡지광고의 위치와 형태에 따른 분류

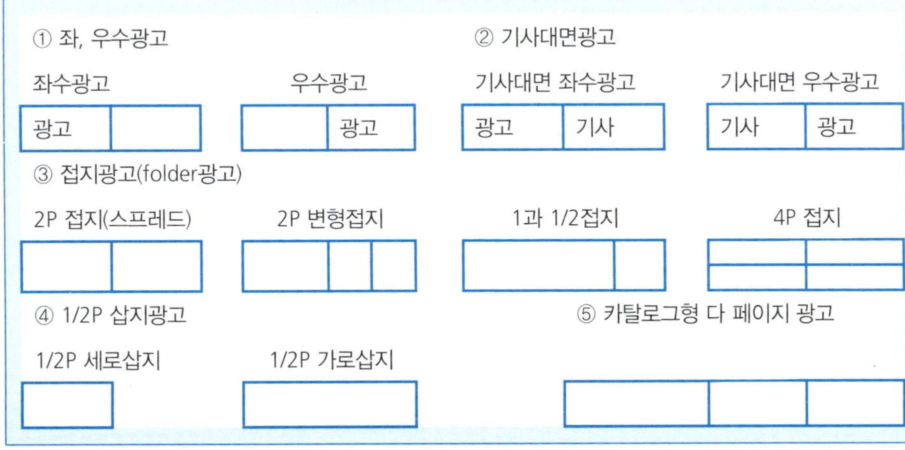

표 19-6 잡지게재 면에 따른 열독효과의 크기

표 4면 > 표 2면 및 표 2대면 > 내지 면 앞부분 > 내지 면 뒷부분

면 기사대면 광고집행 시 대부분 오른 쪽 페이지에 광고를 게재하는 경우가 많다. 최근에는 광고의 주목도를 높이기 위하여 변형광고를 이용하는 사례가 증가하고 있다.

잡지광고의 경우 게재면과 위치에 따라 광고효과가 달라진다. 일반적으로 표 4면이 가장 효과적이며 표 2면과 표 2대면은 표 4면 다음으로 주목효과가 크다. 그리고 내지 면 중에서 보통 목차 전의 앞부분(약 3~20페이지)이 더 효과적이며 오른쪽 페이지가 왼쪽 페이지보다 더 효과적이다. 따라서 잡지유닛을 결정할 때 게재위치를 고려하여야 한다.

3) 잡지광고의 요금체계

잡지광고의 요율은 표지 면과 내지 면에 따라 달라진다. 광고단가가 가장 높은 면은 표

표 19-7 잡지광고 단가표 예시

여성조선 광고단가표		주부생활 광고단가표	
구분	단가(원)	구분	단가(원)
표 2	8,000,000	Back Cover(표 4)	20,000,000
표 3	5,000,000	3rd Cover DPS (표 3 스프레드)	12,000,000
표 4	15,000,000	1st DPS(첫 번째 스프레드)	16,000,000
표 2 대면	8,000,000	2nd DPS(두 번째 스프레드)	14,000,000
목차 대면	3,500,000	3rd DPS(세 번째 스프레드)	12,000,000
2~3면	12,000,000	DPS Before T.O.C (목차 전 스프레드)	10,000,000
4~5면	10,000,000	Single page masthead (레터 혹은 판권 대면)	5,000,000
6~7면	9,000,000	Single page facing T.O.C(목차 대면)	6,000,000
8~9면	8,000,000	Full Page(프론트 대면)	3,000,000
목차 전	2,500,000	DPS(스프레드)	6,000,000
목차 후	2,000,000	1/2Page Vertical (1/2페이지 세로광고)	2,000,000
기사 대면	2,000,000	Advertorial(기사식 광고)	3,000,000
삽지 대면	2,500,000		
비고	DPS = Double Page Spread(2페이지 스프레드) T.O.C = Table Of Contents(목차)		

자료원: 여성조선닷컴(women.chosun.com), 2015

4면이며 가장 낮은 면은 내지 면이다. 〈표 19-7〉에서 보여지듯이 광고단가는 표 4면이 가장 비싸고, 그 다음 표 2면과 표 2대면, 목차 면, 내지 면, 표 3면의 순으로 비싸다. 잡지광고가 게재되는 면의 위치에 따라 광고단가가 다르게 적용되는 이유는 광고가 게재되는 면에 따라 광고에 대한 주목효과가 다르다고 가정하기 때문이다. 잡지광고의 요금책정은 매체사에 의해 결정되며 잡지광고의 지면은 1년 단위로 계약을 하거나 혹은 잡지의 발행주기에 맞추어 주 단위 혹은 월 단위별로 융통성 있게 구입할 수 있다. 단 1년 단위 계약이 가능한 광고 면은 표지 면과 특별 면에 한정된다.

3 인쇄광고의 구매 및 집행과정

인쇄매체는 신문과 잡지 등을 포함한다. 인쇄광고의 구매는 방송광고와 달리 미디어렙을 거치지 않고 매체사 광고영업부를 통해 바로 부킹(booking)을 함으로써 이루어진다. 인쇄광고의 업무 프로세서는 먼저 광고주가 예산을 편성하고, 광고회사의 AE에게 인쇄광고의 게재를 요청한다. AE는 인쇄매체팀에 게재를 의뢰하고, 인쇄매체팀은 집행할 비히클, 게재일자, 면, 단가 등을 협의, 결정한 후 매체사에 광고게재를 부킹, 확정함으로써 구매가 끝난다. 광고회사 제작팀은 게재일정에 맞추어 인쇄광고물을 제작한 후 광고주 승인을 거쳐, 필름 형태의 광고물을 인쇄매체팀에 전달하고, 인쇄매체팀은 다시 매체사에게 광고물을 전달한다. 매체사는 광고를 집행하고 인쇄매체팀은 광고물이 요청한 일자 및 면에 제대로 게재되었는지 확인한다. AE는 게재된 결과를 증빙하여 광고주에게 청구서를 발송하고 광고회사의 경리팀은 AE를 통해 정산한다.

CHAPTER 20

뉴미디어

최근 몇 년 동안 고사양 스마트 기기의 보급 확대와 인터넷 속도의 개선으로 소비자들의 대중매체에서 뉴미디어(또는 디지털 미디어)로의 이동이 심화됨으로써 광고매체의 중심이 대중매체에서 뉴미디어로 급속히 이동하고 있다. 2017년 제일기획 조사에 의하면 국내 디지털 광고 시장 규모는 3조 8,402억 원으로서 전체 광고 시장의 34.5%를 차지하였으며, 2018년에는 4조 862억 원으로 방송광고(지상파 TV, 케이블, 종편, 라디오)를 제치고 시장 점유율 1위를 차지할 것으로 예상된다. 디지털 광고 시장이 지속적으로 성장하는 주된 이유는 최근에 모바일 기반의 SNS(예를 들어 인스타그램) 및 동영상 플랫폼(예를 들어 유튜브) 이용자 수의 지속적인 증가 때문이다. 향후 5G 스마트 폰의 보급 확대와 모바일 기반의 SNS 및 동영상 이용자 수의 증가로 디지털 광고 시장이 지속적으로 성장할 것으로 예상된다.

뉴미디어 기반의 디지털 광고는 대중매체 중심의 전통적인 광고커뮤니케이션 패러다임을 바꾸고 있다. 과거의 송신자에서 수신자로 이어지는 단선적인 커뮤니케이션에서 벗어나 소비자와의 상호작용이 가능한 커뮤니케이션으로 패러다임이 변화하고 있으며, 이러한 새로운 환경에서 광고매체는 단순한 노출 중심의 전통적인 역할에서 벗어나서 통합적 마케팅 커뮤니케이션(integrated marketing communication)을 구현하는 마케팅 채널로 확장되고 있다.

1 디지털 광고 생태계와 플레이어들

디지털 광고의 생태계는 디지털 광고를 제작, 구매, 판매, 유통하는 플레이어들과 이들 간의 광고거래를 도와주는 자동화된 광고플랫폼들로 구성되어 있다. 디지털 광고 산업의 플레이어들(players)은 광고주(advertiser), 광고대행사(ad agency), 퍼블리셔(publisher) 혹은 매체사, 콘텐츠 제공업체(content provider, CP), 미디어랩(media rep), 애드 네트워크(ad network), 광고플랫폼(ad platform)들을 포함하며, 디지털 광고의 업무 프로세서는 이들 플레이어들(players)을 중심으로 이루어진다. 광고주는 영업 전략을 수립하고, 필요한 예산을 설정하여 광고대행사에 광고를 의뢰한다. 현재 디지털 광고 시장은 현재 135,000개의 롱테일[1](long tail) 중소형 광고주를 갖고 있으며, 그 숫자는 점차 증가하고 있다. 광고대행사는 광고주 영업, 기획, 필요예산, 상품을 제안한다. 광고대행사는 광고주 유치와 같은 광고영업과 마케팅전략을 수립하고 기획을 담당하는 역할을 수행한다. 예를 들어 타깃을 선정하고, 캠페인의 목표를 설정하며, 광고, 프로모션, 이벤트를 포함한 메시지를 개발하는 일을 한다. 콘텐츠 제작업체는 온라인(PC) 및 모바일 상에서 구현되는 콘텐츠를 제작하는 일을 담당한다. 예를 들어 배너 및 동영상 제작과 랜딩페이지의 화면을 구성하고 음원을 확보하거나 새로운 음원을 만든다.

퍼블리셔는 광고인벤토리를 보유한 매체사들을 말하며, 홈 페이지, 게임, 앱 등을 포함한 양질의 콘텐츠를 제작, 배포하여 가능한 한 많은 사용자들을 해당 미디어로 유입시켜야 광고주를 더 많이 유치할 수 있다. 미디어렙사는 매체사를 대신하여 매체사가 보유한 광고인벤토리(ad inventory)를 판매하고 광고주를 대신하여 광고인벤토리를 구매해 주는 역할을 담당하며, 표적 수용자들에게 도달하는데 적합한 매체를 선정하고, 매체를 구매한 후 광고메시지를 발송하며, 캠페인 종료 후 노출효과를 분석하는 업무를 담당한다. 따라서 디지털 광고 캠페인 과정은 일반 광고캠페인 과정처럼 기획, 제작, 집행, 효과평가의 과정을 포함한다고 할 수 있다. 광고 인벤토리 운영 업체는 인벤토리가 적은 매체들을 묶어서 네트워크를 구성한 후 광고주가 의뢰한 광고를 소비자들에게 뿌려주는 역할을 한다. 일반적으로 많은 미디어랩사들이 광고 인벤토리를 자체적으로 구성하여, 판매, 운영한다.

디지털 광고는 캠페인과정에서 자동화된 서브(serve) 혹은 광고플랫폼(ad platform)을 통하여 타깃팅, 메시지 발송, 효과분석과 같은 업무를 수행한다. 광고플랫폼이란 디지털 광고를 타깃에게 제공하기 위하여 온라인 및 모바일 환경에 특화된 솔루션으로써 고객 데이터 분석에서부터 시작해서 타깃팅, 발송, 효과분석, 리포팅까지 해주는 일종의 자동화된 시스템을 말한다. 가령 광고주로부터 광고의뢰를 받으면 고객데이터베이스에 저장된 고객 프로파일을 분석하여, 광고메시지를 수신할 타깃을 선별하고, 선별된 타깃에게 맞춤형 광고메시지를 전송하고, 전송된 메시지에 대한 타깃의 반응을 분석하여 광고주에게 리포팅을 해준다. 예를 들어 구글(Google)의 모바일광고 플랫폼인 애드몹(AdMob)은 애플리케이션들을 네트워킹해서 광고인벤토리를 확보한 후 광고를 해달라는 광고주의 요청이 있으면 이를 제공해주고 그 대가로 광고비를 받

1) '롱테일'은 판매곡선에서 불룩 솟아오른 머리 부분에 이어 길게 늘어지는 꼬리부분을 가리키며, 많이 팔리는 히트상품이 아닌 온라인에서 소량으로 팔리는 틈새상품들을 일컫는 용어이다.

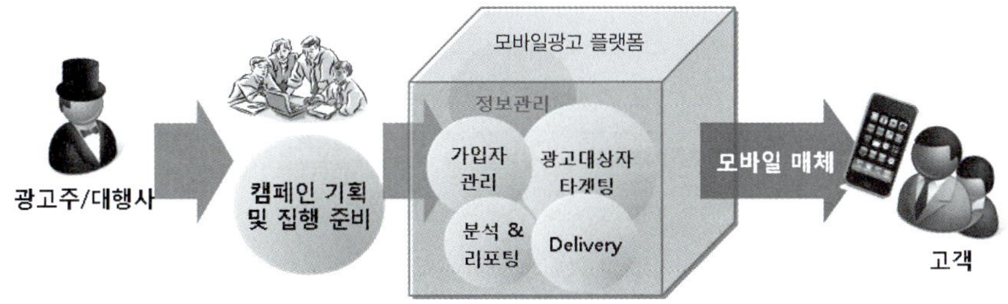

그림 20-1 모바일 광고 플랫폼의 역할

는다. 구글의 애드몹은 앱 유저들의 특성을 파악하여 정확한 타깃팅을 할 수 있을 뿐만 아니라 앱 콘텐츠의 특성(예: 게임)에 적합한 콘텐츠 매칭광고(content matching ad)가 가능하다. 또한 자사가 관리하는 트래픽을 통해 수집되는 모바일 트렌드 데이터를 분석해 공개하고 있다. 또한 애플의 모바일광고 플랫폼인 아이애드(iAd)는 아이폰의 앱(app)에 애플이 수주한 광고를 삽입할 수 있도록 하는 시스템으로, 애플은 여기서 나오는 광고수익을 앱 개발자와 나누어 가진다.

2 디지털 광고의 유형들

디지털 광고의 유형은 광고가 전달되는 미디어 서비스 유형에 따라서 포털, SNS, 개별 사업자 플랫폼 광고로 구분할 수 있다. 포털에는 네이버, 카카오, 네이트 등이 포함되며, SNS에는 유튜브, 페이스북, 트위터, 인스타그램 등이 포함된다. 스크린 유형은 웹 광고와 앱 광고, 그리고 두 가지 플랫폼에서 모두 구현되는 광고로 구분할 수 있다. 광고 형식으로는 텍스트, 이미지, 비디오 광고로 분류된다. 텍스트 광고는 텍스트로써 광고를 디스플레이하는 것을 말한다. 텍스트광고는 주로 언론사 웹사이트에 많이 사용되는 광고의 유형이다. 이미지광고는 온라인이나 모바일 환경에서 사각형 안에 광고의 간략한 설명이나 특징 등을 담아 이미지와 함께 구현되는 광고를 말한다. 비디오 광고는 비디오 영상 콘텐츠를 활용한 광고이다. 검색광고는 이용자가 검색어를 입력했을 때 광고주의 웹사이트 등으로 접속을 유도하는 것 혹은 검색결과에 대응하는 짧은 광고 제목을 제시하는 유형을 말한다. 검색을 하게 되면 다시 여러 개의 광고주의 이미지 광고에 다시 노출되게 된다. 소비자의 최종 행동 패턴에 따라서 노출 중심, 클릭 중심, 액션 중심의 광고로 구분할 수 있다.

광고목적에 따라서 디지털 광고는 노출, 클릭, 참여를 목적으로 하는 광고로 구분할 수 있다. 과금 체계에 따라서 CPM(cost per mil, 1,000회 노출 당 과금 방식), CP-C(cost per click, 클릭 당 과금 방식), CPV(cost per view, 광고 시청 당 과금 방식),

표 20-1 디지털 광고의 유형들

분류 기준	유형	
서비스 유형	포털	
	소셜 미디어(SNS)	
	개별 미디어 서비스들	
스크린 유형	온라인(PC)	
	모바일(웹, 앱)	
	기타 : 디지털 사이니지 등	
광고 형식	디스플레이광고(DA)	텍스트
		이미지
		동영상
	검색(키워드) 광고	
	기타 이메일광고, 네이티브광고, UGC, PPL 등	
광고 목적	노출(impression)	
	클릭, CTR(click through rate)	
	참여, ATR(action through rate)	
광고 과금 체계	CPM(cost per mille)	
	CPC(cost per click)	
	CPV(cost per view)	
	CPA(click per action)	
	CPS(cost per share)	
	CPI(cost per install)	

CPA(cost per action, 행동 당 과금 방식), CPS(cost per share, 공유 당 과금 방식)으로 구분할 수 있다.

3 디스플레이광고

디스플레이광고(display advertising)는 이용자의 의도와는 상관없이 웹사이트 또는 페이지의 이동 시에 자동적으로 노출되는 광고를 말한다. 즉 수동적인 이용자를 능동적으로 변환시켜 광고메시지로 끌어들이기 위한 수단이라고 할 수 있다. 디스플레이 광고에는 텍스트(text), 배너(banner), 리치미디어(rich media), 비디오광고(video ad) 등이 포함된다. 텍스트광고에는 기사형식의 광고와 이동통신사의 메시징 서비스를 기반으로 하는 SMS광고 등이 있다.

1) SMS광고

텍스트 형식의 광고는 기사형식과 이동통신사의 메시징 서비스를 기반으로 하는 SMS(shot message service)광고 및 MMS(multimedia message service)광고가 있으나, 대표적인 텍스트광고는 단문메시지 서비스를 기반으로 하는 SMS광고이다. 메시지 기반의 광고는 피처폰과 스마트폰을 포함하여 모든 휴대폰에 적용되며, 주로 이벤트를 통하여 즉각적인 흥미를 유발시키기 위한 단순 정보 제공에 목적이 있다. SMS 기반의 광고는 인터넷 배너광고와 같이 3단계 정보처리과정을 거치게 되는데 1단계 정보처리과정은 광고주에 의해 발송된 SMS를 수신하는 수동적 노출단계이고, 2단계는 콜백(call back)을 이용하여 콜센터 ARS 및 무선인터넷(WAP) 홈페이지에 접속하는 단계, 3단계 과정은 콜백 후 콜센터의 ARS 통화연결 및 무선인터넷 홈페이지에 접속한 후 쿠폰을 다운받거나 이벤트에 참여하는 등 본격적으로 메시지와 상호작용하는 단계이다. 즉 이용자들이 SMS 형태의 푸쉬(push)형 광고를 수신한 후 콜백을 통하여 랜딩페이지에 유입되는 단계별 정보처리과정을 거치게 된다. SMS기반의 모바일광고 이용자들은 SMS 수신 후 몇 초 동안의 짧은 순간에 단문메시지(SMS) 내용을 읽어보고 추가 정보를 얻기 위하여 콜센터 및 무선인터넷 홈페이지에 접속할 것인가를 결정하게 되는데 이 과정에서 콜백이 발생하지 않으면 광고의 효과는 기대하기 어렵다. 따라서 이 과정에서 콜백을 유도하기 위하여 SMS 메시지에 대한 수용자의 관여도를 높이는 것이 중요하다. SMS 메시지에 대한 수용자의 관여도를 높이기 위하여 이벤트성 메시지를 많이 사용한다. 예를 들어 SMS 메시지를 통하여 쿠폰 제공, 게임, 동영상 다운로드, 이벤트 경품제공 등 다양한 이벤트 정보와 혜택을 제공하거나 광고를 보는 대가로 통화요금을 감면받는 포인터를 적립해 준다.

2) 배너광고

배너광고(banner ad)는 검색광고와 함께 현재 가장 많이 사용되는 전통적인 인터넷광고의 형태로서 배너 혹은 띠라고 불리는 웹사이트의 특정한 부분에 위치하는 일정한

표 20-2 SMS기반의 메시지광고의 정보처리과정

1단계 콜백 전 단계		2단계: 콜백단계		3단계 콜백 후 단계
SMS/MMS수신 (수동적 노출)	→	• 링크 URL(uniform reacurce locator) • ARS(자동응답시스템) (능동적 노출)	→	• WAP페이지 • 콜센터(call center) (능동적 노출)

자료원: 한국온라인광고협회(2012), 모바일광고 표준화 추진과제에 관한 연구

그림 20-2 SMS 기반의 모바일광고의 예

규격의 사각형의 틀 안에 광고제품이나 기업에 대한 간략한 설명이나 특징, 또는 광고표현물을 담아서 사용자에게 노출하는 광고이다. 배너광고를 클릭하게 되면 광고주의 웹 사이트로 연결될 수 있도록 링크되어 있다. 배너 클릭을 통하여 웹페이지에 접속하게 되면 보다 더 자세한 제품정보를 얻게 되거나, 이벤트 혹은 프로모션에 참여하게 되어 보다 더 큰 광고효과를 기대할 수 있다. 즉 배너광고는 SMS, 배너, 리치미디어, 동영상과 같은 푸쉬형 광고에 노출된 후 클릭을 통하여 랜딩페이지(landing page)인 웹사이트로 넘어가서 메시지와 상호작용하는 3단계 과정을 거친다. 가령 인터넷 배너광고에 일단 노출된 후 메시지에 관심을 갖게 되면 클릭을 거쳐 웹사이트에까지 이르게 된다. 만약 인터넷 이용자가 배너광고에 노출된 후 클릭을 하지 않는다면 인터넷광고의 효과는 기대하기 어렵다.

인터넷 배너광고는 클릭을 통한 웹사이트 접속이라는 자발적 노출을 전제로 하기 때문에 광고정보처리의 결과는 더 강력하고 효과적이라고 할 수 있다. 인터넷 배너광고는 노출 후 몇 초 동안의 짧은 순간에 클릭이 결정되는데 이 과정에서 수용자의 클릭 동기를 유발하는 것이 중요하다. 따라서 배너광고는 광고메시지에 대한 수용자의 클릭동기를 유발하기 위하여 제품에 적합한 타깃을 찾는 노력을 기울이거나, 이벤트성 캠페인을 많이 활용한다. 예를 들어 이벤트를 통하여 경품을 제공하거나, 재미있는 동영상을 무료로 다운받게 하거나, 혹은 무료샘플 및 할인쿠폰을 제공하기도 한다. 따라서 수용자들이 푸쉬(push)형 광고인 배너에 노출된 후 자발적으로 클릭을 통하여 웹사이트와 같은 랜딩페이지에 접속하지 않으면 기대하는 만큼의 광고효과가 발생하지 않는다.

미국 인터랙티브광고협회(IAB)에 따르면 배너광고의 표준 규격은 전통적인 띠 모양의 메인 가로형 풀 배너(full banner)에서 벗어나서 큰 직사각형, 큰 정사각형, 수직

표 20-3 인터넷 배너광고의 정보처리과정

1단계: 클릭 전 단계	→	2단계: 클릭 단계	→	3단계: 클릭 후 단계
수동적 노출 (pre-web site과정)	→	클릭(click)	→	능동적 노출 (wed site, 능동적 상호작용 발생)

직사각형, 리더보드(leaderboard), 스카이 스크래퍼(skyscraper) 등으로 다양화되고 있으며, 게재 위치 또한 화면 상단, 좌우측, 하단을 벗어나서 기사를 가리는 형태 등으로 다양화되고 있다. 배너광고의 경우 CTR이 매우 중요한 광고효과의 지표로 사용되고 있으나, 최근에 CTR(click through rate)이 발생하지 않아도 배너 자체에 대한 노출만으로도 주목효과가 발생한다는 연구결과가 보고되고 있다. 따라서 링크 교환과 마찬가지로 배너광고를 게재할 웹사이트의 선택이 중요하다고 할 수 있다.

3) 검색광고

흔히 키워드광고(keyword advertising)라고도 불리는 검색광고는 기업이나 제품 정보를 능동적으로 찾는 사용자를 위해 검색 엔진에 홈페이지 등록 내용을 추가하여 이용자가 검색창에 찾고자 하는 검색어를 입력했을 때 그와 관련된 광고를 보여주거나 해당 사이트를 보여주는 광고이다. 검색광고는 2017년 기준 전체 4조 4천억 원의 디지털 광고 시장에서 50%의 점유율로 가장 큰 비중을 차지하고 있으며, 국내 검색시장의 75.2%를 점유하고 있는 네이버가 시장을 주도하고 있다. 검색광고는 특정 제품이나 관심을 가진 사람에게만 광고가 노출된다는 점에서 불특정 다수를 상대하는 기존의 배너광고보다 타깃팅(targeting)효과가 뛰어난 장점이 있다. 검색광고는 제품을 구매할 준비가 되어 있는 잠재고객들에게 기존 매체를 통하여 기대하기 어려운 제품에 대한 능동적인 정보 수집과 탐색의 기회를 제공하여 소비자의 구매결정을 도와주고 제품구매로까지 연결시키는 효과를 발휘한다. 검색엔진은 검색어의 키워드 및 디렉토리(카테고리) 내에서 관련 제품 및 서비스의 주소(링크)를 제공한다. 사용자는 검색엔진이 찾아낸 링크 중 검색필요가 있다고 판단되면 클릭하여 해당 홈페이지로 넘어갈 수 있다. 검색엔진에 등록하는 것은 거의 무료인데 검색 엔진 최적화[2](search engine optimization)를 위한 비용이 발생하기도 한다.

검색광고의 과금 방식은 크게 CPC와 CPT의 두 가지로 구분된다. 첫째, CPC(cost

2) 검색 엔진에서 검색했을 때 상위에 나타나도록 관리하는 것을 말한다.

표 20-4 검색광고의 과금방식

구분	CPC(cost per click)	CPT(cost per time)
과금방식	클릭 당 과금방식	정액제 과금방식
광고사업자 및 광고상품	네이버의 클릭초이스(파워링크, 비즈사이트), 파워컨텐츠, 다음의 Daum검색광고, 오버추어의 스폰서링크, 구글의 애드워즈	다음의 스페셜링크, 스폰서박스, 네이트의 비즈바로가기, 스페셜링크, 스폰서박스, 프리미엄링크

per click) 광고방식은 이용자가 검색 후 클릭하여 광고주의 사이트를 방문해야만 광고비가 부가되는 클릭 당 과금 방식으로 국내에서는 네이버, 다음, 오버추어 코리아가 이 방식을 채택하고 있다. 둘째, CPT(cost per time)방식은 일정 기간 동안에 진행하는 광고에 대해 고정금액을 정액제로 지정한 후에 그 금액만큼만 노출하고 클릭과는 상관없이 진행되는 쉽고 안정적인 광고방식으로써 다음(Daum)과 네이트(Nate)에 동시 노출되는 스페셜링크, 스폰서박스 상품 등이 있다.

검색광고는 스크린 유형에 따라서 온라인(PC) 검색광고와 모바일 검색광고로 구분할 수 있다. 온라인(PC) 검색광고는 온라인 웹에서 구현되며, 모바일 검색광고(key-word search ad)는 모바일 웹에서 사용자들이 키워드 검색을 통하여 구현되는 광고를 말한다. 모바일 검색광고는 모바일 웹페이지의 상단, 중간, 하단에 배너형태로 노출되며, 클릭하면 무선인터넷 홈페이지나 콜센터로 연결된다. 모바일 검색광고는 온라인(PC) 검색광고와 달리 바로 통화가 가능하다. 예를 들어 네이버 검색광고는 키워드 검색결과 화면에 클릭초이스 광고가 최대 3개까지 노출되는데, 모바일 단말기에 노출되

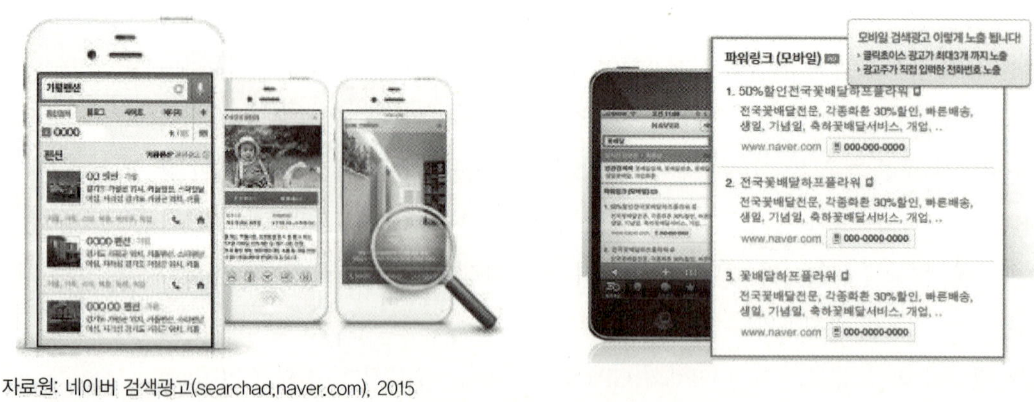

자료원: 네이버 검색광고(searchad.naver.com), 2015

그림 20-3 모바일 검색광고의 예

는 클릭초이스 광고에는 텍스트 광고 이외에 사용자가 전화번호를 클릭하면 바로 전화 연결이 가능하도록 광고주가 직접 입력한 전화번호가 추가된다. 모바일 검색광고는 제품정보를 탐색하는 소비자들에게 제품에 관련된 정보를 실시간으로 제공함으로써 소비자들을 잠재고객에서 적극적인 구매자로 유도할 수 있으며, 이러한 이유로 뮤지컬, 연극, 영화, 꽃 배달, 커플링과 같은 생활밀착형 상품 광고의 경우 소비로 전환되는 비율이 높다.

4) 동영상광고

동영상광고(video ad)는 디스플레이광고의 일종으로서 인터넷 상에서 동영상 스트리밍(video streaming) 방식으로 동영상 콘텐츠의 재생 전, 중간, 후에 노출되는 광고를 말한다. 동영상 광고는 게재위치, 광고길이, 스킵 옵션, 과금 체계, 형식 등에 따라 구분된다. 동영상광고는 게재 위치에 따라 프리롤 광고(pre-roll ad)와 미드롤 광고(mid-roll ad), 포스트롤(post-roll) 광고로 구분된다. 프리롤은 대부분의 동영상 재생 전에 게재하는 가장 일반적인 형태의 광고 유형이며, 미드롤은 재생 중간에 게재되는 형태의 광고이다. 미드롤광고는 동영상 콘텐츠의 길이가 긴 경우(페이스북은 3분 이상, 유튜브는 10분 이상)에만 집행된다. 포스트롤은 동영상 재생이 끝난 후 게재되는 광고로서 많이 사용되지는 않는다.

동영상광고의 길이는 최소 6초 이하(범퍼광고)에서부터 최대 30초 이상(트루뷰 인스트림광고)에 이르며, 스킵 옵션도 5초 후, 15초 후 스킵, 스킵 불가에 이르기까지 선택의 폭이 넓다. 유튜브의 대표 광고 상품인 트루뷰 인스트림(true view instream)의 경우 5초 후 스킵이 가능한 반면 SMR[3](스마트 미디어렙)에서 제공되는 동영상 콘텐츠에 삽입된 동영상 광고는 15초 후에 스킵이 가능하다.

또한 동영상광고는 과금 방식에 따라 크게 CPM(cost per mille), CPC(cost per click), CPV(cost per view)방식으로 구분된다. CPM 방식은 1천회 노출 당 광고비, CPC는 클릭 당 광고비, CPV는 광고 시청 당 단가를 말한다. CPM 방식은 노출(impression), CPC는 유효 클릭(랜딩 페이지로 이동하는 것)을 기준으로 하는 과금 방식인 반면 CPV 방식은 이용자가 광고에 대해 긍정적인 관심을 가지고 스킵하지 않고 끝까지 시청한 광고에 대해서만 광고비를 부과하기 때문에 광고주나 광고대행사 입장에서 보다 객관적이고 명확한 단가 방식이다.

---

3) smart media rep의 약어로 지상파 방송 3사, CJ E&M, 종편채널 4개의 콘텐츠를 클립(clip)의 형태로 네이버, 다음, 카카오, 곰TV, 티빙(tving), 푹(pooq) 등에 독점적으로 공급하는 미디어렙사를 말한다.

또한 동영상광고는 동영상 플레이어 내외부의 배치 위치와 기능에 따라 인스트림 광고(instream ad)와 아웃스트림 광고(outstream ad), 인터랙티브 동영상광고(interactive video ad)로 구분된다. 인스트림광고는 동영상 콘텐츠를 시청할 때, 동영상 플레이어 내에 광고가 강제로 노출되는 것을 말한다. 인스트림광고는 콘텐츠를 시청하는 도중에 광고가 노출되기 때문에 주의와 관심을 끌 수 있는 반면에 노출 후 클릭으로 전환하는 비율이 상대적으로 낮다. 한편 아웃스트림 광고는 동영상 광고가 텍스트 기반의 콘텐츠 또는 소셜의 피드(feed) 사이에 삽입되는 형태이다. 아웃 스트림광고는 웹사이트의 키워드 추출을 통해 관련 광고를 보여줄 수 있기 때문에 잠재고객을 더 효율적으로 확보할 수 있다. 인터랙티브 동영상광고는 상호작용형 동영상 광고로서, 비디오, 애니메이션, 정적 이미지 등의 대화 형 요소와 혼합되어 있다. 이 광고를 통해서 사용자는 광고 상품에 대한 정보를 더 얻기 위해서 클릭하거나, 글을 기입하거나, 선택하는 등의 상호 작용을 하게끔 유도된다.

동영상광고의 장점은 콘텐츠 시청 전과 중간에 노출되기 때문에 주목효과가 크며 브랜드 인지도와 인게이지먼트를 높일 수 있고, 이를 기반으로 리드(lead) 창출과 매출 증대에 도움을 줄 수 있다. 또한 데모 타깃팅, 관심사 타깃팅, 카테고리 타깃팅, 행동 타깃팅, 키워드 타깃팅, 리타깃팅, 유사 타깃팅, 게재위치 타깃팅, 지역 타깃팅 등을 포함한 다양한 타깃팅 옵션들을 활용하여 정교한 타깃팅이 가능하다.

최근에 유튜브를 중심으로 동영상 콘텐츠 이용자 수가 지속적으로 증가함으로서 국내 디지털 광고 시장의 중심이 점차 동영상광고로 이동하고 있다. 메조 미디어에 의하면 2018년 상반기 기준 전체 6,086억 원 규모의 디스플레이 광고 시장에서 동영상광고가 차지하는 비중이 33%에 이르는 것으로 나타났으며, 이 중 유튜브(1,169억 원 매출)와 페이스북(930억 원 매출)의 시장 점유율이 무려 73.1%에 달하는 것으로 나타났다. 향후 동영상 광고 시장은 이용자의 60% 이상이 모바일 위주로 동영상을 이용하는 것을 감안할 때 모바일을 중심으로 지속적으로 성장할 것으로 예상된다. 최근 동영상광고의 일종으로서 광고 및 마케팅의 도구로서 많이 활용되고 있는 광고포맷은 네이티브형 동영상광고, UGC(user generated content), 튜토리얼형 동영상광고 등이 있다.

네이티브광고

네이티브광고(native ad)는 온라인 및 모바일의 앱 또는 웹의 서비스 내에 자연스럽게 결합되어 있는 광고포맷을 말한다. 미국 인터랙티브광고협회(IAB)의 정의에 따르면 네이티브광고는 어떤 기업의 커뮤니케이션 메시지가 페이지 내용과 적절한 조화를 이루고, 메시지 디자인과도 잘 어울리며, 플랫폼의 성격과 조화를 이루고 있다고 이용자들이 느끼는 유료광고를 말한다. 즉 네이티브광고는 언론사 홈페이지에는 기사형식으로 SNS에서는 해당 SNS의 콘텐츠 형식으로 만들어지며, 별도의 영역을 필요로 하지 않고 기사와 함께 섞여서 동등하게 배치된다. 따라서 기존 콘텐츠가 게재되는 것과 같이 다른 콘텐츠와 뒤섞여 자연스럽게 노출이 가능하다. 이러한 이유로 이용자들은 알게 모르게도 광고라는 거부감 없이 정보성 콘텐츠의 일종으로 받아들이게 된다.

네이티브광고는 일반 웹과 앱의 포맷의 원래 콘텐츠인 것처럼 자연스럽게 보이기 때문에 웹과 앱 상의 UI디자인 및 레이아웃 포맷을 전혀 고려하지 않은 일관된 포맷으로 지원되는 스탠다드 배너광고와 달리 사용자의 콘텐츠 이용경험을 크게 방해하지 않는다. 따라서 광고노출 위치에 'Sponsored(추천)'과 같은 광고문구가 표시되거나, 이용자 스스로 광고임을 지각하여도 큰 이질감이나 거부감 없이 메시지를 받아들이게 하며, 이는 추가적인 임프레션 및 CTR의 증가로 이어져 배너광고보다 더 큰 트래픽효과를 가져다줄 수 있다. 또한 네이티브광고는 일반 동영상 콘텐츠와 내용면에서 유사하고 생활정보형 콘텐츠와 엔터테인먼트 콘텐츠가 많기 때문에 해당 광고에 접속한 이용자들에게 '리트윗(retweet),' '좋아요(like),' '공유(share)' 등의 링크를 제공하여 바이럴 효과를 증대시킬 수 있다. 하지만 네이티브광고는 장기적으로 이용자들의 이용경험이 반복되고, 누적되면 네이티브광고에 대한 불신감이 증가할 수 있으며, 기사와 광고의 혼동에 대해 이용자의 불만이 제기될 수 있다.

네이티브광고는 수익성이 떨어지는 배너를 대체하는 포맷으로 각광을 받고 있으며, 최근에 광고 노출 공간이 제한적인 모바일 광고 시장에서 확산되는 추세이다. 실제로 IPG Media Lab & Sharethrough(2013)에서 4,770명의 이용자들을 대상으로 300 ×

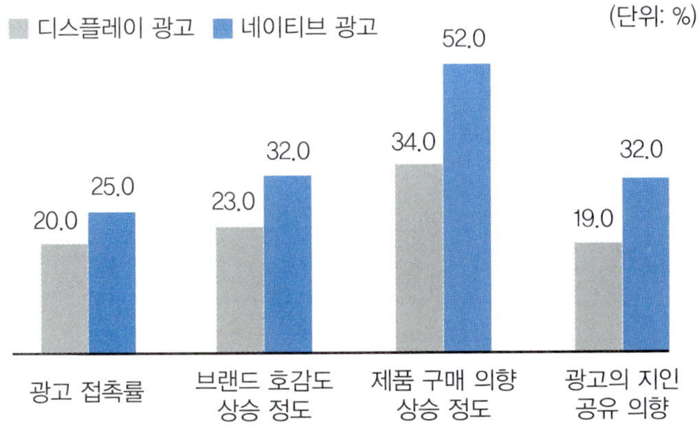

출처 : IPG Media Lab, http://www.ipglab.com/Sharethrough, 2013.06.23.

그림 20-4 디스플레이광고와 네이티브 동영상광고의 효과 비교

표 20-5 IAB의 네이티브광고의 분류

No.	광고 분류	설명
1	인피드 광고 (In-Feed Units)	가장 광범위하게 사용되는 네이티브 광고로, 페이스북, 트위터, 웨이신(微信) 내에 사용자의 피드에 나타나는 스폰서 포스팅이 대표 사례임.
2	검새광고 (Paid Search Units)	구글, 네이버, 바이두(百度) 등 검색 포털 사이트에 키워드 검색 시 결과와 함께 노출되는 광고임. 광고 표시 배너와 함께 상단에 노출됨.
3	추천 위젯 (Recommendation Widgets)	현재 사용자가 보고 있는 콘텐츠와 연관된 다른 콘텐츠를 추천해주는 광고임. 인기 검색어, 추천 검색, 랭킹 리스트 등의 형식으로 노출됨.
4	프로모티드 리스팅 (Promoted Listings)	쇼핑 플랫폼 내에서 특정 프로모션 상품을 추천하는 광곡임. 아마존, 타오바오(淘宝) 등 쇼핑 관련 플랫폼에서 많이 사용함.
5	플랫폼 맞춤형 광고 (Custom Units)	각 매체의 독자적 환경에 어울리게 커스터마이징한 광고 형식을 말함. 플립보드, 텀블러 등의 플랫폼에서 사용함.
6	기사 맞춤형 광고 (In-ad Units)	일반적인 광고 유닛 안에 다른 형태의 광고를 추가로 넣는 방식을 지칭함. 텍스트 광고 유닛 안에 동영상 광고를 추가하는 형태가 대표적임.

출처 : 미국 인터랙티브광고협회(IAB), 2013

250의 배너광고와 네이티브광고의 효과를 비교한 결과 네이티브광고가 기존 배너광고에 비해 주목도가 52%나 높은 것으로 나타났다.

네이티브광고는 플랫폼의 유형에 따라 폐쇄적 플랫폼 광고(Closed platforms ads)와 개방형 플랫폼 광고(Open platform ads)로 구분된다. 폐쇄적 플랫폼 광고는 플랫폼에 규격화된 형태로 제작되어 다른 플랫폼을 통해 게재가 불가능하며, 개방형 플랫폼 광고는 다른 플랫폼을 통해서도 게재가 가능하다. 폐쇄적 플랫폼 광고는 주로 피드 형태의 광고이며, 개방형 플랫폼 광고는 주로 언론사의 기사형 광고가 이에 속한다. 한편 미국 인터랙티브광고협회(IAB)는 2013년에 발간된 보고서를 통해 네이티브광고의 유형을 미디어 플랫폼의 유형(동영상, 인쇄 미디어 등), 성격(예: 검색 엔진, 전자상거래, SNS 등), 콘텐츠 등에 따라 〈표 20-5〉와 같이 6가지 형식으로 분류하고 있다.

UGC

UGC(user generated contents) 혹은 UCC(user created content) 사용자가(user) 직접 창작해낸(generated) 콘텐츠(contents)를 의미한다. UGC는 사용자들은 자신의 일상이나 브랜드 등에 대한 자신들의 생각을 적극적으로 텍스트, 음악, 사진, 영상 형태로 콘텐츠화해서 다양한 플랫폼에 공유하는 것을 의미한다. UGC는 기업이나 인터넷 사업자가 아닌 일반 사용자들이 직접 만들어 유통하는 콘텐츠로서의 의미를 갖고 있기 때문에 기업들이 상업적 목적으로 만든 유사한 형식의 콘텐츠는 UGC라고 보기 힘들다. UGC에는 문자, 이미지, 소리, 영상 등 개인이 만든 모든 종류의 게시물을 말하지만, 요즘은 멀티미디어 동영상 콘텐츠가 주를 이루고 있다.

SNS를 주도하고 있는 젊은 세대들은 디지털 세상에서 회사가 만든 콘텐츠를 읽고 보는 단순한 소비자로 머물지 않는다. 그들은 적극적으로 자신의 일상을 다른 사람들과 공유하거나, 기업이 만든 콘텐츠를 해체하고 그들의 생각을 담은 새로운 콘텐츠로 재해석해 공유한다. 특히 UGC는 주로 우리 자신과 주변의 이야기를 소재로 하기 때문에 이용자의 높은 공감대를 이끌어 낼 수 있으며, 이용자들의 자발적인 참여로 인하여 메시지에 대한 거부감이 적기 때문에 이용자들의 메시지 몰입도가 타 콘텐츠에 비해 높다고 할 수 있다.

UGC에는 동영상 재생 전, 중간, 후 등에 광고나 PPL이 삽입되지 않는다는 점에서 브랜디드 콘텐츠와 다르다. 다만 기업이 공모전 등을 통하여 소비자들을 직접 제작에 참여시키고, 공모전에서 수상한 작품들을 기업이 개설한 공식 계정을 통해 업로드함으로서 간접적으로 기업이나 브랜드 홍보효과를 얻을 수 있다. 예를 들어 고프로(GoPro)나 레드불(Red Bull)은 익스트림 스포츠와 짜릿한 도전을 주제로 일반인들이 만든 재미있고 자극적인 영상들을 기업 자신들의 공식 유튜브 계정에 업로드하여, 전 세계 수많은 이용자들과 공유함으로서 간접적으로 기업과 브랜드에 대한 바이럴 및 홍보 효과를 얻고 있다. 반면 UGC는 회사가 상업적 의도를 갖고 소비자들로 하여금 시켜서 억지로 만들 경우 그 효과가 반감될 수 있다. 즉 UGC는 회사의 마케팅 전략에 의해 만들어질 수 있지만 콘텐츠 제작에 회사가 많이 개입할수록 콘텐츠가 너무 광고형태를 띄게 되기 때문에 이용자들은 이를 금방 알아채고 외면하게 된다.

튜토리얼

튜토리얼(tutorials)은 사전적 의미로 무언가를 배우기 위해 사용하는 교습 소재를 뜻한다. 튜토리얼 영상은 제품의 사용법과 같은 교육용 영상을 말한다. 주로 뷰티 크리에이터(beauty creator) 혹은 뷰티 유튜브가 방송을 진행하는 화장품 제품의 튜토리얼 영상이 여기에 포함된다. 현재 국내에서 활동하는 뷰티 크리에이터 혹은 뷰티 유튜버들 중 구독자 수가 100만이 넘는 메가 인플루언서(mega influencer)에는 포니(460만 명), 이사배(200만 명), 씬님(160만 명), 라뮤끄(130만 명) 등이 있다. 이들은 자체적인 유튜브 채널을 운영하면서 막대한 수익을 올리고 있다.

4 소셜 미디어

소셜 미디어(social media)는 사람들이 자신의 생각과 의견, 경험, 관점 등을 서로 공유하고 참여하기 위해 사용하는 개방화된 미디어 플랫폼을 말한다. 소셜 미디어는 참여자 간의 친구관계를 넓힐 목적으로 개설된 커뮤니티형 웹사이트에서 시작되었으나, 점차 페이스북처럼 참여자의 게시글이나 콘텐츠를 생산, 공유하는 기능이 강화되면서 소셜 미디어라는 개념으로 확장되었다. 소셜 미디어가 지속적으로 성장하게 된 배경은 스마트폰 및 태블릿PC와 같은 스마트 미디어의 보급과 유무선 인터넷 속도의 향상으로 언제 어디서든 24시간 다른 사람과 소통할 수 있는 네트워크 인터페이스 환경이 개선되었기 때문이다.

소셜 미디어 유형들 중에서 이용자 수가 가장 많은 SNS(social network service)는 회원들끼리 서로 친구를 소개하거나 사이트 내에서 공통 관심사를 가진 사람과 친구가 되는 등 새를 이용하고 있으며, 새로운 인간관계를 넓혀가는 것을 목적으로 개설된 커뮤니티형 인터넷 사이트이다. SNS는 크게 개방형과 폐쇄형으로 구분되며, 페이스북, 인스타그램, 트위터와 같은 개방형 SNS는 누구나 쉽게 접근할 수 있으며 불특정 다수와도 연결되는 등 폭넓은 인관관계를 목적으로 하고 있는 반면 네이버 밴드 및 카카오스토리와 같은 폐쇄형 SNS는 가족, 친구, 연인, 동호회, 직장동료 등 기존에 알고 있던 특정한 사람들과만 소통하는 것을 목적으로 하고 있다.

시장 조사 전문기관인 스태티스타(Statista)의 조사에 의하면 2018년 기준 SNS 이용자 수는 27억 7천만 명에 달하며, 2020년에는 30억 명으로 늘어날 것으로 예상된다. 또한 글로벌 웹 인덱스(Global Web Index)의 조사에 의하면 인터넷 사용자 중 98% 이상이 SNS를 이용하고 있으며, 1인 당 평균 7.6개의 계정을 보유하면서 하루 평균 2시간 22분을 이용하고 있는 것으로 나타났다. 국내의 경우 한편 2018년 인터넷 이용자 조사(NPR)에 의하면 우리나라 국민의 SNS 이용률은 81.6%에 달하며, 남성의 이용률이 84.7%로, 여성의 이용률 78.3%보다 조금 높고, 연령별로는 10대(87.8%), 20대(87.5%)의 이용률이 가장 높은 반면 50대의 이용률(73.8%)이 가장 낮게 나타났다. SNS 유형별로 살펴보면 페이스북(67.8%)의 이용률이 가장 높은 것으로 나타났으며, 그다음 인스타그램(23.2%), 네이버밴드(13.7%), 카카오스토리(12.3%)의 순으로 이용률이 높은 것으로 나타났다. SNS 유형들 중 인스타그램이 전년 대비 가장 큰 폭으로 성장하였는데, 이는 여성 및 1020세대 이용자가 증가하였기 때문이다. 또한 10-30대에서는 페이스북과 인스타그램을 많이 이용하는 것을 나타난 반면 40-50대 에서는 밴드와 카카오스토리의 이용률이 상대적으로 높은 것으로 나타났다.

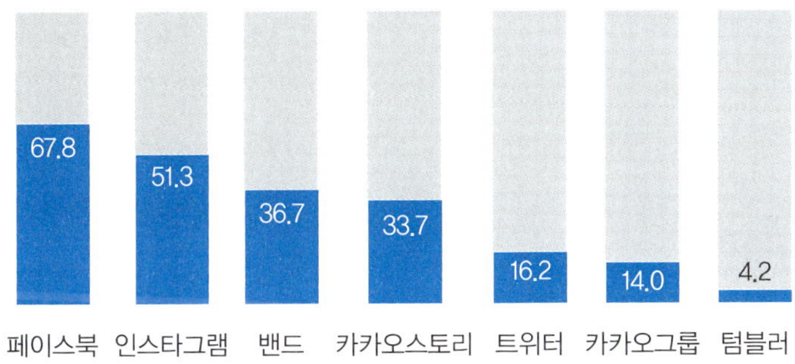

출처 : 2018 한국 인터넷 이용자 조사(NPR)

그림 20-5 SNS 유형별 이용률(단위: %, 중복 선택)

기업들이 소셜 미디어를 대 고객 커뮤니케이션의 중요한 수단으로 활용하는 이유는 소셜 미디어가 인터넷 포털의 디스플레이광고, 카페, 기업 홈페이지의 기능과 일정 부분 유사함에도 불구하고 이로부터 생성된 콘텐츠에 개인의 생각, 관련 정보, 감성, 판단 등이 부가되어 다른 사람들에게 전달되고 확산되는 소셜 광고 및 마케팅의 형태를 띠기 때문이다. 이러한 점에서 소셜 미디어를 활용한 광고와 마케팅은 불특정 다수를 대상으로 하는 기존의 대중매체 기반의 푸쉬형 광고 및 마케팅과 큰 차이가 있고, 자신과 관련 있는 사람들 간의 관계를 기반으로 소통이 이루어진다는 점에서 관리자 중심의 블로그의 전달 방식과도 다르다.

기업들이 소셜 미디어로부터 기대하는 광고 및 마케팅효과는 비즈니스 혹은 브랜드 노출과 같은 광고효과, 트래픽 생성 및 구독자 증가, 시장에 대한 통찰력 제공, 충성고객 개발, 잠재고객 창출, 검색어 상위랭크, 새로운 비즈니스 제휴, 마케팅 비용절감, 매

표 20-6 글로벌 기업들이 소셜미디어 마케팅에서 기대하는 효과

효과	응답률(%)
비즈니스에 대한 노출 증대 효과	89%
관련 트래픽 및 구독자 증가 효과	75%
시장에 대한 통찰력 제공 효과	69%
충성고객(fans) 개발효과	65%
잠재고객 창출 효과	61%
검색어 상위 랭크(rank) 효과	58%
새로운 비즈니스 제휴(partnership) 창출 효과	54%
마케팅 비용절감 효과	47%
매출증대 효과	49%

자료원: Michaela Stelzner(2013), 2013 Social media marketing industry report. Social Media Examiner.

출증대와 같은 마케팅효과로 나타났다. 이외에도 브랜드나 제품의 평판 개선, PR 개선, 고객 서비스 품질 향상, 고객 지불 비용 감소, 고객 지원 비용 감소 등도 기업들이 기대하는 주요 소셜 미디어 광고 및 마케팅의 효과로 나타났다. 글로벌 기업들이 광고 및 마케팅의 수단으로 선호하는 소셜 미디어는 페이스북(Facebook), 유튜브(YouTube), 인스타그램(Instgram), 트위터(Twitter), 링크드인(Linkedin), 블로그(Blog), 구글 플러스(Google+), 핀터레스트(Pinterest) 등이 있으며, 특히 페이스북은 지난 5년간 지속적으로 부동의 1위 자리를 유지하고 있다.

페이스북

SNS 이용자들 간의 네트워킹 형성과 정보의 공유를 목적으로 하는 페이스북(Facebook)은 2003년에 페이스메시(Facemash)라는 이름으로 출발하였으나 2004년에 thefacebook.com으로 본격적으로 시작되어 2015년 기준으로 전 세계 8억 9천만 명, 우리나라의 경우 1,100만 명 이상의 사용자가 매일 적극적으로 활동 중인 대표적 소셜 네트워킹 서비스(SNS)이다. 우리나라 페이스북 이용자의 90%가 모바일 사용자이며, 이들 중 60% 이상이 매일 페이스북을 이용하고 있다. 이처럼 수많은 이용자를 기반으로 하는 강력한 플랫폼을 바탕으로 하여 페이스북은 전 세계 92%의 마케터들이 마케팅의 도구로써 사용하고 있는 만큼 글로벌 기업들이 가장 선호하는 소셜 미디어이다.

페이스북을 이용하여 기업이 대 고객 커뮤니케이션을 할 수 있는 방법은 크게 페이스북닷컴(facebook.com)에 타깃층에 적합한 디스플레이광고를 직접 노출시키는 전통적인 방식과 페이스북 내 팬페이지(fanpage) 계정을 개설하여 특정 브랜드나 비즈니스에 관심을 가지는 팬을 확보하고 이를 관리해 나가는 두 가지 방식으로 구분된다. 디스플레이광고는 브랜드 인지도를 높이는 역할뿐 아니라 노출 후 좋아요, 댓글, 공유하기 등의 참여를 유도할 수 있다. 광고의 타이틀, 본문, 이미지, 페이지 좋아요 등에 클릭하면 팬페이지 혹은 외부 웹사이트와 같은 랜딩페이지로 연결하게 된다. 디스플레이광고의 노출 스크린 범위는 모바일과 PC를 포함하며, 게재 위치에 따라 화면의 모든 영역에 게재가 가능하지만 크게 뉴스피드(news feed) 영역과 뉴스피드 화면 우측의 사이드바의 Market Place Unit 영역으로 나눌 수 있다.

페이스북닷컴에 따르면 페이스북광고는 캠페인의 목적에 따라 8가지 유형으로 구분된다. 이러한 8가지 유형의 광고들은 광고를 통하여 연결되는 랜딩페이지의 역할과 기능에 따라 페이스북 팬페이지를 활성화시키는 광고, 외부 웹사이트의 트래픽을 증가시키는 광고, 앱이나 이벤트 페이지로 연결되어 앱이나 이벤트 참여를 활성화시키는 광고로 크게 구분할 수 있다. 페이스북 내 팬페이지로 연결되는 광고는 많은 팬을 확보하

표 20-7 페이스북광고의 유형들

캠페인 목적	내용	랜딩페이지
게시물 참여 광고	게시물 좋아요, 댓글, 공유 등 게시물 참여도를 높이는 광고	외부 웹 사이트
페이지 좋아요 광고	많은 팬을 확보하여 마케팅에 활용하는 것을 목적으로 하는 광고	팬 페이지
웹 사이트 클릭 광고	브랜드 웹 사이트 방문자 수를 늘리는 목적으로 하는 광고	외부 웹 사이트
웹 사이트 전환 광고	광고를 본 고객의 이후 행동을 추적, 이를 토대로 웹 사이트를 개선	외부 웹 사이트
앱 설치 광고	앱 설치율을 높여 앱 규모를 키움	앱 스토어 페이지
앱 참여 광고	앱 참여도를 높이고 아이템 구매 페이지, 등록 또는 다운로드 페이지와 같은 앱 내 특정 위치로 연결	온라인 스토어, 등록 페이지 등 같은 앱 내 특정 영역
이벤트 응답 광고	각 고객의 페이스북 달력에 일정을 추가하고 이벤트 미리 알림을 제공하여 이벤트 인지도와 참여도를 높임	외부 웹 사이트
쿠폰 발급 광고	쿠폰 발급 광고를 통해 할인 혜택 등 고객의 관심을 끌 수 있는 다양한 특별 딜을 제공하고 쿠폰 발급을 늘림	쿠폰 받기 페이지
동영상 조회	기억에 남는 동영상 광고를 만들어 페이스북 뉴스 피드에서 타깃에게 표시, 브랜드 인지도를 구축	외부 웹 사이트
주변 지역 홍보 광고	비즈니스 주소와 도달할 지역만 입력하면 선택한 지역에 있는 최대한 많은 페이스북 사용자에게 광고가 표시	외부 웹 사이트

자료원: 페이스북(www.facebook.com), 2015

여 마케팅에 활용하는 것을 목적으로 한다. 외부 웹 사이트로 연결되는 광고는 배너를 클릭하면 브랜드 홈페이지로 이동하여 고객들을 자사의 브랜드 홈페이지 유입시키는 트래픽 상승이 목적이다. 앱이나 이벤트 페이지로 연결되는 광고는 배너광고를 클릭하면 페이스북 내 해당 앱이나 이벤트 페이지로 이동하여 앱 다운로드나 이벤트 참여를 유도하는 등 참여율을 높이는 것을 목적으로 한다. 반면 팬페이지로 연결되는 광고는 '페이지 좋아요(Like)' 버튼을 삽입하여 팬을 25명 이상 확보하게 되면 팬페이지 URL을 발행해준다. '페이지 좋아요'를 눌러 특정 기업의 팬페이지의 친구가 된 사람에게는 기업에서 제공하는 다양한 프로모션의 기회나 관련 정보가 제공되고, 팬페이지에는 기업 브랜드나 제품에 대한 많은 이야기가 모이게 되며, 내가 어느 팬페이지에 가입하여

표 20-8 페이스북 디스플레이 광고의 3단계 수신과정

단계	수신과정	경로	역할
1단계	접속 전	디스플레이 광고	수동적 노출
2단계	접속 단계	본문, 이미지, 타이틀, 페이지 (좋아요) 클릭	링크(link)
3단계	접속 후	외부 웹사이트, 팬페이지	메시지와 상호작용

활동하는지가 나의 친구들에게 알려지게 된다.

또한 페이스북광고는 포맷(형식)에 따라서 이미지형, 동영상형, 슬라이드형, 컬렉션형으로 구분된다. 이미지형 광고는 제품 및 서비스 관련 이미지 콘텐츠가 소개되며, 동영상형 광고는 스토리를 전달할 수 있는 광고이다. 또한 슬라이드형 광고(carousel)는 하나의 광고에 최대 10개의 이미지와 동영상을 슬라이드 형식으로 만들어 여러 제품이나 서비스를 보여줄 수 있으며, 컬렉션형 광고(collection ad)는 카탈로그에서 가져온 제품 이미지를 동영상, 슬라이드쇼 또는 이미지와 결합한 것으로서 많은 제품을 살펴보거나, 원하는 제품의 특징에 대해서 자세히 알아볼 수 있는 장점이 있다. 2016년에는 새로운 모바일용 광고상품인 캔버스(canvas)를 출시하였다. 이 광고상품은 페이스북의 캔버스 기능을 이용하여, 이미지, 동영상, 슬라이드, 기울이기(till-to-pan) 등의 다양한 소재로 모바일 풀 스크린 화면에서 캔버스를 구성하여, 광고주가 원하는 브랜드 스토

이벤트 응답 광고

쿠폰 발급 광고

자료원: 페이스북(www.facebook.com), 2015

그림 20-6 페이스북 디스플레이 광고의 예

리텔링이 가능하다.

페이스북광고 유형들은 광고캠페인의 목표에 따라 적절히 선택된다. 예를 들어 이미지형 광고는 브랜드 인지도, 참여, 도달, 매장 방문 등의 목표에 활용되며, 동영상형 광고는 도달률 및 조회 수 증대, 타깃의 참여 및 전환 유도 등에 활용된다. 또한 슬라이드형 광고는 브랜드 인지도, 도달, 전환, 매장 방문, 트래픽 증대 등에 효과적이며, 컬렉션형 광고는 트래픽, 전환, 매장 방문, 카탈로그 판매와 연동 등의 목표에 사용할 수 있다. 따라서 페이스북광고를 활용한 캠페인은 비즈니스목표에 부합하는 광고목표를 선택하는 것에서부터 시작된다. 즉 페이스북광고를 활용한 캠페인은 마케터가 얻고자 하는 캠페인 성과에 맞추어 적절한 목표를 선택한 후, 타깃의 인구통계학적 특성과 행동을 고려하여 적절한 타깃을 선택하고, 그 다음 웹과 앱을 포함한 광고게재 위치를 선정한다. 이어서 총 광고예산과 일일 예산을 입력하고, 광고 게재 기간 및 동영상, 이미지 등의 광고형식을 선택한다. 광고 게재 후에는 성과를 추적하고 캠페인을 수정할 수 있다. 페이스북 광고의 타깃팅 옵션은 핵심 타깃팅(인구통계/관심사), 맞춤 타깃팅(CRM 데이터/동영상 시청유저 리타깃팅), 유사 타깃팅(Look-a-likes)을 포함한다. 최근에 동영상 조회자 맞춤 타깃 업데이트를 통해 기존 타깃팅 옵션에 3초, 10초, 25%, 50%, 75%, 95% 조회자 옵션을 추가하고, 사용자의 웹사이트 방문 횟수와 구매금액 등 행동가치에 따라 정교한 타깃팅이 가능해졌다. 과금 방식은 광고 목적에 따라 각각 다르다.

페이스북 디스플레이광고의 정보처리과정은 다른 디지털 광고와 유사하다. 예를 들어 페이스북 디스플레이광고는 인터넷 배너광고처럼 광고의 타이틀, 본문, 이미지, 페이지 좋아요에 클릭하면 외부 웹사이트 혹은 팬페이지(fanpage)와 같은 랜딩페이지로 연결된다. 따라서 페이스북광고의 수신과정은 랜딩페이지 접속 전 수동적 노출단계, 랜딩페이지 접속단계, 랜딩페이지 접속 후 상호작용의 3단계로 되어 있다. 1단계는 광고주에 의해 발송된 페이스북 노출형 광고에 노출되는 수동적 노출단계이고, 2단계는 추가적인 제품정보 습득 혹은 이벤트참여를 위하여 클릭을 통하여 관심있는 노출형 광고의 랜딩페이지에 접속하는 단계, 3단계는 클릭을 통한 랜딩페이지에 접속을 한 후에 광고메시지와 상호작용행동이 발생하는 단계라고 할 수 있다. 이러한 이유로 페이스북 광고의 효과를 검증하기 위하여 랜딩페이지 접속 전, 접속단계, 접속 후의 각 단계별로 광고효과가 매개되는 과정을 살펴볼 필요가 있다. 페이스북광고의 효과는 게시물 도달률, 게시물 참여율, 페이지 좋아요 클릭 수, 포스트 평균 인게이지먼트율[4](average post

---

[4] 하루 동안 게시글(post) 당 평균 상호작용의 수를 특정 팬페이지의 총 팬(fan)의 수로써 나눈 값으로써 특정 팬페이지에 가입하여 활동하고 있는 모든 팬(fan)들 중 게시글과 상호작용하는 팬(fan)의 비율을 나타낸다.

engagement rate) 등으로 측정할 수 있다.

유튜브

유튜브(YouTube)는 당신(You)과 브라운관(Tube, 텔레비전)이라는 단어의 합성어로서, 2005에 미국에서 설립되었으며, 2006년 10월 구글에 의해 인수된 세계 최대의 무료 동영상 공유 사이트이다. 유튜브는 사용자에게 댓글을 달아 소통 할 수 있기 때문에 소셜 미디어 서비스의 일종으로도 분류된다. 2018년 미국 시장 조사 기관인 드림 그로우(DreamGrow)에 의하면 진 세계 유튜브의 사용자 수는 페이스북(22억 3천만 명)에 이어 2위(19억 명)를 차지하였다. 유튜브의 매체현황을 살펴보면 유튜브는 2018년 기준 전 세계적으로 구글 다음으로 검색량이 많으며, 순방문자(UV)가 15억 명 이상이고 1분당 500시간 이상 분량의 영상이 업로드된다. 또한 유튜브 사용자의 평균 이용시간은 324분이며, UV는 월 2,631만 명, PV는 월 6.63억 회에 달한다. 이용자 성별은 남녀 6대 4의 비율이며, 연령별로는 10대부터 50대에 이르기 까지 전 세대에서 고르게 이용되고 있다.

유튜브가 페이스북에 이어 두 번째로 많은 이용자 수를 가진 소셜 미디어 플랫폼으로 성장한 가장 큰 이유는 무료 와이파이의 보급 확대와 무제한 데이터 요금제 도입으로 인한 이용자 부담의 감소를 들 수 있다. 또한 1인 창작자와의 수익 배분 프로그램의 도입 및 언제 어디서나 5~10분간 짧은 시간에 콘텐츠를 즐기는 스낵컬쳐 트렌드의 확산도 주요 성장 요인 중의 하나라고 할 수 있다. 유튜브를 통하여 사용자는 영상을 보기도 하고 다른 사람의 영상을 공유하거나 본인이 직접 만든 영상을 업로드할 수 있고, 또한 동영상 시청 중 댓글을 달아 소통할 수 있다. 또한 유튜브를 통하여 자신이 만들어 올린 동영상으로 수익을 창출할 수 있으며, 일반인이 한순간에 셀럽(유명인사)이 될 수도 있고 혹은 언론인이나 마케터가 될 수 있다. 유튜브의 콘텐츠 유형을 살펴보

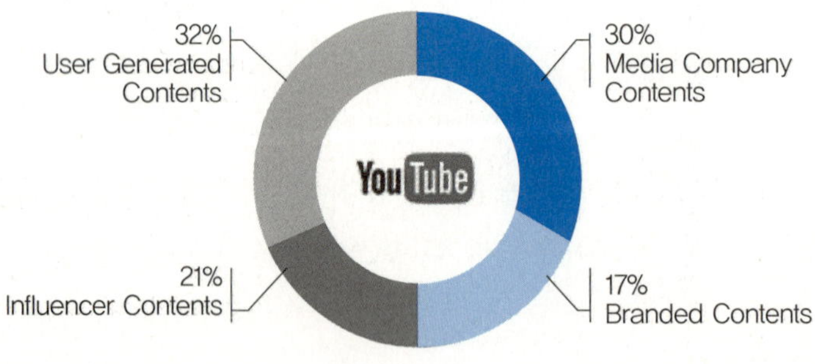

그림 20-7 유튜브의 콘텐츠 유형들

면, 일반인이 업로드한 UGC가 전체의 32%로 가장 큰 비중을 차지하고 있으며, 그 다음 방송국(예: YTN)이나 동영상 호스팅 서비스들을 포함한 매체사의 콘텐츠(30%), 인플루언서 콘텐츠(19%), 브랜디드 콘텐츠(16%)의 순으로 비중을 많이 차지하는 것으로 나타났다.

유튜브의 트래픽이 매년 폭발적으로 증가하면서 많은 기업들이 유튜브를 주요 마케팅의 수단으로 활용하고 있다. 유튜브는 모든 연령대를 대상으로 다양한 동영상 소재를 활용한 캠페인 집행이 가능하며, 여러 개의 타깃팅 옵션을 활용하여 정교한 타깃팅이 가능하다. 유튜브의 타깃팅 옵션은 데모 타깃팅, 관심사 타깃팅, 카테고리 타깃팅, 행동 타깃팅, 키워드 타깃팅, 리타깃팅, 유사 타깃팅, 게재위치 타깃팅, 지역 타깃팅 등을 포함한다. 또한 유튜브는 인공지능(AI)을 기반으로 구독 중인 동영상 이외에도 사용자의 콘텐츠 기록을 바탕으로 유사 콘텐츠를 선별해 맞춤형 콘텐츠를 노출시킴으로서 이용자들의 검색 피로도를 감소시키고, 타깃팅 효과를 높일 수 있다. 반면 이러한 인공지능 추천 시스템이 편향된 콘텐트만 지속해서 소비하도록 유도한다는 비판도 제기된다. 유튜브 활용한 마케팅의 성공 사례는 14억 뷰를 돌파한 싸이의 '강남 스타일' 뮤직비디오와 방탄소년단의 뮤직 비디오를 들 수 있다. 방탄소년단의 뮤직비디오 '쩔어'는 38억 뷰, '피 땀 눈물'은 최단 시간 조회 수 천만 뷰를 돌파하였으며, 2018년 'Fake Love'에 수록된 앨범 'LOVE YOURSELF'는 빌보드 차트 1위를 차지하였다. 이에 힘입어 유튜브는 다양한 형태의 광고상품을 개발하고, 기업의 마케팅 활동을 돕기 위한 다양한 분석 서비스를 제공하고 있다.

유튜브의 동영상광고는 크게 트루뷰 인스트림(true view instream ad), 범퍼광고(bumper ad), 트루뷰 동영상 검색광고, 오버레이광고로 구분되며, PC와 모바일 스크린을 통해 집행이 가능하다. 트루뷰 인스트림은 유튜브의 대표적인 광고상품으로서 동영상 콘텐츠의 시청 전과 중간에 5초 스킵 버튼과 함께 노출되며, 광고를 30초 이상 시청(조회)하였을 때 과금이 되는 CPV(cost per view) 방식의 광고이다. 따라서 광고주와 사용자 모두에게 유리한 방식의 광고 상품이다. 범퍼광고는 현재 가장 많은 광고주들이 사용하고 있는 유튜브 광고상품으로서 6초 동안 스킵할 수 없으며, 광고재생 시간이 짧아서 시청자의 거부감이 적고 광범위한 도달력과 브랜딩 효과를 높일 수 있는 장점이 있다. 또한 다른 광고 상품들과 연동하여 집행함으로서 바이럴의 시너지 효과를 기대할 수 있다. 이 광고 상품은 노출 수를 기준으로 과금이 이루어지며, 광고비가 비교적 저렴하기 때문에 적은 예산으로도 많은 노출량을 확보할 수 있다. 트루뷰 동영상 검색광고 상품은 사용자가 원하는 영상의 키워드를 검색했을 때 화면의 추천 영상

그림 20-8 트루뷰 인스트림광고

그림 20-9 범퍼광고

에 노출되는 광고 형태로서 타깃팅 효과가 크다. 오버레이 광고상품은 웹사이트 동영상 재생 중간에 가로형 배너 형태로 화면 하단에 노출되는 상품으로서, 웹사이트 전환에 유리한 상품이다. 트루뷰 인 디스플레이 광고상품은 동영상 재생 중간에 배너형태로 삽입되는 광고상품으로, 클릭 시 외부 사이트로 연결이 가능하며, 클릭 당 비용을 지불하는 CPC(cost per click) 방식의 광고이다.

2015년에는 수익 구조 개선을 위해 광고가 없이 재생되는 프리미엄 서비스인 '유튜브 레드'(YouTube Red)를 출시하였으며, 동영상 시장에서의 강력한 지배력에 힘입어 스킵 옵션 또한 5초에서 15초, 나아가 스킵 불가 상품에 이르기까지 다양하게 선택할 수 있게 하였다. 최근에 스킵이 불가능한 6초짜리 인스트림 동영상광고인 범퍼광고를 출시하였다. 이 광고포맷은 모바일 도달 범위가 넓고 게재 빈도가 높아 단기간 브랜드 노출의 극대화가 가능하다. 또한 캠페인 목적과 진행 단계에 따라 기존 유튜브 광고 상품과 연계한 전략적인 광고 노출이 가능하다.

인스타그램

인스타그램(Instagram)은 '인스턴트'(instant)와 '텔레그램'(telegram)의 합성어로서, 사진 및 동영상을 공유할 수 있는 소셜 미디어 플랫폼이다. 인스타그램은 '세상의 순간들을 포착하고 공유한다'(capturing and sharing the world's moments)라는 슬로건을 내걸고 2010년에 설립되었으며, 2012년 4월 페이스북에 의해 인수되었다.

인스타그램의 매체현황을 살펴보면, 2018년 미국 시장 조사 기관인 드림 그로우(DreamGrow)에 의하면 전 세계 인스타그램의 사용자 수는 페이스북(22억 3천만 명)과 유튜브(19억 명)에 이어 전 세계 SNS 중 3위(10억 명)를 차지하고 있다. 국내 인스타그램의 이용률은 전체 SNS 이용자의 51.3%로, 유튜브를 제외하면 페이스북(67.8%)

그림 20-10 인스타그램광고 유형들(좌로부터 이미지, 동영상, 링크, 모바일 앱 설치광고)

에 이어 두 번째로 많이 사용하는 SNS로 나타났다. 성별로는 남성 이용자의 비율(44%)보다 여성 이용자의 비율(59.7%)이 상대적으로 높으며, 연령별로는 20대(74%)와 30대(61.3%)가 주로 많이 이용하는 것으로 나타났다. 또한 인스타그램은 PC 버전이 없기 때문에 노출 스크린의 범위는 모바일에 제한된다. 인스타그램은 특히 긴 텍스트 보다 많은 의미를 함축적으로 전달할 수 있는 사진이나 이미지를 선호하는 스낵컬쳐에 익숙한 젊은 층들에게 큰 인기를 얻고 있다. 인스타그램의 성장으로 셀카(자기 촬영) 문화가 더욱 확산되었으며, 먹스타그램[5]과 같은 신조어도 탄생하였다.

인스타그램은 대화로 소통을 기반으로 하는 페이스북이나 트위터와 달리 이미지를 기반으로 하기 때문에 유저 인터페이스가 굉장히 심플하고, 유지 및 관리가 수월하다. 예를 들어 인스타그램은 다른 SNS와 달리 PC 버전이 없고 모바일 환경에 최적화 되어 있어서 사진이나 영상을 스마트폰으로 바로 찍어서 바로 올리면 된다. 인스타그램 이용자들은 사진이나 동영상을 업로드하고 이를 팔로워(follower)나 친구들과 공유할 수 있으며, 다른 친구들이 공유한 게시물을 보고, 댓글을 남기며, 좋아요를 누를 수 있다. 또한 해시태그[6](hashtag, #) 분류 시스템을 사용하여 팔로워가 쉽게 열람이 가능하기 때문에 원하는 관심 분야의 사진과 영상도 쉽게 찾아볼 수 있다.

광고마케팅의 도구로서 인스타그램의 장점은 한 장의 사진으로 사람들의 시선을 사

5) 먹스타그램은 동사 '먹다'와 '인스타그램'이 더해져 탄생한 신조어로서, 자신이 먹은 음식 사진을 인스타그램에 올리는 행위 등을 가리키는 용어이다. 이용자들은 음식 사진을 올릴 땐 '#먹스타그램' 태그를 붙이는데, 이 태그는 검색어 기능을 수행한다.

6) 사용자가 특정한 화제에 관하여 트윗할 때 해시태그(#)와 화제와 관련된 키워드를 트윗문 속에 넣어두는 것으로 종합적으로 해시태그를 사용한 트윗들만 검색하게 하는 것을 말한다.

로잡을 수 있으며, 핵심적인 내용을 적절하게 전달할 수 있다. 또한 해시태그를 이용하여, 비교적 오랜 시간에 콘텐츠를 찾아볼 수 있어서, 인스타그램에 업로드된 콘텐츠의 유통기한 즉 생명력이 다른 SNS에 비해 길다. 인스타그램에는 2013년 말부터 광고가 등장하기 시작하였으며, 광고 형식으로는 이미지와 동영상이 가능하고, 광고상품의 유형은 페이스북과 거의 유사하다. 과금 방식은 광고 목적에 따라 과금 방식이 상이하며, 타깃팅 옵션은 페이스북처럼 핵심 타깃(인구통계, 관심사), 맞춤 타깃(CRM 데이터, 리타깃팅), 유사 타깃(look-a-likes)이 가능하다. 또한 인스타그램 계정 없이도 페이스북 팬페이지를 활용하여 광고 집행이 가능하다. 인스타그램의 광고 유형은 페이스북광고의 유형과 거의 동일하다. 즉 광고 캠페인의 목적에 따라 8가지 유형으로 구분되며, 광고 형식으로는 이미지형 광고, 동영상형 광고, 슬라이드형 광고, 링크형 광고[7] 등으로 구분된다. 또한 인스타그램을 활용한 광고캠페인의 과정도 캠페인의 목표 선정에서부터 타깃 설정, 게재위치 선정, 총예산 및 일 예산 입력, 게재 기간 설정, 광고형식 선택, 게재 후 성과 측정 및 캠페인 수정에 이르기까지 거의 동일하다.

트위터

2006년에 등장한 트위터(Twitter)는 사용자들이 '트위츠(Tweets)'라고 불리는 최대 140자의 단문 메시지를 보내고 읽을 수 있는 무료 소셜 네트워킹 서비스(social networking service) 혹은 마이크로 블로깅 서비스(micro-blogging service)이다. 트위터는 140자의 짧은 글로 지금의 생각, 사진을 팔로워들과 공유할 수 있으며, 해시태그를 통해 실시간 온라인 대화 및 버즈 생성에 기여하며, 사이트 간 개방성으로 캠페인의 공유 및 확산에 용이하다. 기업들은 트위터를 통하여 기업이나 신제품 정보를 팔로워들에게 제공하고, 각종 프로모션 정보나 기회를 제공한다. 트위터는 2011년부터 페이스북, 인스타그램, 밴드, 카카오스토리와의 경쟁에 밀려 5위까지 추락하였으나, 최근에 국내외 정치적 이슈의 등장과 K-POP의 인기에 힘입어 점유율과 이용시간이 회복세를 보이고 있다. 2017년 기준 우리나라의 트위터 이용률은 16.2%에 달하며, 연령별로는 20~30대가 가장 많이 이용하는 것으로 나타났다.

트위터는 페이스북보다 실시간성, 신속한 정보 전달력, 정보 공개성, 개방성에서 앞서며 불특정 다수의 모든 이용자들과 정보를 교환할 수 있는 비대칭적 관계성을 차별적인 장점으로 한다. 예를 들어 트위터는 상대방의 승인을 필요로 하는 대칭적 관계 하에서 정보를 열람하게 하는 페이스북과 달리 불특정 다수에게 실시간으로 신속하게 정

7) 이미지와 함께 문의하기, 더 알아보기 등의 다양한 CTA(call to action) 버튼을 같이 노출시켜 사용자를 웹사이트로 유도하는 광고를 말한다.

보를 전달할 수 있으며, 모든 정보가 이용자들에게 공개되며, 게시글을 포스팅한 사람이 누구인지도 공개된다. 즉 트위터는 이용자들이 자신이 투고하는 정보가 해시태그(#)와 리트윗(retweet)으로 실시간으로 신속하게 전달되고 타임라인[8](timeline) 상에서 공유된다. 투고된 트윗[9](tweet)은 즉석에서 데이터베이스에 보관되어 트위터의 오른쪽 메뉴에 있는 검색란에서 검색할 수 있게 되며 검색의 결과는 트위터의 타임라인과 같이 최신 결과부터 순서대로 나열된다. 따라서 기업은 트위터의 검색기능을 이용하여 회사의 상품이나 서비스에 대한 고객의 소리를 청취하고, 고객들의 의견을 실시간으로 조사하여, 이를 경영과 서비스 개선에 반영할 수 있다. 트위터 통계 분석 도구인 TweetVolumn(http://tweetVolume.com)과 같은 서비스를 이용하여 자기회사의 상품 및 서비스가 트위터에서 어느 정도 거론이 되는가를 그래프로 볼 수 있으며, 설문조사를 통하여 트위터 상의 고객의 소리를 직접 청취할 수 있다.

표 20-9 트위터 활용전략 및 유형

유형	트위터 활용전략
조사 및 마케팅	• 트위터 검색, 해시태그 활용, 트랜드, 토픽 등을 활용하여 트윗 모니터링 • 내부 구성원의 활용능력 증진을 통한 정보의 입수 및 발신원의 다양화 • 소셜미디어의 입소문 마케팅(viral marketing)으로 발전 및 심화
고객 관계 관리	• 일원화된 대응체계 구축 • 기타 소셜미디어, 고객 전도사 등을 활용하여 고객의 확대 및 유지 • 팔로우, 가치있는 콘텐츠 공유, 트위터에서 시작한 오프라인 모임(Tweetups) 지원에 의한 고객관계 강화 • Mention[10]과 DM(Direct Message)[11]을 활용한 고객과의 긴밀한 관계 구축
브랜딩	• 기업의 목표 이미지를 설정하고, 이를 실현하기 위해 노력 • 전문성 있는 매력적 콘텐츠, 신선한 이벤트, 캠페인을 통한 기업 및 브랜드 이미지를 개선하고 홍보효과 극대 • 광고, 기존 홈페이지, 블로그 등과 병행 활용을 통한 시너지 효과 극대화
판매	• 이벤트, 쿠폰제공, 타임세일 등 시의적절한 프로모션으로 고객의 주의 환기 • 고객이 관심을 갖고 있는 유용하고 신뢰 있는 정보제공 • 판매보다는 브랜드 충성도 및 고객과의 신뢰관계 형성에 중점
협업	• 고객에게 프로슈머(prosumer)로써 기업경영 활동에 참여할 수 있는 기회 제공 • 흥미와 관심을 유발할 수 있는 이벤트 기획 • 아이디어 제공 및 참여에 따른 적절한 보상

자료원: 이강호(2011). 기업의 트위터 활용유형에 따른 도입방안에 관한 연구. 한국기업경영학회, 18(1), 293

8) 트위터에서 자신이 팔로우하고 있는 사람들의 투고가 표시되는 페이지를 말한다.
9) 트위터에 투고된 개별 메시지를 말한다.
10) 특정 이용자를 지목해 말을 걸었다는 의미로 모든 이용자가 아닌 해당 이용자에게만 메시지를 전했다는 뜻이다.
11) 일대일로 개인적인 메시지를 보내는 기능이다. 이 메시지는 보낸 상대방 이외의 사람에게는 공개되지 않는다.

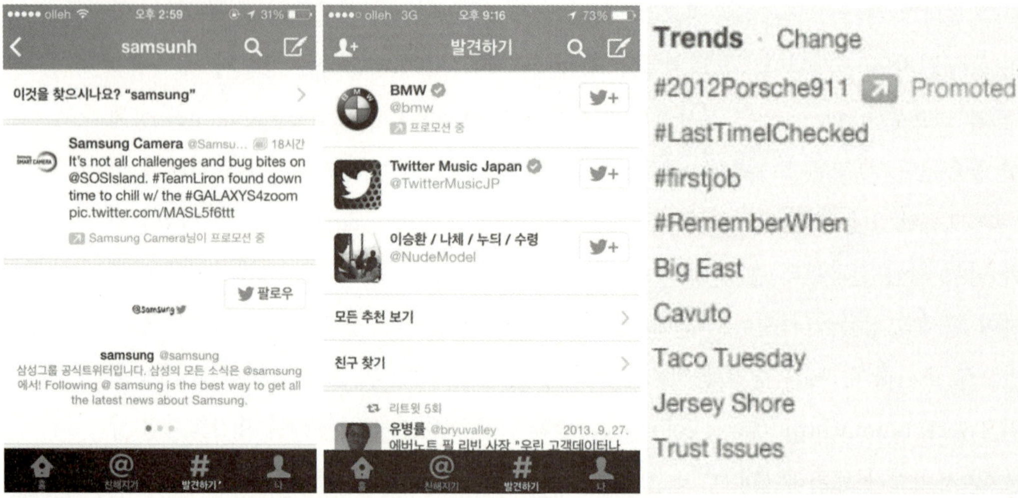

그림 20-11 트위터의 광고상품들(좌로부터 프로모션 트윗, 프로모션 계정, 프로모션 트렌드)

또한 트위터는 블로그, 싸이월드, 페이스북과 달리 상대방의 수락과정이 필요 없기 때문에 누구나 원하는 사람의 소식을 받아볼 수 있고, 그들에게 자유롭게 메시지를 보낼 수 있다. 특히 트위터의 팔로우(follow) 기능은 다른 사용자의 트윗을 자신의 타임라인에 자유롭게 표시하도록 함으로써 다른 SNS들처럼 현실세계의 인간관계를 의식할 필요가 없이 자유롭게 정보를 수집하고 전달할 수 있다. 즉, 누구의 트윗을 자신의 타임라인에 표시하는 결정권은 오로지 자신의 자유로운 의사에 달려있다. 이외에도 트위터는 기존 고객과의 관계를 더 강화시키고 잠재 고객과의 관계를 구축할 수 있는 잠재력이 큰 채널이다. 기업이 고객과 진정한 대화를 나누고 진심으로 배려한다는 진정성을 가지고 트위터를 활용한다면 고객이 먼저 다가오게 되고 이는 고객 관계를 공고히 할 수 있는 유용한 도구가 될 수 있다.

기업들은 고객관계관리(CRM), 판매촉진, 조사, 브랜딩, 협업과 같은 기업의 대 고객 마케팅 활동에 트위터를 활용할 수 있다. 예를 들어 고객관계관리를 위하여 많은 기업들은 콜센터를 운영하고 있으나 콜센터는 전화로 고객을 지원하거나 상담하는데 한계를 지니고 있다. 그러나 트위터에서는 다이렉트 메시지나 설정을 비공개 모드로 하지 않는 한 지원 및 상담이 같은 문제를 안고 있는 모든 고객들에게 공유가 되어 고객의 불만을 효율적으로 해결해 준다. 기업들은 트위터를 판매촉진의 수단으로도 활용할 수 있다. 기업들은 트위터를 통하여 상품을 소개하거나, 타임 세일(time sale)을 실시하거나, 쿠폰을 발행하여 매출을 증대시킬 수 있다. 가령 미국의 서브웨이(Subway) 샌드위치는 신제품 출시를 앞두고 팔로워들에게 신제품 소개 트윗과 함께 할인쿠폰을 제공하여 신제품 홍보 및 매출효과를 거두었다. 또한 기업은 트위터를 통하여 팔로워를 늘림으로써 기업이미지 제고나 브랜드 홍보효과를 극대화할 수 있다. 한 조사에 의하면 트위터의 관심 글 이용자 중 약 9%가 기업/단체의 이벤트나 행사에 관한 글을 관심글로 수집해 놓고 있는 것으로 나타난 만큼 기업이 전달하는 메시지에 단순 노출되는 것을 넘어 소비자들이 적극적인 반응을 보임을 알 수 있다.

트위터의 주요 광고상품들은 프로모션 트윗(promotion tweet), 프로모션 계정(promotion account), 프로모션 트렌드(promotion trends) 등이 있다. 프로모션 트윗은 일종의 트윗 메시지광고로서 타임라인에 나오는 친구 소식 사이에 노출되며, 광고와 트윗을 혼동하지 않게 트윗 아래에 작게 '~님이 프로모션 중'이라고 표시가 되어있다. 프로모션 계정은 타임라인 왼쪽과 '발견하기'에서 사용자가 팔로잉(following)하면 좋을 계정을 사용자의 관심사나 친구 성향에 따라 몇 개 추려주는 데 여기에 종종 프로모션 계정을 소개하거나 검색 결과에 프로모션 계정(예를 들어 'samsung'을 검색하면 @SamsungCamera를 보여줌)을 띄워주기도 한다. 프로모션 트렌드는 실시간 트렌드에 나타난다. 실시간 트렌드는 네이버의 실시간 급상승검색어 및 다음의 실시간 이슈와 비슷하다. 즉 프로모션 트렌드는 네이버 실시간 급상승검색어가 광고로 운영되는 경우와 같다. 트위터 사용자는 프로모션 트렌드를 클릭하면 해당 주제와 관련된 사용자, 트윗, 이미지를 볼 수 있다. 트위터광고의 노출 스크린의 범위는 모바일과 PC를 포함하며, 타깃팅 옵션은 광고 상품에 따라 성별, 지역, 관심사, 사용자 ID, 키워드, 디바이스, 팔로워, 유사(Look-a-likes) 타깃팅 등이 다양하게 적용이 가능하며, 과금 체계는 CPI, CPV, 고정 가격 등 다양하다.

블로그

블로그(blog 혹은 Web log)는 인터넷을 의미하는 웹(Web)과 일지 혹은 기록을 뜻하는 로그(Log)를 합친 낱말로, 스스로가 가진 느낌이나 품어오던 생각, 알리고 싶은 견해나 주장 같은 것을 웹을 이용하여 올리고 저장하여 다른 이용자들과 공유할 수 있는 공간으로 정의된다. 블로그는 2013년 소셜 미디어 마케팅 산업 리포트(social media marketing industry report)에 의하면 페이스북, 트위터, 링크드인에 이어 전세계 마케터들이 네 번째로 많이 사용하는 전통적인 소셜 미디어이지만 페이스북, 트위터, 유튜브 등 새로운 소셜 미디어 플랫폼들의 성장으로 광고매체로써 그 영향력이 점차 감소하고 있다.

블로그는 일반적으로 한 사람마다 하나씩(계정마다) 블로그를 가입 및 설정할 수 있으며, 한 사람이 자신의 글을 올리고, 관리하지만 많은 사람들이 볼 수 있고 의견을 나눌 수 있기 때문에 1인 미디어라고 불린다. 블로그는 일기나 감상의 기록, 자유로운 자

표 20-10 블로그를 활용한 마케팅 유형과 특징

유형	세부유형	특징
간접 활용	체험 마케팅형	일반 블로거를 모집하여 기업이 제공한 블로그 또는 블로거 본인의 블로그에 게시하여 확산을 시도
	리뷰 마케팅형	파워블로거를 섭외하여 일정한 대가를 지불하고 제품의 사용후기를 작성, 해당 블로그에 올려 홍보를 유도
	광고 플랫폼형	일반 블로그를 문맥 광고(애드센스, 애드포스트, 애드클릭스 등) 또는 배너 광고를 게시하는 플랫폼으로 활용
직접 활용	기업 블로그형	기업 이름으로 블로그를 오픈하여 각종 마케팅 활동 직접 수행하며, 홈페이지와 병행 또는 홈페이지 없이 블로그만으로 운영
	제품 블로그형	기업이 제품 또는 서비스 유형별로 다수의 블로그를 운영
	위장 블로그형	기업이 다수의 블로그를 만든 뒤 제품 리뷰를 모아 이 블로그에 올려 확산시키는 유형이며, 주로 포털 검색엔진의 상위에 랭크될 가능성을 높이기 위해 인위적으로 위장 블로그를 만들어 활용

자료원: 김위근 · 이강형 · 이동훈(2010). 한국의 파워블로거. 한국언론진흥재단.

아표출이 가능한 공간일 뿐만 아니라 답글, 방명록, 쪽지, 이메일 등의 기능을 통해 블로거(blogger)[12]와 방문자 간의 일대일 커뮤니케이션이 가능하고 다른 블로그와 연결되어 수없이 확산될 수 있다. 블로그는 광고노출뿐만 아니라 신제품 런칭, 제품광고, 고객 정보 수집, 입소문 마케팅, 브랜드 커뮤니티 형성, 고객관계관리, 기업 및 브랜드 이미지 홍보를 위한 통합적 마케팅 커뮤니케이션 채널로써 활용되고 있다. 특히 블로그를 이용하는 소비자들 간의 제품을 둘러싼 자발적 여론 형성, 다양한 네트워크 확장성을 이용한 빠른 입소문, 정보에 대한 신뢰성, 친밀감 등으로 인하여 광고주의 입장만을 전달하는 기업의 홈페이지보다 효과가 크다. 또한 블로그는 기업들에게는 제품에 대한 소비자들의 리뷰(review, 사용후기) 등을 통하여 소비자들의 관심이나 욕구, 문제점, 취향 등을 파악할 수 있는 공간으로써 활용된다.

광고매체로써 블로그의 특성은 정보의 투명성, 신뢰성, 상호작용성, 네트워크의 확장성을 들 수 있다. 블로그에서 제공되는 정보는 공개되며, 게시글을 포스팅한 사람이 누구인지도 공개된다. 또한 이용자가 필요로 하는 전문적 정보를 제공하기 때문에 이용자들의 메시지에 대한 관여도가 높고 인위적인 조작이 가해지지 않은 참여자의 생생한 목소리를 그대로 전달한다는 장점으로 인하여 신뢰성이 크다. 블로그는 조회하기[13], 답

12) 블로그를 소유해 관리하고 있는 사람.

13) 게시글을 읽는 행동.

글 남기기[14], 스크랩하기[15], 엮인글 달기[16], 공감하기[17]와 같은 상호작용적 기능들을 이용하여 블로거와 방문자 혹은 방문자들 간에 사회적 관계 맺기나 사회적 연결망을 형성할 수 있다. 가령 블로거가 자신의 블로그에 게시글을 작성하면 다른 이용자는 이 게시글에 대하여 조회를 하거나, 답글을 남기거나, 스크랩을 하거나, 역인 글 달기를 할 수 있다. 이러한 다양한 블로그의 상호작용적 기능으로 블로그는 사회적 연결망을 확립할 수 있으며, 이 과정에서 특정 블로그는 연결망 내에서 중심적인 노드(node)로 자리매김할 수 있고, 블로거 사이에 영향력을 행사할 수도 있다. 블로그는 트랙백(track back)[18], 태그(tag)[19], 퍼머링크(permanent link)[20], RSS(really simple syndication)[21]와 같은 네트워크 기능들을 제공해 다른 블로그와 서로 네트워크를 형성할 수 있다. 이러한 네트워크 기능들을 이용하여 블로그는 다른 블로그와 연결하여 커뮤니티를 형성할 수 있으며, 일 대 일, 일 대 다수, 다수 대 다수의 커뮤니케이션을 할 수 있다. 블로거들은 블로그의 네트워크 기능을 이용하여 그들의 일상 속으로 들어가게 되고, 다양한 소식들을 주고받음으로써 관계의 넓이를 확장하고 기존에 형성되었던 친밀한 관계를 더욱 강화하게 된다.

기업들은 직접 블로그를 개설하여, 고객관계관리와 마케팅에 활용하거나, 광고플랫폼 혹은 바이럴(viral)의 수단으로 활용한다. 예를 들어 기업, 제품, 서비스 이름으로 블로그를 개설하여, 직접 제품관련 글을 작성하여 게재하는 등 적극적인 마케팅을 전개할 수 있다. 반면 이 방법은 자신들이 올린 게시글에 대해서 소비자가 의문을 제기하거나, 이용자들의 방문을 유도하기가 쉽지 않다는 단점이 있다. 또한 기업들은 일반 블로그에 디스플레이광고를 삽입하여 블로그 방문자들에게 노출시키는 광고플랫폼으로써 활용한다. 이 방법은 기업이 블로거와 별도로 관계를 맺지 않고 웹 광고대행사를 통해 배너광고와 문맥광고(context ad)[22] 등을 블로그에 게재하고 블로그 방문자의 클릭

14) 게시글에 대하여 자신의 의견을 남기는 행동.
15) 게시글의 내용을 복사하여, 자신의 블로그에 게시글로 등록하는 행동.
16) 게시글과 연관된 새로운 내용을 자신의 블로그 내에 게시글로 작성하는 행동.
17) 포스트를 읽은 다른 이용자가 해당 글에 대한 공감 여부를 표현할 수 있는 일종의 추천 기능으로, 포스트 하단의 공감하기 버튼을 클릭하면, 해당 포스트의 공감수가 증가.
18) 다른 사람의 글을 읽고 그 글에 직접 댓글을 올리는 대신에 자신의 블로그에 글을 올리고 글의 일정 부분이 다른 사람의 댓글로 보이도록 트랙백을 보내는 것.
19) 태그(tag)는 블로거가 자신의 포스트에 키워드를 설정하면 다른 블로거가 키워드 검색을 통해 해당 포스트를 찾을 수 있는 기능.
20) 다른 블로그 사이트 이용자 간의 제한없는 활동을 할 수 있는 기능.
21) RSS(really simple syndication)는 타 블로그에 올라온 글들을 실시간으로 본인의 블로그에 수집할 수 있는 기능.
22) 콘텐츠와 광고메시지의 내용을 일치시키는 광고로써 콘텐츠 매칭광고로도 불린다.

율에 따라 블로거에게 대가를 지불한다. 구글(Google)의 애드센스(Adsense), 네이버(Naver)의 애드포스트(Adpost), 다음(Daum)의 애드클릭스(Adclix) 등이 대표적인 문맥광고 상품들이다. 이들 광고상품들은 광고를 보여주는 것에 동의한 블로거들에게도 수익을 나눠줌으로써 블로거의 적극적인 참여를 유도할 수 있으나 너무 지나친 광고 노출로 방문자들의 광고에 대한 거부감을 자극하여 블로그에 대한 신뢰성을 떨어뜨리기도 한다. 이외에도 기업들은 파워블로거와 고객체험단을 모집하여 제품에 대한 리뷰(사용후기)나 해당 브랜드에 대한 호의적인 글을 올리게 함으로써 조회 수와 방문자 수를 높일 수 있다. 이 방법은 파워블로거와 고객체험단이 오피니언 리더로서 역할을 수행하면서 블로거 간의 의사소통을 통해 광고에 대한 거부감을 줄이고, 구전효과를 기대할 수 있다. 다만 파워블로거와 고객체험단을 이용하여 블로그 콘텐츠를 생성할 때 기업의 제품홍보에 대한 소비자의 거부감을 줄이기 위하여 자연스럽게 소비자의 감성을 자극하면서 공감을 이끌어낼 수 있어야 한다. 예를 들어 한국 HP는 신제품 런칭 행사에 파워블로거들을 기자와 동등한 대우로 초청하여 행사후기 및 제품리뷰를 공개하고, 이슈거리를 만들어 많은 블로그 방문과 검색효과를 거두었고 제품에 대한 호감은 물론 매출상승의 효과를 거두었다.

5 기타 디지털 광고 유형들

1) 이메일광고

이메일광고는 HTML문서, 이미지, 소리, 동영상 등 다양한 멀티미디어 기술을 활용한 다양한 형태의 메시지를 개인의 이메일을 통하여 전달하는 광고이다. 이메일광고는 개인에게 DM(direct mail)의 형식으로 메시지를 보낼 수도 있고, 비개인화된 전체 수용자들을 대상으로 동일한 메시지를 동시에 전달하는 방법도 있다. 이메일은 전 세계 대부분의 소비자가 사용하는 커뮤니케이션 도구로써 기업들은 이메일을 이용하여 브랜드 및 기업 정보, 소비자의 필요에 맞는 구매정보를 제공할 수 있으며 이벤트, 할인행사, 신제품 등에 관한 다양한 정보 등을 제공함으로써 소비자와의 친밀한 관계를 형성 · 유지하고 나아가 브랜드 충성도를 높일 수 있다.

광고성 이메일은 크게 스팸(spam) 메일, 옵트인(opt-in) 메일, 옵트아웃(opt-out) 메일로 구분된다. 스팸메일은 수신자의 허락 없이 일방적으로 발송되는 메시지인 반면 옵트인 메일은 수신동의를 한 수신자들에게만 메일을 발송하는 형태이며, 옵트아웃 메일은 최초 메일은 동의 없이 보내지만 수신거부 여부를 확인하여 재발송하는 광고형태를 말한다. 스팸메일의 단점인 '정크(junk)메시지'의 이미지를 개선하기 위하여 이용자

표 20-11 이메일광고의 유형별 장 · 단점

	스팸(spam)메일	옵트아웃(opt-out)메일	옵트인(opt-in)메일
장점	대량발송가능 비용대비 효과 수신자의 거부기능 없음	묵시적 동의 수신거부의 어려움 고객유치 용이	명시적 동의 수신거부의 자유 충성도 높음
단점	사기성, 통제불가능 혼잡성 발신자 불명확	스팸과 유사한 효과 충성도 낮음	고객유치의 어려움

의 수신 허가를 전제로 한 옵트인메일의 비중이 확대되고 있다. 이메일광고는 점차 문자 중심에서 그래픽과 동영상을 첨부한 멀티미디어 형태로 발전하고 있다.

이메일광고를 활용함으로써 얻을 수 있는 마케팅효과는 신규고객의 확보, 매출증대, 기존 고객의 유지 및 관리를 들 수 있다. 이메일광고는 메일 서비스, 뉴스그룹, 메일링 리스트, 또는 타 기업의 뉴스레터를 통하여 잠재고객 명단을 확보하여 메시지를 전달함으로써 새로운 고객을 유치할 수 있다. 이메일을 통하여 카탈로그, 신상품 소개서, 경품행사안내, 세일안내를 통하여 직접 판매를 이끌어낼 수 있다. 거래과정에서 주문 확인, 거래확인, 계좌확인, 배송확인 등에 이메일을 이용함으로써 고객의 신뢰를 얻을 수 있고, 고객들에게 주기적으로 뉴스레터를 발송하여 재구매를 유도할 수 있으며, 고객의 문의사항을 접수하여 처리할 수 있다. 이처럼 이메일을 이용하여 고객들에게 다양한 서비스를 제공함으로써 기업이나 브랜드에 대한 신뢰를 구축하여 장기적으로 브랜드 자산의 축적에 도움을 줄 수 있다. 그러나 이러한 장점에도 불구하고 대부분의 광고성 이메일 메시지가 흔히 스팸메시지로 인식되어 바로 삭제되는 경우가 많은 점과 너무 많은 광고성 이메일 메시지가 전달되는 데에 따른 이용자의 거부감 등은 극복해야할 문제이다. 좋은 이메일광고는 고객과 상호 윈-윈(win-win) 할 수 있는 양방향 커뮤니케이션을 달성할 수 있는 광고라고 할 수 있다. 이를 위해 고객 데이터베이스와 과거 구매행태나 정보처리 행위에 대한 자료를 바탕으로 고객에게 특화된 이메일을 발송하는 것이 이메일광고 성공의 열쇠라고 할 수 있다. 이메일광고를 이용하여 고객 개개인의 욕구에 맞춰진 제품의 추천과 특별한 인센티브 프로모션을 통하여 반복구매를 유도함으로써 궁극적으로 고객 충성도와 관계 향상에 기여할 수 있다.

2) PPL

흔히 영화나 드라마 안에서 특정 제품이나 브랜드가 간접적으로 노출되는 것을 간접

광고 또는 PPL(product placement)이라고 하며, 일종의 간접광고의 한 형태이다. 온라인(PC)과 모바일에서 구현되는 PPL은 주로 게임 및 UGC와 같은 브랜디드 콘텐츠 내에 콘텐츠의 일부분으로서 삽입된다. 게임 속 PPL을 PPG(product placement in game) 즉 게임 속의 PPL이라고 한다. PPG는 영화, 드라마의 PPL과 유사한 방식으로 게임 내의 벽, 전광판, 매장, 표지판, 각종 아이템 등 게임 속의 다양한 영역에 광고나 제품을 게재하는 것을 말한다. PPG는 크게 세 가지 유형으로 분류할 수 있다. 첫째, 애드버게임(advergame)은 광고가 목적인 게임으로 자사의 제품, 브랜드, 캐릭터, 서비스를 소비자에게 알리기 위해 게임 제작업체가 광고주만의 게임을 개발하는 형태이다. 게임을 하는 동안 브랜드를 반복노출하고 체험하게 함으로써 브랜드 인지도효과를 얻을 수 있고, 감성적 메시지 수용을 통한 설득효과를 기대할 수 있다. 둘째는 게임 속의 옥외광고물 또는 배경영역에 특정 제품의 브랜드 및 로고를 간접적으로 노출하는 형태이다. 넥슨의 카트라이더에 PPG를 진행했던 코카콜라의 경우가 이에 해당된다. 셋째는 브랜드 가상체험용 PPL로써 제품이나 브랜드가 게임의 아이템으로 노출되어 이용자에게 인지도 상승효과를 기대할 수 있는 형태이다.

PPG는 인터넷 게임의 주 이용 층이라고 할 수 있는 10~20대를 표적 수용자로 마케팅활동을 진행하려는 광고주들에게 유용한 도구가 되고 있다. PPG의 광고매체로써의 활용가치는 메시지의 반복노출을 통한 누적효과에 있다. 기존의 대중매체가 일회성 소비의 한계를 지니고 있는 반면 게임의 경우 참여자의 반복 접촉률이 높고 광고노출의 누적량이 크다는 장점을 갖고 있다. PPG의 높은 광고수용성도 장점 중의 하나이다. 게임 속에서 접촉할 수 있는 프로모션은 제대로 배치될 경우 게임의 현실성을 높여주며 다른 매체와 같이 콘텐츠를 즐기는 과정을 방해하는 형식의 광고가 아니기 때문에 상대적으로 광고수용성이 높다고 할 수 있다. 게임의 테마에 적합한 브랜드와 광고창작물을 적용한다면 거부감은 오히려 선호요소로 바뀔 수 있으며 게임의 성격과 제품과의 연관성이 높은 경우 광고몰입도 측면에서 그 효과가 크다. PPG는 융통성 있는 캠페인 도구로써 전략에 따라 소재의 수정, 재배치가 유연하며 실시간 변경까지 가능하다. 또한 PPG는 게임시간 동안 노출되기 때문에 기존 인터넷 배너광고보다 이용자에게 주는 임팩트 면에서 뛰어나며, 광고 크리에이티브 표현도 타 매체와 비교하여 현실적 제약이 적어 다양한 표현이 가능하다는 장점이 있다. 온라인 PPG의 대표적인 성공사례로 나이키플러스의 PPG 캠페인을 들 수 있다. 나이키 플러스는 '러닝'에 필요한 조깅화, 조깅슈트, 측정컨 버터 등의 제품으로 이루어져 있는 브랜드로써 2007년 10월부터 2개월 동안 온라인게임인 '테일즈런너'2에 나이키 플러스 상품의 간접광고를 집

자료원: KOBA 2009 컨퍼런스

그림 20-12 테일즈런너 게임 속 나이키플러스 PPG의 예

행하였다. 테일즈런너의 트랙이나 펜스, 바닥 등에 나이키 플러스 상품을 광고로 노출시키고, 나이키 플러스 상품의 속성과 동일한 전용 아이템(나이키 플러스 로고가 들어가 있는 런닝화 및 런닝복 등)을 참가자들에게 제공하여 참여를 유도하였다. 2개월 간 집행된 PPG광고의 효과를 분석한 결과 게임에 직접 참여한 참가자는 약 35만여 명이고, 157만 명이 나이키플러스 광고에 직접적으로 노출되었으며 약 1억 2천만 개의 노출(impression)이 발생하였다. 이는 양적으로 국내 최대 포털사이트인 네이버의 메인 상단배너 4구좌가 일주일 동안 발생시키는 양과 같은 효과이다. 캠페인 결과 나이키플러스의 제품인지도는 26% 상승했고, 구매 고려도는 25% 상승했으며 제품에 대한 추천의사는 21% 증가한 것으로 나타났다.

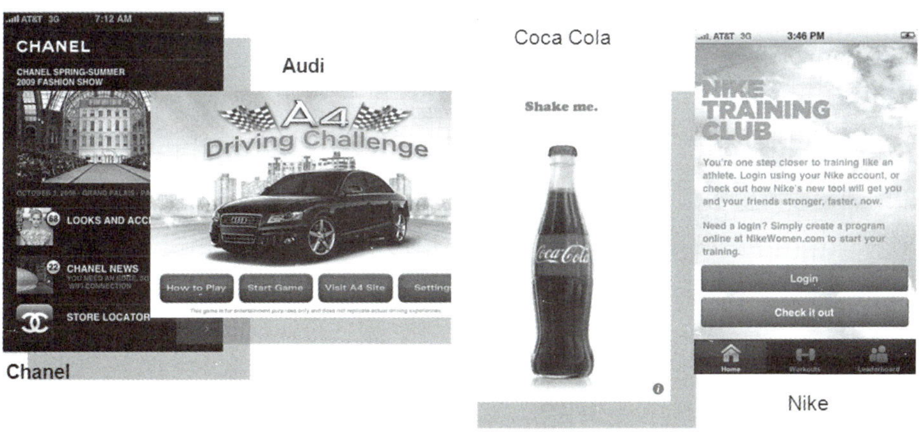

자료원: 메조미디어, 2010 KNP seminar.

그림 20-13 브랜드 앱광고의 예

3) 브랜드앱

브랜드 앱(brand app)은 기업에서 자사의 브랜드나 제품의 홍보를 위하여 제작하여 배포하는 스마트폰용 애플리케이션을 말한다. 브랜드 앱은 사용자들이 자신의 스마트폰에 직접 다운받아 유용한 정보와 다양한 콘텐츠를 이용하면서 거부감 없이 브랜드와 제품 정보에 노출되기 때문에 자사에 대한 홍보내용만을 집중적으로 전달할 수 있는 장점이 있다. 브랜드 앱을 경험한 사람들은 대부분 상품과 기업에 대한 관심이 더 증가되므로 이는 제품과 기업의 이미지 향상에 상당히 효과적이다. 현재 많은 글로벌 기업들은 브랜드 앱 마케팅의 효과 극대화를 위한 앱 개발과 더불어 브랜드 앱을 대중적으로 알릴 수 있는 통합 마케팅 커뮤니케이션 전략과 운영 노하우를 구축하고 있다. 예를 들어 외국 유명 업체인 크래프트 아이푸드 어시스턴트(kraft ifood assistant)는 자사의 제품을 브랜드 앱을 통해 홍보한 후, 브랜드 앱 사용자의 90%가 홈페이지에 회원가입을 하는 등의 눈에 띄는 효과를 거두었으며, 이외에도 아우디(Audi)의 A4 드라이빙 챌린지, 코카콜라의 Shake Me, 나이키의 트레이닝 클럽, 신상품 소개를 위한 샤넬의 앱 등이 브랜드 앱의 성공 사례들이라고 할 수 있다. 일반 소비자 제품이외에 영화정보, 무비 트레일러(movie trailer, 영화 예고편), 예매와 같은 서비스제품에도 브랜드 앱 활용이 이루어지고 있다.

CHAPTER 21

옥외(OOH)매체

옥외(OOH)매체는 집밖 외부에 각종 구조물을 이용하여 설치된 광고매체를 말한다. 옥외매체는 미국에서 out-of-home 혹은 outdoor advertising media로 불린다. 일반적으로 out-of-home이 outdoor advertising 보다 더 넓은 의미이다. 즉, outdoor advertising이 빌보드, 포스터, 혹은 네온과 같은 전통적인 형태의 옥외광고를 가리키는 반면 out-of-home은 버스정류장 광고, 쇼핑카트 광고, 비행기 혹은 비행선을 이용한 광고에 이르기까지 집밖에서 보여지는 모든 광고 형태를 포함한다.

2017년 제일기획 조사에 의하면 국내 옥외광고 시장 규모는 1조 24억 원으로서 전체 광고 시장의 9.0%를 차지하였다. 이중 전통적 옥외광고는 33.8%, 교통광고는 43.4%, 극장광고는 22.8%의 비중을 차지하였다. 옥외매체는 기존의 대중매체와 여러 가지 측면에서 다르다. 첫째, 옥외매체는 사람들의 눈에 많이 띄는 장소이면 어느 곳이나 설치할 수 있으며, 방송 및 인쇄매체와 달리 비교적 시공간의 제약을 적게 받는다. 이러한 이유로 광고메시지의 회상 능력이 뛰어나며 지역에 밀착된 광고효과를 창출할 수 있는 장점이 있다. 반면에 옥외매체의 단점으로는 광고메시지가 짧고 특정 목표청중을 선별적으로 수용하기 어려우며 설치장소가 부족하다는 점을 들 수 있다. 특히 옥외매체에 노출된 소비자들은 옥외매체의 단점인 메시지 전달의 한계로 인하여 적극적인 정보처리과정 혹은 인지활동이 발생할 여지가 적다고 할 수 있다. 그럼에도 불구하고 옥외매체는 브랜드명, 로고, 혹은 슬로건 등을 소비자에게 반복적으로 노출함으로써 브랜드에 대한 친숙성과 호감도를 증대시킬 수 있다. 최근에 옥외매체에 디지털 기술이 적용됨으로써 옥외매체는 제품정보 탐색 뿐만 아니라 이벤트, 프로모션, 제품판매 등 통합적 마케팅 커뮤니케이션을 구현할 수 디지털 사이니지(digital signage)로 발전하고 있다.

옥외매체는 종류는 전통적 형태의 옥외광고, 교통광고, 스포츠 경기장광고, 특수광고, 엔터테인먼트 미디어광고, 기차 SP매체광고로 분류할 수 있으나, 옥외광고물 관리법 상에서는 간판, 현수막, 애드벌룬, 벽보, 전단, 선전탑, 아취광고물, 창문 이용 광고물, 공공시설물 이용 광고물, 교통 시설물 이용 광고물 등으로 보다 더 다양하게 분류된다.

표 21-1 옥외(OOH)매체의 분류

	일반적인 분류	옥외광고물 관리법상 분류
전통적 형태의 옥외광고	빌보드(건물 옥상, 야립), 네온사인, 전광판	가로형간판 세로형간판 돌출간판
교통광고	버스, 지하철, 택시, 철도, 공항, 버스 터미널, 고속도로	공연간판 옥상간판 지주이용간판
스포츠 경기장 광고	야구장, 축구장, 농구장, 배구장, 골프장, 아이스 하키장, 볼링장, 수영장 등	현수막 애드벌룬 벽보
특수광고	비행선, 점보트론, 에드벌룬, 열기구, 전화번호부광고 등	전단 선전탑 아취광고물
엔터테인먼트 미디어광고	극장광고, 복합문화공간, 쇼핑몰 등	창문 이용 광고물 공공시설물 이용 광고물
기타 SP매체광고	매장 내 POP, 매장 내 비디오광고	교통시설물 이용 광고물 교통수단 이용 광고물

1 옥외매체의 유형과 효과

1) 전통적 옥외광고

전통적 옥외광고는 구조물이 설치된 위치에 따라 옥상, 빌보드, 네온사인, 야립광고 등이 있으며 광고물의 소재와 표현방법에 따라 네온사인, 전광판, 내부조명, 화공 등으로 분류된다. 빌보드(billboard)는 옥외광고의 가장 일반적인 형태로 옥외광고법상의 옥상간판, 지주 이용간판 등을 총칭한다. 보통 교통량이 많고 사람의 왕래가 빈번한 장소에 위치한 건물 옥상에 별도의 장방형, 삼각형, 원형 등의 게시시설을 설치하여 문자, 도형 등을 표시하거나, 승강기탑 등 건물의 옥상구조물에 문자, 도형 등을 직접 표시한다. 네온사인은 유리관에 주입하는 가스의 종류와 유리관 내부에 착색된 형광도료에 의해 30여가지의 색상을 표출하는 광고의 유형으로써 네온관의 색상과 점멸기의 전기적 점멸장치에 의해 표출 프로그램 변경이 가능하다. 전광판(LED)은 light emitting diode의 축약어로 자기발광소자로 번역된다. 전자식 발광 또는 화면 변환의 특성을 이용하여 표시내용이 수시로 변화면서 문자 또는 형상을 나타내는 광고물로써 동화상을 구현하여 소비자에게 제품 및 서비스에 대한 정보를 제공한다. 전광판광고는 옥외에 설치되는 대형 TV라고 할 수 있으며, 서울에는 40여개의 전광판광고가 있으며 광고문과 시청 앞의 전광판이 대표적이다. 전광판광고는 대부분의 소유자가 신문사이거나 영업행태가 정책적인 배경 하에서 이루어지는 이유로 인하여 유독 우리나라에만 성행하

빌보드

전광판

네온사인

야립광고

자료원: (주)전홍 2015

그림 21-1 전통적 옥외광고의 유형들

는 기형적인 매체이다. 야립광고는 고속도로, 국도, 지방도 등의 도로변에 간판을 설치해 차량탑승자들에게 노출시키는 광고를 말한다.

전통적 옥외광고의 효과측정은 차량유동인구, 도보유동인구, 가시각도, 노출시간, 차량 정체도(평균 주행 속도) 등에 따라 달라진다. 이들 효과측정요인들 가장 중요한 요인은 DEC(daily effective circulation)이다. DEC는 차량유동인구와 도보유동인구를 합한 일일 유효 노출 사람 수를 나타내는 개념으로써 해당 옥외 광고물을 볼 가능성이 있는 최대 인원 수를 말한다. DEC 이외에 가시각도, 가시거리, 노출시간, 차량의 평균 주행속도에 따라 옥외광고물의 인지 가능성은 다르기 때문에 전통적 옥외광고의 노출효과는 일반적으로 DEC에 가시각도, 가시거리, 노출시간, 차량 평균 주행속도를 가중치로 적용하여 결정된다. 예를 들어 〈표 21-2〉에서 보여지듯이 옥외광고 효과측정 모델에서 옥외광고 노출지수 50의 의미는 도보유동인구 및 유동차량 탑승객 총원 중 50%가 해당 광고물을 본다는 것을 말한다. 한편 보행자의 수가 많은 길거리에서는 보행자들이 상호 충돌을 회피하는데 신경을 집중하기 때문에 광고물에 대한 보행자들의 시선이 분산되고 광고물의 주목효과가 감소한다는 주장도 일각에서는 제기되고 있다.

표 21-2 전통적 옥외광고 노출효과 평가 항목들

항목		정의
DEC	차량 유동인구	하루 동안 특정 옥외광고물에 노출되는 총 차량 탑승자 수
	도보 유동인구	하루 동안 특정 옥외광고물에 노출되는 총 보행자 수
가시성	가시각도	특정 옥외광고물이 식별 가능한 영역 ○가시각도 = 유효 가시각도 / 최대 가시각도
	가시거리	특정 옥외광고물이 최초로 보이기 시작한 지점으로부터의 거리 ○가시거리 = 유효 가시각도 / 최대 가시거리
	노출시간	특정 옥외광고물에 노출될 가능성이 있는 시간
차량정체도		옥외광고물이 설치된 지역의 평균주행속도 ○차량정체도(평균주행속도) = 허용속도 / 평균속도
옥외광고 효과측정 모델의 예		옥외광고 노출지수 = DEC × 가시각도 × 노출시간 × 평균주행

자료원: 심성욱, 고한준, 김효규(2012)의 자료를 바탕으로 재구성

교통광고

교통광고는 교통수단의 내 · 외부에 설치되는 교통수단 이용 광고물과 교통시설에 설치되는 교통시설물 이용 광고물로 구분된다. 교통광고는 제작비가 저렴하고, 적은 비용으로 미디어 커버리지를 확대할 수 있다는 점에서 전통적 옥외광고보다 선호되는 매체이다. 교통광고에는 지하철광고, 차량광고(버스 및 택시), 철도광고, 공항광고, 고속도로광고가 있다. 지하철광고는 지하철 역사내 광고와 지하철 내 · 외부 광고로 나뉘는데 지하철 역사 내 광고의 대표적 유형으로는 스크린도어광고, 와이드칼라광고, 래핑광고 등이 있으며, 지하철 내부광고로는 천정걸이 형, 모서리형, 액자형, 천정에 걸려있는 LCD모니터를 이용한 동영상광고 등이 있다. 천정걸이형은 가시거리가 양호하며, 모서리형은 내부 혼잡도와 관계없이 지속적 노출이 가능하며, 액자형은 탑승객의 눈높이에 위치하고 있어 주목효과가 크다. 지하철광고는 일일 평균 지하철 이용 인원이 수도권의 경우 1,000만 명에 달하기 때문에 노출효과가 매우 크고 노출효과에 비해 광고단가가 비교적 싸기 때문에 광고주들의 선호도가 높다.

지하철광고 다음으로 사람들의 눈에 자주 띄는 교통광고는 버스광고이다. 버스광고는 버스 내 · 외부 및 버스 승하차장에 부착한다. 버스광고는 자연스럽게 사람들의 시선을 유도하며 일정한 노선을 반복 주행함으로써 보다 넓은 지역에 반복 노출되는 효과가 있다. 철도광고는 철도차량을 이용하는 여행객들을 대상으로 한 광고로써 차량내 및 역사 내 · 외부 광고가 있다. 공항광고는 국제 및 국내공항 내 · 외부에 일정기간 지속적으로 설치된 광고물로써 공항 내 · 외부의 눈에 쉽게 띄는 곳에 설치된 디지털 사이니지와 카트광고 등이 있다. 공항광고는 공항을 출입하는 내외국인을 대상으로 기업들의 대외 이미지를 제고할 수 있다. 고속도로광고는 고속도로 휴게소, 톨게이트, 고속

표 21-3 교통광고의 유형

구분	종류	특징
교통수단 이용 광고	지하철광고, 버스광고 택시광고	지하철, 버스, 택시의 내 · 외부에 설치된 광고물들. 지하철내부광고는 천정걸이형(천정에 걸려있는 광고), 모서리형(측면 벽과 천정사이의 모서리 부분), 액자형(출입문 상단과 좌우측 벽면에 설치된 광고)이 있음.
교통시설물 이용 광고	버스 승하차장 공항광고 고속도로 시설물광고 KTX 역사 내부광고 지하철 역사 내부광고	공항광고는 디지털 사이니지, 카트광고가 있으며, 고속도로광고는 고속도로 휴게소, 톨게이트, 고속도로 연도 등에 설치된 광고물이 있음. 지하철 역사 내부광고는 와이드칼라광고, 래핑광고, 스크린도어광고 등이 있음.

버스 승강장 광고

버스 외부광고

택시 외부광고

지하철 와이드칼라광고

지하철 내부 모서리형광고

KTX역사 내부광고

자료원: ROI커뮤니케이션, 2015

그림 21-2 교통광고의 유형들

도로 연도 등 고속도로와 관련된 시설물에 설치된 광고로 고속도로망이 연결된 비교적 넓은 지역에 도달할 수 있다.

스포츠경기장광고

스포츠경기장광고는 스포츠관련 시설물에 광고물을 설치하여 일정기간동안 지속적으로 표시하는 광고물로써 경기장 시설물에 직접 문자, 도형 등을 표시하거나 목재, 아크릴, 금속재 등의 게시시설을 설치하여 표시한다. 가장 대표적인 스포츠광고는 야구장 펜스광고, 축구장 A보드광고, 농구장광고, 배구장광고 등이 있다. 특히 스포츠광고는 TV나 신문 등 다른 보도매체를 통한 간접광고 효과가 더 큰 것으로 알려져 있다.

엔터테인먼트광고

엔터테인먼트광고는 극장광고, 복합문화공간, 쇼핑몰 등을 포함한다. 이 중 극장광고는 영화와 같은 필름 형태의 광고를 상설 영화관에 집행하는 광고로써 폐쇄된 공간에 대형 스크린을 통해 메시지를 전달하므로 주목효과가 높다. 극장광고는 극장의 좌석 수, 타깃, 극장시설 및 쾌적성 등을 사전에 확인하여 적어도 1개월 전에 예약해야 섭외가 가능하며, 영상물 등급위원회로부터 사전 심의를 받아야 집행이 가능하다.

특수광고

특수광고는 옥외광고, 교통광고, 스포츠광고를 제외한 판매촉진을 위해 여러 장소에 다양한 도구를 이용한 다양한 형태의 광고를 총칭한다. 대표적인 광고물로는 비행선광고, 점보트론, 애드벌룬, 엘리베이터광고 등이 있다. 특수광고는 새로운 형태의 광고물의 개발로 지속적으로 증가하는 추세이다.

2 디지털 사이니지

디지털 사이니지(digital signage)란 옥외, 점두, 공공 공간, 교통기관 등 모든 장소에서 전자적 표시 기구를 이용하여 정보를 발신하는 시스템 혹은 중앙의 한 지점에서 제어되는 디스플레이들의 네트워크로써 정의된다. 즉 디지털 사이니지는 네트워크를 통한 원격제어가 가능한 디지털 디스플레이를 공공장소나 상업공간에 설치하여 정보, 엔터테인먼트 프로모션, 광고 등의 다양한 콘텐츠를 제공하는 디지털 미디어라고 할 수 있다. 이상의 정의에서 보여지듯이 디지털 사이니지는 디지털 디스플레이 기술, 네트워크 기술, 인터랙티브 기술을 기반으로 공공장소와 상업공간에서 LCD, PDP, LED 등의 디스플레이 패널을 통해 다양한 정보와 광고 등의 콘텐츠를 표출하는 디지털 미디어를 뜻하고 있음을 알 수 있다. 따라서 디지털 사이니지는 기존의 전통적인 옥외매체와 달리 유무선 네트워크를 이용하여 언제, 어디서든 타깃이 밀집된 지역에 원하는 정보를

표 21-4 전통적 옥외매체와 디지털 사이니지의 차이

역할	전통적 옥외매체	디지털 사이니지
노출유형	수동적 노출(Push형)	능동적 노출(Pull형)
커뮤니케이션 패러다임	일방향(one-way)	양방향(two-way), 상호작용
정보처리과정 (효과위계모형)	수동적 정보처리과정 (예: AIDMA모형 등)	능동적 정보처리과정 (예: AISAS, AIMSCAS모델 등)
광고효과	타깃 커버리지, 타깃 OTS	타깃팅효과, 인게이지먼트, 체험, ROI효과, 구전효과, Lead(잠재고객창출)
효과측정방법	기억에 의존하는 설문조사	로그파일 분석 등 추적(tracking)조사

전달할 수 있을 뿐만 아니라 인터랙티브 기능을 활용하여 타깃에게 브랜드와 관련하여 흥미로운 경험을 제공할 수 있다.

디지털 사이니지는 전통적인 옥외광고와 달리 광고커뮤니케이션 패러다임을 기존의 일방향에서 양방향구조로 바꾸고 있다. 즉, 전통적인 옥외매체는 푸쉬(push)형 방식으로 일방적으로 소비자들에게 광고메시지를 전달하였으나, 디지털 사이니지는 특정한 시간과 공간 혹은 장소에 속해 있는 사람들의 특성을 파악하여, 맞춤형 메시지를 전달할 수 있으며, 이벤트나 세일즈 프로모션을 통하여 고객으로부터 직접적인 반응을 촉구할 수도 있다. 예를 들어 20대 여성을 타깃으로 하는 화장품 회사가 신제품에 대한 인지도를 높이고 싶다면 이들의 라이프스타일을 파악하여 이들이 자주 이용하는 복합상영관이나 헤어샵 등에 설치된 인도어 디지털 사이니지를 이용하여 신제품에 대한 브랜드 인지도를 높일 수 있다. 또한 옥외광고물에 부착된 QR코드와 연동하여 실시간 상품을 주문, 구매하게 할 수도 있다. 이러한 이유로 디지털 사이니지는 점차 보조매체로서의 역할을 넘어서 통합적 마케팅 커뮤니케이션을 구현하는 광고매체로 발전될 것으로 전망된다. 최근에 디지털 사이니지는 무안경 3D 디스플레이 기술, NFC[1], 증강현실[2], 멀티터치 기술, 소형 카메라를 활용한 안면인식 기술 등 다양한 기술들이 접목되어 멀티미디어성과 상호작용성을 극대화하고 이용자와 소통할 수 있는 형태로 진화하고 있다.

전통적인 옥외매체와 디지털 사이니지의 차이점을 살펴보면 전통적인 옥외매체는 불특정 다수에게 광고메시지를 노출시키고, 타깃 커버리지와 타깃 OTS(opportunity to see)를 제공하는 것에 초점을 맞추고 있으나, 디지털 사이니지는 단순히 타깃 커버리지와 타깃 OTS를 넘어서 스마트폰 및 QR코드 기술 등과 연동하여 소비자에게 제품

1) near field communication의 머리글자로써 차세대 근거리 무선통신 무선태그기술(RFID) 중 하나로써 13.56MHZ의 주파수대역을 사용하는 비접촉식 통신기술

2) 일명 AR이라고도 하며 사용자가 눈으로 보는 현실세계에 3차원 가상 물체를 겹쳐 보여주는 기술

뉴욕 타임스 스퀘어 현대차 옥외광고판에서 '미스터 브릴리언트'가 방문객의 모습을 자신의 캔버스에 그려주는 모습

자료원: blog.naver.com/taeseung67

그림 21-3 현대 자동차 양방향 옥외광고

정보 탐색뿐만 아니라 프로모션과 이벤트참여 등의 기회를 제공하고 소비자로 하여금 광고에 직접 참여하게 하는 등 상호작용적 커뮤니케이션을 가능하게 한다. 예를 들어 2014년에 현대자동차는 뉴욕 타임 스퀘어에서 'Hyundai Brilliant Interactive Art'라는 양방향 옥외광고캠페인을 런칭하여 큰 화제를 불러일으켰다. 이 광고는 3면 형태의 옥외광고판 안에 살고 있는 'Mr. Brilliant'라는 가상의 인물을 내세워 시시각각 다양한 화면을 보여주며 관람객과 감성적 소통을 시도하는 방식으로 진행되었다. 구체적으로 현장 관람객이 최첨단 안면인식 카메라 앞에서 여러 가지 포즈와 표정을 지으면 촬영된 얼굴을 Mr. Brilliant가 다양한 테마의 이미지로 꾸며 자신의 캔버스에 하나의 예술작품으로 완성해 제시한다. 또한 관람객이 즉석에서 가족, 친구, 연인 등 소중한 사람들의 이름과 이들을 향한 메시지를 스마트폰으로 작성, 와이파이(Wi-Fi)를 통해 전송하면 이를 Mr. Brilliant가 옥외광고판에 게재하여 추억을 선사하는 기회도 제공한다. 이렇듯 소비자를 직접 광고에 참여시켜 광고의 주인공으로 만드는 마케팅방식을 컨슈미디어 마케팅(consumedia marketing)이라고 한다. 이밖에 디지털 사이니지는 중앙제어를 통해 과학적이고 정확한 효과 측정이 가능하다는 점에서 차량 및 도보유동인구 조사에 의존하는 전통적 옥외광고의 효과측정과 큰 차이가 있다고 할 수 있다.

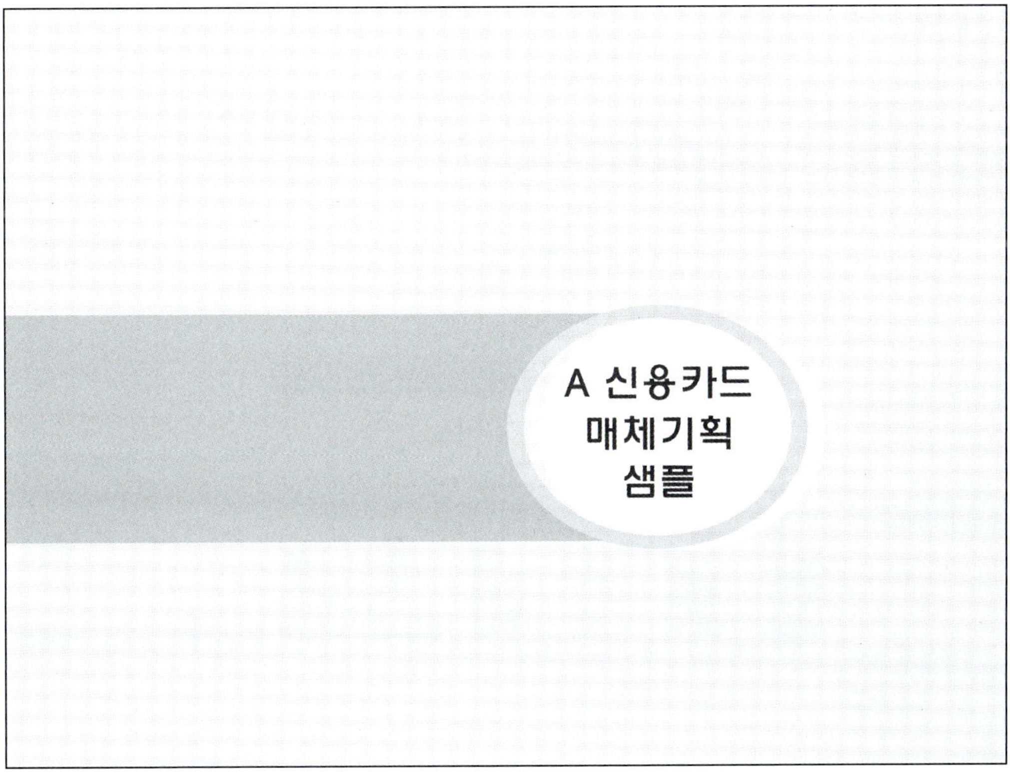
A 신용카드
매체기획
샘플

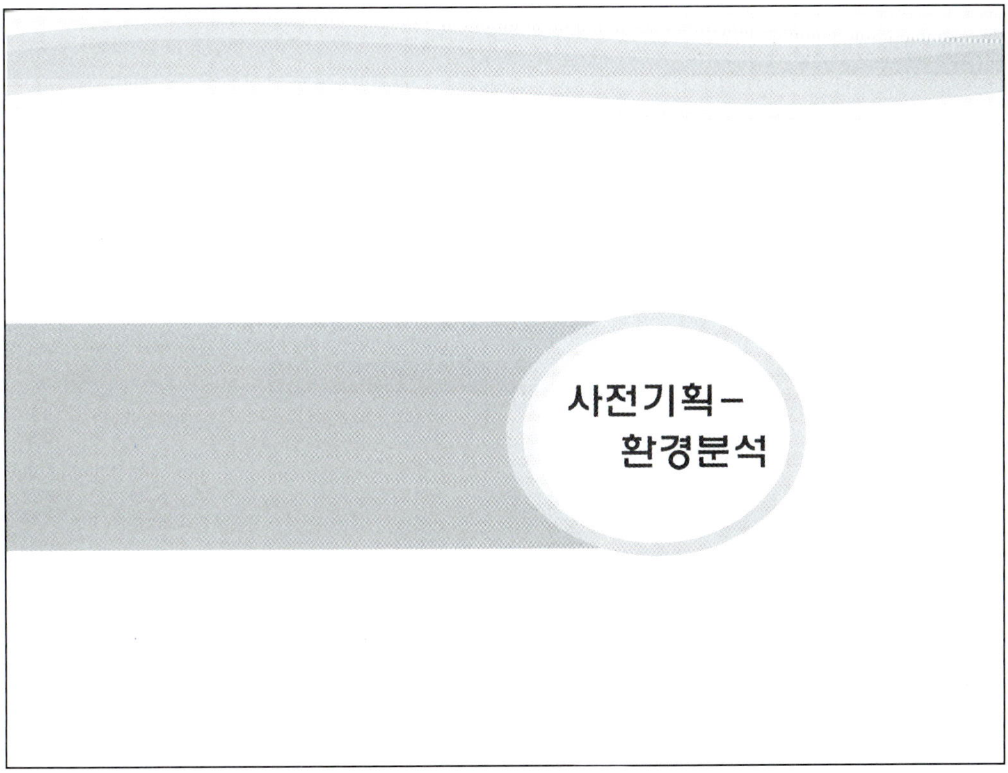
사전기획-
환경분석

5대 매체 광고비 추이

'06년 주요 카드의 5대 매체 광고비 급증, 광고 경쟁 활성화
BC/LG/KB/롯데카드의 광고비가 전년 대비 40~144% 가량 증가

- [현대] : S, M카드 등을 런칭한 ' 04년에는 300억원, '05~'06년에는 270억원 가량 집행하면서 광고활동 주도
  [삼성] : '05년 이후 광고비 규모가 감소, 연간 150~160억원 수준
  [BC] : 광고비 규모가 꾸준히 증가하는 추세, '06년 230억원 규모
  [LG/KB/롯데] : '06년 광고비 수준이 140~160억원 규모로 증가

주요 카드의 5대 매체 광고비 추이 (억원)

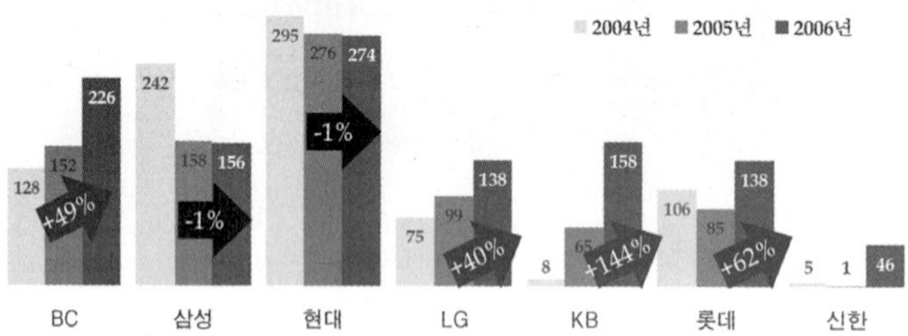

❖ 5대 매체 광고비 : KADD에서 집계된 지상파TV, 케이블TV, 라디오, 신문, 잡지 광고비로 케이블TV는 KADD광고비에서 채널 별 보너스율을 적용하여 추정함

자료원 : KADD

5대 매체 광고비 비중

'06년 주요 카드는 TV매체를 통한 이미지 광고활동에 90~180억원 투입

- 지상파 + 케이블TV 에 전체 광고예산의 60~80% 가까이 투입
- 주력 매체인 지상파TV의 경우 현대 160억원 > BC 120억원 > LG/롯데/삼성 90~110억원 > KB 80억원 수준

'06년 주요 카드의 5대 매체 광고비 비중 (억원)

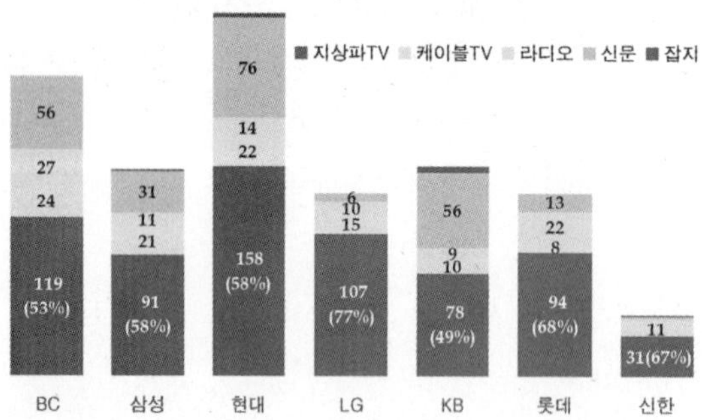

❖ 5대 매체 광고비 : KADD에서 집계된 지상파TV, 케이블TV, 라디오, 신문, 잡지 광고비로 케이블TV는 KADD광고비에서 채널 별 보너스율을 적용하여 추정함
❖ 괄호 안 수치는 전체광고비 중 지상파TV 광고비 비중

자료원 : KADD

TV 집행 효과

'06년 현대 카드가 23%의 SOV로 TV광고활동을 주도하는 가운데,
BC/삼성/LG / KB / 롯데가 각각 13~16%의 SOV를 차지하며 이미지 광고경쟁이 격화됨

- 현대카드의 경우 TV 매체에 약 8,300GRPs를 투입하면서 23%의 SOV 획득
  기타 카드의 경우 TV매체 노출량 수준이 4,000~6,000GRPs 규모
- 케이블TV 노출량 믹스 비율은 10~20%수준임
- TV매체의 CPRP는 1.9~2.3백만원 수준으로 KB/삼성이 비교적 효율적인 집행을 함

'06년 주요 카드의 TV매체 광고비 및 노출량, 효율성

(단위:백만원, %)

	광고비				GRP				CPRP		
	지상파TV	케이블TV	TV전체	SOS (%)	지상파TV	케이블TV	TV전체	SOV (%)	지상파TV	케이블TV	TV전체
B C	10,704	2,356	13,059	18	4,992	776	5,768	16	2.14	3.04	2.26
삼 성	8,222	1,628	9,849	13	4,036	1,163	5,199	15	2.04	1.40	1.89
현 대	14,440	2,189	16,630	23	7,016	1,318	8,335	23	2.06	1.66	2.00
L G	9,997	1,480	11,477	16	4,281	878	5,159	14	2.34	1.69	2.22
K B	6,966	1,425	8,391	11	3,711	835	4,546	13	1.88	1.71	1.85
롯 데	9,161	844	10,005	14	4,241	445	4,686	13	2.16	1.90	2.13
신 한	2,807	1,075	3,883	5	1,310	742	2,052	6	2.14	1.45	1.89

❖ 지상파TV 광고비는 옵션이 제외된 날슨 기준의 금액임

자료원 : AGB Nielsen Ariana

TV 노출량 추이

주력매체인 TV의 집행 패턴을 살펴보면,
현대는 600~800GRPs수준으로 연중 지속 노출하는 Continuity 스케줄링 패턴을 보이며,
BC/LG/삼성/롯데는 Flight 스케줄링으로 집행하되, 광고중단기간을 1~2개월로 짧게 유지
- BC와 KB의 월 평균 노출량이 900GRPs로 가장 공격적인 수준, 기타 카드의 경우 550~700GRPs수준

'06년 주요 카드의 TV GRP 추이

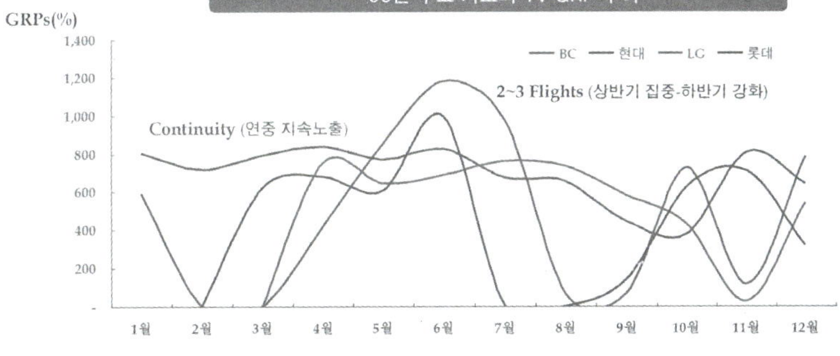

GRP	1월	2월	3월	4월	5월	6월	7월	8월	9월	10월	11월	12월	누적	월평균
BC	593	-	-	417	849	1,180	971	63	69	726	115	786	5,768	920
삼성	617	-	647	796	611	494	30		617	635	217	534	5,199	574
현대	802	717	789	836	768	824	675	655	442	377	809	640	8,334	695
LG			-	752	643	685	759	734	583	432	27	544	5,159	641
KB							-	1,042	804	875	874	950	4,546	909
롯데		-	619	677	606	993	3	-	140	624	710	315	4,686	585
신한				366	357	396	-	-	2				1,121	373

자료원 : AGB Nielsen Ariana

TV 도달수준

타깃에 대한 월 유효도달 (3회 이상 도달률)수준을 보면,
집중 시 월 64~77%의 타깃에 3 회 이상 광고를 도달시키는 공격적인 수준으로 집행하며
평균적으로 최적~최대수준(56~62%)의 도달수준을 유지함

최소 수준	30~45%	일반시장의 장기 유지 수준, 경쟁 없는 시장에서의 런칭 후 투입 수준
최적 수준	45~60%	경쟁이 치열하지 않은 시장 런칭 혹은 일반시장에서의 런칭 2~3개월째 투입 혹은 유지,강화기
최대 수준	60~80%	경쟁이 존재하는 시장에서의 런칭 초기 투입 혹은 단기적으로 집중적 광고활동이 필요할 때

'06년 주요 카드의 TV 월 유효도달(R3+) 수준

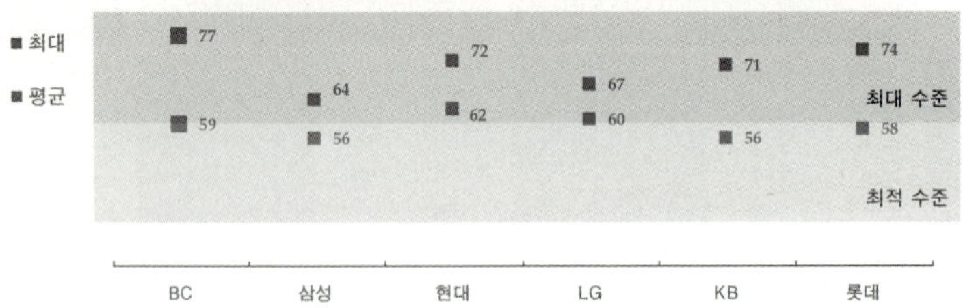

자료원 : AGB Nielsen Ariana

5대 매체 광고활동 요약

	현대	BC	삼성	LG	KB	롯데
2006 5대 매체 광고비 (억원)	274 ●	226 ●	156	138	158	138
5대 매체 광고비 점유율	24%	20%	14%	12%	14%	12%
Media Mix	주력 매체 : 지상파 TV (50~80%) 보조 매체 : 케이블 TV + 라디오 + 신문 + 잡지					
TV 광고비 (옵션 포함, 억원)	180 ●	143 ●	112	122●	88	41
TV GRPs, SOV	7,192GRPs 23% ●	5,058GRPs 16% ●	4,512GRPs 15%	4,442GRPs 14%	3,908GRPs 13%	3,979GRPs 13%
TV 스케줄링	Continuity 12개월	Pulse 10개월	3 Flights 9개월	Continuity 8개월	Continuity 5개월	2 Flights 8개월
TV 월 GRPs	695	920●	574	641	909 ●	585
TV 월 R 3+	62~72	59~77	56~64	60~67	56~71	58~74
	최적~최대수준의 유효도달률					

인터넷 광고비

현대와 KB가 인터넷 광고(배너중심)에 21~28억원 가량을 집행하면서 가장 적극적인 광고활동 보임
주요 카드사의 06년 월 평균 광고비는 0.5~2억원 수준

'06년 주요 카드의 인터넷 광고비 (백만원)

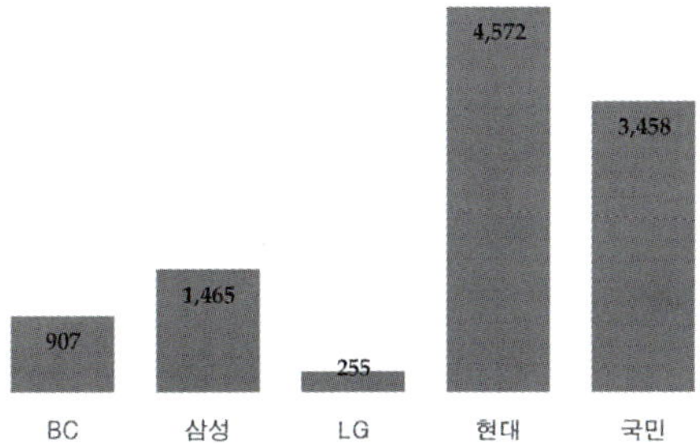

집계 금액	907	1,465	255	4,572	3,458
실집행 금액	550	880	150	2,800	2,100

1) 상기 광고비 중 <집계금액>의 약 60% 수준이 <실집행액>으로 추정됨
2) 상기 금액은 제휴, 바터 광고 등을 제외한 순수 인터넷 광고비이며 LG의 경우 네이버 검색 페이지 등 제외 물량이 많음

자료원 : AdRem 06 12월 기준

인터넷 광고비

주요 카드사의 경우 입학시즌이 시작되는 3월부터 하계 휴가 성수기인 7월 사이에 광고비 집중
(1월 삼성카드, 12월 현대카드 예외적인 광고집행)

'06년 주요 카드의 인터넷 광고비 추이 (백만원)

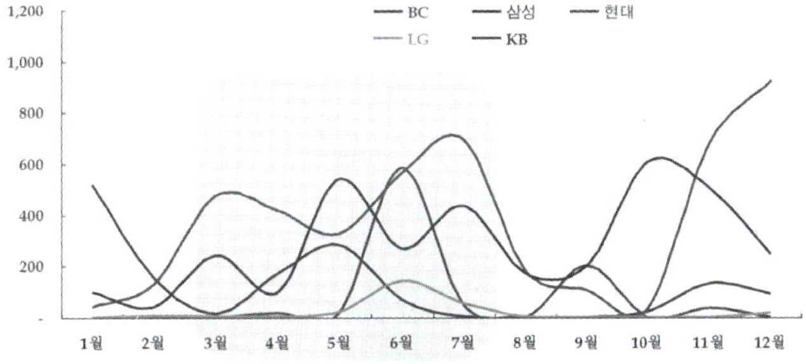

광고비	1월	2월	3월	4월	5월	6월	7월	8월	9월	10월	11월	12월	누적
BC	-	-	-	18	17	584	50	-	200	-	37	1	907
삼성	521	156	15	172	281	70	3	-	-	23	132	91	1,465
현대	42	129	475	416	325	563	694	182	106	35	680	927	4,572
LG	-	7	3	2	22	144	55	2	-	-	-	20	255
KB	99	41	241	99	543	266	437	174	201	608	506	245	3,458

1) 상기 광고비 중 <집계금액>의 약 60% 수준이 <실집행액>으로 추정됨
2) 상기 금액은 제휴, 바터 광고 등을 제외한 순수 인터넷 광고비이며 LG의 경우 네이버 검색 페이지 등 제외 물량이 많음

자료원 : AdRem 06 12월 기준

인터넷 매체 별 광고비

카드 광고비 중 포탈 사이트가 약 ¾의 압도적인 비중 차지
금융 업종 특성 상 언론사이트(신문/방송) 비중이 13%로 다소 높은 비중을 차지

'06년 주요 카드의 매체 별 인터넷 광고비

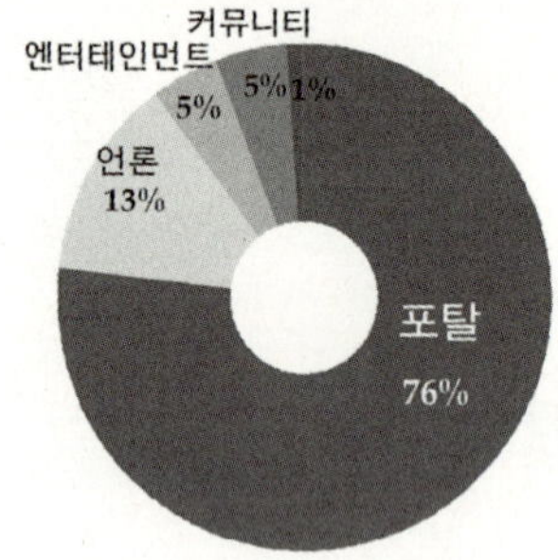

(단위: 백만원)

포탈	언론	엔터테인먼트	커뮤니티	기타
8,210	1,348	484	501	114

1) 상기 광고비 중 <집계금액>의 약 60% 수준이 <실집행액>으로 추정됨
2) 상기 금액은 제휴, 바터 광고 등을 제외한 순수 인터넷 광고비이며 LG의 경우 네이버 검색 페이지 등 제외 물량이 많음 자료원 : AdRem 06 12월 기준

인터넷 매체 별 광고비

주요 카드사는 포탈사이트에 56~94%의 인터넷 광고비 투입
현대카드의 경우 언론과 커뮤니티 사이트도 적극적으로 활용하는 경향

'06년 주요 카드의 매체 별 인터넷 광고비 (억원)

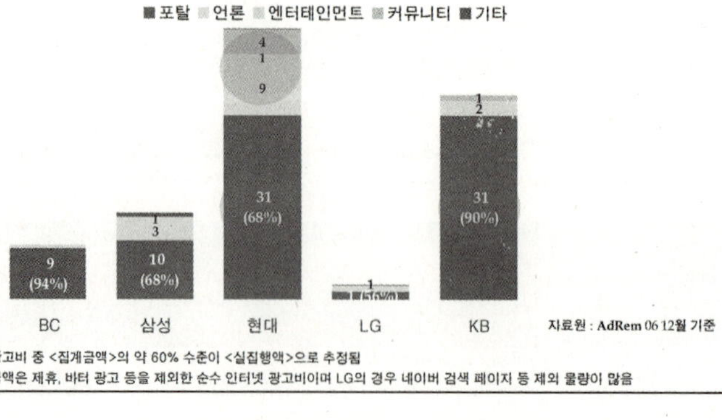

자료원 : AdRem 06 12월 기준

1) 상기 광고비 중 <집계금액>의 약 60% 수준이 <실집행액>으로 추정됨
2) 상기 금액은 제휴, 바터 광고 등을 제외한 순수 인터넷 광고비이며 LG의 경우 네이버 검색 페이지 등 제외 물량이 많음

인터넷 포탈사이트 별 광고비

'06년 포탈 사이트 중에서 네이버가 가장 압도적인 광고금액 기록
주요 포탈사이트 중 약 43%의 광고비 점유율을 획득

'06년 주요 포탈사이트의 광고비 (억원)

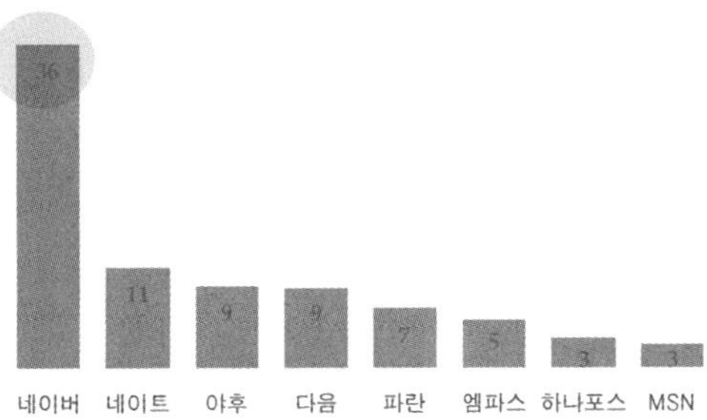

* 네이트는 싸이월드 포함 금액임

자료원 : AdRem 06 12월 기준

1) 상기 광고비 중 <집계금액>의 약 60% 수준이 <실집행액>으로 추정됨
2) 상기 금액은 제휴, 바터 광고 등을 제외한 순수 인터넷 광고비이며 LG의 경우 네이버 검색 페이지 등 제외 물량이 많음

인터넷 광고 집행패턴

'06년 BC카드

- 광고비 : 5~6월 월드컵 기간 중에 약 3.5억원 집행
  나머지 기간에는 월 평균 5천만원 수준, 6월 이후 광고중단
- 주 집행매체 : 네이버(1.5/월)
- 주요 광고 형태
  - 네이버 검색창 광고 : 검색창에서 OO를 쳐보세요
  - 네이버 브랜드 검색 페이지
  - 메인 및 뉴스 면 1일 고정 광고

[검색결과 면 브랜드 검색]

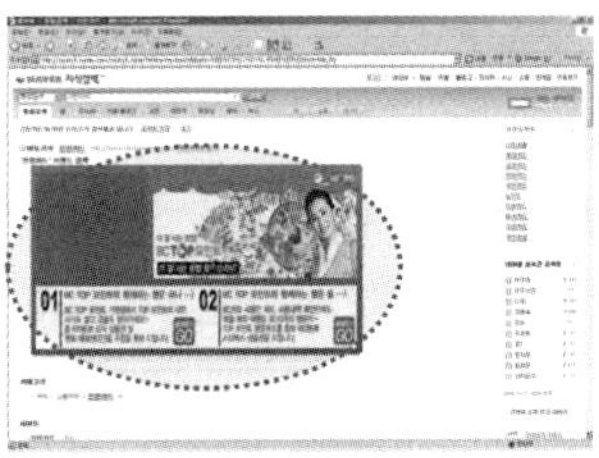

[메인 면 1일 고정 광고]

인터넷 광고 집행패턴

'06년 삼성카드

[검색결과 면 브랜드 검색]

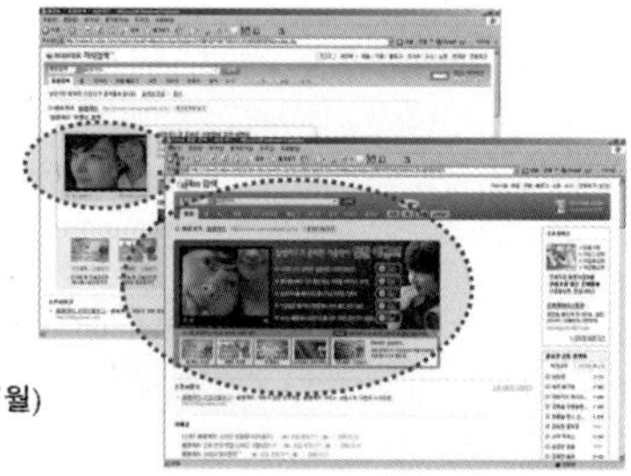

- •광고비 : 1~2월 월 3~4억원 수준 집행
  이후 네이버 브랜드 검색 페이지 중심으로 월 3천만원 집행
- •주 집행매체 : 연초 네이버(1억/월), 다음(3억/월), 연중 네이버 (3천/월)
- •주요 광고 형태
  - 네이버 검색창 광고 : 검색창에서 OO를 쳐보세요
  - 네이버 브랜드 검색 페이지 연중 집행
  - 07년 네이버 브랜드 블로그 재오픈 (수퍼루키)
  - 네이버 검색 랜덤 아이콘 진행 (06년 12월/5천만원)

[네이버 브랜드 블로그]

인터넷 광고 집행패턴

'06년 현대카드

[검색결과 면 브랜드 검색]

- •광고비 : 월 평균 5억~6억 (제휴 등 포함 실 집행 광고비임)
- •주 집행매체 : 네이버(3억/월) 브랜드 검색 페이지 연중 집행
  네이트(1억/월), 기타 야후, 다음 등
  야후의 경우 월드컵 이슈로 5~6월에 2~3억 집행,
  다음은 9, 10월 1억 집행
- •이슈 : 2006년 말 ~현재 신 브랜드 ' PRIVIA' 런칭으로
  약 3.5억 원의 광고비 집행
  M카드는 제휴카드 발급과 관련 싸이월드와 공동이벤트 진행
- •주요 광고 형태
  - 네이버 외에 대부분의 포털 사이트에서 브랜드 검색페이지 및 메인 면 1일 고정 광고 진행
  - 메인 면 상단 배너와 뉴스 및 금융관련 지면 배너 집행
  - 네이트온 메신저 상품 : Tab 입점, 검색창 광고

[네이트온 Tab]

인터넷 광고 집행패턴

'06년 KB카드

- 광고비 : 월 평균 3~4억 (제휴 등 포함 실 집행 광고비임)
- 주 집행매체 : 네이버(1.5~2억/월) , 다음, 네이트 등
  다음은 8월~12월 말까지 총 2.2억원의 예산 집행 중
- 이슈 : 하반기 이후 스타/포인트리 카드 및 엔크린카드를
  내세워 공격적인 커뮤니케이션 활동 전개
- 주요 광고 형태
  - 네이버 검색창 광고 : 검색창에서 OO를 쳐보세요
  - 네이버 메인 면 1일 고정 광고 : 월 평균 2~3회
    (특히 엔크린 카드 관련으로 집행이 많았음)
  - 네이버 브랜드 검색 페이지 연중 집행
  - 싸이월드 브랜드 미니홈피 운영 중(KB체크카드)
  - 기타 메인 면 상단 배너와 뉴스 및 금융 지면 배너 집행

[검색결과 면 브랜드 검색]

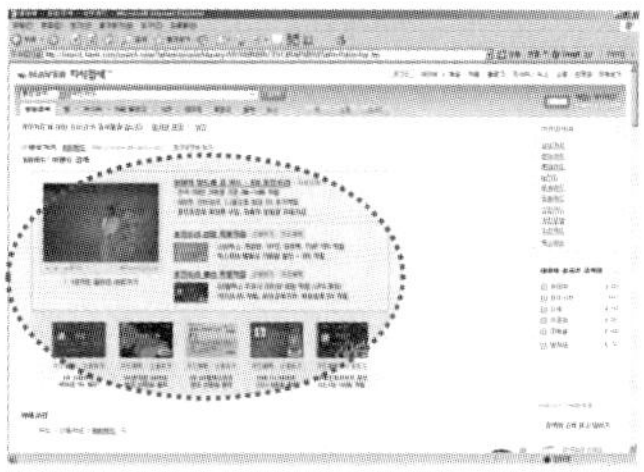

[싸이월드 KB체크카드 브랜드 미니홈피]

옥외 광고 집행패턴

주요 카드사는 버스,지하철 등 대중교통수단 위주로 광고 집행하고 있으며,
젊은 소비계층을 고려한 극장광고도 적극적으로 활용하고 있음

'06년 주요 카드의 옥외광고 집행

(단위:천원)

경쟁사	매 체 명	수 량	월 광고료	집행기간
BC	버스외부광고	280 대	168,000	06.6월~06.8월
	버스외부광고	250 대	187,500	06.12월~07.3월
	택시 쉘터 광고	100 면	68,900	06.6월
	극장광고		503,200	06년 총 광고료
	지하철 차내광고 2,4호선	3,767 매	259,122	06년 2개월 집행분
	스크린도어 PDP	25구좌	30,000	06.5월~7월
	지하철 원기둥광고	10 기	19,600	06.6월~7월
삼성	버스외부광고	100 대	70,000	06.7월~07.6월
	극장광고		162,500	06년 총 광고료
	지하철 차내광고 2,4호선	600 매	50,000	06년 2개월 집행분
	지하철 3,5호선 W/C 광고	2 기	3,240	06.5월~07년4월

옥외 광고 집행패턴

'06년 주요 카드의 옥외광고 집행

(단위:천원)

경쟁사	매 체 명	수 량	월 광고료	집행기간
현대	극장광고		281,300	06년 총 광고료
	지하철 차내광고 2호선	1,100 매	34,000	현재 집행 중
	버스외부광고	100 대	60,000	06.5월~06.6월
LG	부산 옥상광고탑	1 기	16,000	05.9월~07.8월
	대전 옥상광고탑	1 기	23,000	06.3월~09.3월
	강남 반포동 옥상광고	1 기	40,000	05.8월~08.8월
	극장광고		192,600	06년 총 광고료
	지하철 차내광고 2,4호선	1,100 매	123,900	06년 3개월 집행분
	2기 지하철 PDP 광고		20,000	06.1월~12월
국민	극장광고		301,000	06년 총 광고료
	서울,대구,인천 지하철 광고	1,500매	52,000	06.10월~12월
	버스외부광고	80 대	48,000	06.1월~12월
	버스외부광고	80 대	60,000	07.1월~12월
	용평 스키장 아림 광고	1 기	60,000	06-07 시즌

A 신용카드 매체 시사점

Media Mix

주요카드의 경우 TV매체를 중심으로 한 이미지 광고활동에 주력하고 있으므로 브랜드 인지도 제고를 위해 TV광고예산을 경쟁사에 대응할 수 있는 수준으로 투입해야 함

- 지상파TV에서 경쟁력 있는 수준의 SOV확보

TV매체 외에 라디오/신문/잡지/인터넷/옥외 등 타깃의 생활동선에 있는 매체 적극 활용

주력매체 - TV 집행 효과 및 스케줄링

A 신용카드의 이미지 제고 및 지속적인 카드 사용을 위해 런칭 후 최소 6개월 이상 TV광고활동 전개 (2 flights)

런칭 시 월 광고 노출량은 경쟁사 우위의 공격적인 수준으로 설정 (최대수준)
하반기 강화기에는 최적~최대수준의 노출량으로 효율과 도달을 모두 고려
런칭 초기에는 임팩트가 강한 지상파TV의 비중을 강화

기획단계 – 매체전략

A 신용카드 매체 전략

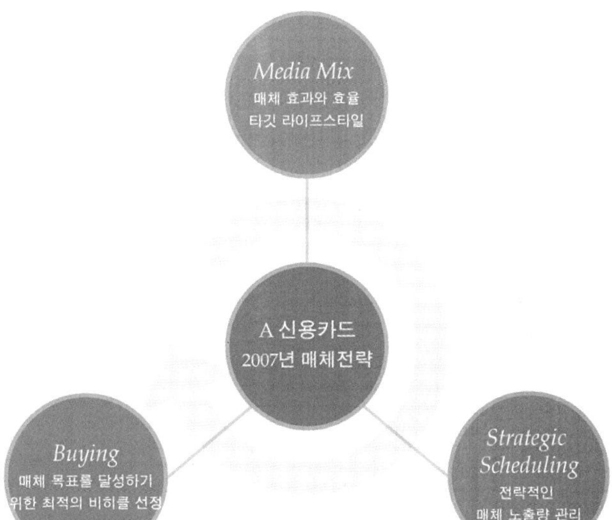

매체목표 - TV 스케줄링 및 노출량

[A 신용카드] 집중기 - 유지기를 구분하여 전략적으로 노출량 관리

- 런칭 월에는 700GRPs수준의 경쟁사에 대응할 수 있는 노출량을 투입하여 광고 강도를 높임
- 런칭 이후 유지기에는 최적수준의 노출량을 지상파TV에 투입하고, 케이블TV를 통해 노출량 보완

구 분	기간	TV GRPs (%)	도달 수준 (R3+,%)	TV예산
런칭-집중기	4월	700	최대	월 15억원
런칭-강화기	5~6월	500	최적~최대	월 8.5~9억원
1차 Remind	9~11월	400~500	최적~최대	월 8~11 억원

❖ 월 예산은 A 신용카드 목표CPRP를 토대로 계산됨

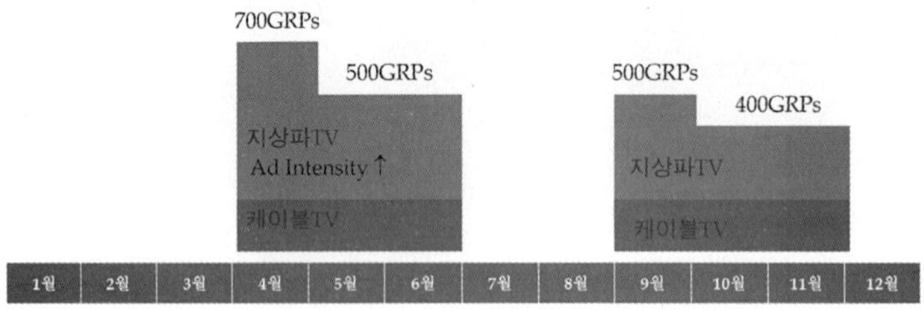

매체목표- TV CPRP

A 신용카드는 시청률 하락, 성수기 할증률 상승 등 방송광고 상황 변화에도 불구하고
06년 경쟁사 평균 대비 16% 이상 효율적인 집행을 목표

- 철저한 CPRP 관리를 통해 TV 광고비를 경쟁사 대비 16%이상 절감

A 신용카드 TV 목표 CPRP (천원)

A 신용카드 '07년 목표	타깃 평균 '07년 추정치	경쟁 카드 '06년 평균
1,726	2,100	2,050

❖ 옵션 및 부가세를 제외한 TV CPRP

미디어 믹스 – 매체 접촉

지상파TV와 케이블TV - 소득,연령에 상관없이 광범위한 도달률을 가지므로 브랜드 런칭 시 강력한 광고활동을 전개하고자 할 때 가장 적합한 매체

- 일간지/잡지/인터넷/교통/옥외 광고는 좀더 세분화된 타깃에 도달하는데 적합

소득 및 연령에 따른 매체 접촉 MAP (원 크기 = 접촉률)

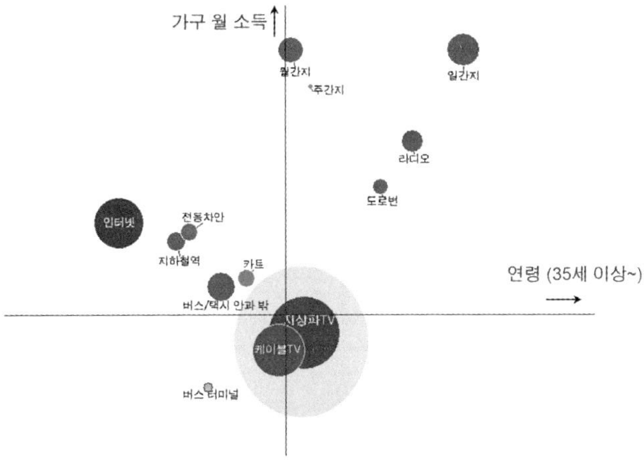

❖ TV,라디오,인터넷,일간지의 경우는 1일 접촉률 기준, 주간지,월간지,옥외 및 교통광고는 1주 접촉률 기준

자료원: HRC 2006 3R

미디어 믹스 – 금융 광고

지상파TV와 케이블TV - 금융 광고를 접한 후 그 필요성을 느끼게 하는 가장 강력한 매체

- TV매체를 통한 이미지 광고를 통해 영향을 많이 받으며, 인터넷/신문 등을 통해 정보를 얻는 경향 따라서, 신문/인터넷/잡지 등 정보를 제공할 수 있는 다양한 매체 활용해야 함
- 전통적인 매체 중 하나인 라디오는 1%미만이 응답하였으나, TV CM에 대한 회상을 돕는 보조매체로 활용

금융(은행/보험/카드)광고를 접한 후 나에게 필요하다고 생각이 들게 한 매체

자료원: DLSS 2006

미디어 믹스 – 타깃 매체 접촉

지상파TV, 케이블TV, 라디오 외에 신문,잡지,옥외,온라인 등 타깃의 생활동선에 있는 다양한 매체의 통합적 운용으로 광고도달의 시너지효과 극대화

- 매체 별 세부 비히클 구매 시 시간대별 접촉률 참고

Personal Media Network *Life of Weekdays*

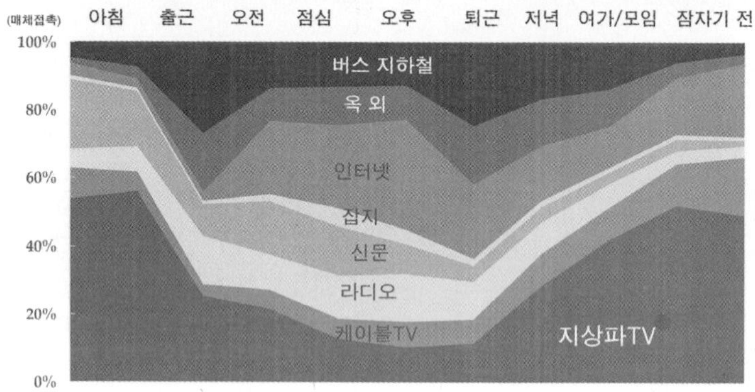

자료원: DLSS 2006

스케줄링 – 롯데카드 런칭 케이스

전략적으로 중요시점에만 TV매체 집행
주어진 예산에서 최적의 효과를 거두기 위해 "Continuity"보다는 롯데카드와 같은 "Flight"이 적합

[롯데 카드 런칭 케이스] '03년 12월 말 롯데카드 런칭 시 월 600~800GRPs수준으로 5개월간 집행
'06년 브랜드 리뉴얼 시 600~900GRPs수준으로 4개월 집행

롯데카드 런칭 시점의 TV GRPs 추이

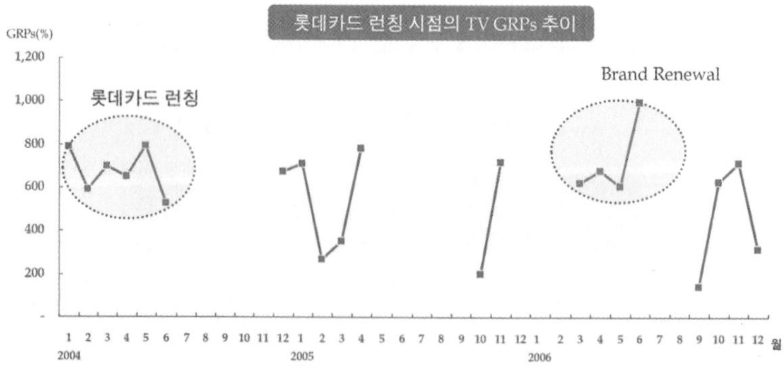

자료원 : AGB Nielsen Ariana

미디어 믹스 & 스케줄링

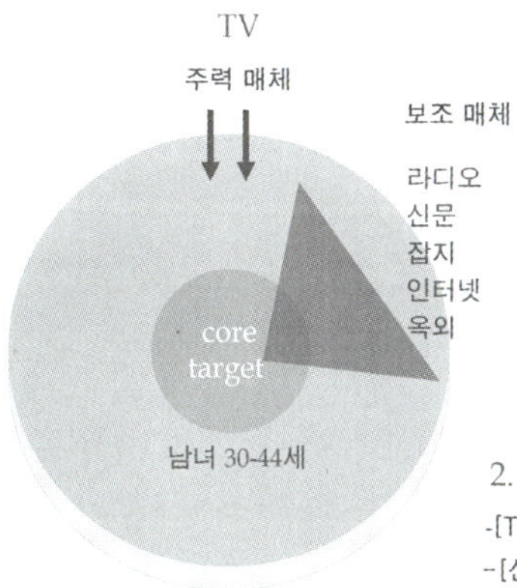

1. Media mix

- 타깃 접촉률이 높은 TV매체에 예산을 집중하여 경쟁사 광고활동에 대응하고 런칭 광고효과를 제고함
- 보조매체로 라디오+신문+잡지+인터넷+옥외 등을 활용하여 다양한 매체접촉경로를 통해 타깃에 도달; 비교적 적은 광고단가로 집행 가능한 매체들을 활용하여 효율 개선

2. Scheduling

-[TV매체] 4월 런칭, 3개월 집행 후, 9월 3개월간 2차 캠페인 집행
-[신문/잡지] 지속노출을 통한 정보 제공 및 카드 사용 유도
-[라디오/인터넷/옥외] 전략적으로 중요한 시점(성수기, 캠페인 런칭)에 집중

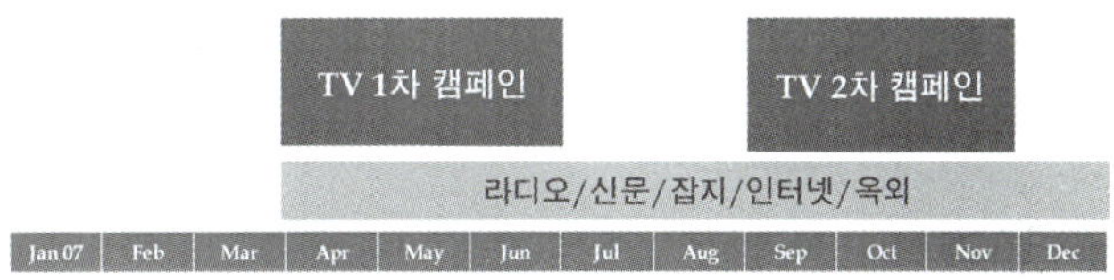

케이블TV 믹스 비중

런칭 초기에는 광고 임팩트를 고려하여 지상파TV에 예산 집중,
하반기에는 집행의 효율을 고려하여 케이블TV믹스 비율을 40~50%수준으로 늘림

- 케이블TV 노출량을 50% 이상으로 믹스할 경우 지상파TV 단독 집행 시의 90% 이하로 도달률 하락

구 분	기간	지상파TV GRPs(%)	케이블TV GRPs (%)	케이블 믹스비율(%)
런칭-집중기	4월	450	250	36
런칭-강화기	5~6월	300	200	40
1차 Remind	9~11월	200~300	200	40~50

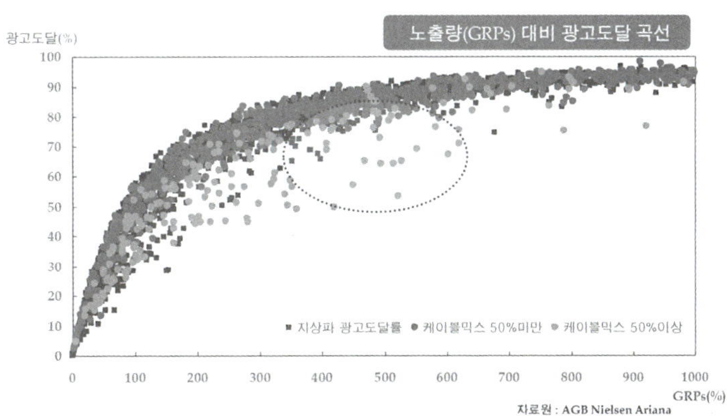

자료원 : AGB Nielsen Ariana

지상파+케이블TV – 매체예산 및 스케줄

지상파/케이블TV 예산 = 6,219,538,000원 (VAT포함)
지상파TV 예산 = 4,019,538,000원
케이블TV 예산 = 2,200,000,000원

(지상파 옵션 및 VAT 포함)

		4월	5월	6월	상반기 계	9월	10월	11월	하반기 계	총 계
지상파TV	광고 예산 (천원)	1,053,113	702,075	664,125	2,419,313	702,075	468,050	430,100	1,600,225	4,019,538
	CPRP (천원)	1,850	1,850	1,750	1,821	1,850	1,850	1,700	1,807	1,816
	GRPs (%)	450 64%	300 60%	300 60%	1,050	300 60%	200 50%	200 50%	700	1,750
케이블TV	광고 예산 (천원)	440,000	352,000	352,000	1,144,000	352,000	352,000	352,000	1,056,000	2,200,000
	CPRP (천원)	1,600	1,600	1,600	1,600	1,600	1,600	1,600	1,600	1,600
	GRPs (%)	250 36%	200 40%	200 40%	650	200 40%	200 50%	200 50%	600	1,250
통 합	광고 예산 (천원)	1,493,113	1,054,075	1,016,125	3,563,313	1,054,075	820,050	782,100	2,656,225	6,219,538
	광고 예산 - 부가세,옵션 별도	1,232,500	875,000	845,000	2,952,500	875,000	690,000	660,000	2,225,000	5,177,500
	GRPs (%)	700	500	500	1,700	500	400	400	1,300	3,000
	광고도달 (R1+, %)	80	68	68	87	79	68	68	85	
	유효도달 (R3+,%)	63	45	45	80	57	45	45	78	
	평균 빈도 (회)	8.8	7.4	7.4	20	6.3	5.9	5.9	15	
	CPRP (천원)	1,761	1,750	1,690	1,737	1,750	1,725	1,650	1,712	1,726

* CPRP : 지상파옵션 및 VAT 제외된 금액으로 추정됨
제시된 노출량 및 도달률은 DMAPS에 의해 추정된 것으로 오차가 있을 수 있음

기획단계 – 매체전술 및 세부운행계획

케이블TV – 채널 선정

케이블TV 광고를 통해 30~44세 타깃에 대한 광범위한 도달률을 확보하기 위해
영화/스포츠/드라마/오락/보도,경제 채널 군에서 골고루 선정함

연령과 성별에 따른 케이블 선호 채널 (원 크기 = 선호도)

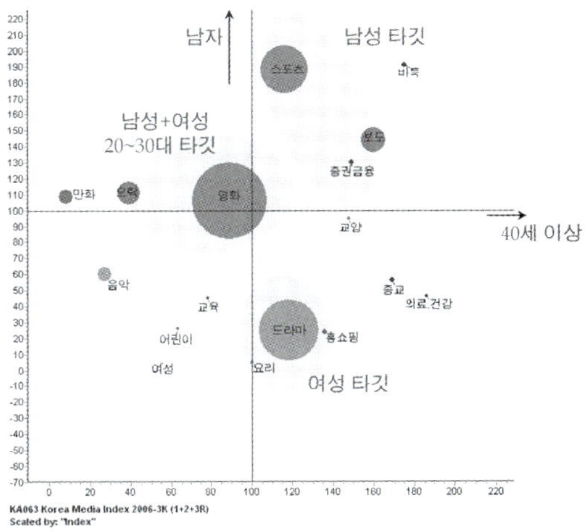

자료원: HRC 2006 3R

케이블TV – 채널 선정

시청률과 효율이 모두 우수한 영화 채널 5개에 예산 집중
그밖에 드라마/보도/스포츠/오락 채널군에서 예상 효과가 뛰어난 채널 선정
- 충분한 노출량 확보를 위해 CPRP가 우수한 채널의 집행비중을 강화

(VAT포함)

유 형	채널	광고시청률 (%)	집행 횟수 (15"기준)	GRP(%)	CPRP (천원)	노출량 100GRPs	
						집행 금액 (천원)	예상 GRP(%)
영 화	MBC MOVIES	0.05	140	7.5	1,332	22,000	15
	SUPER ACTION	0.10	75	7.2	1,389	22,000	14
	XTM	0.07	100	7.1	1,403	16,500	11
	CGV	0.11	60	6.4	1,569		
	OCN	0.19	30	5.6	1,780		
드라마	MBC 드라마	0.17	30	5.1	1,958	11,000	5
	KBS 드라마	0.13	43	5.4	1,858	11,000	5
	SBS 드라마	0.15	30	4.6	2,163	11,000	5
보도 금융	YTN	0.14	44	6.2	1,623	11,000	6
	MBN	0.03	100	3.3	3,068	5,500	2
스포츠	KBS 스포츠	0.03	252	7.6	1,323	11,000	8
	MBC ESPN	0.08	66	5.5	1,802	11,000	6
	SBS 스포츠	0.02	90	2.0	5,001		
	Xports	0.02	90	1.8	5,555		
	SBS 골프	0.00	70	0.3	29,243		
오락	코미디TV	0.05	180	8.9	1,127	22,000	18
	e-channel	0.04	240	8.4	1,184	22,000	17
	Fox	0.03	240	6.9	1,457		
	tvN	0.04	90	3.4	2,944		
전 체						176,000	100~110

* 채널 별 예상 GRPs는 채널 전체 광고의 평균시청률로 계산되어 실제 GRPs와 오차가 있음

자료원 : AGB Nielsen Ariana

TV – 구매 가이드라인

2007년 A 신용카드 미디어 목표 달성 및 브랜드 컨셉을 고려한 TV 구매 전략

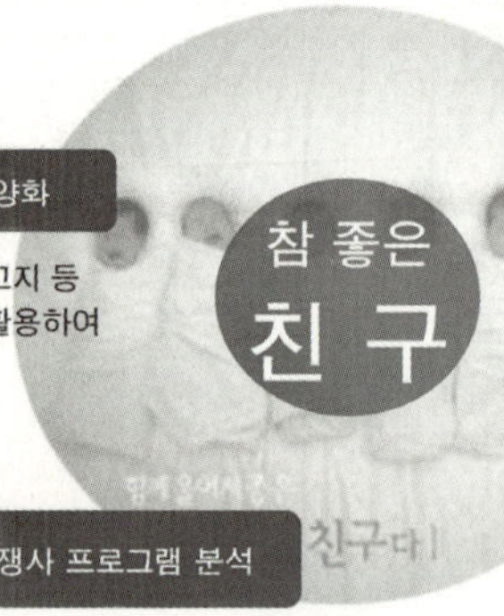

브랜드 "친구" 컨셉을 연상할 수 있는 프로그램 선정

-지상파 및 케이블 프로그램 구매 시 "친구" 컨셉과 코드가 유사한 비히클 집행 : Soft한 성향의 오락/드라마
- 케이블TV 시보광고 활용 "참 좋은 친구 우리은행 A 신용카드가 00시를 알려드립니다"

광고유형의 다양화

- 케이블TV : 범퍼나 ID고지 등 다양한 유형의 광고를 활용하여 광고 주목률 제고

경쟁사 프로그램 분석

- 경쟁사가 구매한 비히클의 효과 및 효율에 대한 정기적인 점검으로 경쟁사 우위의 매체 효과 확보 및 유지

집행 효율성 제고

- 요일 & 시간대에 따른 TV시청률 및 CPRP 분석으로 주어진 예산에서 최적의 시간대 및 시급에 따른 프로 구성
- 수도권 SPOT 최대 확보
- CM지정제 적극 활용

라디오 - 채널 선정

타깃 청취율이 우수한 MBC-AM, FM을 중심으로 광고를 집행하되,
주요 프로그램(출퇴근 및 정오)의 원활한 작업을 위해 CBS를 보조 집행

채널 별 타깃 평균 청취율(%)

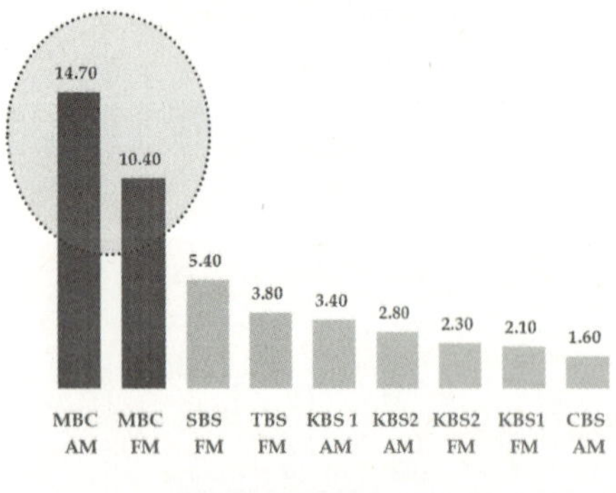

채널 시간대 별 타깃 평균 청취율(%)

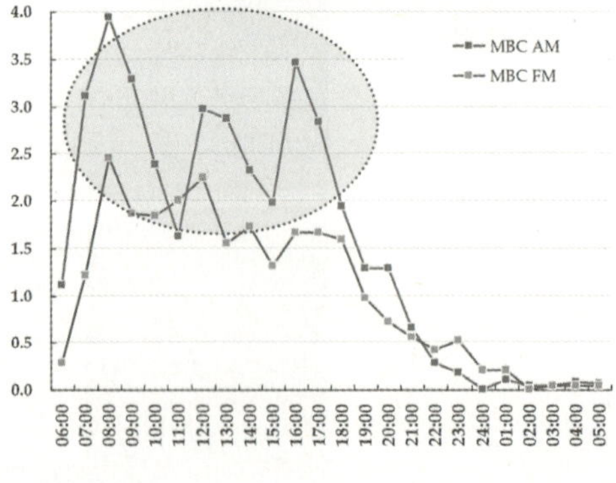

자료원: HRC 2006 3R

라디오 – 프로그램 선정

라디오 월 매체 예산 = 110,000,000원 (VAT포함)

30~44세 타깃에 청취율이 가장 우수한 MBC-RD "뉴스의 광장" 과 MBC-FM "굿모닝 FM"을 중심으로 월 1.1억원 (VAT포함)가량을 MBC-RD, MBC-FM, CBS(옵션1천만원)에 집행

* MBC 뉴스의 광장 및 굿모닝FM 집행 시 최소 1.1억원의 라디오 예산이 요구됨

라디오 월 집행 계획

(단위:천원, VAT포함)

채널	프로그램	시간	단가	광고청취율 (%)	월집행횟수 (회)	광고금액
MBC-AM	뉴스의광장	0800-0830	1,126	1.2	31.0	34,918
	강석 김혜영의 싱글벙글쇼	1225-1400	716	0.9	31.0	22,199
	소계				62.0	57,118
MBC-FM	김성주의 굿모닝 FM	0700-0900	411	0.7	31.0	12,753
	오늘아침 이문세입니다	0900-1100	309	0.6	31.0	9,582
	정오의 희망곡 정선희입니다	1200-1400	411	0.5	31.0	12,753
	김원희의 오후의발견	1600-1800	279	0.5	31.0	8,661
	소계				124.0	43,750

총 집행횟수 (회)	186
총 금액	100,868
GRPs(%)	134

라디오 – 예산 및 스케줄

A 신용카드 라디오광고 예산 = 660,000,000원 (VAT포함)

TV 집행시점에 저렴한 금액으로 충분한 노출빈도를 확보할 수 있는 라디오 광고를 집행함으로써, TV CM에 대한 회상율 제고

(단위:천원, VAT포함)

	4월	5월	6월	7월	8월	9월	10월	11월	12월	총계
광고 예산	110,000	110,000	110,000			110,000	110,000	110,000		660,000
집행 횟수(회)	180	186	180			180	186	180		1,092
GRPs(%)	130	134	130			130	134	130		788

* 라디오 예상효과는 MBC-AM와 FM 기준 (CBS옵션 제외)

신 문 - 비히클 선정

종합일간지/경제일간지/무가지 집행을 통해 광범위한 타깃에 카드 정보 제공 & 사용 유도

- 신문 매체 접촉이 남성 타깃에 보다 치우치는 경향이 있음
- 종합일간지와 경제지는 35세 이상, 그리고 지하철 무가지는 20~34세가 주로 읽으며,

여자 타깃의 경우 신문 유형 중 3대 종합일간지와 무가지를 중심으로 읽음

(신문 광고에서 부족한 노출량은 여성잡지 광고 등을 통해 보완)

연령과 성별에 따른 신문 열독 Map (남녀30-44세, 원크기 = 열독률)

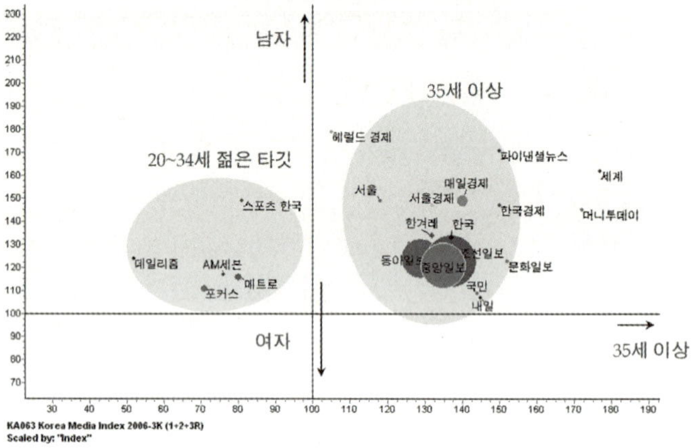

자료원: HRC 2006 3R

신 문 – 집행 비중

3대 중앙지와 매경에 광고를 집행할 경우
집행신문수에 따른 광고도달의 상승폭이 최적수준으로 나타남

⇒ 집중기엔 3대 중앙지와 2대경제지의 집행비중을 늘림으로써 광고 임팩트 제고
& 20~39세 타깃 도달을 위해 무가지 집행 늘림

집행 신문에 따른 광고 도달률 (%,가중치 적용)

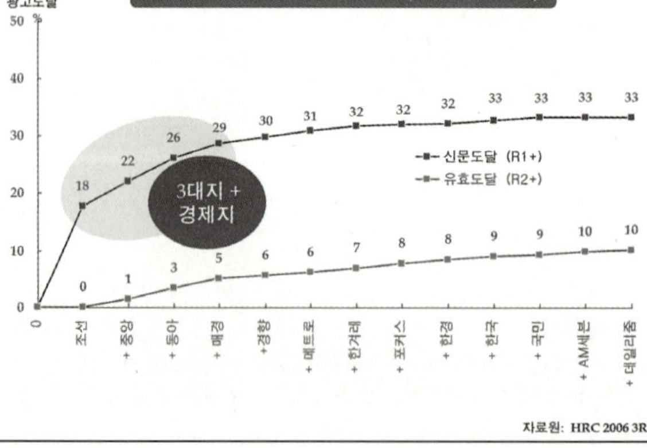

자료원: HRC 2006 3R

신 문 – 집행 면과 사이즈

일반적으로 본지의 주목률이 섹션보다 10%가량 높은 편이며,
본지 내에서는 9단 21cm과 8단 27cm과 같이 기사를 읽으면서 자연스럽게 노출되는
세로형 광고의 금액 대비 주목효과가 높은 편

⇒ 광고의 주목효과 개선을 위해 본지 내 세로형 광고를 중심으로 광고집행

3대 중앙지의 섹션/위치/크기 별 광고 주목률 및 단가 지수

(단위:%)

광고 게재 위치 및 크기		본 지		경제섹션	
		주목률	단가지수	주목률	단가지수
1면	4단통 (37cm)	48	469	27	
내 지 (기타면)	4단통	35	148		
	5단통	30	185	25	
	7단통	31	259	27	
	8단 27cm	42	216	29	
	8단통	33	296		
	9단 21cm	39	189	29	102
	10단통	47	370	27	
	15단통(전면)	43	555	30	
	양면10단통	45	740		
	양전면	48	1,110	29	
백면	15단통(전면)	41	811	32	

* 30~44세 타깃 기준, 단가지수 = 단(가로) X cm(세로)

자료원 : 광고주목 – 2004년 10개 대행사 인쇄매체 광고주목률 조사

신 문 – 예산 및 스케줄

A 신용카드 신문광고 예산 = 695,310,000원 (VAT포함)

(단위 : 천원)

구분	잡지명	크기	단가	광고접촉(%)	4월	5월	6월	7월	8월	9월	10월	11월	12월	총 계
3대 종합일간지	조선일보	본지 /금융섹션 3면	20,790	9.5	1	1				1	1		1	5
		특 집	13,200	8.1			1							1
	중앙일보	본지 /금융섹션 3면	20,790	9.0	1	1				1	1	1		5
		특 집	12,100	7.7				1						1
	동아일보	본지 /금융섹션 3면	20,790	7.9	1	1				1	1		1	5
		특 집	12,100	6.8					1					1
기타 종합일간지	경향신문	특 집	5,500	1.8	1			1			1			3
	한겨레신문	특 집	5,500	1.8		1			1			1		3
	한국일보	특 집	8,800	1.1			1			1			1	3
	국민일보	특 집	4,400	0.8	1			1			1			3
	서울신문	특 집	5,500	0.5		1			1			1		3
	문화일보	특 집	4,400	0.4			1			1			1	3
	세계일보	특 집	5,500	0.4	1			1			1			3
	내일신문	특 집	4,400	0.1			1			1			1	3
경제일간지	매일경제	본지 /금융섹션 3면	10,395	2.9	1	1				1			1	4
		특 집	5,500	2.5			1				1			2
	한국경제	본지 /금융섹션 3면	10,395	1.1	1	1				1			1	4
		특 집	5,500	1.0				1				1		2
	서울경제	특 집	4,400	0.2	1		1			1				3
	머니투데이	특 집	3,300	0.1		1		1			1			3
	파이낸셜뉴스	특 집	3,300	0.1	1				1	1				3
	헤럴드 경제	특 집	3,300	0.1		1					1	1		3
지하철 무가지	메트로	본지 기타면	6,600	2.4	1		1			1				3
	포커스	본지 기타면	6,600	2.2		1		1			1			3
	AM세븐	본지 기타면	4,400	1.2	1					1				2
	데일리줌	본지 기타면	4,400	1.0		1					1			2
	노컷뉴스	본지 기타면	4,400				1			1				2
전체 금액 및 예상효과		총 집행 횟수 (회)			12	11	8	7	4	13	11	5	7	78
		총 금액			117,260	111,760	51,700	42,900	26,400	123,860	100,870	40,590	79,970	695,310
		GRPs (%)			37.1	35.9	14.8	13.8	9.1	35.9	35.0	12.2	23.0	217

잡 지 - 비히클 선정

잡지 광고를 통해 여성 타깃에 대한 노출량을 보완하고
고소득 핵심 타깃에 대한 노출빈도 강화

- [여　성] 열독률이 높은 주부종합지와 패션지(라이센스)
- [고소득] 시사/경제/럭셔리,멤버쉽/골프/여행지 등 남성 & 고소득 타깃의 라이프스타일 코드에 맞는 잡지 선정

성별과 월 소득에 따른 잡지 열독 Map (남녀30-44세, 원크기 = 열독률)

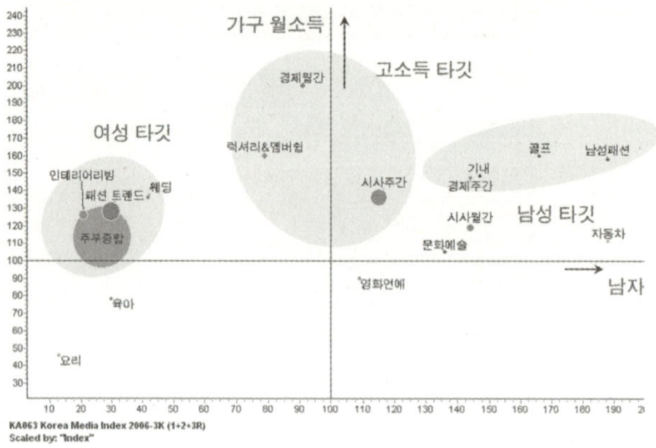

자료원: HRC 2006 3R

잡 지 - 비히클 선정

노출량(잡지 열독률)과 타깃 및 브랜드 적합성을 고려하여 잡지 비히클 선정

- 타깃 접촉률이 높은 시사/경제/패션/주부지의 경우는 열독률 및 잡지 컨텐츠를 고려하여 비히클을 선정하고 세분화된 타깃을 위한 럭셔리,멤버쉽/골프 등의 잡지는 타깃 적합성(target relevance) 및 잡지 컨텐츠 고려
- 월 6~13개의 잡지 집행

잡지 열독률 (%,남녀 30-44세 기준)

구분	잡지명	남녀 30-44세	남자 30-44세	여자 30-44세
시사주간지	시사저널	2.2	2.5	1.9
	주간조선	2.1	2.5	1.7
	한겨레21	1.5	1.8	1.2
	주간동아	1.3	1.3	1.3
	뉴스위크	0.8	1.2	0.4
	타임	0.5	0.5	0.4
	뉴스메이커	0.3	0.4	0.3
	주간한국	0.1	0.1	0.0
경제주간지	이코노미스트	0.6	0.9	0.4
	매경이코노미	0.6	0.8	0.3
	한경비즈니스	0.4	0.6	0.2
	Economy21	0.2	0.4	0.1
	Economic Review	0.1	0.1	0.0
	비즈넷 타임즈	0.0	0.0	0.0
시사월간지	월간 조선	2.4	4.0	0.9
	신동아	1.4	2.1	0.8
	월간 중앙	1.2	1.3	1.1
남성패션지	GQ	1.2	2.1	0.2
	에스콰이어	0.9	1.7	0.1
	아레나	0.2	0.3	0.0

구분	잡지명	남녀 30-44세	남자 30-44세	여자 30-44세
주부종합지	여성중앙	9.1	2.7	15.4
	우먼센스	8.6	1.9	15.3
	여성동아	8.3	2.3	14.3
	주부생활	6.8	1.0	12.6
	레이디 경향	5.4	1.3	9.6
	여성조선	2.8	0.4	5.2
	퀸	1.6	0.4	2.8
여성 패션 & 라이프스타일	엘르	1.1	0.5	1.8
	보그	1.0	0.4	1.6
	인스타일	0.8	0.0	1.5
	마리끌레르	0.6	0.1	1.2
	코스모폴리탄	0.5	0.1	0.8
	하퍼스바자	0.3	0.0	0.6
	W	0.2	0.0	0.4
	슈어	0.2	0.0	0.4
	앙앙	0.2	0.0	0.4
	얼루어	0.2	0.0	0.4

자료원: HRC 2006 3R

잡 지 - 예산 및 스케줄

A 신용카드 잡지광고 예산 = 214,940,000원 (VAT포함)

(단위 : 천원)

구분	잡지명	단 가 (1P)	결독률(%)	4월	5월	6월	7월	8월	9월	10월	11월	12월	합계
시사주간	주간조선	2,200	2.3	1	1				1				3
	시사저널	2,200	2.1	1		1				1			3
경제주간	이코노미스트	1,650	0.6	1		1			1				3
	매경이코노미	1,650	0.5		1		1			1			3
	한경비지니스	1,650	0.4	1				1			1		3
시사월간	월간 조선	1,980	0.6	1					1				2
	신동아	1,980	0.5		1					1			2
	월간 중앙	1,980	0.1				1					1	2
경제월간	CEO	2,200	0.1	1					1				2
	포브스	2,750	0.1		1					1			2
주부종합	여성중앙	2,200	10.3	1					1				2
	여성동아	2,200	9.2		1					1			2
	우먼센스	2,200	8.2			1					1		2
	주부생활	2,200	8.2				1					1	2
라이센스 패션	엘르	3,850	1.1	1					1				2
	인스타일	3,300	0.8		1					1			2
	코스모폴리탄	2,750	0.5					1			1		2
여행	도베	2,750			1				1				2
	트레비	2,200				1				1			2
	마이LT	2,200					1				1		2
남성패션	GQ	3,300	1.2	1		1			1				3
	에스콰이어	3,300	0.9		1					1		1	3
골프	서울경제골프메거진	1,980	0.3	1					1				2
	골프 다이제스트	2,200	0.2		1					1			2
백화점 멤버쉽	에비뉴엘	3,300		1					1				2
	스타일 H	3,300			1					1			2
	갤러리아	2,750				1					1		2
호텔 멤버쉽	프리빌리지	2,750		1					1				2
	WHO매거진	2,750			1					1			2
	노블리안	2,750						1				1	2
	JJ매거진	2,750					1				1		2
기타 멤버쉽	헤렌	3,300						1				1	2
	라비도르	2,750					1				1		2
럭셔리	노블레스	3,850	0.4	1				1				1	3
	오뜨	2,750	0.1		1				1				2
	네이버	2,750	0.0			1				1			2
	럭셔리	3,300	0.2				1				1		2
	총 집행 횟수 (%)			13	12	7	7	6	12	12	8	6	83
	총 금액			33,110	31,130	17,050	16,830	17,600	30,910	30,580	20,350	17,380	214,940

인터넷 - 비히클 선정

인터넷 광고 집행 방향

매체파워가 가장 뛰어난 네이버와 네이트온의 효율적 집행

'06~'07년 인터넷 업계의 화두 - 동영상 / UCC
인터넷 동영상을 활용하여 온/오프라인 미디어의 시너지 효과 도모

↓ ↓ ↓

네이버 브랜드 검색 페이지	네이트온 메신저 탭	인터넷 방송사 VOD 전CM

인터넷 - 비히클 선정

네이버 브랜드 검색 페이지

광고주 브랜드와 관련된 고유명사 키워드를 검색했을 때 컨텐츠 검색 형태의 검색 결과를 제공하는 광고로서 동영상 및 이미지를 고정적, 강제적으로 보여줄 수 있어 반복에 따른 학습 효과가 우수한 광고

- 이미 구축해 놓은 'A 신용카드' 검색 조회량 증대를 통해 TV CM 런칭 시점·休止其에 A 신용카드 CM의 도달률 보완
- 지속적 노출에 따른 광고 메시지 반복 학습 효과 달성
- 추가적인 제품 정보 제공이라는 부수적 효과 달성

참고) '현대카드' 의 경우 연중 지속 집행을 통해 인지도 제고 및 카드 발급수의 급증 (모든 인터넷 채널을 합쳐 네이버 검색 페이지가 가장 많은 발급 수를 기록)

인터넷 - 비히클 선정

네이트온 Tab

사용자수 1위 메신저인 네이트온 좌측 Tab내 1개 구좌에 입점하는 광고 형태로서 Tab 페이지 용량 제한이 없고 페이지 내에서 동영상 노출 또한 가능하여 CM에 대한 주목도 높은 큰 효과를 기대할 수 있음

- 19~39세 기준, 월간 사용자 약 870만 명 이상 월 사용일수 약 12일 이상 월 사용 시간 58시간 이상
- 하루 약 2시간 이상 집중적으로 사용하는 강력한 매체
- 독점 입점으로 강제적인 동영상 노출효과

참고) 광고주 별 Tab 버튼 클릭 후 Tab페이지 월 평균 오픈 수: 약 50만 회 이상 현대카드의 경우 연중 지속 집행 중이며, 최근엔 싸이월드 제휴카드 출시

인터넷 - 비히클 선정

인터넷 방송사 VOD 전CM

원하는 프로그램을 보기 전에 CM을 통해 강제 노출되며, 임의 Skip불가능
소수의 CM노출로 광고 거부감을 최소화함
공동 시청매체인 TV에 비해 높은 시청 집중도를 가지는 매체

- 19~39세 기준, 월간 사용자 약 700만 명 이상에게 프로그램 시청 전에 강제 노출되며
- 프로그램 당 평균 3 회 이상의 반복 노출
- 평균 CPM이 약 14,000원으로 단가대비 높은 광고효과

인터넷 – 예산 및 스케줄

A 신용카드 인터넷 광고 예산 = 671,000,000원 (VAT포함)

-TV CM 운행 시기에 집중하여 전체 매체효과 극대화

(단위 : 천원)

	4월	5월	6월	7월	8월	9월	10월	11월	12월	총 계
네이버 브랜드검색	66,000	66,000	66,000			66,000	66,000	66,000		396,000
네이트온 Tab	55,000					55,000				110,000
방송사 VOD 동영상	27,500	27,500	27,500			27,500	27,500	27,500		165,000
총 금액	148,500	93,500	93,500			148,500	93,500	93,500		671,000

* 네이버 브랜드 검색
- 6,000만 원 집행 시 : 검색 창 광고 평일 2회, 주말 2회 서비스 노출

옥외매체 - 비히클 선정

옥외 광고 집행 방향

옥외 광고의 특성인 지역적 선택성에 입각하여 타깃의 주요 밀집지역에 매체를 집중 배치함으로써 광고의 효율성 제고

대중매체를 통한 노출 Coverage 확산 및 Impact 있는 매체를 선정하여 A 신용카드의 인지도제고 및 선호도 창출

↓ ↓ ↓

버스 외부 | 전동차 내 액자 | 극 장 | 아시아나 기내 동영상

옥외매체 - 비히클 선정

버스 외부

위치	타깃 밀집지역 경유노선
규격	370cm × 100 cm (차도면) 300cm × 50 cm (인도면)
광고단가	@1,210,000원
수량	50대 / 100대
예산	60,500,000원 / 月 121,000,000원 / 月
매체특징	• 타깃 주요 밀집지역- 강남권 경유 버스만 선별 집행 • 주요핵심 상권 반복 경유를 통한 뛰어난 이동성 광고 효과 가능 • 최적의 가시거리로 인한 시선집중 및 인지도 탁월

옥외매체 - 비히클 선정

전동차 내 액자형 광고

위치	지하철 2호선 차내
규격	52cm×37cm(액자형) 100cm×25cm(모서리형)
광고단가	@ 47,300 (액 자 형) @ 26,400(모서리형)
수량	250 매(액자형) 450 매(모서리형)
예산	23,705,000원 / 月
매체특징	• 간결하고 세련된 매체 형태로 높은 주목률 실현 • 독립적인 부착형태로 타 매체의 광고 noise 미발생 • 액자형 집행 시 모서리형 광고 옵션으로 집행 (금액대비 1:1)

▲액자형

▼모서리형

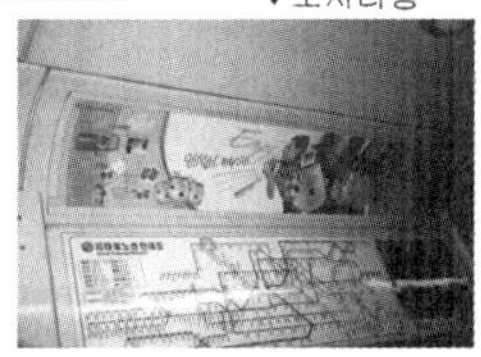

옥외매체 - 비히클 선정

극 장

위치	전국 멀티플렉스 극장 내
표출횟수	전회상영(1일 5회 이상)
극장	코엑스몰 메가박스 및 CGV,롯데시네마 외
수량	약 60 개관
예산	36,000,000원 / 月
매체특징	• 높은 타깃 도달률(관람객의 91%가 광고에 노출) • 관객 점유율 상위권 멀티플렉스 영화관 선별 집행 • 기존 공중파와 Media Mix를 통한 반복 소구 효과 탁월

옥외매체 - 비히클 선정

아시아나 기내 동영상

위치	아시아나 항공 국제선 전 노선 KBS뉴스타임
규격	기내 동영상 모든 매체
수량	4구좌 (1편 2분 CF 1회)
예산	55,000,000/月
매체특징	• 아시아나 항공 국제선 전 노선에 모두 방영되는 KBS 뉴스시간에 상영되므로 한국인 이용객에게 주목효과가 뛰어남 • 기내 벽면 및 천장, 좌석 뒷면 등 모든 동영상 기기에 노출 • 총 36개 노선 / 월 2,422회 / 월 811,590명

옥외매체 – 예산 및 스케줄

A 신용카드 옥외 광고 예산 = 752,730,000원 (VAT포함)

-기본적으로 상하반기 캠페인기간 동안 집행하되, 극장 및 기내 동영상광고는 방학/추석 성수기에 집행

(단위 : 천원)

	4월	5월	6월	7월	8월	9월	10월	11월	12월	총 계
버스외부광고	60,500	60,500	60,500			60,500	60,500			302,500
전동차 내 포스터	23,705	23,705	23,705			23,705	23,705	23,705		142,230
극장 광고				39,600	39,600	39,600		39,600	39,600	198,000
아시아나 기내동영상				55,000					55,000	110,000
총 금액	84,205	84,205	84,205	94,600	39,600	123,805	84,205	63,305	94,600	752,730

총 예산 및 매체 스케줄(Flow Chart)

A 신용카드 2007년 총 매체 예산 = 9,213,518,000원 (VAT포함)

(단위 : 천원)

	4월	5월	6월	7월	8월	9월	10월	11월	12월	총 계
지상파TV	1,053,113	702,075	664,125			702,075	468,050	430,100		4,019,538
케이블TV	440,000	352,000	352,000			352,000	352,000	352,000		2,200,000
라디오	110,000	110,000	110,000			110,000	110,000	110,000		660,000
신 문	117,260	111,760	51,700	42,900	26,400	123,860	100,870	40,590	79,970	695,310
잡 지	33,110	31,130	17,050	16,830	17,600	30,910	30,580	20,350	17,380	214,940
인 터 넷	148,500	93,500	93,500			148,500	93,500	93,500		671,000
옥 외	84,205	84,205	84,205	94,600	39,600	123,805	84,205	63,305	94,600	752,730
총 계	1,986,188	1,484,670	1,372,580	154,330	83,600	1,591,150	1,239,205	1,109,845	191,950	9,213,518

기획단계-미디어 프로모션

미디어 프로모션 제안

미디어 프로모션 제안 가이드라인

<참 좋은 친구, A 신용카드> 컨셉과 연계

주 타깃인 30~44 남녀와 20대 보조 타깃의 관심을 끌 수 있는 방송 프로그램 활용

↓ TV드라마 PPL

↓ 라디오프로그램 협찬

미디어 프로모션 - TV 드라마 PPL

SBS 수목 드라마 스페셜 <마녀유희>

구분	내용
드라마 개요	• 출연진 : 한가인, 재희, 데니스 오, 김정훈 • 연출 : 전기상 (마이걸, 쾌걸춘향) / 극본 : 김원진 (금촌댁네사람들) • 내용 : 촉망받는 광고회사 대표(한가인)와 요리사 지망생(재희)의 일과 사랑 이야기 • 일정 : 3월 14일 방영 예정 (16부작)
PPL 개요	• 카드 제품 특성상 직접 제품을 노출시키기가 어렵다는 점 고려 • 극의 주요 배경이 광고회사라는 점을 감안, A 신용카드의 신규 CF를 제작하는 에피소드 삽입
기대 효과	• 극 중 에피소드를 통한 자연스런 간접 노출 기대 • CF 제작 과정에서 A 신용카드의 장점과 핵심 컨셉 노출 가능
예산	88백만원 (VAT포함, 노출 범위에 따라 협의)

미디어 프로모션 - 라디오 방송 프로그램 협찬

라디오 방송 프로그램 협찬

협찬 개요	• 프로그램 중 A 신용카드 멘트 고지 (월평균 25~30회) 예) '참 좋은 친구, A 신용카드에서 문화상품권을 드립니다"
기대 효과	• A 신용카드 브랜드 Recall을 위해 많은 노출 확보 필요 • 7~8개 프로그램을 동시에 운영함으로써 충분한 노출량 확보 / 브랜드 인지도 제고 • 대상 프로그램 : 표 참조
예산	프로그램 당 2백~3백만원(VAT 포함)
기간	3~6개월 단위 청약

미디어 프로모션 - 라디오 방송 프로그램 협찬

추천 라디오 방송 프로그램 리스트

	KBS-쿨 FM (89.1MHZ)	KBS-해피 FM (106.1MHZ)	MBC-FM4U (91.1MHZ)	MBC-표준 FM (95.9MHZ)	SBS-파워 FM (107.7MHZ)	SBS-러브 FM (103.5MHZ)
07:00~09:00	황정민 FM 대행진	윤인구의 모닝쇼	김성주 굿모닝 FM	유종일 손에 잡히는 경제	이숙영 파워 FM	정석문 섹션라디오
09:00~11:00	유열 음악앨범	행복한 아침 정한용, 왕영은	오늘 아침 이문세입니다.	양희은, 송승환 여성시대	김창완 아름다운 이 아침	김C의 멋진 아침
11:00~12:00	임백천 골든팝스	태진아 쇼쇼쇼	김기덕 FM 골든디스크	변창림 세상속으로	심혜진 씨네타운	김미경의 행복레시티
12:00~14:00	김구라 가요광장	이영자, 장동혁 싱싱한 12시	정선희 정오의 희망곡	강석, 김혜영 싱글 벙글쇼	최화정 파워타임	배칠수, 전영미의 와와쇼
14:00~16:00	강수정 뮤직쇼	이호섭, 임수민 희망가요	윤종신 두시의 데이트	지상렬, 노사연 두시 만세	컬투 두시 탈출	라디오 웃찾사
16:00~18:00	이금희 가요산책	전영록의 뮤직토크	김원희 오후의 발견	조영남, 최유라 지금은 라디오시대	허수경 가요풍경	김창렬의 올드스쿨
18:00~20:00	봄여름가을겨울 Bravo My Life	최백호, 김민희 라디오 챔피언	배철수 음악캠프	2003년 가을 세계는그리고우리는	박소현 러브게임	김어준의 뉴스n조이
20:00~21:00 21:00~22:00	메이비의 볼륨을 높여요	김지선의 행복충전	조정린, 타블로 친한친구	최양락 재밌는 라디오	SS501 영스트리트	김영철, 황보의 싱글즈
22:00~24:00	슈퍼주니어 키스 더 라디오	박준형의 FM 인기가요	박명수의 FUN FUN라디오	박정아 별이 빛나는 밤에	하하 1010 클럽	남궁연의 고릴라디오
00:00~01:00 01:00~02:00	김동률 뮤직아일랜드	손미나의 밤을 잊은 그대에게	성시경 푸른 밤	박경림의 심심타파	정미선의 스위트 뮤직박스	잠못드는 밤 김태훈입니다

(음영부분 : 30~40대 타깃 대상 프로그램)

참고문헌

김상훈 · 이경렬 (2010). *디지털 방송광고 이용행태조사*. 한국광고단체연합회.

김위근 · 이강형 · 이동훈 (2010). *한국의 파워블로거*. 한국언론진흥재단

김희진 · 이혜갑 · 조정식 (2007). *광고매체기획론*. 학현사.

박원기 · 오완근 · 이승연 (2006). *광고매체론*. 커뮤니케이션북스

박현수 (2008). *광고매체기획론*. 한경사.

심성욱 · 고한준 · 김효규 (2012). *기금조성용 옥외광고 효과측정 모델 개발 연구*. 한국옥외광고센터.

양윤직 (2010). *디지털 시대의 광고미디어*. 커뮤니케이션북스.

이강호 (2011). 기업의 트위터 활용유형에 따른 도입방안에 관한 연구. *한국기업경영학회*, 18(1).

이경렬 (2001). 텔레비전 방송광고 회피행동에 영향을 미치는 예측변인들에 관한 연구, *광고학연구*, *12*(2), 165–189.

이경렬 (2002). 이월효과가 매체스케줄링의 유형별 효과에 미치는 영향에 관한 연구, *광고연구*, *42*, 191–219.

이경렬 (2013). 이월효과가 텔레비전 매체스케줄링의 효과에 미치는 영향에 관한 연구: 도달률과 유효도달률의 누적을 중심으로, *광고연구*, *93*, 29–56.

이경렬 · 김상훈 (2005). 모바일광고의 접속의향에 영향을 미치는 예측변인들에 관한 연구. *광고학연구*, *16*(3), 191–218

이경렬 · 김상훈 · 안대천 (2008). *뉴미디어를 활용한 매체기획*. 한국광고학회.

이경렬 · 목양숙 (2012). 뉴미디어광고에 대한 소비자 정보처리과정과 광고패러다임의 변화에 관한 탐색적 고찰: 인터넷광고, 모바일광고, 양방향TV광고, 그리고 페이스북광고를 중심으로. *조형미디어학*, *15*(4), 111–118.

이경렬 · 이수범 · 강형구 · 이희복 · 변상규 · 윤여광 · 김유경 (2009). *스마트시대의 광고미디어*. 한울아카데미.

이경렬 · 전민진 (2009). 텔레비전 매체스케줄링의 효과에 영향을 미치는 요인에 관한 연구: 타이밍과 예산배분의 변동을 중심으로, *광고학연구*, *20*(4), 7–24

조정식 · 김선자 (1998). 신문광고의 열독률분석: 광고매체적 요인들을 중심으로, *광고학연구*, *9*(4), 156.

한상필 · 이경렬 · 박현수 (2009). 텔레비전 광고효과의 이월(carryover)과 소멸(decay)에 관한 실증적 연구. *한국언론학보*. *53*(3), 5–29.

Aaker, David A. (1991), *Managing brand equity: Capitalizing on the value of a brand name*. New York : The Free Press

Aaker, D. A. & Myers, J. *G. (1987). Advertising management* (3rd ed.). Englewood Cliffs, NJ: Prentice Hall.

Abernethy, A. M. (1991). *Physical and mechanical avoidance of television commercials: An exploratory study of zipping, zapping and leaving.* Proceedings of the 1991 Conference of the American Academy of Advertising, Rebecca Holman (Ed.). Richmond, VA: American Academy of Advertising, 223-231.

Abernethy, A. M. (1991). Television exposure: programs vs. advertising. *Current Issues and Research in Advertising, 13*(1-2) 61-77.

Advertising Research Foundation(1980). *ARF comparability study: A controlled filed experiment comparing three methods of estimation magazine audiences.* Study executed by Simmons Market Research Bureau, Inc.

Anagnos, E. (1993). *The value of alternative advertising media scheduling patterns.* M. A. Thesis. University of Florida, Gainesville.

Appel, Valentine (1966). *The reliability and decay of advertising measurements.* National Industrial Conference Board meeting paper, October.

Appel, Valentine (1971). On advertising wear-out. *Journal of Advertising Research, 11*(10), 11–14.

Archenbaum, A. (1977). *Effective exposure: A new way of evaluating media.* ANA media workshop. New York.

Cannon, H. M. (2012). Media analysis and decision making. In S. Rodgers & E. Thorson (Eds.), *Advertising theory* (pp 313–336). New York: Routledge.

Cannon, H. M., Leckenby, J. D., & Abernethy, A. (2002). Beyond effective frequency: Evaluating media schedules using frequency value planning. *Journal of Advertising Research, 42*(6), 33–47.

Danaher, P. J. & Green, B. J. (1997). A comparison of media factors that influence the effectiveness of direct response television advertising. *Journal of Direct Marketing, 11*(2), 46–58.

Ebbinghaus, H. E. (1964). *Memory: A contribution to experimental psychology.* New York: Dover Publications.

Ebbinghaus, Ha(1885). *Uber das Gedachtnis.* Dunter and Humbolt, Leipzig.

Epron, E. (1995). More weeks, less weight: The shelf-space model of advertising. *Journal of Advertising Research, 35*(3), 18–23.

Epron, E. (1997). Recency planning. *Journal of advertising Research, 37*(4), 61–65.

Ha, Lousa (1996). Observations: Advertising clutter on consumer magazines: Dimensions and effects. *Journal of advertising reseach, 36*(4), 76–84.

Jones, J. P. (1992). *How much is Enough?* New York: Lexington Books.

Jones, J. P. (1995). Single-source research begins to fulfill its promise. *Journal of advertising Research, 35(3)*, 9–16.

Jones, J. P. (1995). *When ads work: New proof that advertising triggers sales.* Lexington Books.

Jones, J. P. *(1997).* What does effective frequency mean in 1997? *Journal of Advertising Research, 37*(4), 14–20.

Jugenheimer, D. W., Barban A. M., and Turk, P. B. (1992). *Advertising media: strategy and tactics.* Dubuque, IA: William C. Brown Publishing.

Kotler, P. (1988). *Marketing management: Analysis, planning, control, and implimentation* (6th ed.). Englewood Cliffs. NJ: Prentice Hall.

Krugman, H. E. (1972). Why three Exposures May be Enough. *Journal of Advertising Research, 12*(6), 11–14.

Lancaster, K. M. & Katz, H. E. (1989). *Strategic media planning.* Lincolnwood, IL: NTC business Book.

Lavidge, R. J. & Steiner, G. A. (1961). A model for predictive measurements of advertising effectiveness. *Journal of Marketing, 25*(6), 59–62.

Leckenby, J. D. & Wedding, N. (1982). *Advertising management-criteria, analysis and decision making,* Columbus. Ohio: Grid Publishing Inc.

Longman, K. A. (1997). If not, effective reach, then what? *Journal of Advertising Research, 37,* 44–45.

McDonald, C. (1966). Advertising sales effects. *Admap,* April, 39–43.

McDonald, C. (1995). *Advertising reach and frequency: Maximizing advertising results through effective frequency* (2nd ed.). Lincolnwood, IL: NTC Business Books.

McDonald, C. (1996). How frequently should you advertise? *Admap,* July-August, 22–25.

McDonald, C. (1997). From frequency to continuity-Is it a new dawn? *Journal of Advertising research, 37*(4), 21–25.

Michael Steiner (2013). *2013 Social media marketing industry report.* Social Media Examiner.

Naples, M. (1979). *Effective frequency, The relationship between frequency and advertising effectiveness.* New York: Association of National Advertisers INC.

Naples, M. (1997). Effective frequency: Then and now. *Journal of advertising research, 37*(4), 7–12

Ostrow, J. W. (1982). *Setting effective frequency levels, Effective frequency: The state of the art or science.* Advertising Research Foundation, Key issues workshop, New York.

Ostrow, J. W. (1984). Setting frequency levesl: An art or science? *Journal of Advertising Research, 24*(4), 1–11.

Ozga, S. A. (1960). Imperfect markets through lack of knowledge. *Quarterly Journal of Economics. 74*(1). 29–52.

Peckham, J. O. (1981). *The wheel of marketing.* Self-published. Scarsdale, New York.

Rarchford, B. T. (1987). New insights about the FCB grid. *Journal of Advertising Research, 27*(4), *24*–38.

Reichel, W. & Wood, L. (1997). Recency in media plan*ning-Re defined. Journal of advertising research, 37*(4), 66–74.

Rossiter, J. R. & Danaher, P. J. (1998). *Advanced media planning.* Norwell, MA: Kluwer Academic Publishers.

Rossiter, J. R. & Percy, L. (1997). *Advertising communications* and *promotion management* (2nd ed.). New York: McGraw-Hill.

Schultz, D. & Barnes, B. E. (1995). *Strategic advertising campaigns* (4th ed.). Lincolnwood, IL.: NTC Business Book.

Scissors, J. Z. & Barron, R. (2002). *Advertising media planning*? New York: McGraw-Hill.

Tellis, G. J. (1997). Effective frequency: One exposure of three factors? *Journal of advertising research*, *37*(4), 44−50.

Vaughn, R. (1980). How advertising works: A planning model. *Journal of Advertising Research*, *20*(5), 27−33.

Vaughn, R. (1986). How advertising works: A planning model revisited. *Journal of Advertising Research*, *26*(1), 57−66.

Zielske, H. A. (1959). The remembering and forgetting of advertising. *Journal of Marketing*, *23*(1), 239−243.

Zielske, H. A. (1986). Using effective frequency in media planning. *Journal of Media Planning*, *1*(1), 53−56.

찾아보기

한국어 찾아보기

ㄱ

ㄴ

ㄷ

ㄹ

ㅁ

ㅂ

ㅈ

ㅊ

ㅋ

ㅌ

ㅍ

ㅎ

로마자 찾아보기

A

기타

디지털 시대의

광고매체론 제2판

2016년 2월 21일 | 1판 1쇄 발행
2019년 2월 15일 | 2판 1쇄 인쇄
2019년 2월 22일 | 2판 1쇄 발행

지은이 | 이경렬
발행인 | 김은중
발행처 | 서울경제경영출판사
북디자인 | (주)우일미디어디지텍

주 소 | 03367 서울특별시 서대문구 신촌로 203, 506호
전 화 | 02)313-2682
팩 스 | 02)313-8860
등 록 | 1998년 1월 22일 제5-63호

ISBN 979-11-6282-045-2 • 93320 • 정가 25,000원

※ 잘못된 책은 바꾸어 드립니다.

※ 본서의 무단전재 및 복제행위는 저작권법 97조 5항에 의거, 5년 이하의 징역 또는 5,000만원 이하의 벌금에 처하거나 이를 병과할 수 있습니다.